세상에서 가장 쉬운
메타버스

게더타운 &
이프랜드

세상에서 가장 쉬운 메타버스

게더타운 & 이프랜드

1쇄 발행 2022년 5월 25일

지은이 박진주, 장덕진, 한의표
펴낸이 장성두
펴낸곳 주식회사 제이펍

출판신고 2009년 11월 10일 제406-2009-000087호
주소 경기도 파주시 회동길 159 3층 / **전화** 070-8201-9010 / **팩스** 02-6280-0405
홈페이지 www.jpub.kr / **원고투고** submit@jpub.kr / **독자문의** help@jpub.kr / **교재문의** textbook@jpub.kr

편집부 김정준, 이민숙, 최병찬, 이주원 / **총무부** 김정미
소통기획부 이상복, 송영화, 권유라, 송찬수, 박재인, 배인혜 / **소통지원부** 민지환

진행 및 교정·교열 장성두 / **내지 및 표지 디자인** 블랙페퍼디자인
용지 타라유통 / **인쇄** 한길프린테크 / **제본** 일진제책사

ISBN 979-11-91600-91-9 (13000)
값 24,000원

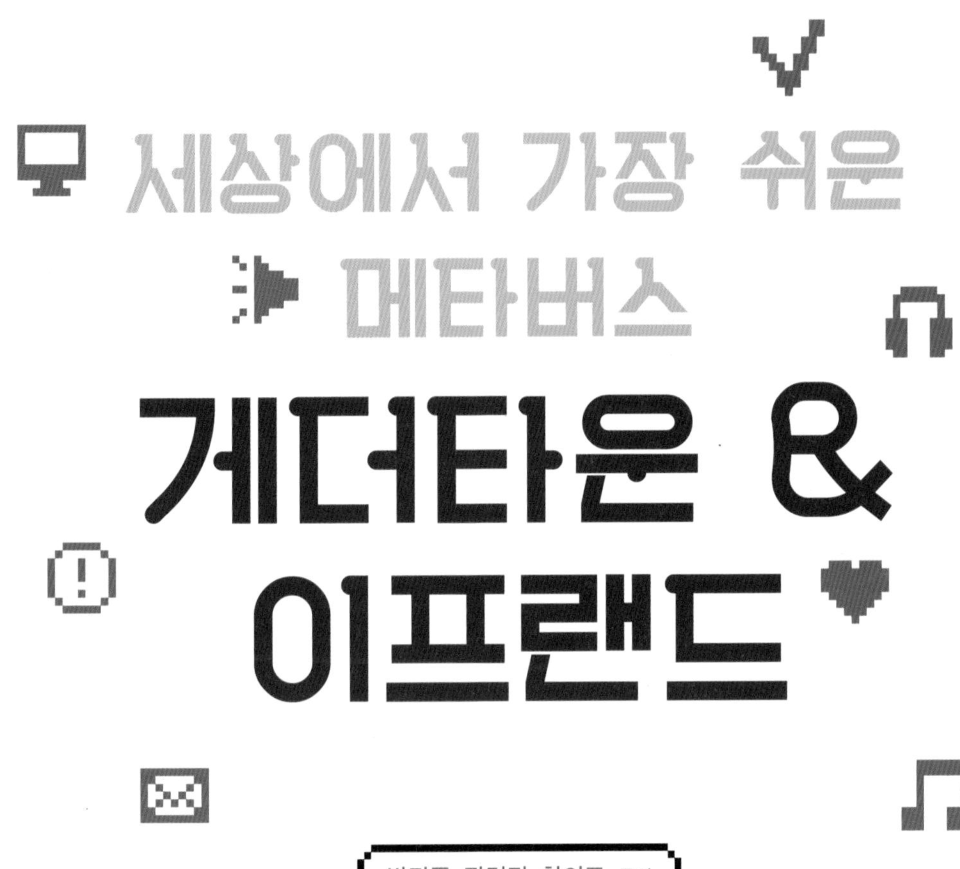

Jpub
제이펍

※ 드리는 말씀

- 이 책에 기재된 내용을 기반으로 한 운용 결과에 대해 저자, 소프트웨어 개발자 및 제공자, 제이펍 출판사는 일체의 책임을 지지 않으므로 양해 바랍니다.
- 이 책에 등장하는 각 회사명, 제품명은 일반적으로 각 회사의 등록 상표 또는 상표입니다. 본문 중에는 ™, ©, ® 등의 기호를 생략하고 있습니다.
- 게더타운과 이프랜드는 계속 업데이트되고 있어서 학습 시점에 따라 책과 다를 수 있습니다.
- 이 책에 수록된 게더타운의 거의 모든 내용은 동영상 강좌로도 볼 수 있습니다. 본문에 있는 QR 코드를 스캔해 보세요.
- 책의 내용과 관련된 문의 사항은 지은이나 출판사로 연락해 주기 바랍니다.
  - 지은이: jdj931013@korea.kr
  - 출판사: help@jpub.kr

차례

추천사 viii

프롤로그 x

0장 | 메타버스 시대, 필요가 아닌 필수! 001

새로운 시대로의 도약, 메타버스 001

메타버스를 대표하는 플랫폼 006

1부

게더타운

Gather Town

1장 | 게더타운 시작하기 012

게더타운 접속하기 012

기초 공간 만들기 043

상호작용 기능 살펴보기 063

2장 | 게더타운 기초 튜토리얼 & 설정 084

게더타운 입장하기 084

설정하기 088

캘린더 동기화 108

채팅하기 111

참가자 112

초대하기 113

3장 | 게더타운 기본 컨트롤 116

개인정보 창 116

Mini map 119

Screenshare(화면 공유) 119

상태 표시 이모티콘 121

카메라, 마이크 On/Off 123
다른 참가자와 상호작용하기 124

4장 | 게더타운 즐기기 128

사용자와 소통하기 128
관리 기능(Block/Kick/Ban) 131
단축키 134
화이트보드 사용하기 135
피아노 즐기기 142
게임 즐기기 145
사운드 즐기기 148

5장 | 게더타운의 기초 기능 활용 149

교실에서 수업하기 149
기관 자체 게더타운 만들기(예시) 158

6장 | 게더타운 심화 탐구 179

임베디드 기능 이용하기 179
맵에 개성 있는 글자 배치하기 191
게더타운에서 활용할 픽셀 이미지 구하기 199
나만의 공간 꾸미기 > 깃허브에서 타일 구하기 204
Tiled 프로그램 살펴보기 217

7장 | 게더타운 플러스 242

베타 기능 이용하기 242
공개 공간(Explore) 참여하기 256
모바일로 참여하기 257

2부

이프랜드
ifland

1장 | 이프랜드? 266

이프랜드의 한계점 266

2장 | 이프랜드 시작하기 270

이프랜드 설치하기 270
프로필 설정하기 272
아바타 꾸미기 275
팔로우하기 277

3장 | 이프랜드 기초 튜토리얼 278

모임 공간 만들기 278
모임 공간 기본 조작법 280
참여 현황(참가자 보기, 음소거, 신고하기) 282
랜드 정보 및 공유하기 284
다른 랜드 탐색하기 및 이동하기 286
화면 공유하기 286
현재 화면 캡처(사진 촬영)하기 288
내 마이크 음소거하기 289
설정 290
감정 및 모션 294
최신 업데이트(채팅 기능 및 검색 등) 295

에필로그 300
찾아보기 302

"이 책은 학교 현장 및 미래 교육을 하고자 하는 사람들을 위한 메타버스 기초 튜토리얼북으로, 다양한 메타버스 공간을 직접 구축하고 전국 단위 연수를 진행한 교사들이 직접 작성한 점이 돋보입니다. 메타버스 첫 시작을 위한 책으로 추천합니다."

— **강성현**, 초등컴퓨팅교사협회장

"《세상에서 가장 쉬운 메타버스, 게더타운 & 이프랜드》는 제목에서부터 요즘 시대를 잘 나타내고 있습니다. 우리가 사는 시대는 생각 이상으로 다양한 변화를 가져다줄 것이고, 그중에서도 현실 세계와 가상 세계와의 지속적인 상호작용을 가져다줄 '메타버스'가 대표적입니다. 이 책에서는 접근성이 가장 높은 두 가지, 게더타운(PC 기반)과 이프랜드(모바일 기반)에 대한 모든 것을 알려줍니다. 우리는 그것을 이 한 권의 책을 통해 쉽게 자신의 것으로 만들 수 있습니다. 메타버스의 문을 함께 열어 보시죠!"

— **김진수**, 《평범한 일상은 어떻게 글이 되는가》의 저자, 밀알샘

"메타버스는 시나브로 우리 곁에 이미 와 있습니다. 오랜 기간 메타버스에 대해 연구하며 교육에 접목을 시도하였고, 특히 게더타운의 대가인 두 분의 글이 세상에 나온다니 무척 반갑습니다. 예측할 수 없는 미래, 급변하는 미래 속에서 한줄기 영감을 줄 수 있는 책이 될 것으로 기대합니다."

— **박종필**, 구글공인혁신가, 스마트교육학회 사무총장

"메타버스 환경을 만드는 것이 어렵다고 생각하는 분들에게 이 책을 추천합니다. 쉽고 친절한 설명, 기초부터 고급 기능까지 빠짐없는 설명과 동영상 강의는 이 책을 더욱 빛나게 만드는 요소입니다."

— **송상수**, 초등 코딩 교재 '송쌤' 시리즈의 저자

"우리는 또 하나의 버즈 워드인 '메타버스'를 마주하고 있습니다. 어른들은 메타버스를 분석하고 이해하려 애쓰는 데 반해, 소위 MZ 세대는 이미 메타버스 안에서 뛰어놀고 있습니다. 이 책은 이런 새로운 세대와 함께 호흡하고자 하는 모든 어른을 위한 책입니다. 이 책에서는 메타버스 대표 플랫폼인 게더타운과 이프랜드의 거의 모든 기능과 사용법이 자세하고 친절하게 설명되어 있습니다. 새로운 공간을 창조하고 그 안에서 즐거운 발견을 찾고자 하는 분들이라면 이 책으로 시작하기를 강력하게 추천합니다."

— **장윤재**, 컴퓨터교육학자, 삼육대학교 S/W융합교육원 교수

"현실과 이어지는 가상의 세계로 가는 길목을 환하게 비춰 주는 책, 현장에 꼭 필요한 노하우까지 담은 책이 나왔네요. 메타버스를 활용한 교육이 궁금한 분들이라면 이 책을 강력히 추천합니다!"

— **홍지연**, 코딩 과학동화 '팜' 시리즈의 저자, 석성초등학교 교사

한계를 극복하기 위한 인간의 노력은 오랜 시간 지속되어 왔습니다. 인간들은 현실 속에서 꿈이라 생각했던 것들을 극복하고 발전시키며 역량을 갖춰 왔습니다. 날아가는 새의 모습을 보고 깃털을 모아 날기를 원했던 그리스 로마 신화 속 이카로스의 이야기를 생각해 봅시다. 이카로스의 시행착오처럼 많은 사람의 꾸준한 노력이 있었기에 하늘을 날고자 하는 라이트 형제의 꿈이 실현될 수 있었으며, 나아가 현재를 살아가는 우리들은 비행기 타기를 더 이상 꿈이라 생각하지 않게 되었습니다.

21세기 4차 산업혁명 시대를 맞아 우리는 비행기의 발명과 같은 또 다른 역사적 현장에 살고 있습니다. 인간의 머리를 모방하여 인간의 지적 한계를 뛰어넘도록 도와주는 '인공지능'과 인간의 신체적 한계를 뛰어넘도록 도와주는 '로봇', 그리고 이제 인간이 사는 세상을 뛰어넘어 새로운 세상을 펼쳐주는 '메타버스'까지. 여러분 앞에 한 걸음 훌쩍 다가와 있습니다.

여러분들은 세상을 변화시킬 역사의 문 앞에 서 있습니다. 그러나 증기기관차가 처음 발명된 시절처럼, 자동차가 처음 발명되었을 때처럼 그 가능성과 효과에 대해 의문이 생기고 두려움이 있을 겁니다. 최근 메타버스와 관련하여 과거부터 해왔던 게임 등이 메타버스가 아닌지, 메타버스는 허상이 아닌지에 대한 논의도 함께 나오고 있습니다. 이론적으로 그 근거를 마련하기 위한 측과 그 허실을 지적하는 측의 논쟁이 아주 뜨겁습니다.

그렇다면 여러분들이 현시점에서 메타버스를 맞이하기 위한 현실적이고 훌륭한 방법은 무엇일까요? 그것은 아마 여러분들이 메타버스를 직접 체험하고 느껴 보는 것일 겁니다. 메타버스에 대한 의문은 잠시 묻어 두고 이 상황을 있는 그대로 즐겨 보는 것, 그리고 나의 상황에 적용해 보는 것이 여러분들이 이 시대를 즐길 수 있는 가장 좋은 방법이 아닐까 생각합니다.

여러분들을 위해 본 책에서는 '게더타운'과 '이프랜드'라는, 우리나라에서 가장 잘 알려져 있고 간단하게 접할 수 있는 2개의 메타버스를 기초부터 심화까지 차근차근 소개합니다. 이 책은 기존에 출간된 게더타운 및 이프랜드 도서들보다 더 최신의 내용을 자세하게 설명하고 있으며, 저자들이 직접 촬영한 별도의 영상을 통해 여러분들이 어려움 없이 따라 할 수 있도록 하였습니다. 여기에 더해 출간 이후에도 유튜브 공개 영상을 통해 지속적으로 게더타운과 이프랜드의 업데이트 소식을 전해 드릴 예정입니다.

이 책이 나오기까지 많은 우여곡절이 있었습니다. 2021년 9월 초고를 작성한 이후 게더타운의 잦은 업데이트와 각종 이슈 때문에 몇 번의 수정과 탈고 과정이 진행되었습니다. 화면이 변경되어 디자인 편집까지 끝난 내용을 처음부터 다시 써 내려 갈 때는 열심히 키운 자녀를 잃어버리는 느낌을 받기도 했습니다. 그러나 드디어 책을 독자들에게 선보일 수 있다는 생각에, 지난 고생은 어디론가 가고 지금은 지식을 공유할 수 있다는 설렘만 가득합니다.

끝으로 이 책이 나오도록 도와준 제이펍 출판사의 장성두 대표님을 비롯하여 각자의 영역에서 도움과 지원을 해 준 모든 분께 감사의 인사를 드립니다.

박진주, 장덕진, 한의표 드림

메타버스 시대, 필요가 아닌 필수!

새로운 시대로의 도약, 메타버스

나를 대신하는 아바타와 상대를 대신하는 아바타, 그리고 그 아바타들이 활동하는 가상의 공간이 있습니다. 이 아바타들과 가상의 공간은 사용자가 원하는 대로 얼마든지 설정하고 꾸밀 수 있으며, 아바타들은 각 사용자의 욕구를 충족시키기 위하여 다양한 활동을 할 수 있습니다. 그리고 이 각 사용자의 욕구를 충족시키기 위한 다양한 활동은 현실 세계의 사용자들에게 다양한 만족감을 심어 줍니다. 또한, 만족감을 충족시키는 것 외에도 다양한 현실 세계의 요소들에 영향을 줍니다. 체험, 생산, 소비, 소통 등 다양한 요소에 영향을 줄 수 있고, 이 영향력은 더욱 커질 것으로 보입니다. 결국, 현실 세계의 나를 대신할 아바타가 다양한 가상의 공간을 넘나들며 활동하고, 이러한 활동은 다시 현실 세계의 나에게 다양한 영향을 끼칩니다. 마침내 현실 세계와 가상 공간의 경계가 없는, 마치 '뫼비우스의 띠'처럼 끝없이 영향을 주고받는 세계가 형성될 것입니다.

영화 〈Ready Player One〉

이러한 현실 세계와 가상 세계와의 상호작용이 반복되어 나타나는 거대한 개념의 세계를 설명할 수 있는 용어가 바로 '메타버스Metaverse'입니다. '추상'을 뜻하는 'Meta'와 '현실 세계'를 뜻하는 'Universe'의 합성어입니다. 현실의 세계를 초월하여 추상적인 새로운 세상 속에서 무한한 가능성을 펼치도록 한다는 것이 메타버스가 담고 있는 함의 중 하나입니다.

물론, '메타버스'라는 용어가 최근에 생긴 용어는 아닙니다. 단순히 VR, AR 속의 가상의 세계를 뜻하는 용어로 쓰이기도 했으며, 게임 세계 속을 뜻하는 용어로 쓰이기도 하였습니다. 특히, 상당수의 게이머는 메타버스가 과연 실제 존재하는 개념인지에 대해서도 많은 의문을 가졌습니다. '현재 메타버스에서 이야기하는 것들이 과거 게임 세계에서 이루어진 것들과 차이점이 없다'라는 점에서입니다.

우선, 과거의 '실감형 콘텐츠'에서 찾아본 '메타버스'의 개념을 살펴보면 다음과 같습니다. 과거 우리가 가상 현실에 관해서 이야기할 때는 메타버스의 개념보다는 가상 현실, 증강 현실, 혼합 현실 등에 기반을 둔 실감형 콘텐츠를 중점에 두고 이야기해 왔었습니다. 흔히 'Virtual Reality', 'Augmented Reality' 등으로 일컬어지며, 구글의 '카드보드'(https://arvr.google.com/intl/ko_kr/cardboard/)와 '포켓몬 고'(https://pokemongolive.com/ko/)가 해당 활용의 대표적 사례로 여겨졌었습니다.

과거에 정의되던 실감형 콘텐츠의 측면에서의 가상 현실을 한 번 잠시 살펴보겠습니다.

가상 현실

가상 현실Virtual Reality, VR은 실제와 유사하지만 실존하지 않는 상황을 활용한 기술을 의미합니다. 가상 현실 기술을 이용한 유형에는 크게 게임형, 시뮬레이션형, 가상 세계형이 존재합니다. 게임형은 학생들이 가상의 공간인 게임 세계에서 과업을 수행할 수 있는 형태를 뜻하며, 시뮬레이션형은 소화기 시뮬레이션(흔히 소방서의 안전 체험관 및 이동형 안전 체험 차량 등에서 많이 이루어지는 가상 현실을 활용한 안전 체험 활동)과 같이 별도의 공간에 접속하지 않고 이미 구성된 가상 공간에서 상호작용하는 것을 의미합니다.

가상 세계형은 프로그램 등을 이용하여 사전에 제작되거나 구성되어 있는 별개의 공간에 사용자가 자신의 감각을 이용하여 참여하는 방식을 뜻합니다. 이렇듯 가상 현실에서 이야기하는 형태는 세 가지 유형이 대표적이었으며, 과거 우리나라에서 일반적으로 이야기하는 형태는 바로 가상 세계형을 의미했었습니다. 우리가 이야기하는 '메타버스'는 게임형과 가상 세계형이 혼합된 복합적 개념의 가상 현실로 볼 수 있습니다.

증강 현실

증강 현실Augmented Reality, AR은 가상 현실의 한 분야에서 시작된 기술로서, 가상 세계에서의 체험을 현실의 공간과 결합하는 기술을 뜻합니다. 기존 가상 현실의 한계점으로 현실과 단절되어 큰 괴리감이 있다는 것이 지적되었으나, 증강 현실은 실재감을 바탕으로 향상된 몰입감을 제공하는 것이 주요 특징입니다. 현재 일반인들이 쉽게 접할 수 있는 증강 현실 콘텐츠는 크게 위치 기반 서비스 형식과 마커 기반 형식으로 구성되어 있습니다.

위치 기반 서비스의 대표적인 활용으로 전 세계적인 인기를 끈 모바일 게임인 '포켓몬 고'가 있습니다. 위치를 기반으로 특정 이벤트가 현실 세계와 결부되어 발생하도록 제작되었습니다.

마커 기반의 증강 현실의 대표적인 사례는 한국과학창의재단에서 개발한 'AR 동물관찰', 'AR 전통문화유산' 등을 비롯해 앱의 카메라를 이용해 마커를 찍었을 때 현실 세계 속에 나타나는 것 등이 있습니다.

혼합 현실

혼합 현실Mixed Reality, MR 기술은 가상 현실VR과 증강 현실AR 기술의 장점을 합쳐서 구현된 기술로, 내가 실재하는 공간 속에서 단순히 2차원의 이미지가 아닌 3차원의 홀로그램을 보며 이를 제어할 수 있는 기술을 의미합니다. 대표적으로 마이크로소프트에서 나온 '홀로렌즈' 시리즈가 혼합 현실을 구현하는 도구로 사용됩니다. 현재 홀로렌즈는 높은 가격 때문에 B2C(소비자와 기업 간의 거래)보다는 B2B(기업과 기업 간의 거래)로 많이 판매되고 있으며, 학술적으로는 심폐소생술 및 회의, 협업 등을 위한 도구로 활용 사례가 보고되고 있습니다. 혼합 현실과 유사한 용어로 확장 현실eXtended Reality, XR이 있는데, 확장 현실을 가상 현실, 증강 현실, 혼합 현실을 모두 포괄하여 보거나 혹은 혼합 현실과 유사한 것으로 보는 경우가 있습니다.

이러한 가상 현실VR, 증강 현실AR, 혼합 현실MR 기반의 학습에 대한 일련의 메타 분석 결과에 따르면, 실감형 콘텐츠는 학생의 학습 효과를 높이는 데 유의미한 영향을 미치는 것으로 여러 연구를 통해 증명되었습니다. 다만, 기존의 이러한 효과적인 실감형 콘텐츠의 측면에서의 가상 현실은 도입 단계로서 현재의 전 세계적인 흐름으로서의 '메타버스' 수준의 파급력을 가지지 못했습니다. 이는 가상 공간을 뒷받침해 줄 수 있는 기술의 발달과 가상 공간에 대한 가치를 인정하는 사회적 분위기의 미성숙과 관련이 있었습니다. 하지만 정보 기술의 발달로 마침내 급격히 발전하는 현대 사회에서 IT 기술은 다양한 사회의 발달과 문화의 발달을 가져왔고, 이는 곧 앞서 말한 뫼비우스의 띠처럼 현실 세계와 가상 세계의 통합을 가져왔습니다.

이에 따라 '메타버스'라는 용어는 최근 이러한 시대의 흐름을 설명하는 데 적합한 개념으로 받아들여졌고 다양한 곳에서 사용되고 있습니다. 물론, 현시점에서 '메타버스'라는 용어를 정확히 정의하기는 어려우나 이미 '메타버스'는 우리 생활에 다양한 변화를 가져올 준비를 마친 것으로 보입니다. 또한, 코비드-19 바이러스의 등장으로 비대면 활동이 가속화되었기 때문에 '메타버스'는 더욱더 부상하고 있으며, 곧 우리 삶의 자연스러운 일부가 될 것으로 보입니다.

출처: 머니투데이, MBC의 '너를 만났다'

출처: 국제뉴스, Mnet의 '다시 한번'

출처: 한국경제 TV, '로블록스'

출처: 페이스북, '호라이즌 월드'

메타버스에도 비판과 한계가 명확하게 존재합니다. 메타버스 플랫폼이라는 로블록스, 제페토와 온라인 게임의 차이점은 뭘까요? 메타버스는 현실과 가상의 연결, 다시 말해 현실 세계 속 나의 존재를 가상 세계 속에서 활동할 수 있도록 해 주는 일종의 '플랫폼' 역할이 있어야 메타버스로 볼 수 있을 것 같습니다. 여기서 말하는 활동 가능성은 게임처럼 단순히 공간 안에서 뛰어노는 '소비자'가 아니라 '공급자'가 되어 현실 세계와 같이 경제활동이 가능해야 함을 말하며, 바로 이 점이 기존의 게임과 메타버스 플랫폼의 차이점이라 볼 수 있습니다.

메타버스는 기업이 제공하는 서비스를 수요자가 일방적으로 받는 형태가 아니라, 서비스 이용자가 새로운 서비스의 제공자가 될 수 있는 플랫폼이라고 할 수 있습니다. 예를 들어, '리그 오브 레전드LoL' 등 게임의 플레이어처럼 단순히 게임을 즐기는 것은 초기 단계의 가상 세계형 메타버스라고 할 수 있으며, 진정한 메타버스가 되기 위해서는 플랫폼화된 공간에서 활동해야 하고, 그러한 플랫폼 비즈니스를 담당할 수 있는 기업이 메타버스 기업이라고 할 수 있습니다. 따라서 현재 메타버스의 한계에 대한 비판을 뛰어넘기 위해서는 단순히 공간을 구성하고 소비하는 소비자에서 더 나아가 상품의 공급자, 그리고 나만의 창조적인 공간을 만들어 내는 생산자가 메타버스의 의미를 정확히 이해한 메타버스 세계의 진정한 주인공이 되어야 합니다. 이 책에서는 여러분들이 단순히 게더타운 및 이프랜드의 소비자가 아닌 생산자로 나아가는 방안에 대해 맵(공간) 메이커 및 행사 주최자로서의 역할을 적절히 수행할 수 있도록 각종 기능에 대해 가이드를 해 주고자 합니다.

메타버스를 대표하는 플랫폼

앞서 말했듯이, 현시점에서 '메타버스'라는 용어를 정의하기는 어렵습니다. 다양한 직업군에서 바라보는 시점이 모두 다르고, 이를 연구하는 연구자들 또한 다양한 정의를 내리고 있습니다. 그중 대표적인 구분 방법이 'VR 기반의 메타버스'와 'PC 및 모바일 기반의 메타버스'입니다. 첫째, VR 기반의 메타버스는 가상 공간 속에 사용자가 직접 들어가서 나의 몸을 움직여 상호작용하는 것이 주요 특징이며, 메타의 '오큘러스 퀘스트 2', 마이크로소프트의 '홀로렌즈' 등이 대표적입니다. VR 기반의 메타버스는 현실 세계와 메타버스가 구분이 되지 않을 정도의 실감 나는 경험을 사용자에게 제공하는 것이 특징이나, 비용적인 측면에서 확장성이 낮다는 점이 있습니다.

이에 반해 PC 및 모바일 기반의 메타버스는 일종의 게임과 유사한 가상 공간 안에서 디지털 트윈(디지털 세상 속에 현실 속 나와 유사한 쌍둥이를 만드는 것. 메타버스 속 캐릭터도 나의 디지털 트윈일 수 있으며, T맵, 카카오 내비 등의 지도 역시도 현실 도로의 디지털 트윈이라 할 수 있음)으로서의 나의 모습을 살펴보며 상호작용하는 것이 주요 특징입니다. 특히, 진입 장벽이 상대적으로 낮기 때문에 많은 사람을 한곳에 모으고 활동하기에 보다 확장성이 높은 유형입니다.

현시점에서 우리나라에서 가장 많이 언급되는 메타버스 플랫폼은 다음과 같은 세 가지 플랫폼일 것 같습니다. 바로 '게더타운', '제페토', '이프랜드'입니다. 각 플랫폼의 특징은 다음과 같습니다.

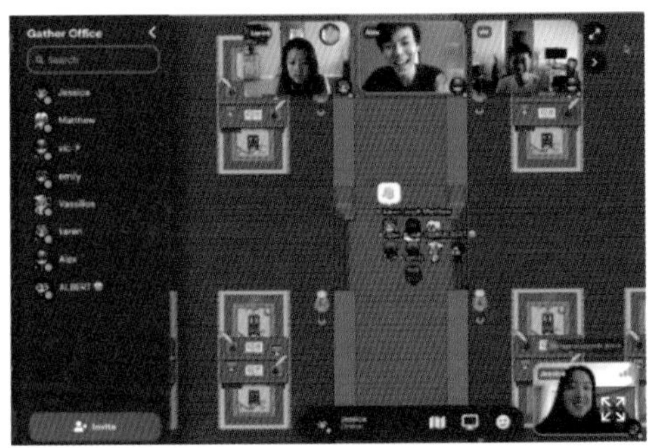

게더타운

- 미국의 Gather Presence에서 제작한 2D 기반의 공간과 아바타를 활용한 플랫폼
- 직접 제작 또는 제공되는 가상 오피스 공간을 바탕으로 한 실시간 화상회의 가능
- 현재 많이 사용되는 온라인 화상회의 플랫폼 'Zoom'과 유사한 회의 및 공유 기능 제공

출처: 네이버제트

출처: 하나은행의 글로벌캠퍼스

제페토

- 네이버 제트에서 개발한 3D 기반의 공간과 아바타를 활용한 플랫폼
- 제공되는 공간과 자작 공간을 활용하여 다양한 활동을 할 수 있는 소셜 엔터테인먼트의 형태
- 실시간 채팅 및 실시간 음성 채팅이 가능함

출처: SK텔레콤

출처: SK텔레콤

이프랜드

- SK텔레콤에서 개발한 3D 기반의 공간과 아바타를 활용한 플랫폼
- 제공되는 가상 공간을 바탕으로 온라인 세미나 등을 개최할 수 있는 플랫폼

각 플랫폼에서 세부적으로 제공하는 기능의 유형은 다음과 같습니다.

종류 / 기능	게더타운	제페토	이프랜드
그래픽	2D	3D	3D
구동 환경	모바일: 일부 가능	모바일: 가능	모바일: 가능
	컴퓨터: 가능	컴퓨터: 불가	컴퓨터: 불가
화상 캠	O	X	X
음성 채팅	O	O	O
일반 채팅	O	O	O
화면 공유	O	X	O
자료 게시	O	X	O
수용 인원	무료 25명 (유료 결재 시 수용 인원 증가)	16명	31명 (관전 100명 지원)
공간 제작	O	O	X
아이템 제작	X	O	X

추가로, 네이버 Z.E.P와 싸이월드, 메타버스 등 기업마다 자신만의 메타버스를 선보이고 있으나 현재 우리나라에서 가장 대중적으로 소개되고 활용되는 메타버스는 게더타운, 제페토, 이프랜드라고 볼 수 있습니다. 이 책에서는 이들 중에서 PC 기반에서 접근성이 가장 높은 '게더타운'과 모바일 기반에서 가장 접근성이 높은 '이프랜드'에 대한 모든 기능을 차근차근 익혀 보는 시간을 가질 것입니다.

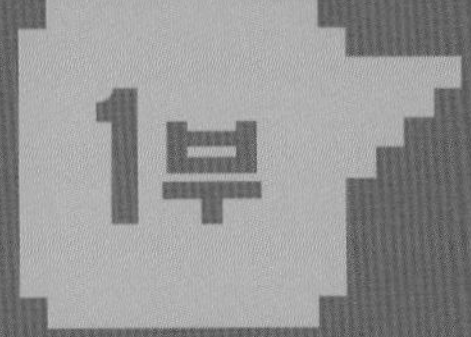

게더타운
Gather Town

Gather

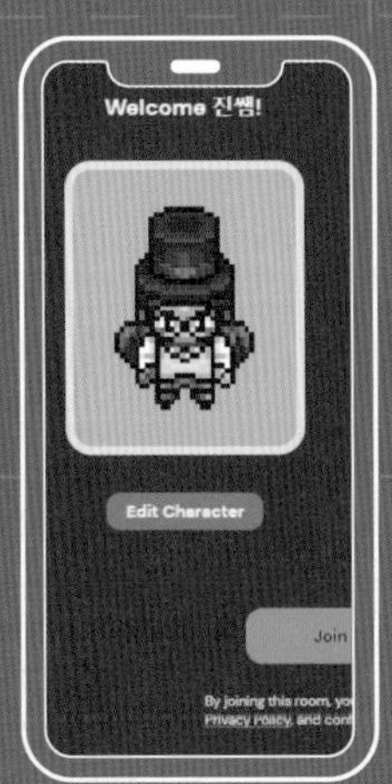

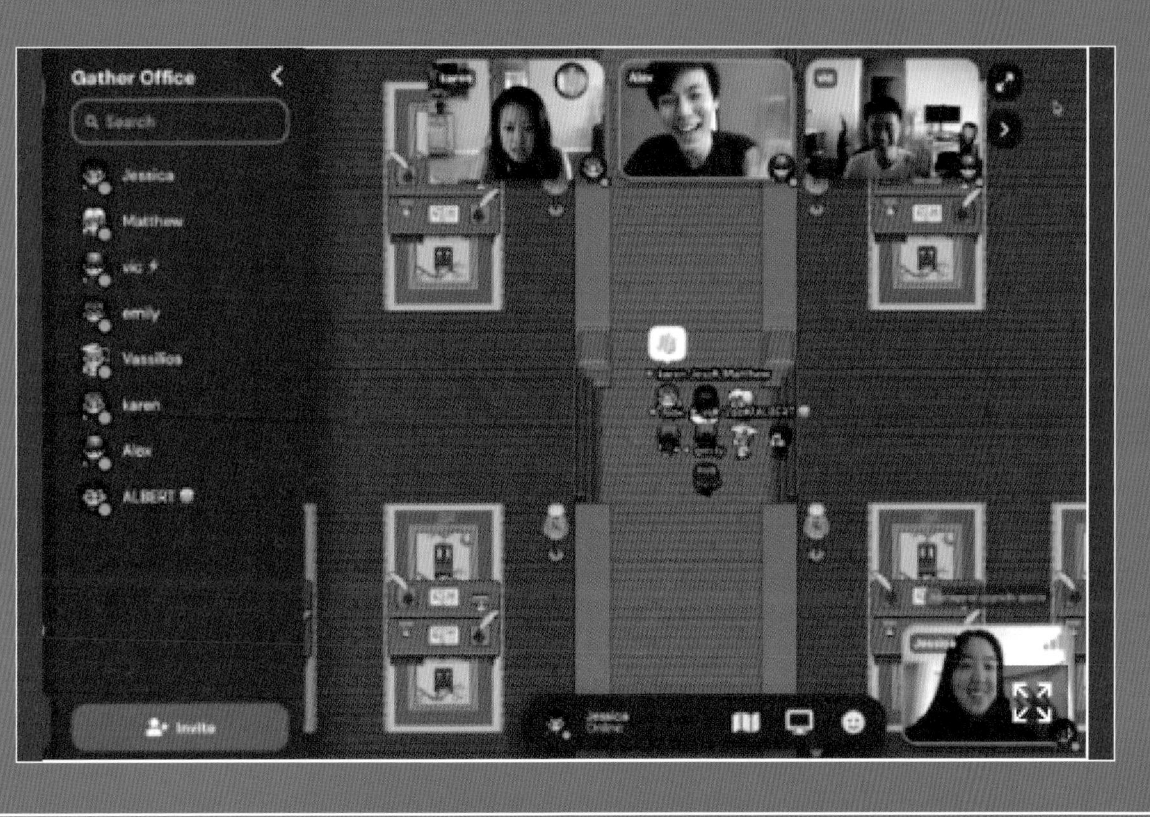
Gather Office
Search
Jessica
Matthew
vic
emily
Vassilios
karen
Alex
ALBERT
Invite
ALIANO

1장

게더타운 시작하기

게더타운 접속하기

게더타운Gather Town은 메타버스 기반의 화상 회의 플랫폼입니다. 실제 현실의 모습을 가상 현실로 옮겨와 비대면으로 소통할 수 있는 서비스입니다. 줌ZOOM처럼 '일 대 다수'의 일방적인 관계에서 벗어나 필요할 때만 원하는 사람과 화상통화를 할 수 있으므로 효율성은 높고 피로감은 덜합니다. 또한, 2D의 귀여운 캐릭터를 활용하여 소극적인 참가자들도 자연스럽게 대화를 이어 나갈 수 있으며, 게더타운 안에서 동영상, 문서, 게임 등의 다양한 요소도 접할 수 있습니다. 25명 이내에서 무료로 사용할 수 있으며, 시간제한은 없습니다. 그럼, 지금부터 게더타운을 어떻게 시작하고 활용할 수 있는지 함께 알아보겠습니다.

게더타운은 별도의 프로그램을 다운로드하지 않아도 되는 비 설치형의 웹 기반 프로그램입니다. 데스크톱에서 실시할 때에는 Gather space 프로그램을 'Windows' 버전과 'Mac' 버전으로 다운로드할 수 있으나, 크롬 브라우저에서 실시하는 것과 큰 차이가 없으므로 이 책에서는 프로그램 설치는 따로 다루지 않습니다. 데스크톱(노트북, 크롬북) 등에서는 특정 기능 제약 없이 모든 기능을 사용할 수 있습니다. 모바일(휴대폰, 태블릿 PC 등)에서는 일부 기능(상호작용)을 지원하지 않고 있으나 업데이트될 예정입니다. 이에 따라 이 책에서는 '데스크톱' 환경에서 '크롬 브라우저'를 활용하여 접속하는 과정을 바탕으로 설명하겠습니다.

홈페이지 접속하기

게더타운에 접속하기 위해서는 크롬 브라우저가 필요합니다. 크롬 브라우저를 띄운 후 구글(www.google.co.kr)에서 'gather town'을 검색하여 사이트에 접속해 보겠습니다.

gather town

구글에서 'gather town' 검색하기

그러면 다음과 같은 화면이 나올 텐데, 빨간 박스 부분을 클릭하면 됩니다.

https://gather.town ▾

Gather | A better way to meet online.

Centered around fully customizable spaces, **Gather** makes spending time with your communities just as easy as real life.

Gather App

Gather is a video-calling space that lets multiple people hold ...

구글에서 'gather town'으로 검색한 화면

그러면 게더타운에 접속하게 되고 다음과 같은 화면을 만나게 됩니다. 그럼, 게더타운이 어떻게 생겼는지 살펴보겠습니다.

Gather Explore Gather Solutions Pricing Company Resources Log in Try Gather free

Interested in using Gather for remote work? Get a 30-day free trial!

A better way to
hos|

Centered around fully customizable spaces, Gather makes spending time with your communities just as easy as real life

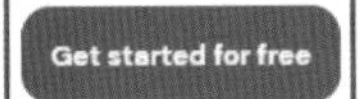

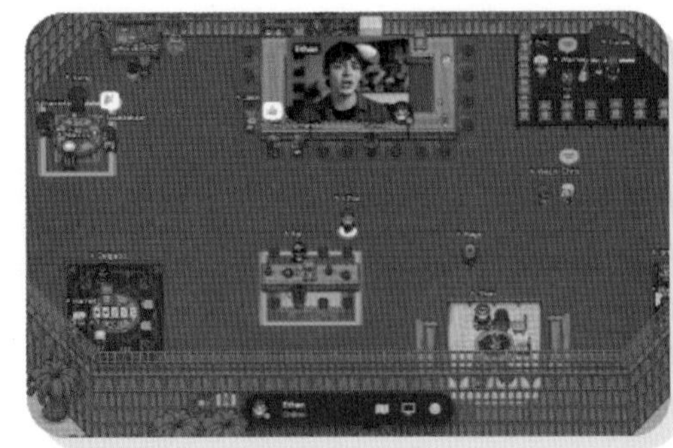

게더타운의 초기 화면

게더타운 홈페이지 구성을 살펴보겠습니다. 오른쪽 상단을 보면 로그인을 할 수 있는 **Log in**과 **Try Gather free**(무료로 게더타운 사용해 보기)가 있습니다.

로그인을 하면 내가 현재까지 작업하고 참여했던 공간의 정보를 볼 수 있으며, 로그인 상태에서 활동한 내역이 누적되고 데이터로 남습니다. 따라서 만약 여러분들이 자신의 작업물을 저장하거나 방문한 곳을 기억하기 위해서는 로그인을 한 후 시작해야 합니다.
만약 로그인을 하지 않고 단순히 기능을 경험하는 차원에서 다른 사람의 맵을 탐험하는 정도만 하고 싶다면, **Try Gather free** 또는 왼쪽에 있는 **Get started for free** 버튼을 통해 진행할 수도 있습니다.

이 책에서는 여러분만의 공간을 제작하고 행사를 진행하는 것을 포함하고 있어 계정에 로그인한 상태를 기본으로 진행하겠습니다.

Log in(로그인)을 누른 화면

Log in 버튼을 누르면 구글 이메일로 시작하거나 개인 이메일로 시작할 수 있는 화면이 보입니다. 구글 이메일로 시작하려면 **Sing in with Google**을 클릭한 후 구글 계정 또는 휴대 전화 번호를 입력하여 **다음** 버튼을 선택합니다.

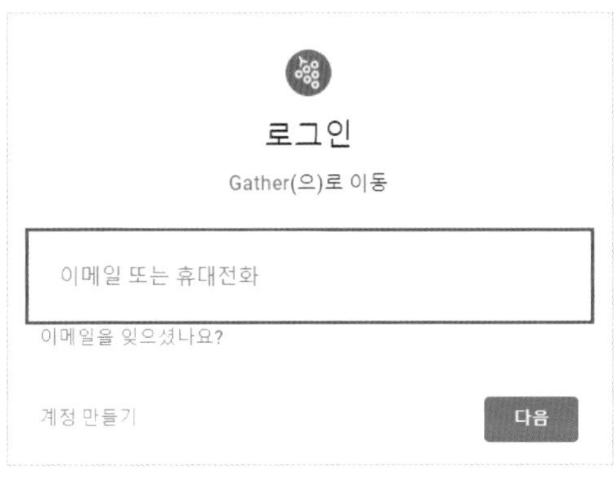

브라우저에 등록된 구글 계정의 이메일 주소를 입력하는 화면

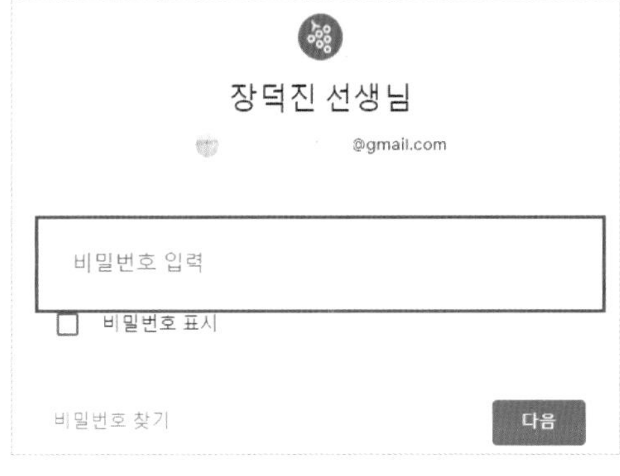

브라우저에 등록되지 않은 구글 계정을 입력하는 화면

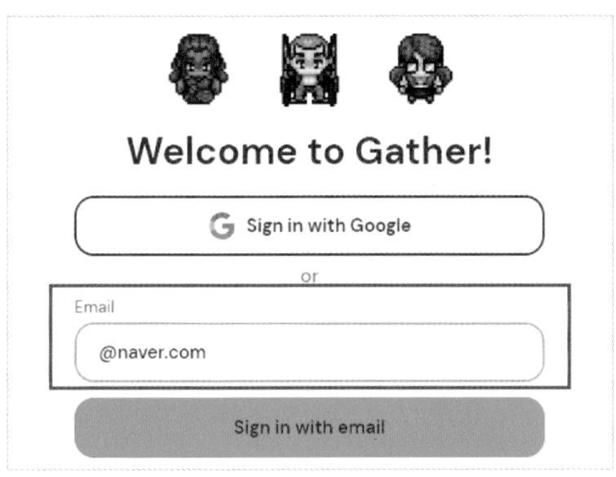

구글이 아닌 다른 이메일로 로그인하기

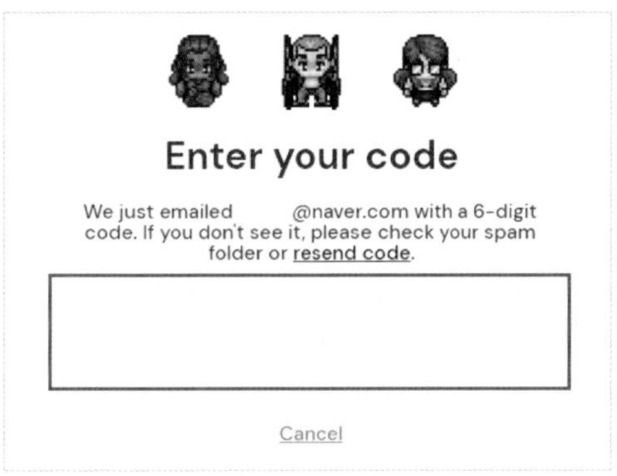

구글이 아닌 다른 이메일로 받은 코드 입력하기

만약 구글 계정이 없다면 다른 이메일로도 로그인할 수 있습니다. 다른 서비스들은 하나의 계정으로 자동 회원가입을 도와주는 싱글사인온(SSO) 기능이 구글, 마이크로소프트, 애플 계정 등에만 한정되어 있으나, 게더타운은 여러분이 사용하는 어떤 이메일로도 로그인할 수 있도록 합니다.

따라서 네이버나 다음 등 다른 포털의 이메일을 입력하면 코드 6자리를 입력하라는 화면을 볼 수 있습니다. 로그인을 위해 이메일을 입력한 후 게더타운에서 보낸 이메일을 확인합니다. 그 후 게더타운에서 전송한 이메일에 있는, 로그인에 필요한 6자리 코드를 입력하면 계정이 활성화됩니다.

Sign in to Gather #9vVA

보낸사람 VIP Gather<login@mail.gather.town>

받는사람 @naver.com>

Hi,

We received a request to sign in to Gather using this email address.

Your one-time password is: 464703.

Please do not share this code.

If this was not you, please ignore this email.

게더타운에서 받은 6자리 코드를 확인하는 메일

캐릭터 꾸미기

게더타운에 처음 로그인을 하면 캐릭터를 꾸밀 수 있는 화면이 나옵니다. 캐릭터의 모습은 게더타운에 입장하고 나서도 언제든 바꿀 수 있으므로 자유롭게 제작하면 됩니다.

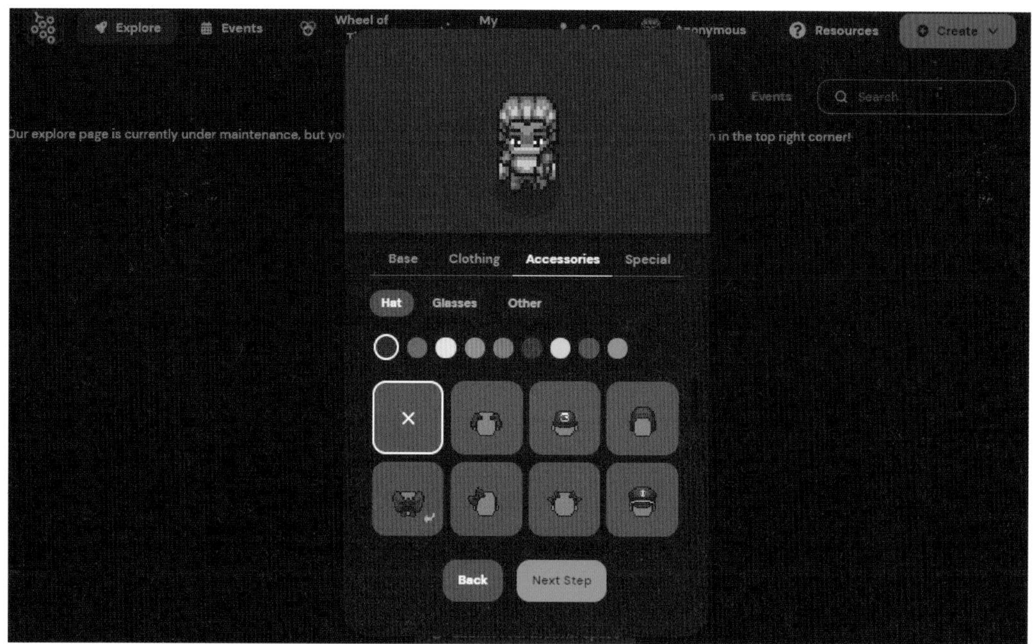

캐릭터 꾸미기

그럼, 캐릭터 꾸미기 화면을 살펴보겠습니다. 캐릭터의 꾸밈 요소는 네 가지로, **Base/Clothing/Accessories/Special**이 있습니다. **Base**에서는 얼굴의 기본형을 만들 수 있으며, **Clothing**에서는 의상, **Accessories**에서는 모자, 안경 등 부가 악세서리를 선택할 수 있습니다. 마지막 **Special**은 특수 상황에 맞는 캐릭터를 선택해 시즌을 즐기거나 스토리 속 인물이 될 수 있습니다.

먼저, **Base**를 클릭하여 원하는 피부의 색과 헤어 모양, 턱수염의 종류를 선택합니다. 참고로, 여러 개의 동그라미 중 하나를 클릭하면 해당 아이템을 원하는 색상으로 변경할 수 있습니다.

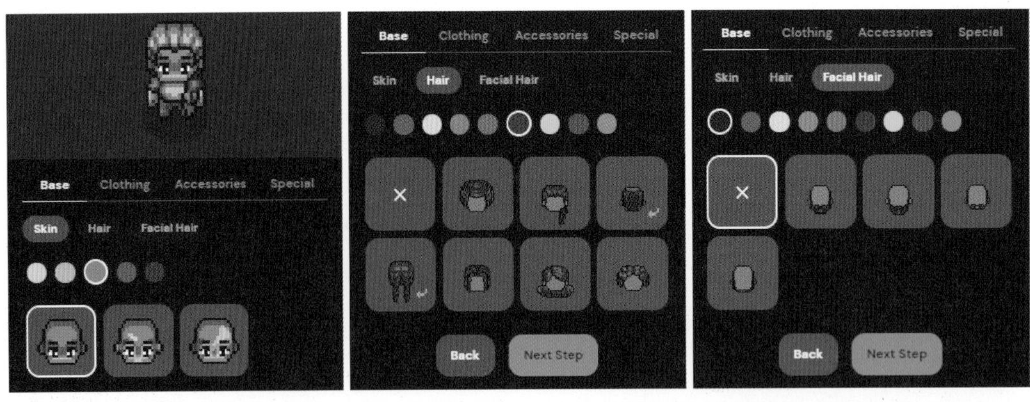

Base > Skin　　Base > Hair　　Base > Facial Hair

다음으로, **Clothing**을 선택하여 캐릭터의 상의/하의/신발을 골라 보겠습니다.

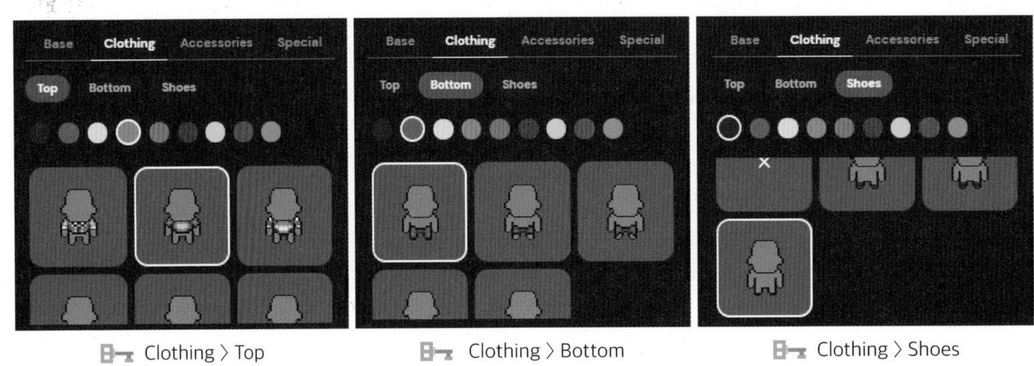

Clothing > Top　　Clothing > Bottom　　Clothing > Shoes

다음으로, **Accessories**를 클릭하여 모자와 안경 등으로 캐릭터를 꾸며 봅시다.

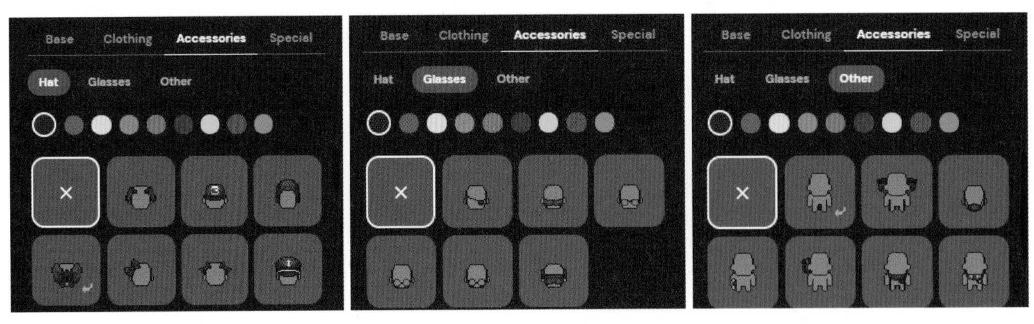

Accessories > Hat　　Accessories > Glasses　　Accessories > Other

마지막으로, **Special**을 클릭하면 시기별로 업데이트되는 캐릭터 및 스토리상에서 활용할 수 있는 캐릭터를 선택할 수 있습니다. 예를 들어, 할로윈 시즌이 되면 **Seasonal** 카테고리에서 할로윈 코스튬 등이 생성되어 선택할 수 있으며, **Wheel of Time**에서 활용할 수 있는 인물 캐릭터도 마찬가지로 **Special**에서 선택할 수 있습니다.

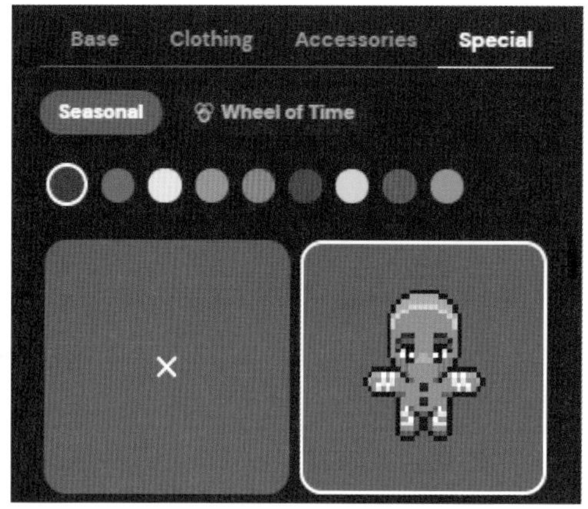

Special > Seasonal 캐릭터

Special > Wheel of Time 캐릭터

캐릭터가 완성되면 **Next Step**을 눌러 캐릭터의 이름을 지정해 줍니다.

캐릭터 꾸미기 종료하기

캐릭터 이름 짓기

Finish Editing을 눌러 캐릭터 꾸미기를 종료하고, **Enter your name**에 원하는 캐릭터의 이름을 입력합니다. 참고로, 캐릭터의 이름은 한글도 가능합니다. 그리고 **Finish**를 눌러 캐릭터 꾸미기를 완료하면 됩니다.

동영상으로 한 번 더!

http://m.site.naver.com/0UTEE

공간에 입장하기

게더타운 공간에 입장하는 방법은 다양합니다. 첫째, 다른 사람이 제작한 공간의 주소를 받아서 입장하는 방법입니다. 보편적으로 게더타운을 처음 접하는 경로는 다른 사람이 보내 준 주소를 클릭하는 방법입니다.

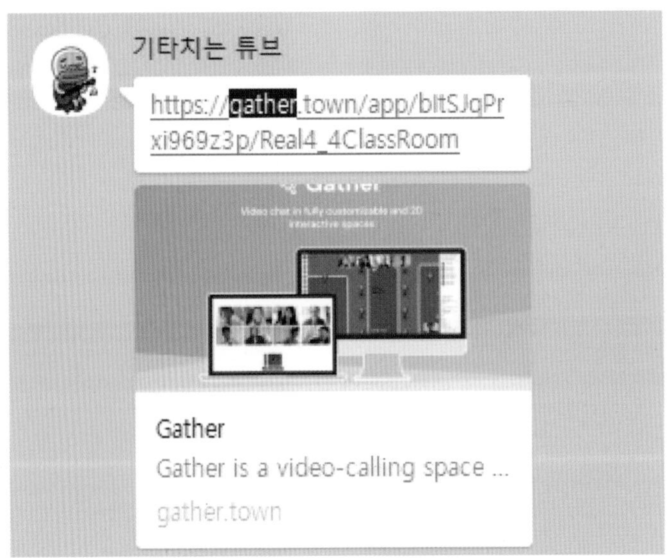

메신저를 통해 받은 주소

모바일에서 메신저 등을 통해 받은 주소나 사이트에 올려져 있는 주소를 클릭하면 자동으로 게더타운으로 연결됩니다.

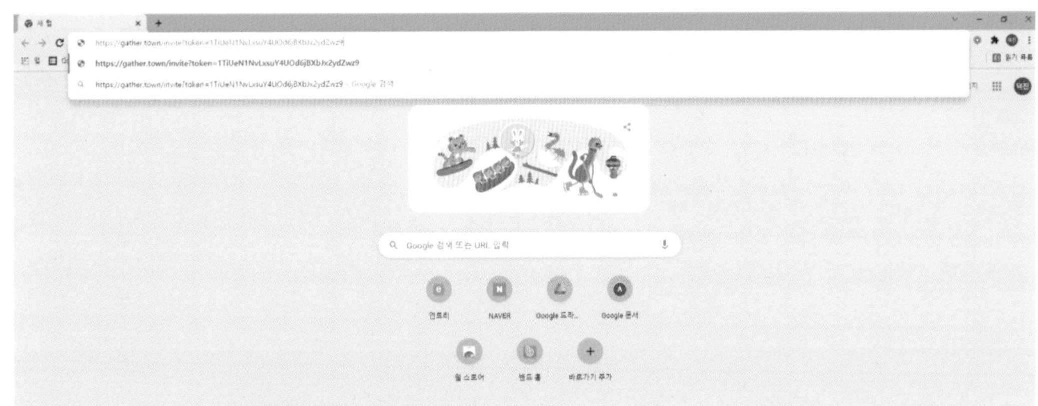

웹 브라우저에 주소 입력하기

또는 게더타운의 경우 아직까지 모바일 버전이 불완전하기 때문에 해당 주소를 복사하여 크롬, 웨일, 익스플로러 등의 웹 브라우저에 붙여 넣어서 게더타운에 접속하는 방법이 있습니다.

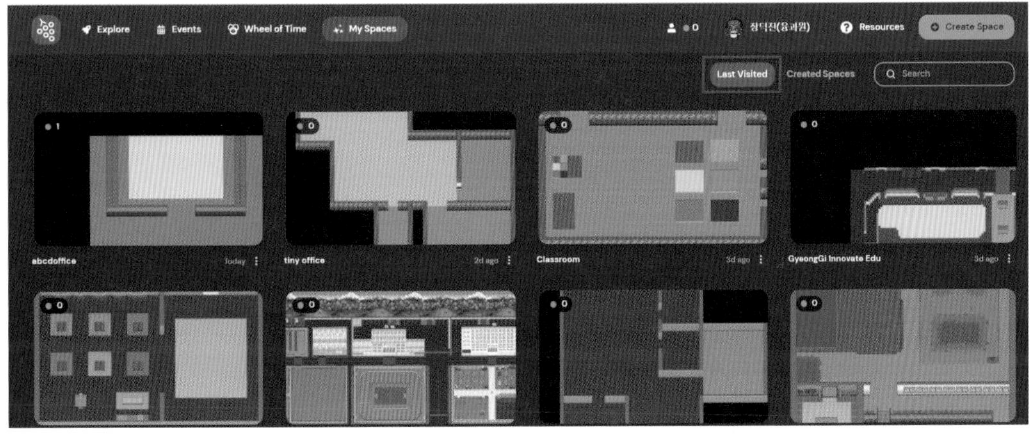

Last Visited

만약 자신이 이전에 방문했던 공간이 있다면 게더타운 홈 화면에서 **My spaces > Last Visited**를 통해 다시 입장할 수 있습니다. 따라서 다른 플랫폼들과 달리 게더타운에서는 자신이 접속했던 공간에 대한 기록을 간편하게 기록해 주기 때문에 재접속을 위해 주소를 여러 번 받을 필요가 없습니다.

게더타운에서 공간에 입장하는 두 번째 방법은 내가 공간을 스스로 만드는 것입니다. 앞에서 우리가 만든 자신의 캐릭터가 움직이고 활동할 공간을 만들어 입장해 봅시다. 공간을 만들기 전에 우리는 왼쪽 상단 메뉴바의 내용을 살펴볼 필요가 있습니다. 왼쪽 상단의 메뉴바 선택에 따라서 오른쪽 상단의 **Create** 버튼이 달라지기 때문입니다. **Explore** 메뉴를 선택하면 **Create** 버튼이 나오며, 하위로 **Create a Space** 및 **Create an Event**가 나옵니다.

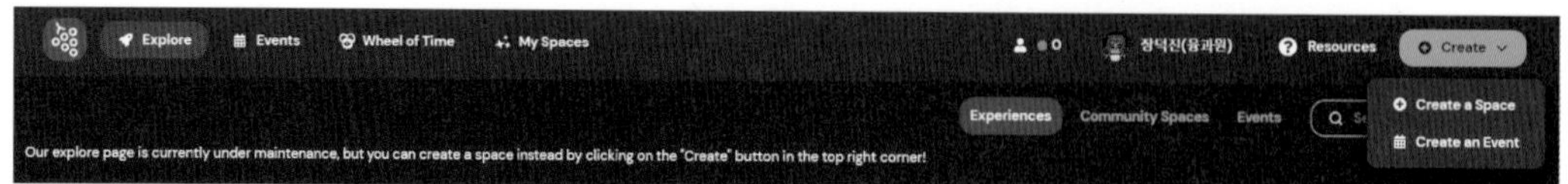

상단 메뉴바

Events 메뉴를 선택하면 **Create Event** 버튼이 표시됩니다. **Wheel of Time** 메뉴를 선택하면 **Create Space** 버튼이 표시됩니다. **My spaces** 메뉴를 선택하면 **Create Space** 버튼이 나옵니다.

이 책에서는 우선 이벤트와 공간을 모두 만들 수 있는 **Explore** 메뉴를 선택한 상황에서 진행하겠습니다.

맵 만들기

위의 그림처럼 **Create**를 누르면 두 개의 선택지가 생깁니다. 일반적으로 항상 오픈되어 있는 공간(혹은 방)을 만들려면 **Create a Space**를 선택하고, 행사나 이벤트 등 맵의 사용 목적이 뚜렷하고 공간의 사용 시작과 끝나는 시간이 정해져 있을 경우(일회성)라면 **Create an Event**를 클릭합니다.

Create a Space

먼저, **Create a Space**를 눌러 일반적인 공간을 만들어 보겠습니다. **Create a Space**를 클릭하면 세 가지 선택지가 나타납니다. 세 가지 중 공간을 만드는 목적에 맞는 버튼을 클릭하면 추천에 따라 운영할 수 있습니다.

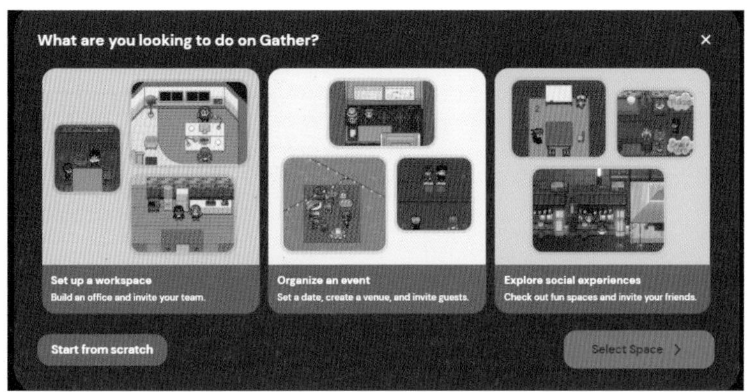

Create a Space를 클릭한 화면

만약 게더타운에 익숙하고 튜토리얼 없이 빠르게 공간을 만들기를 희망하면 **Start from Scratch**라는 버튼을 클릭합니다. 'Start from Scratch'는 기본 재료만을 가지고 제작하는 것을 뜻하는 영어의 숙어로, 기본 구성요소를 바탕으로 자신이 만들겠다는 것을 뜻합니다.

Start from Scratch를 통해서 접속하면 다양한 주제 중심의 템플릿을 추천받을 수 있습니다. 자신이 기존에 제작했던 공간을 활용하여 새로운 공간을 제작할 수 있으며, 사무실용이나 교육용 혹은 처음부터 빈칸에서 제작하는 방법이 있습니다. 구체적인 공간 제작 방법은 뒤에서 배우고 여기에서는 공간 접속을 위한 기초적 기능에 대해서만 알아보겠습니다.

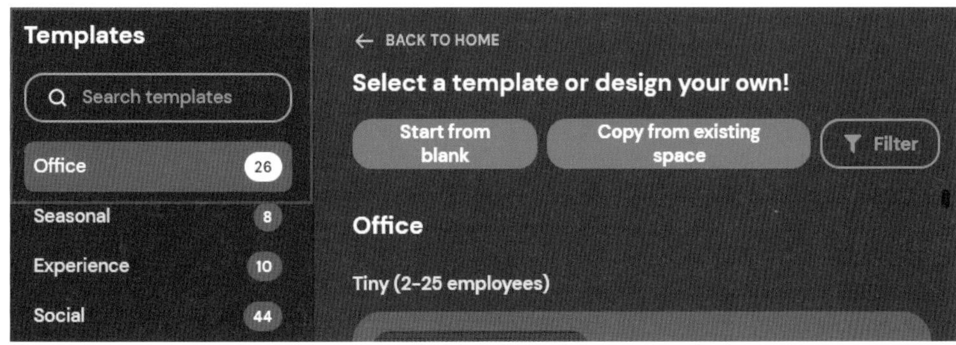

Create a Space에서 Work를 선택한 화면

다시 **Create a Space**의 초기 화면으로 돌아와서 세 가지 선택지를 살펴보겠습니다.

Set up a Workspace

사무실 공간을 만들고자 할 때 선택합니다.

처음 **Set up a Workspace**에 진입하면 이 공간을 얼마나 많은 팀메이트와 활용할지에 대해서 질문을 받습니다. 게더타운에서 자체 제작하여 기본으로 제공하는 사무실을 인원수에 따라서 자동으로 생성해 줍니다. 여기서 만약 **See other templates**를 선택하면 앞에서 **Start from Scratch**를 선택했던 것과 같이 여러 템플릿이 있는 화면으로 이동합니다.

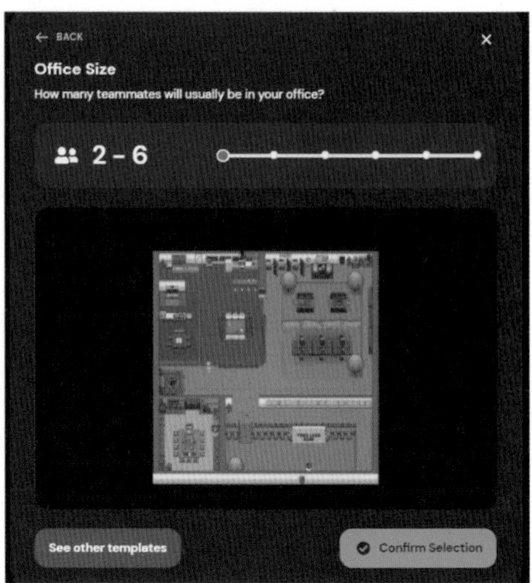

Set up a Workspace

만약 **Confirm Selection**을 선택하면 다음으로 해당 공간의 이름을 지어 주고 선택적으로 공간의 비밀번호를 걸어 줄 수 있습니다. 영문자로 구성된 공간의 이름을 적어 줍시다. 해당 공간의 이름은 다른 사람을 입장하도록 하기 위한 URL의 끝부분에 활용됩니다.

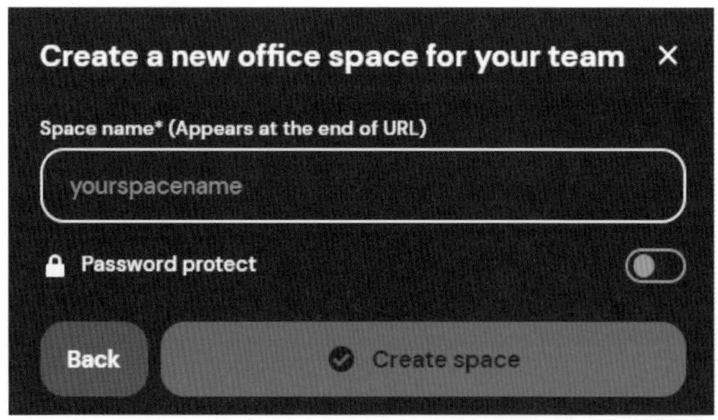

Confirm Selection 선택 후 공간 이름 설정하기

공간의 이름을 설정한 후 **Create space**를 선택하면 공간 생성이 완료됩니다. 이제 입장해 보겠습니다. 자신이 처음 공간을 만들면 자동으로 입장 연결이 됩니다. 카메라, 마이크, 스

피커 등을 세팅하는 공간이 나오고, 여기에서 **Join the Gathering**을 클릭하여 입장합니다.

Join the Gathering

동영상으로 한 번 더!

http://m.site.naver.com/0UVyg

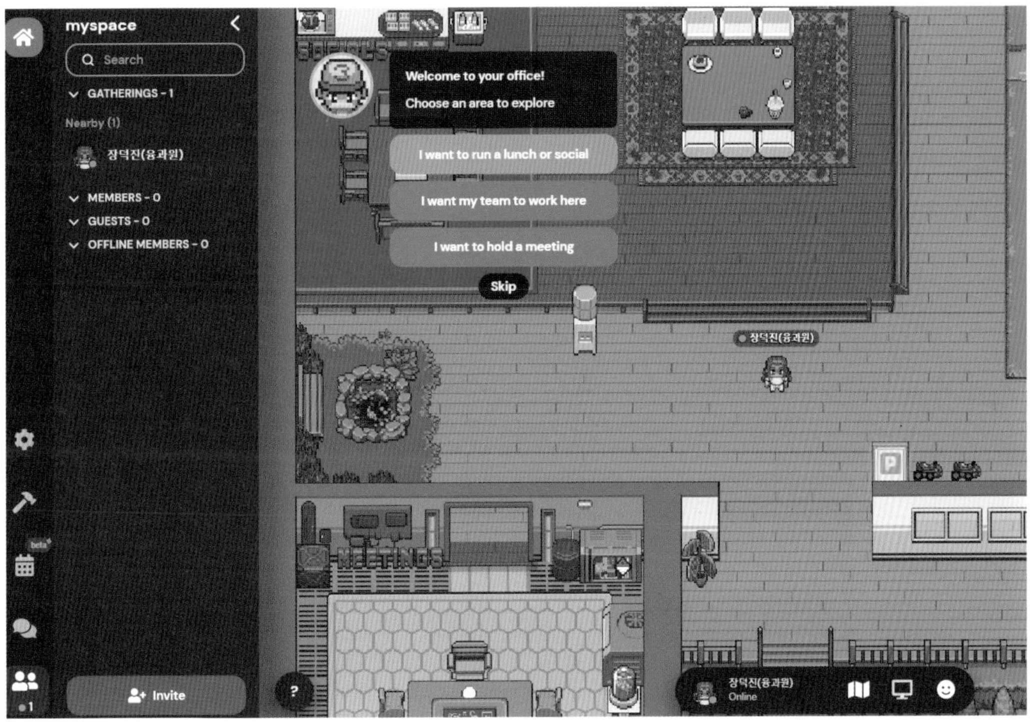

입장 시 가이드 튜토리얼 진행

여러분들이 제작한 공간에 처음 입장하면 그 공간을 통해서 하고 싶은 일을 물어보는 화면이 나옵니다. 예를 들어, 회의를 하고 싶다거나 다른 팀원을 만나고 싶다와 같은 선택지를 주고 고르도록 한 후, 특정 응답을 선택하면 간단한 튜토리얼 및 활용법을 제시해 줍니다. 만약 튜토리얼 없이 하고 싶다면 **Skip now** 버튼을 클릭하면 됩니다.

이렇게 우리는 직접 공간을 만들어 입장하는 방법을 배워 보았습니다. 그렇다면 **Create Space**의 다른 선택지도 살펴보겠습니다. 게더타운 왼쪽 상단의 집 모양( ) 아이콘을 클릭합니다. 그리고 **Go Home** 버튼을 클릭하여 다시 게더타운 홈 화면으로 돌아오도록 합시다. 그 후 **Create 〉 Create Space**를 선택하여 두 번째 선택지를 실습해 보겠습니다.

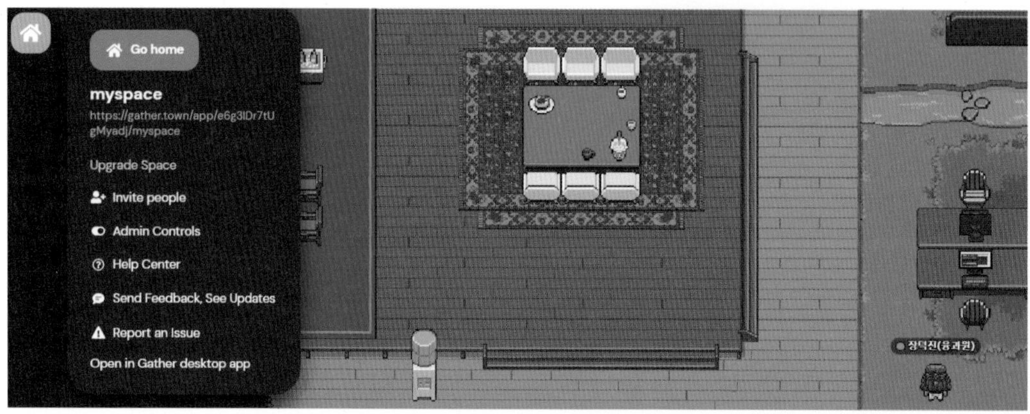

게더타운 홈으로 이동하기

Organize an event

이벤트를 조직하는 내용입니다.

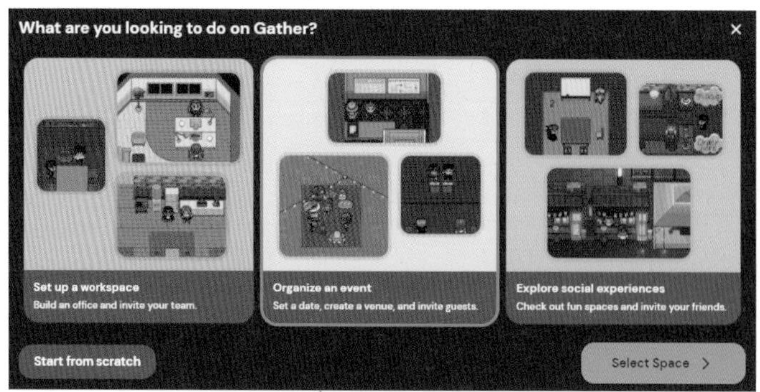

Create Space 〉 Organize an event

현재의 **Create an Space 〉 Organize an event**는 **Create an Event**와 같아서 바로 뒤에서 다시 설명하겠습니다.

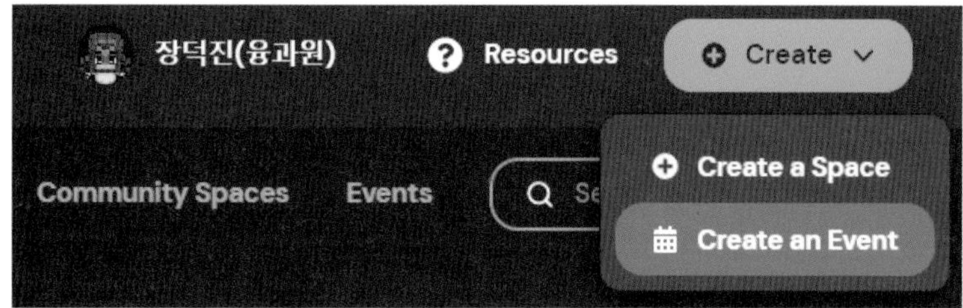

Create an Event

두 방법을 선택했을 때 표시되는 내용은 같습니다.

Explore social experiences

마지막으로, **Explore social experiences**를 선택해 보겠습니다.

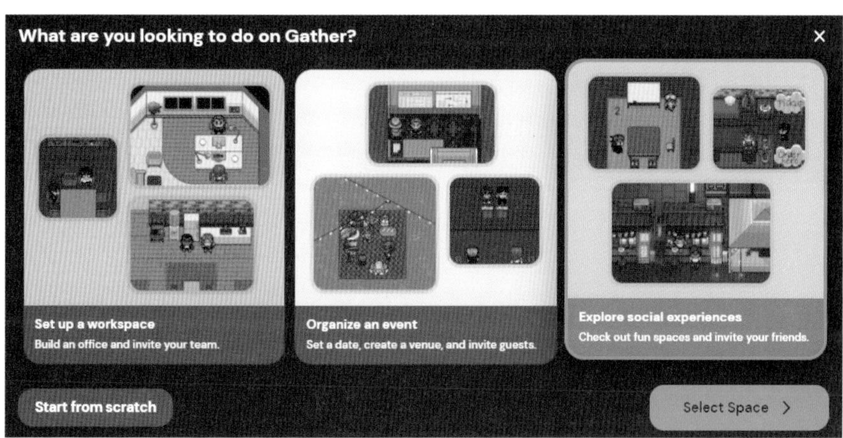

Create Space 〉 Explore social experiences

해당 버튼을 클릭하면 **Start from scratch**와 같이 템플릿을 선택하는 곳으로 이동하는데, 관련 주제인 **Experience**와 **Social** 쪽으로 이동합니다.

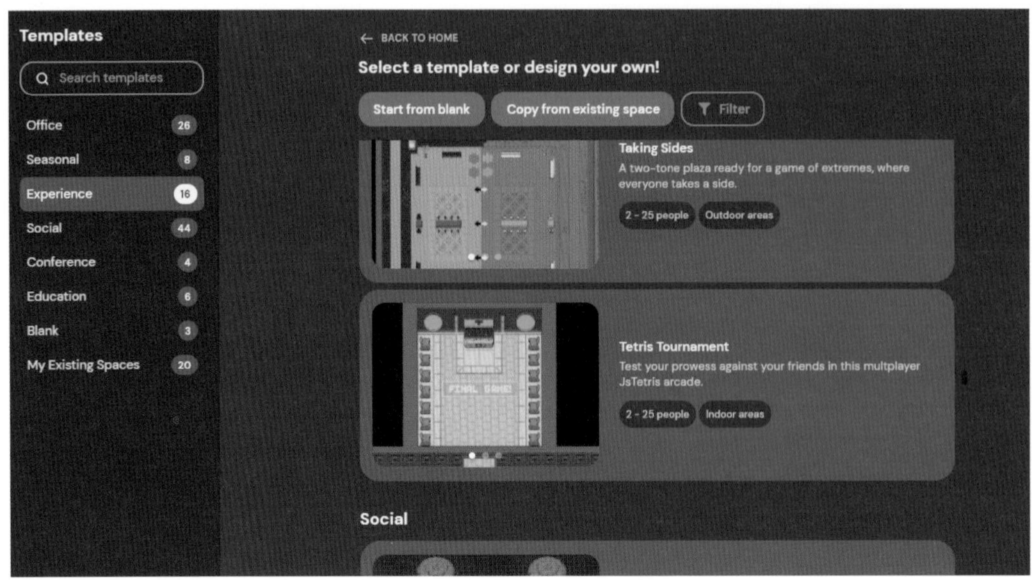

템플릿 중 Experience로 이동된 모습

물론, **Explore Social Experience**를 선택해서 가장 관련 있는 분야로 템플릿이 안내되었지만, 자신이 희망하는 목적과 활용 방법에 따라서 여러 주제의 게더타운 템플릿을 창의적으로 활용할 수 있습니다.

동영상으로 한 번 더!

http://m.site.naver.com/0UVz9

Create an Event

이번에는 홈 화면 오른쪽 상단의 **Create**에서 **Create an Event**를 살펴보겠습니다. 이벤트 공간을 만들기 위해서는 왼쪽 상단의 **Explore**를 선택하고 맨 오른쪽의 **Create**를 클릭 후 다시 **Create an Event**를 클릭하여 만들거나, 왼쪽 상단의 **Events**를 선택 후 맨 오른쪽의 **Create Event**를 클릭하여 만들 수 있습니다.

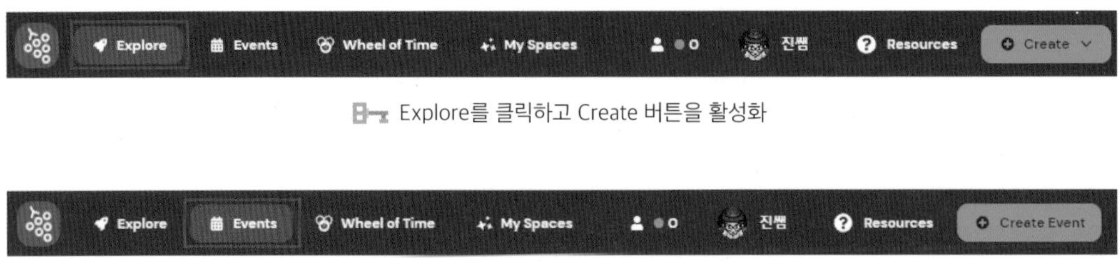

Explore를 클릭하고 Create 버튼을 활성화

Events를 클릭하고 Create Event 버튼을 활성화

혹은 위에서 말한 것과 같이 **Create Space**에서 **Organize an event**를 선택해서 만들 수 있습니다. 세 가지 방법 중 하나를 선택해서 이벤트를 만들어 보겠습니다.

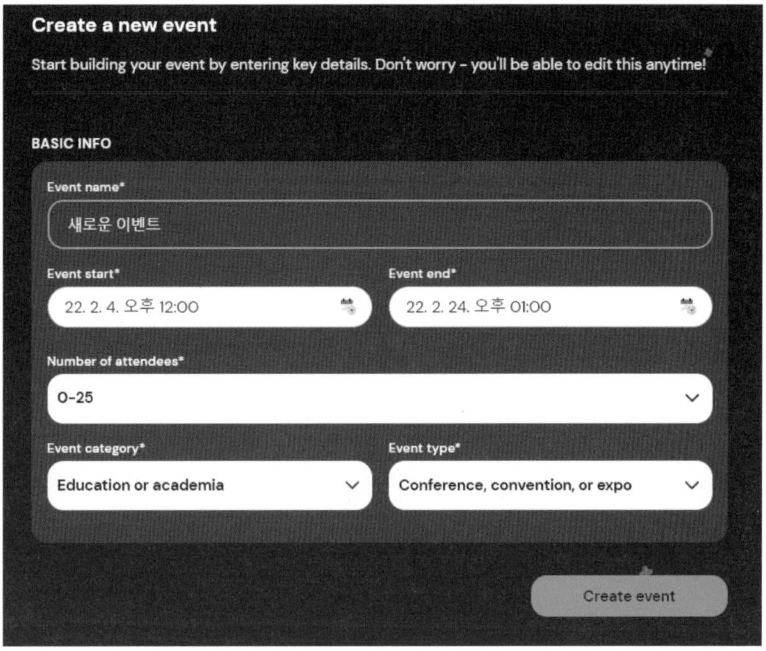

Events 맵 설정

이벤트 공간 만들기를 위해서는 세부적인 설정을 해야 합니다. 하나씩 살펴보겠습니다. 별표(*)가 붙어 있는 곳은 필수항목으로, 입력하지 않으면 다음 단계로 넘어갈 수 없습니다.

Event name 항목에 이벤트 이름을 정합니다. 예를 들어, 지역축제를 게더타운으로 운영하고자 할 경우라고 가정하고, '부산영화제'와 같은 식으로 이벤트 이름을 정할 수 있습니다.

Event start와 **Event end**에는 이벤트 시작 시각과 끝나는 시각을 여유롭게 설정합니다.

Number of attendees 항목에는 이벤트에 참여할 예정 인원을 입력합니다. 이벤트 참여 인원이 26명 이상이라면 유료 버전으로 업그레이드해야 합니다. 예정 인원은 0~25명, 26~100명, 101명 이상으로 선택할 수 있습니다. 마지막으로, **Event category**와 **Event type**에서는 목록 중 목적에 맞는 항목을 선택한 후에 **Create event**를 눌러 줍니다.

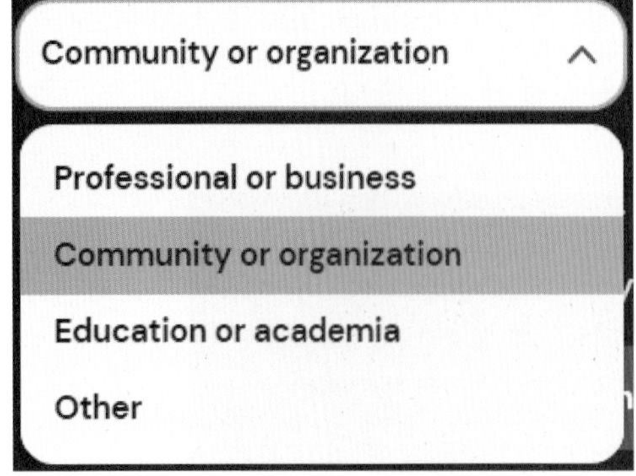

Event category(이벤트 카테고리)

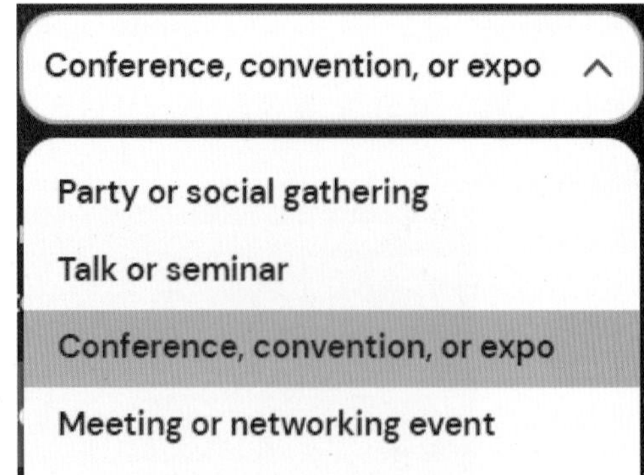

Event type(이벤트 타입)

이벤트 기본 설정을 다음과 같이 했습니다. 설정 완료 후 **Create event**를 눌러 세부 설정을 진행해 보겠습니다.

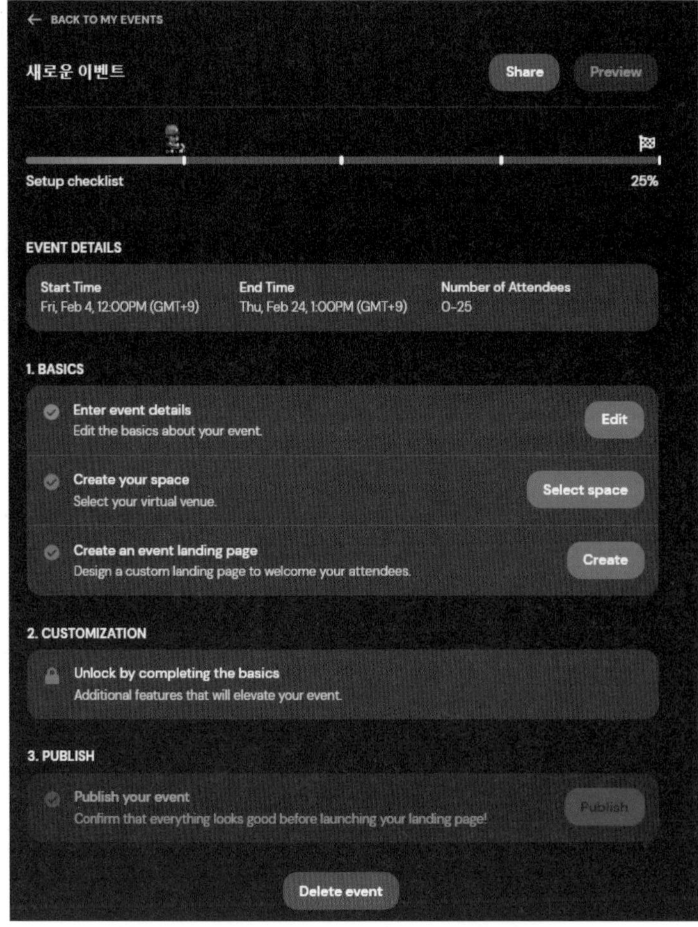

이벤트 설정

Create event를 누르면 확인해야 할 4개의 단계가 나오고, 최초의 이벤트 세부 정보를 넣으면서 1단계(25%)가 완료되었습니다. 그럼, 지금부터 이벤트의 **BASIC**, **CUSTOMIZATION**, **PUBLISH**까지를 해 보겠습니다.

① BASICS(기본 정보)

② CUSTOMIZATION(커스텀화)

③ PUBLISH(발행)

단계별로 25%씩 추가로 채워지며, 발행이 끝나면 100%가 됩니다.

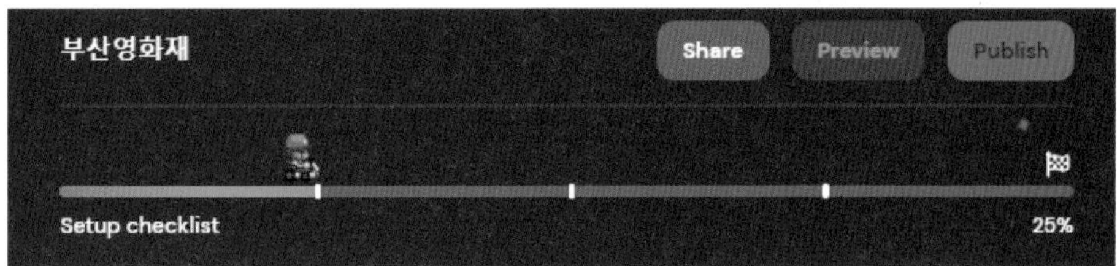

Setup checklist(설정 체크리스트)

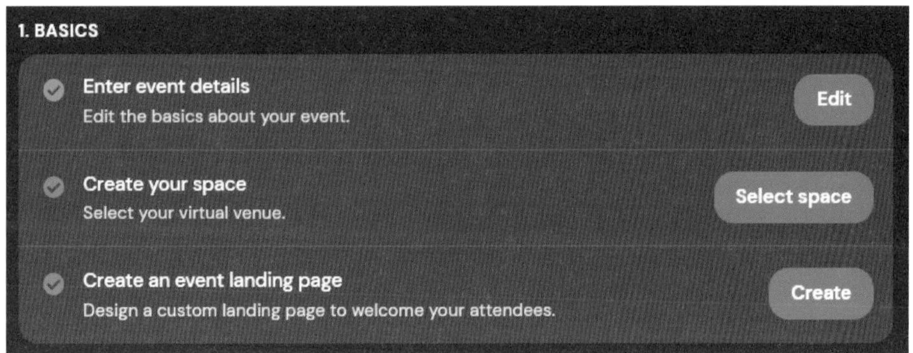

BASICS(이벤트 기본 정보)

① BASICS(기본 정보)

첫째, **BASICS**입니다. **Enter event details**는 첫 화면에서 설정한 이벤트명, 이벤트 일시, 참여자 등의 기본 내용이 맞는지 확인하고, 만약 변경사항이 있다면 오른쪽의 **Edit** 버튼을 클릭해서 수정할 수 있습니다.

다음으로 **Create your space**입니다. 이벤트를 진행하기 위해서는 이벤트가 진행될 장소가 필요합니다. **Select space**를 클릭해서 이벤트를 진행하기 위한 공간을 선택해 봅시다.

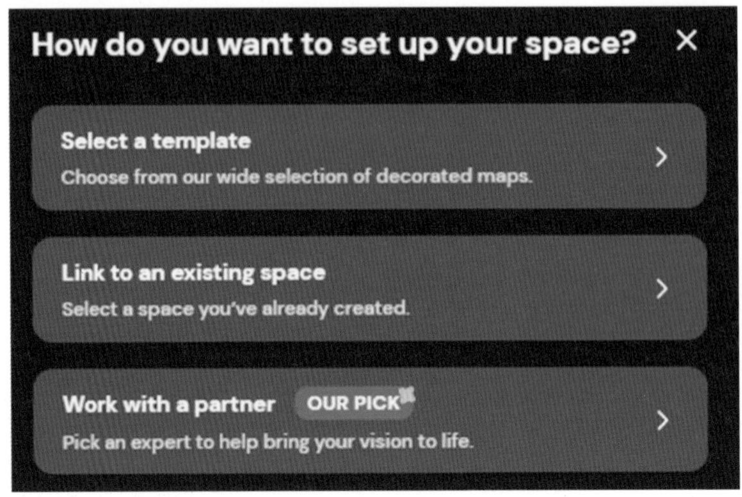

공간을 구성하는 세 가지 방법

현재 공간을 설정하는 방법은 게더타운에서 제시해 주는 기본 템플릿을 활용할 수 있으며, 자신이 기존에 가지고 있던 공간과 연결해 줄 수 있습니다(앞에서 간단하게 생성한 나만의 공간으로 연결 가능).

첫 번째 선택지인 **Select a template**은 게더타운에서 제공하는 기본 공간 중 하나를 골라 사용하겠다는 뜻입니다. 두 번째인 **Link to an existing space**는 자신이 이전에 만들었던 공간을 복사해서 불러오겠다는 뜻입니다. 세 번째인 **Work with a partner**는 전문가와 함께 공간을 만드는 것입니다. 전문적인 공간이 필요하다면 **Work with a partner**를 추천하지만, 이 책에서는 함께 만들며 게더타운을 익히는 것이기 때문에 첫 번째 방법을 통해 차근차근 익혀 보겠습니다.

그럼, 첫 번째 **Select a template**을 눌러 간단히 살펴보겠습니다. 이벤트의 주제에 맞는 카테고리를 다음과 같은 화면에서 선택합니다.

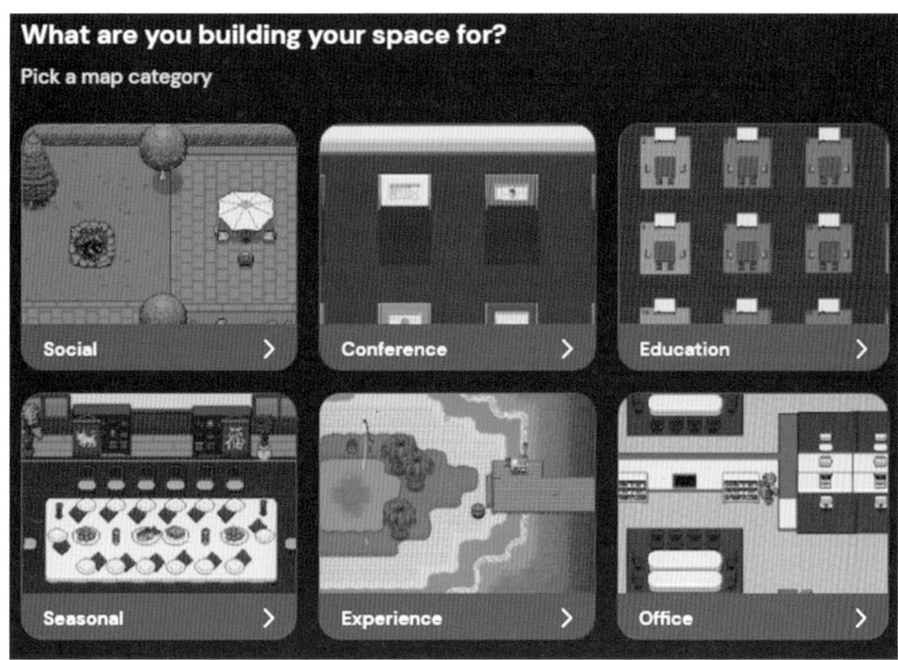

목적에 따른 공간 템플릿

Select a template을 선택하면 자신이 원하는 템플릿 주제를 선택할 수 있습니다. 여러분이 희망하는 템플릿의 주제를 선택하면 그 주제에 해당하는 다양한 템플릿을 미리 보기를 통해서 볼 수 있으며, 캐릭터를 키보드 방향키를 이용해서 공간 안에서 체험해 볼 수 있습니다. 원하는 템플릿 주제를 먼저 정한 후에 템플릿을 선택해 봅시다.

다만, 게더타운의 기본 화면에서 제공하는 템플릿들은 임의로 분류한 것입니다. 그러니 여러분이 여러 공간을 직접 살펴보고 판단하여 자신의 활용 목적에 적합하다고 생각하는 템플릿을 선정하면 됩니다.

주제를 선택하면 왼쪽에 추천 템플릿이 뜨고 그중 하나를 선택하면 오른쪽 화면에서 템플릿을 미리 살펴볼 수 있습니다. 캐릭터를 활용해 어떤 공간인지 탐험해 보고 적절한 맵을 선택해 봅시다.

템플릿에서 주제를 선택한 후 미리보기로 체험하기

마음에 드는 공간을 선택한 후 **Select space** 버튼을 누릅니다. 공간의 이름과 비밀번호를 설정(선택사항)한 후 **Create Space**를 누릅니다. 참고로, **Space name**은 URL의 마지막을 구성하며 자신이 만든 공간의 주소(영어 주소)가 됩니다.

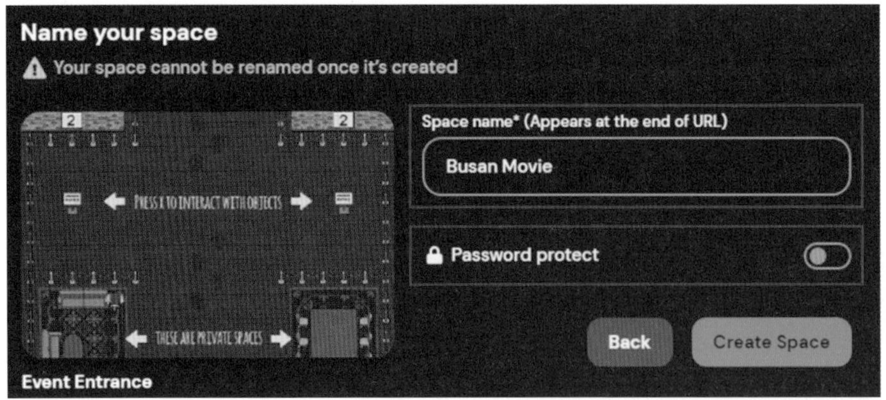

공간의 이름과 비밀번호 설정하기

Create Space 버튼을 누르고 나면 설정이 완료되며, 이벤트 설정 화면으로 전환됩니다.

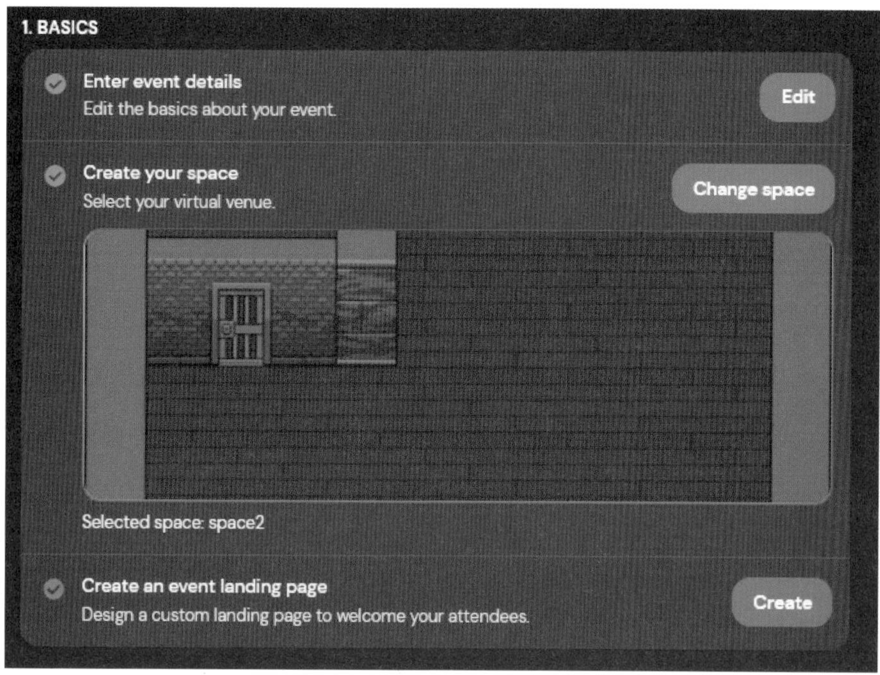

Create your space 완료 화면

템플릿을 사용하지 않고 자신이 가지고 있는 공간을 활용하기를 희망하면 **Link to an existing space**를 선택할 수 있습니다. 자신이 원하는 공간을 고른 후 **Select space**를 눌러 공간을 생성합니다. 그 후 자동으로 이벤트 진행 단계 화면으로 이동됩니다.

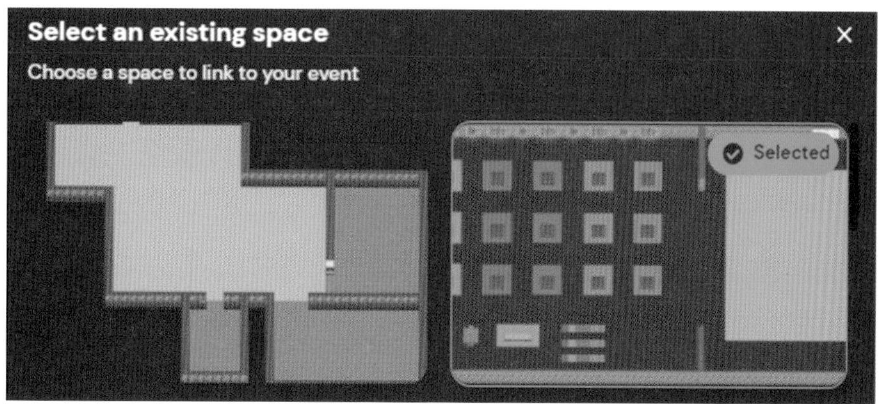

공간 연결하기

세 번째인 **Work with a partner**를 클릭하면 게더타운의 공식 파트너사 소개 홈페이지인 **gatehr.town/partners**로 이동됩니다. 우리나라 및 해외에 있는 다양한 파트너사와 함께 이벤트를 기획하고 지원받을 수 있습니다.

BASICS에는 마지막이자 세 번째인 **Create an event landing page**가 있습니다. 랜딩 페이지라는 말은 링크 버튼을 눌렀을 때 연결되는 페이지를 뜻합니다. **LANDING PAGE** 편집에서는 이벤트 맵에 참여하는 사용자들에게 입장 전에 필요한 내용을 전달하거나 호스트나 스폰서에 대한 세부 정보를 쓸 수 있습니다. **Create**를 눌러 **LANDING PAGE**를 꾸며 보겠습니다.

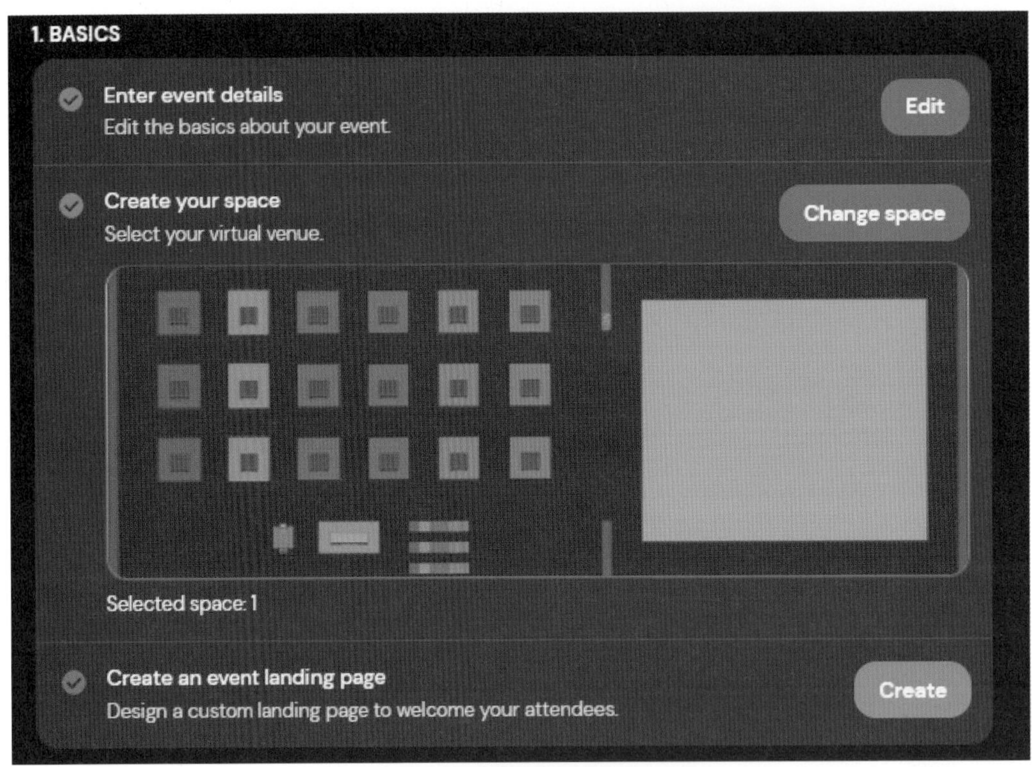

LANDING PAGE Create

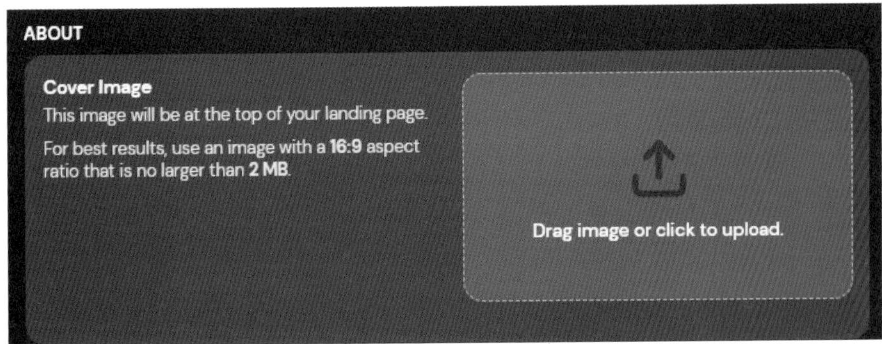

LANDING PAGE의 커버용 이미지 삽입

랜딩 페이지의 **Cover Image**에는 주최하는 이벤트의 성격을 담은 대표 이미지를 업로드합니다. 설명에 따라 16:9 비율의 2MB 이내의 이미지를 삽입하면 됩니다.

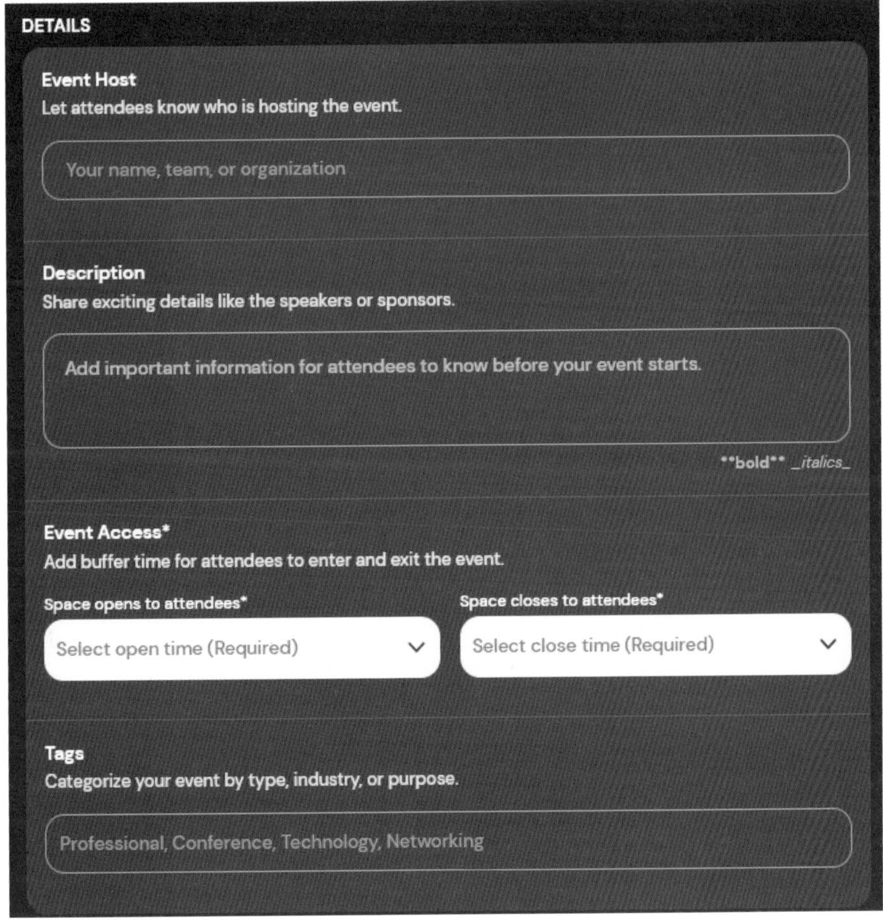

LANDING PAGE에서 세부 정보 입력

Event Host에는 이벤트를 주최하는 사람, 팀, 조직의 이름을 입력합니다.

Description에는 이벤트를 시작하기 전에 필요한 정보를 입력합니다. 이 정보를 바탕으로 사람들은 이 행사의 목적 및 내용 등을 텍스트로 확인할 수 있습니다.

Event Access의 **Space opens to attendees**에는 이벤트 공간을 언제부터 오픈할지를 정할 수 있습니다. 만약 이벤트가 오전 10시에 시작하더라도 공간 오픈을 이벤트 시작 전 15분이나 30분 전으로 설정하거나, 이벤트 시작 전에는 출입이 불가능하게 하거나, 아니면 항상 열어 두는 등과 같은 설정을 할 수 있습니다.

Event Access의 **Space closes to attendees**에는 공간을 언제 닫을지를 결정합니다. 이벤트 공간을 여는 시간과 마찬가지로 계속 닫지 않게 하거나, 15분 또는 30분 뒤에 닫는 등 참가자들의 퇴장 시간을 고려하여 설정할 수 있습니다.

마지막으로, **Tags** 항목에는 공간과 관련된 유형을 고려하여 관련 태그를 입력한 후 **Save** 버튼을 누릅니다.

이렇게 **LANDING PAGE**를 설정하고 나면 **BASICS**는 입력이 모두 완료됩니다.

② CUSTOMIZATION(커스텀화)

다음으로 커스텀화 설정을 진행해 보겠습니다.

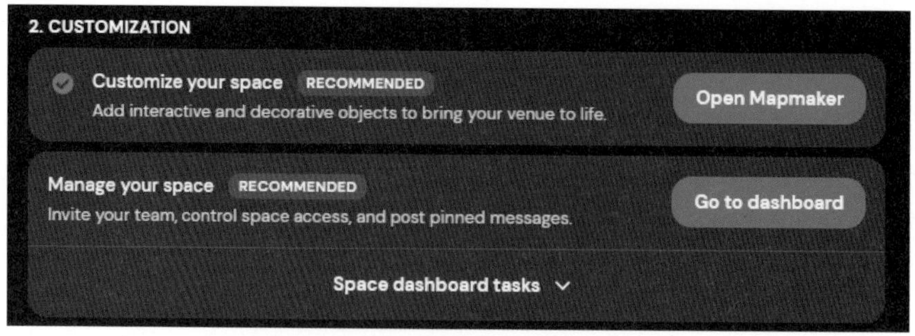

CUSTOMIZATION 화면

먼저, **Customize your space**입니다. 위에서 이벤트의 공간으로 지정한 공간을 '맵메이커Mapmaker'를 통해서 커스터마이징을 하는 단계입니다. **Open Mapmaker**는 맵메이커로 공간을 제작하는 것으로, 선택사항이므로 꼭 하지 않아도 됩니다. 다만, 해당 옵션에서는 자신이 선택한 공간을 좀 더 주제에 맞게 만들거나 수정할 수 있습니다.

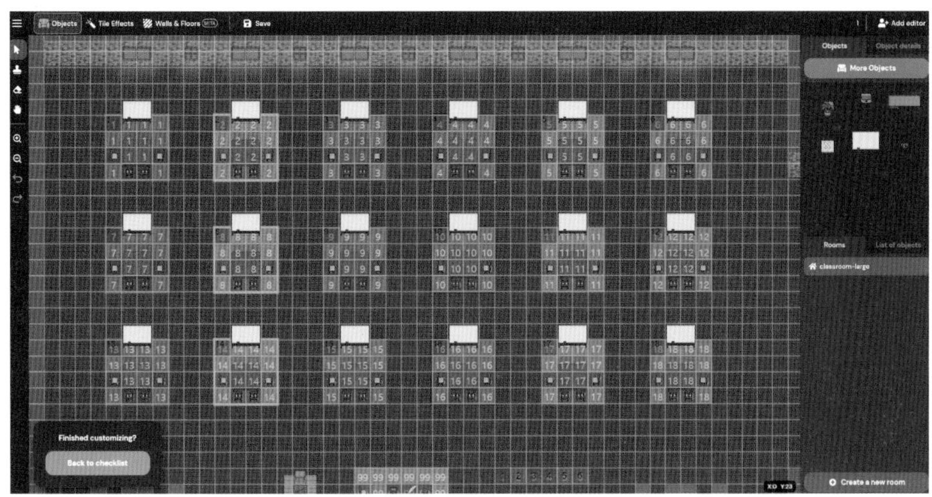

맵메이커 화면

맵메이커에서 자신의 이벤트 공간을 조금 더 꾸며 준 후에 왼쪽 하단에 있는 **Back to checklist**를 선택하면 다시 이벤트 생성 단계로 돌아올 수 있습니다.

두 번째로, **Manage your space**입니다. 여러분이 **Manage your space**에서 **Go to dashboard**를 클릭하면 **Space Dashboard**로 이동하게 됩니다. 일반적으로 대시보드에서는 팀원들을 초대할 수 있으며, 공간에 대한 접근 권한을 설정하며, 각종 정보를 사전에 입력해 둘 수 있습니다.

게더타운은 스페이스 대시보드에 대해 '소유자, 관리자, 빌더'를 추가하거나 비밀번호 설정 및 게스트의 명단과 이메일 주소 등을 활용한 공간 접근 관리를 수행하며, 공간에 고정될 메시지를 작성할 수 있는 곳으로 소개하고 있습니다. 즉, **Space Dashboard**에서는 공간의 세부 설정을 할 수 있으며, 우리 이벤트의 모든 정보를 정하는 곳이라고 보면 됩니다. 또한,

유료 결제와 관련해서 업그레이드를 하는 항목도 대시보드에 있으므로 큰 행사를 기획하거나 대규모 수업이 진행될 때는 이곳에서 비용 결제를 진행합니다.

Space Dashboard와 관련한 보다 자세한 항목은 96쪽에서 살펴보겠습니다. 여기에서는 당장 공간 구축에 제한을 줄 수 있는 결제 관련 요소만 살펴보고 넘어가겠습니다.

게더타운은 한 공간에 25명까지는 무료이기 때문에 무조건 결제를 할 필요는 없습니다. 만약 **Create an Event**에서 25명 초과로 이벤트를 예약했다면 유료 구매와 맵 업그레이드를 요청받습니다.

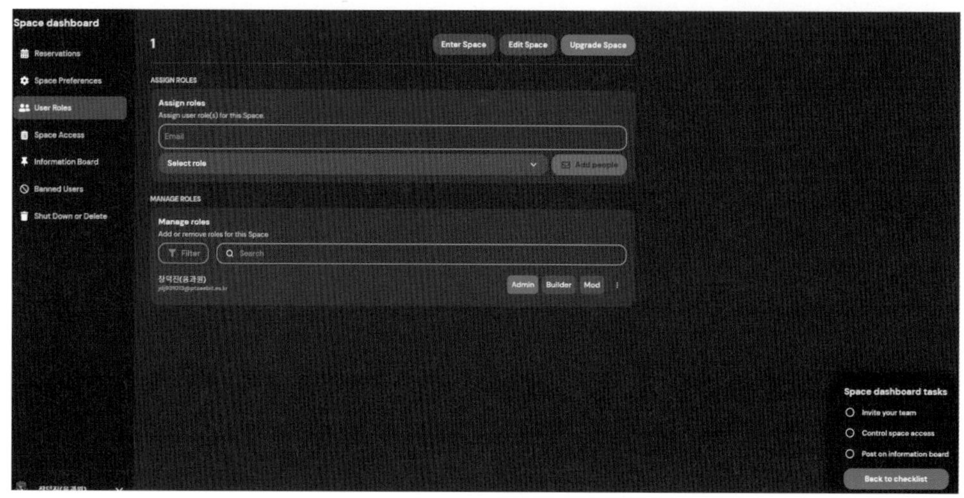

Space Dashboard

게더타운의 유료 요금제는 인당 비용을 청구하고 있으며, 2시간 행사 기준 1인당 2달러, 1일 행사를 기준으로 1인당 3달러, 월간 이용권을 기준으로 1인당 7달러의 요금이 책정되어 있습니다.

게더타운에서는 한 번이라도 유료로 이용한 사람을 대상으로 다양한 요금 할인 이벤트를 진행하니, 만약 연간 운영 계획을 기준으로 큰 행사를 준비하고 있다면 미리 소그룹으로 유료 버전을 체험한 후 이벤트 메일을 기다리는 것도 행사 예산을 절감하는 팁이 될 수 있습니다.

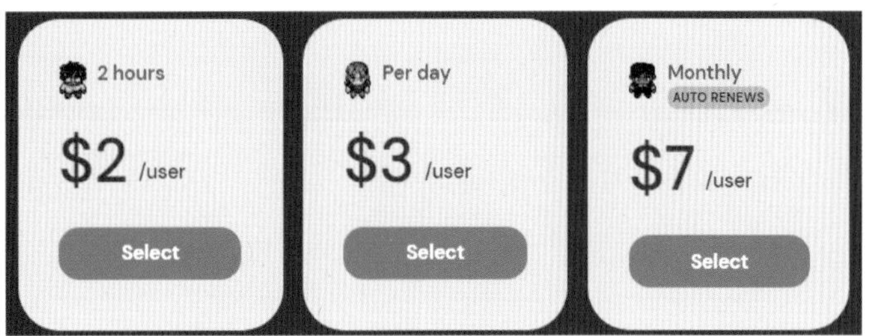

게더타운 유료 요금표

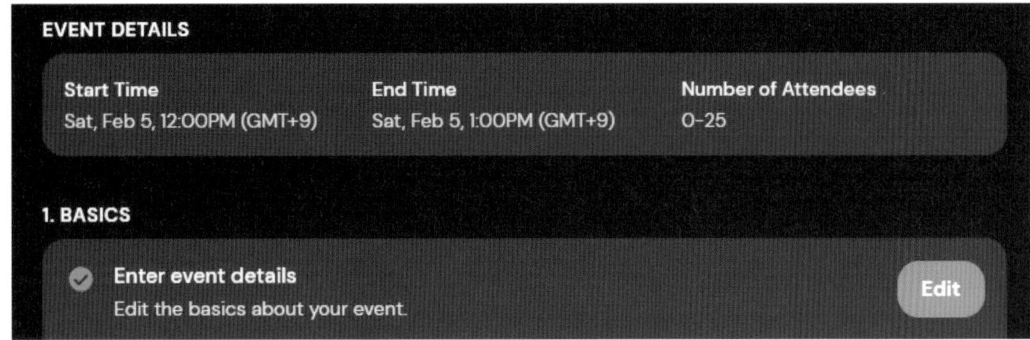

BASICS > Edit에서 0~25명으로 수정

만약 여러분들이 처음 이벤트를 생성할 때 **Number of Attendees**를 25명 초과로 설정한다면 이벤트 생성을 위해 결제가 필요합니다. 그러니 무료 버전으로 우선 이벤트를 생성하고 확인해 보는 것이 필요합니다. 추후 행사가 시작되기 전에 업그레이드하기 바랍니다.

BASICS 부분으로 돌아가, **Enter event details**에서 **Edit** 버튼을 클릭해서 인원 설정을 25명 이내로 변경 후 **Update event** 버튼을 누릅니다.

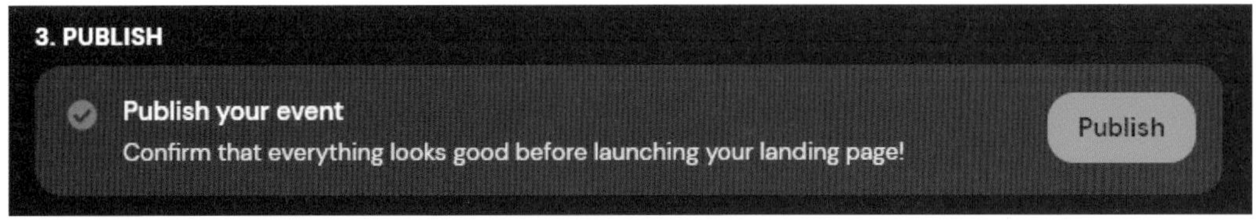

PUBLISH

③ PUBLISH(발행)

마지막 단계인 '발행' 단계입니다. 지금까지 설정한 내용을 바탕으로 **PUBLISH**를 클릭합니다. 그러면 최종적으로 자신이 설정한 이벤트에 대한 정보가 나오며, **Publish event**를 누르면 이벤트가 확정됩니다.

Publish your event
Launch your event to share your landing page with attendees. After this step, you're all set!
Events
EVENT DETAILS
Start time
Sat, Feb 5, 12:00PM (GMT+9)
End time
Sat, Feb 5, 1:00PM (GMT+9)
Number of Attendees
0-25
VENUE
1
Preview Space
Preview landing page
Please note
Any changes to the event details after publishing will automatically update the event's landing page.
Publish event

Publish event 확인

지금까지 게더타운에서 공간에 입장하는 방법을 알아보았습니다. 가장 처음으로는 다른 사람이 제공한 주소에 입장하는 방법이 있으며, 나만의 공간을 제작하거나, 이벤트를 만들고 그 안에 들어갈 공간을 지정하여 입장하는 방법이 있습니다. 따라서 게더타운을 조금 더 주체적으로 탐구하기 위해서는 공간을 만드는 것이 필요하며, 지금부터 본격적으로 나만의 기초 공간 만들기를 시작해 보겠습니다.

동영상으로 한 번 더!

http://m.site.naver.com/0UVzq

기초 공간 만들기

Create 버튼을 눌러 **Create a space**와 **Create an Event**를 만드는 방법에 대해 알아보았습니다. 그러면 지금부터 게더타운 공간을 직접 구성하고 내가 원하는 모습으로 더 꾸며 보는 방법에 관해 자세히 살펴볼까요?

게더타운의 첫 번째 화면 중 **Explore** 카테고리에서 **Create** 버튼을 눌러 **Create a space**를 해도 되고, **My Spaces** 카테고리에서 **Create Space**를 눌러 공간 구성을 시작해도 됩니다.

My Spaces 카테고리 선택 후 Create Space 버튼을 눌러 공간 만들기

그러면 앞에서 보았던 주제 선택하기 화면이 나옵니다. 세 가지 주제 중 어떤 것을 선택해도 되지만, **Set up a workspace**를 눌러 템플릿 화면으로 들어가 보겠습니다.

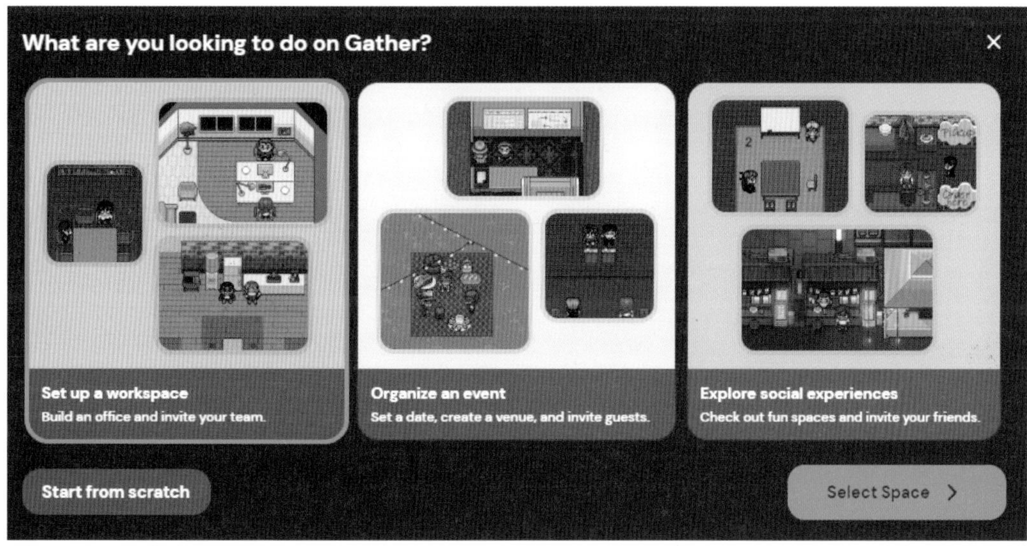

세 가지 주제 중 Set up a workspace를 선택

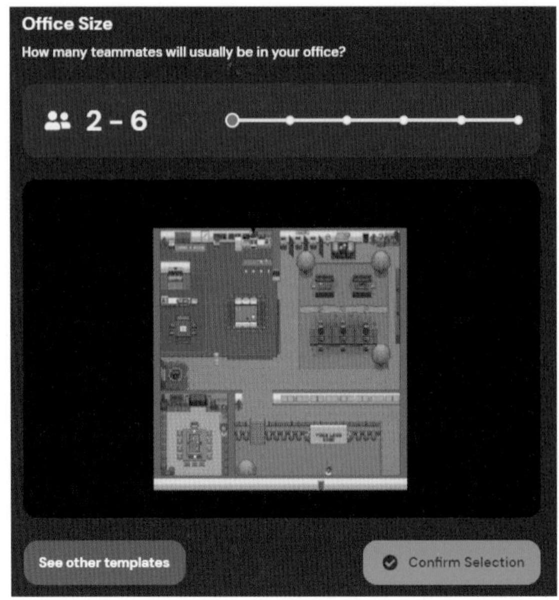

Office Size 선택 및 기본 Workspace 사용하기

게더타운에서는 워크스페이스 기본 틀을 제공해 주고 있으며, 인원수에 따라 맵의 크기를 정해 줍니다. 여기서 **Confirm Selection**을 선택하면 다음 화면에 보이는 기본 사무 공간이 만들어지고, 만약 **See other templates**를 선택하면 템플릿 화면으로 넘어가서 자신이 원하는 유형의 공간을 만들 수 있습니다.

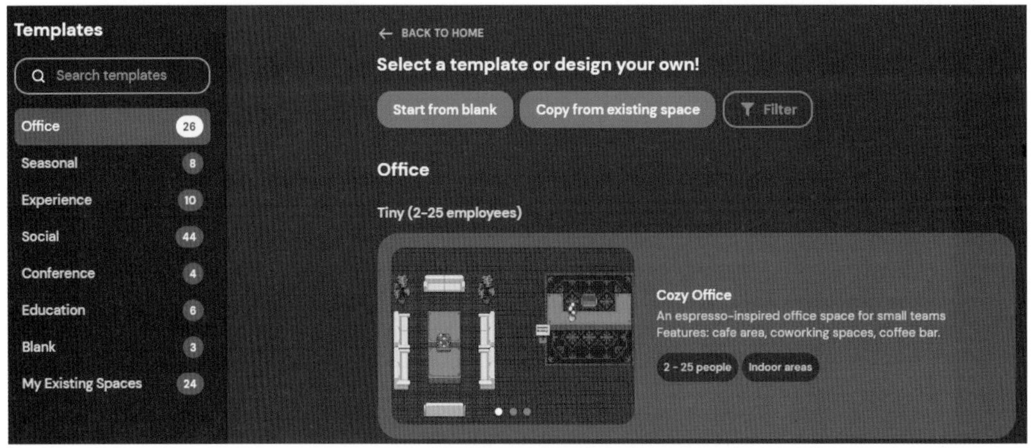

Set up a workspace 선택 후에 나오는 템플릿

만약 **See other templates**를 선택하지 않고 **Confirm Selection**을 선택하면 해당 공간의 이름을 지정해 주고 게더타운에서 제시해 주는 기본 틀에 따라 공간이 생성됩니다.

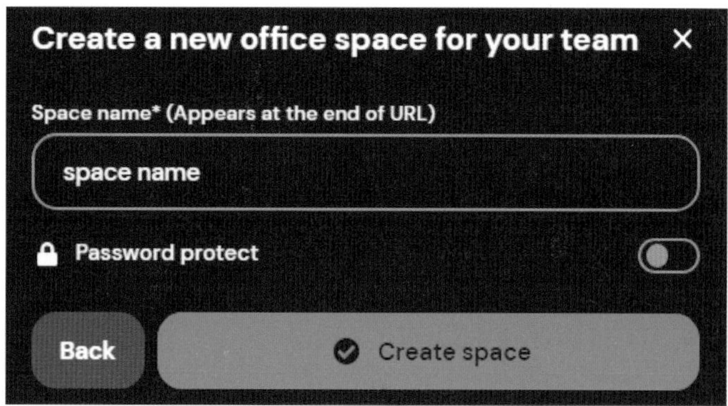

Confirm Selection 선택 후 공간의 이름 지정하기

게더타운에서 공간을 만드는 방법은 크게 세 가지가 있습니다. 첫째, 템플릿 화면에서 보는 것처럼 게더타운에서 제공하는 템플릿을 활용하는 방법입니다. 앞서 일반 공간 구성과 이벤트 공간을 구성하면서 간단히 살펴보았습니다. 둘째, 빈 화면에서 처음부터 끝까지 자신이 직접 만드는 방법(**Start from blank**)입니다. 마지막으로, 자신이 활용했던 공간을 복사해서 수정해서 사용하는 방법(**Copy from existing space**)이 있습니다. 이 중 첫 번째 방법인 기본으로 제공하는 템플릿을 활용하는 방법을 살펴보겠습니다.

기본 템플릿 활용하기

게더타운에서는 자신이 직접 만들지 않아도 좋은 품질의 공간을 활용할 수 있습니다. 템플릿은 주제별로 **Office/Seasonal/Experience/Social/Conference/Education/Blank**로 나뉘어 있습니다. 회사에서 사용한다면 **Office**에서 템플릿을 고르고, 학교에서 사용한다면 **Education**에서 적당한 템플릿을 고르면 됩니다. 물론, 다양한 템플릿을 직접 살펴보며 상황에 맞는 적절한 템플릿을 선택하면 됩니다. 예를 들어, **Office**에서 **Tiny Office**라는 공간을 선택해 보겠습니다.

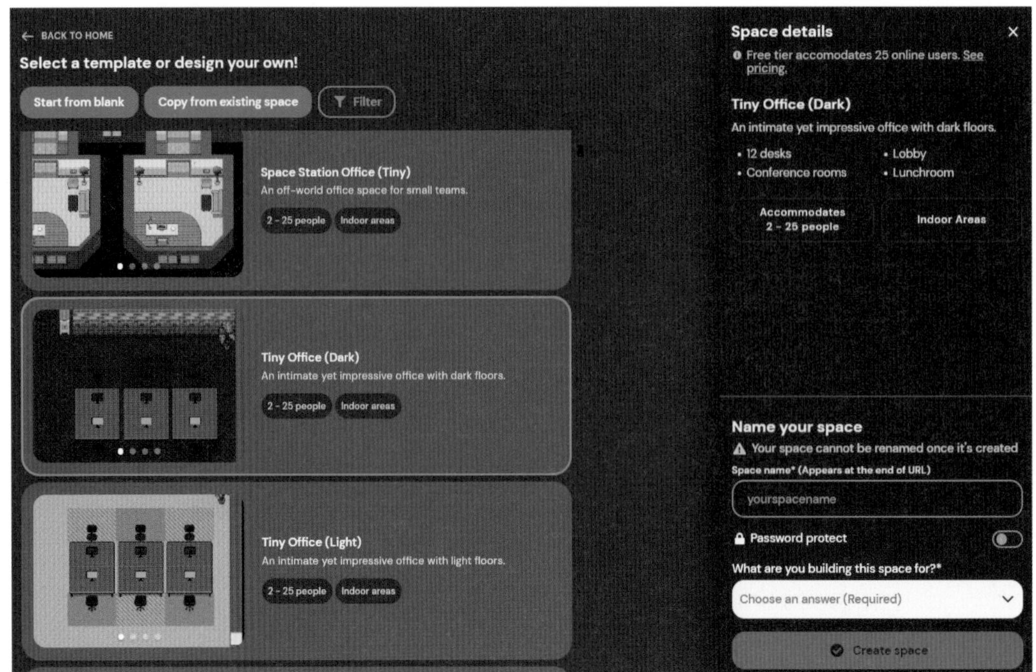

Tiny Offce(Dark) 선택

하단에 공간을 설명하는 '2-25 people'과 'Indoor areas'란 라벨이 있습니다. 2~25명이 활동하기 적당하며, 실내 인테리어로 꾸며진 공간이라는 뜻입니다.

추가로, 만약 게더타운에서 기본으로 제공되는 템플릿 중에서 특정한 템플릿만 보기를 원한다면 필터 기능을 이용할 수도 있습니다.

필터(Filter)를 이용하여 템플릿 고르기

템플릿이 보이는 전체 화면 상단에서 **Filter**를 누르면 기준 인원과 타입을 분류 기준으로 고를 수 있습니다. **Apply filter**를 눌러 상세 기준을 적용한 후 자신이 원하는 조건의 템플릿들을 검색해 봅시다. 여기서는 참여 인원은 25~50명에 Indoor 템플릿을 필터로 하여 검색해 보겠습니다.

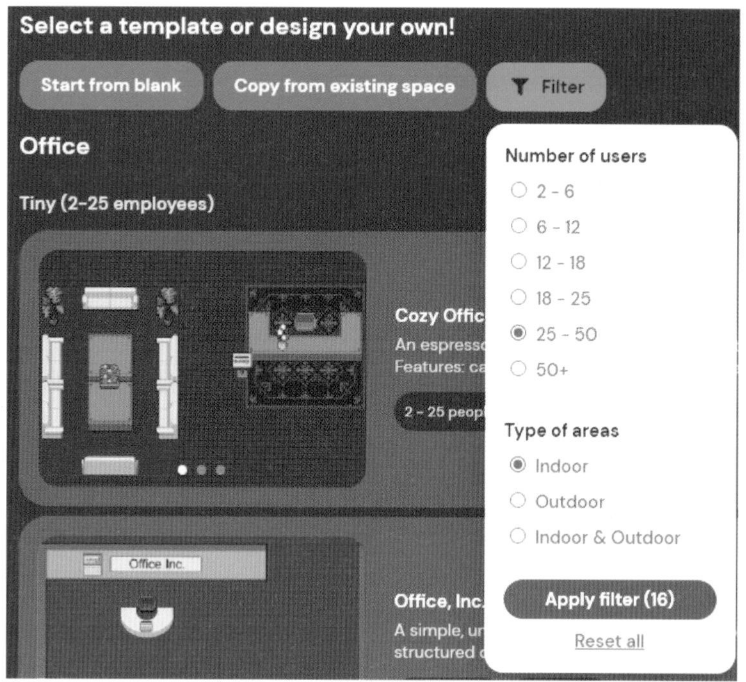

필터 세부 옵션

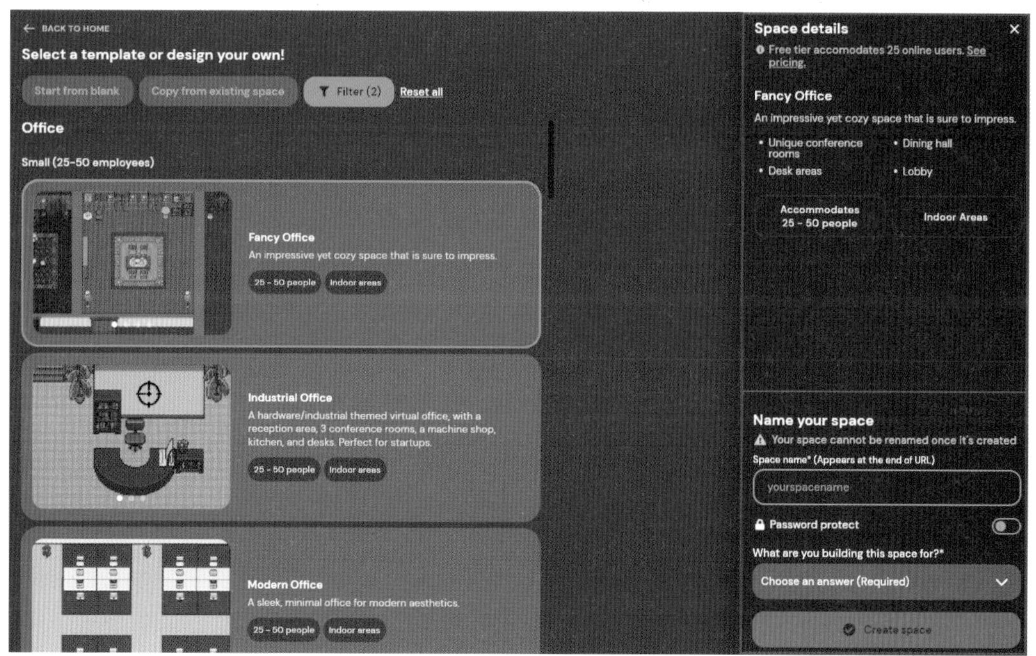

필터링 결과 및 오른쪽 상세 옵션

원하는 템플릿을 선택하면 오른쪽에 상세 설명이 나오고, 제작할 공간의 이름과 비밀번호 설정 여부, 공간의 목적을 정할 수 있습니다.

공간 상세 정보

예시 템플릿의 공간 상세 정보를 살펴보면, 25명의 온라인 사용자를 수용하며, 12개의 책상과 로비, 회의실, 구내식당이 제공된다는 것을 알 수 있습니다. 그런데 여기에서는 25명 이상의 공간을 선택해도 앞의 이벤트 설정과 다르게 유료 결제 창으로 넘어가지 않고 공간이 생성됩니다. 이벤트의 인원과 달리 공간 선택에서 말하는 수용 인원은 공간 활동에 권장하는 인원수이지 입장 가능한 인원을 뜻하는 것이 아닙니다.

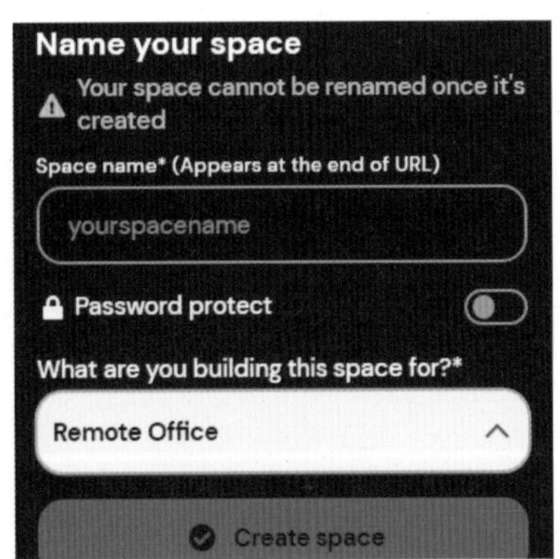

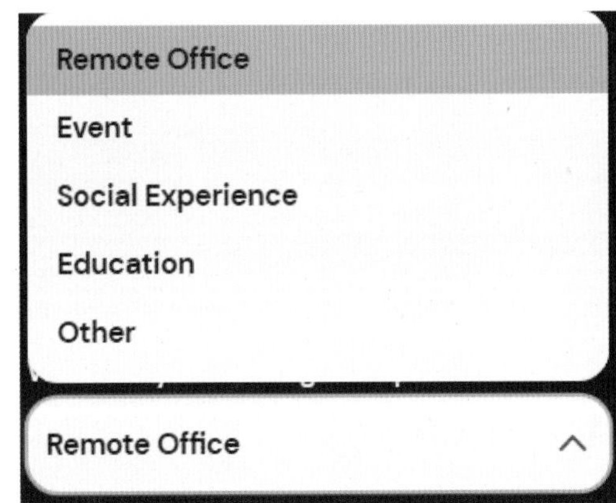

공간 이름 작성 및 이용 목적 선택하기

공간의 이름을 정하고 원한다면 비밀번호도 설정합니다. 또한, 공간 이용의 목적도 선택합니다. 공간의 성격을 반영해 Remote Office로 하겠습니다. 세부 설정이 끝나면 **Create a Space**를 클릭하세요.

동영상으로 한 번 더!

http://m.site.naver.com/0UVAW

직접 만들기

이번에는 게더타운의 기본 공간 템플릿을 활용하는 것이 아니라 처음부터 새롭게 공간을 창조하는 직접 만들기(**Start from blank**)에 대해서 알아보겠습니다. 시작은 이전처럼 **Create a space**입니다.

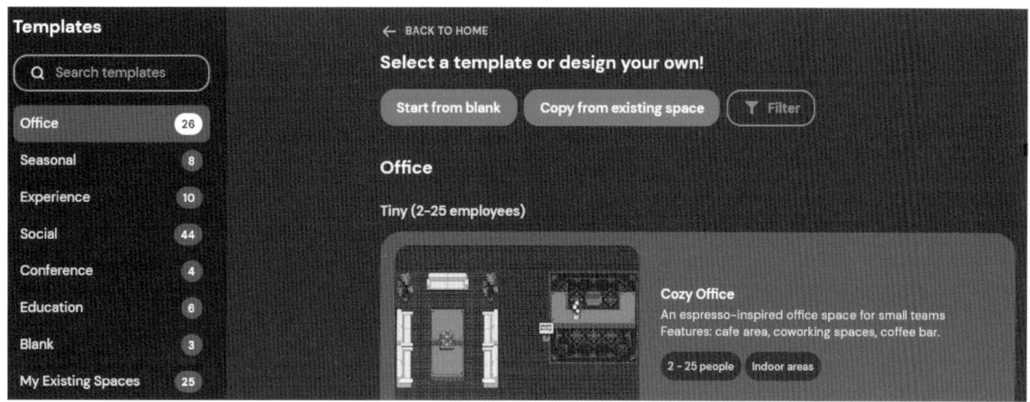

Select a template를 선택했을 때 나오는 템플릿 화면

게더타운에서 제공하는 템플릿 중에서 여러분의 활용 목적에 적합한 것이 없거나 기관 전용의 공간을 별도로 제작하고자 한다면, 상단의 메뉴바에서 **Start from blank**를 클릭하면 됩니다. 혹은 왼쪽 템플릿 메뉴 중 **Blank** 탭을 클릭하여 Blank 템플릿을 선택할 수도 있습니다.

상단 메뉴바

처음부터 시작하는 Blank의 종류에는 바닥과 벽도 없는 완전한 **Blank** 모드와 바닥과 벽이 있는 **Empty Room(Medium/Small)** 모드가 있습니다. 여기서는 바닥부터 직접 설치할 수 있도록 **Blank(Start from Scratch)**를 선택하겠습니다.

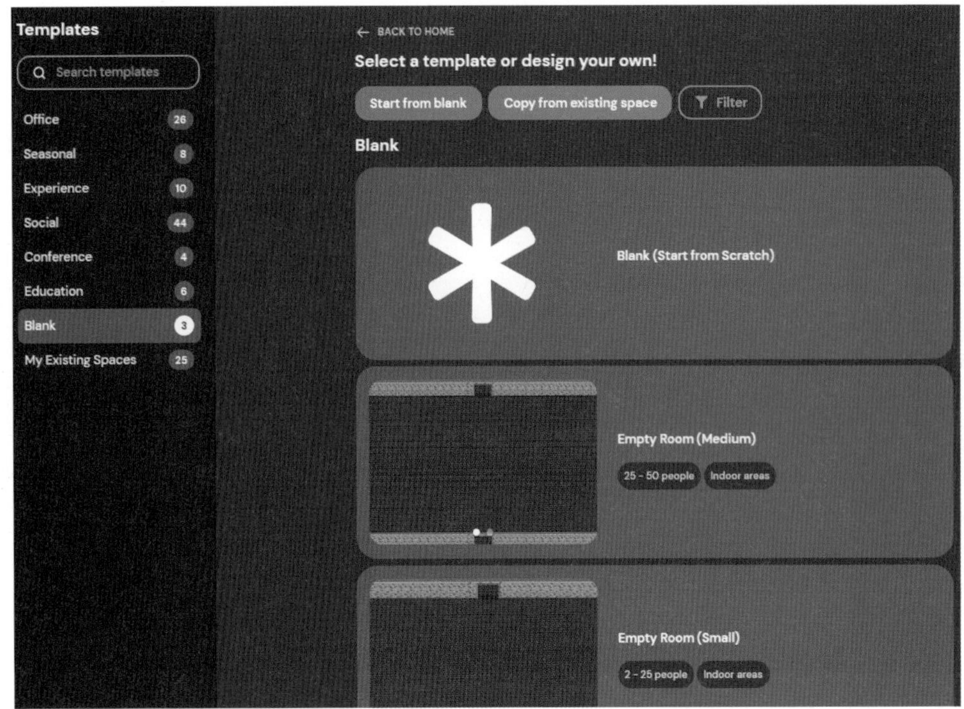

상단 메뉴바의 Start from blank를 누른 화면

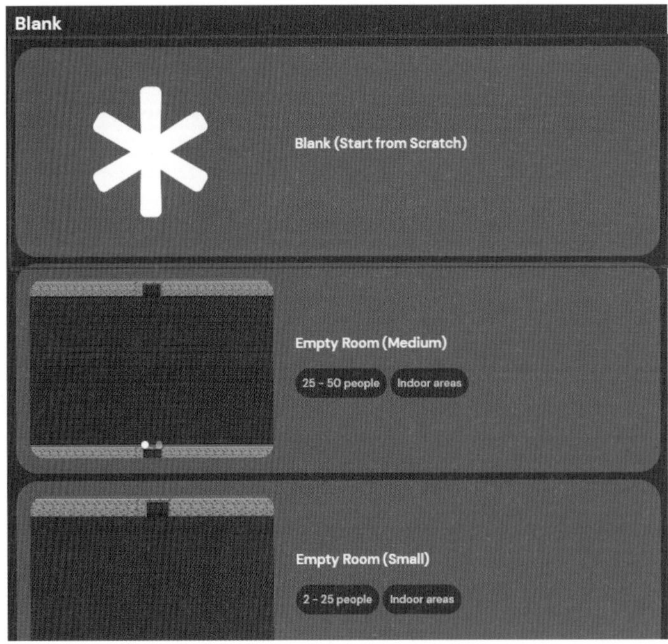

Blank의 종류

공간을 선택한 후 마찬가지로 공간의 이름을 정합니다. 이번에는 교실을 직접 제작해 보고자 합니다. 공간의 이름은 URL의 끝에 표시되기 때문에 여기서는 **classroom**으로 지정하겠습니다. 원하는 공간의 이름을 작성한 후 이용 목적 등의 세부 설정이 끝나면 **Open Mapmaker**를 눌러 공간을 꾸며 보겠습니다.

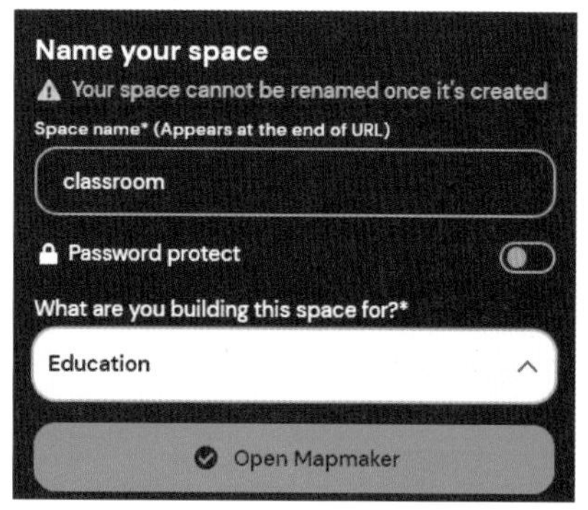

classroom이라는 이름의 공간 제작

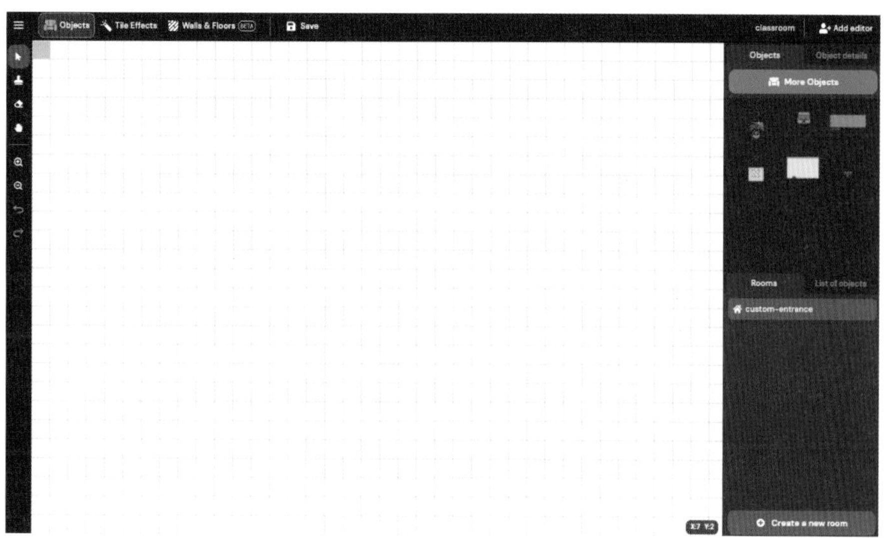

빈 상태의 맵메이커

아무것도 없는 빈 공간이 생겼습니다. 지금부터 이 공간을 기존의 템플릿처럼 직접 꾸며 보겠습니다. 실제 제작할 때는 어떻게 만들지 미리 구상을 다 끝낸 후 맵메이커로 시작하는 것이 좋습니다.

우선, 맵메이커의 기능을 알기 위해 상단 아이콘부터 살펴보겠습니다.

맵메이커의 상단 메뉴바

Objects에는 공간을 꾸미고 상호작용할 수 있는 다양한 객체가 있습니다. **Tile Effects**는 공간을 구성하는 타일에게 특별한 기능을 부여합니다. **Walls & Floors**는 공간의 바닥과 타일을 꾸밀 수 있습니다. **Save**는 꾸민 공간을 저장할 수 있습니다.

왼쪽의 도구 아이콘들도 살펴보겠습니다.

	Select	오브젝트 이동 및 타일 설치
	Stamp	오브젝트 설치 및 타일 설치
	Eraser	오브젝트 삭제 및 타일 삭제
	Hand	공간 이동
	Zoom in	공간 확대
	Zoom out	공간 축소
	Undo	되돌리기
	Redo	재실행

맵메이커에서는 상단 메뉴바에서 어떤 것들을 추가할지 항목을 선택할 수 있고, 왼쪽의 도구바에서 각 요소를 설치하거나 지우는 등의 행동을 지정해 줄 수 있습니다.

우선, 공간의 바닥과 벽을 선택해 주기 위해 상단 메뉴바에서 **Walls & Floors**를 선택합니다. **Walls & Floors**를 처음 선택하면 경고창이 뜨는데, 만약 여러분이 기존에 배경 이미지가 있는 상태라면 **Walls & Floors**를 통해서 작업하면 기존 배경 이미지가 삭제될 수 있어 주의할 것을 요청하는 내용입니다.

경고창에서 **Continue**를 선택해서 진행해 주면 되는데, 여기에서 우리는 게더타운의 바닥을 구성할 때 원하는 이미지 파일을 삽입하여 구성할 수 있음을 알 수 있습니다.

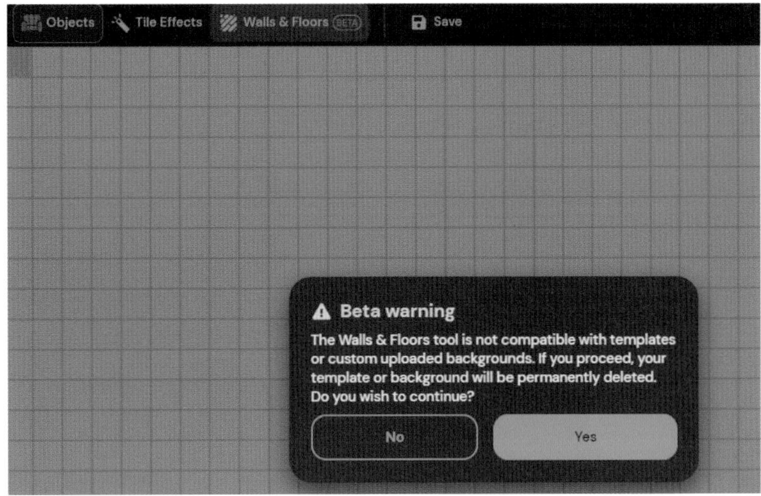

Walls & Floors 경고창

우선, 상단 메뉴바에 있는 **Floors**를 선택해 바닥재를 깔아 보겠습니다.

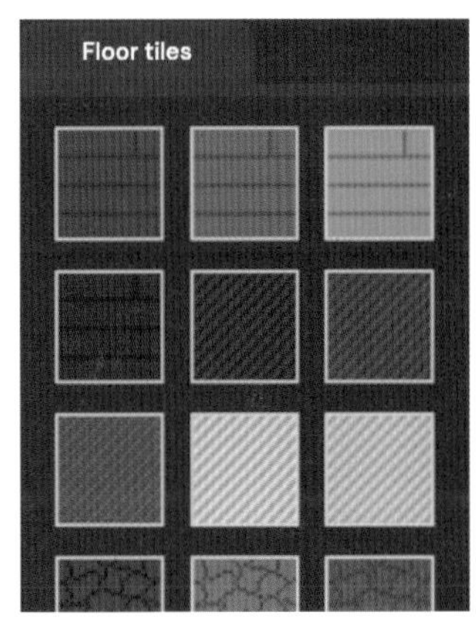

바닥 타일 종류

공간을 꾸미는 오브젝트들에 적합한 바닥 색을 선택하면 됩니다. 여기에서는 교실을 구성하고자 하므로 밝은 색의 바닥재를 선택하였습니다. 자유롭게 원하는 바닥재를 선택한 후 왼쪽의 도구 모음에서 화살표 모양(**Select**) 또는 도장 모양(**Stamp**) 도구를 이용해서 화면의 칸을 클릭&드래그하면 바닥재가 설치됩니다. 마음에 들지 않으면 **Eraser** 도구를 활용하여 삭제하면 됩니다.

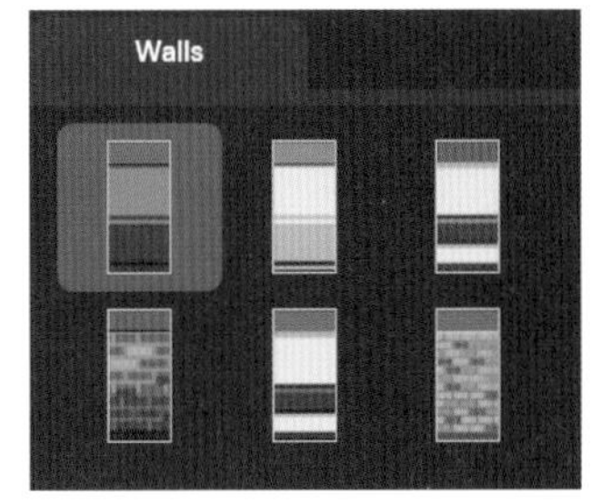

벽 종류

다음으로, 바닥재와 어울리는 벽을 선택하여 공간의 기초 공사를 끝냅니다. 상단 메뉴바에서 **Walls** 버튼을 누른 후 벽 모양을 지정하고, 바닥재를 선택했을 때와 같은 식으로 진행하면 됩니다. 교실 모양을 모두 만든 후 **Done** 버튼을 클릭하면 됩니다. (만약 강연 및 수업을 위한 교실을 제작한다면, 학생들의 활동 모습을 한 번에 확인할 수 있는 크기가 좋습니다. 적정 크기를 고려해서 바닥 타일과 벽을 설치하기 바랍니다.)

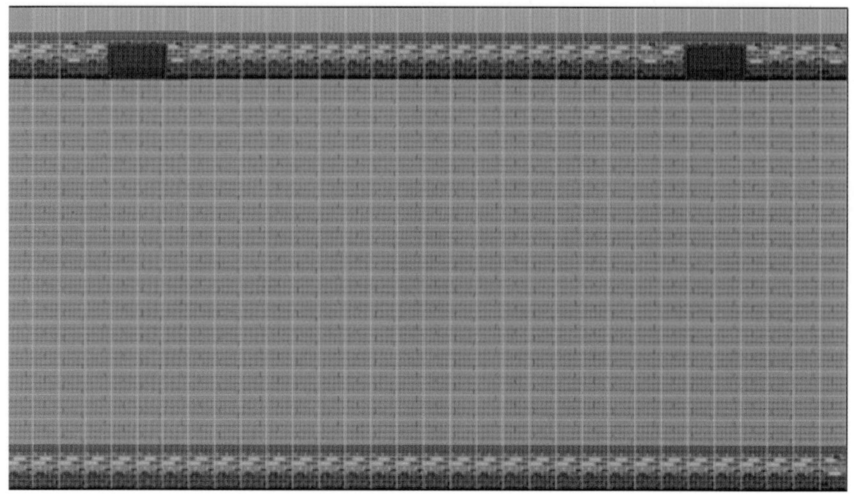

바닥재와 벽이 설치된 모습

바닥재와 벽을 구성했다면 **Tile Effects**를 클릭하여 적절한 곳에 특정 타일 효과를 걸어 줍니다. 타일 효과에 대한 직관적 이해를 위해 벽면 두 곳에 **Doorway(2-wide)** 오브젝트를 활용하여 문을 설치해 주었습니다. (오브젝트에 관한 내용은 뒤에서 다시 다루겠습니다.)

맵메이커 상단 메뉴바의 타일 이펙트

Tile Effects를 클릭하면 오른쪽에서 타일 효과 종류를 확인할 수 있습니다.

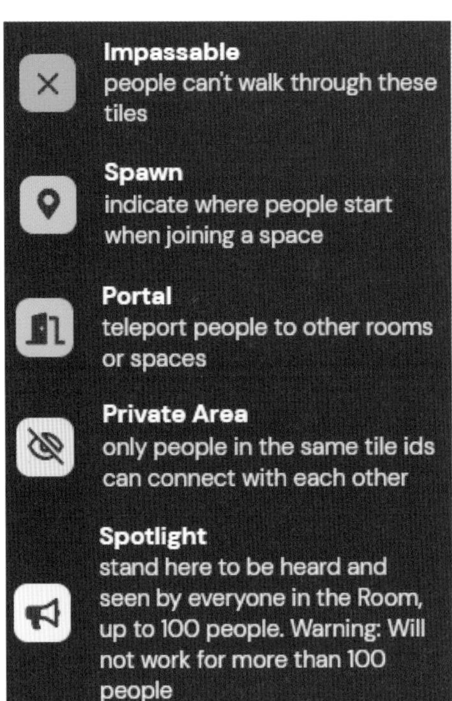

Impassable
people can't walk through these tiles
Spawn
indicate where people start when joining a space
Portal
teleport people to other rooms or spaces
Private Area
only people in the same tile ids can connect with each other
Spotlight
stand here to be heard and seen by everyone in the Room, up to 100 people. Warning: Will not work for more than 100 people

이 효과가 설치된 곳은 통과할 수 없습니다.

해당 공간에 참여할 때 캐릭터가 나타나는 위치를 지정해 줍니다.

다른 방이나 공간으로 이동할 수 있는 문(포털)입니다.

동일한 타일 ID에 있는 사람들만 서로 화상 대화가 가능합니다.

스포트라이트 효과가 있는 지점에 캐릭터가 위치하면 방 전체에 방송할 수 있습니다.

타일 효과 설명

이제 실제 공간에서 적용되는 타일 이펙트의 예시를 간단하게 보여주겠습니다. 우선, 사용자들이 공간 밖으로 이동하지 못하도록 공간 가장자리에 **Impassable** 효과를 적용시킵니다. **Impassable** 효과는 빨간색으로 표시됩니다.

다음 그림과 같이 오른쪽 끝 부분에 **Impassable** 효과를 주지 않은 타일 4개는 나중에 **Portal** 효과를 이용하여 다른 방과 연결할 계획입니다. **Impassable** 효과를 활용하면 참가자들이 공간 안에서 움직일 수 있는 범위를 제한하는 방식으로 이동 경로를 유도할 수 있습니다. 예를 들어, 미로 찾기를 만들어서 정답인 길을 제외하고 이동할 수 없도록 만들거나, 공연장을 만들 때 무대와 객석을 분리할 수 있습니다. 또한, 문을 만들어서 문을 제외한 부분은 이동하지 못하도록 **Impassable** 효과를 적용하면 공간 이동의 개념을 활용할 수도 있습니다.

다음으로, 사용자들이 처음 공간에 들어오거나 방에 입장했을 때 소환되는 곳을 **Spawn** 효과(초록색)를 이용하여 지정합니다.

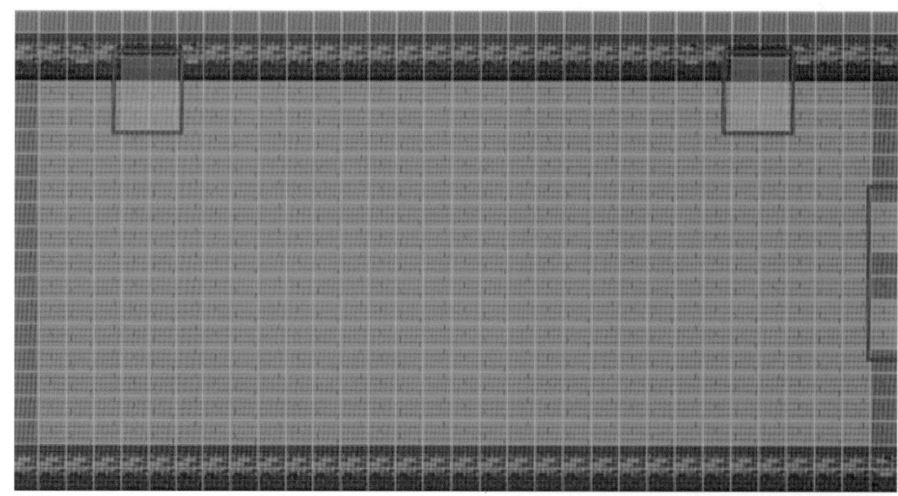

효과가 적용된 공간

남아 있는 세 가지 타일 효과인 **Portal**, **Private Area**, **Spotlight**는 오브젝트를 활용하여 함께 보여주었을 때 더 쉽게 이해할 수 있습니다. 따라서 지금부터는 우리가 제작한 기본 공간에 오브젝트를 추가하여 나만의 교실을 꾸며 보겠습니다. 상단의 **Objects**를 클릭하고 오른쪽의 **More Objects**를 누르면 꾸밀 수 있는 오브젝트들이 나타납니다.

맵메이커 메뉴바 – 오브젝트

오브젝트 추가(More Objects)

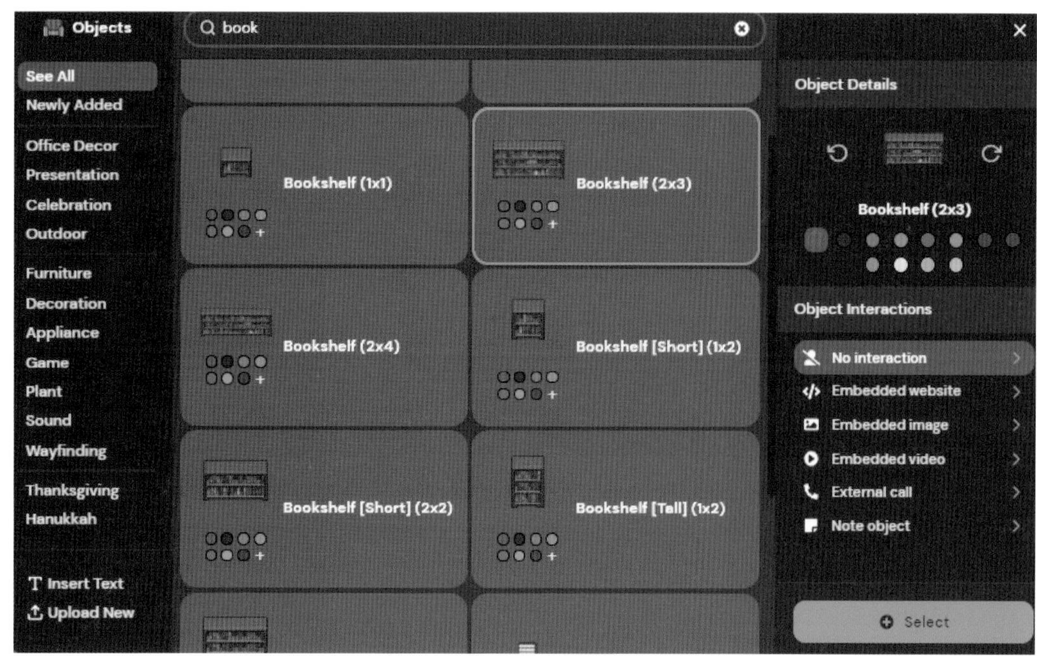

More Objects를 누른 후 book을 검색한 오브젝트 화면

See All을 눌러 전체 오브젝트를 살펴볼 수 있고, 카테고리를 클릭하여 주제별 오브젝트를 볼 수도 있습니다. 혹은 자신이 원하는 물건의 키워드를 검색해서 찾을 수도 있습니다. (오브젝트별로 상호작용을 위한 특정 기능을 넣는 방법은 나중에 자세히 설명하겠습니다.)

마음에 드는 오브젝트를 고르고 원하는 색을 선택하고 방향을 조정한 후에 오른쪽 하단의 **Select** 버튼을 클릭합니다.

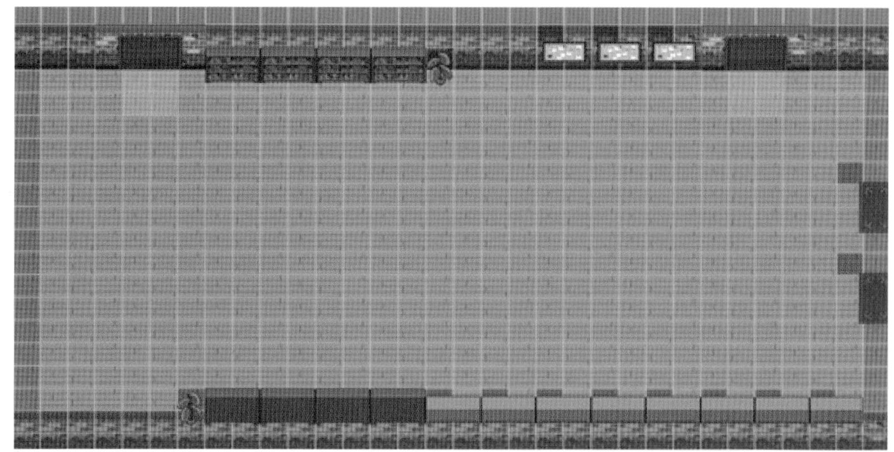
책장, 게시판, 사물함 등을 배치한 화면

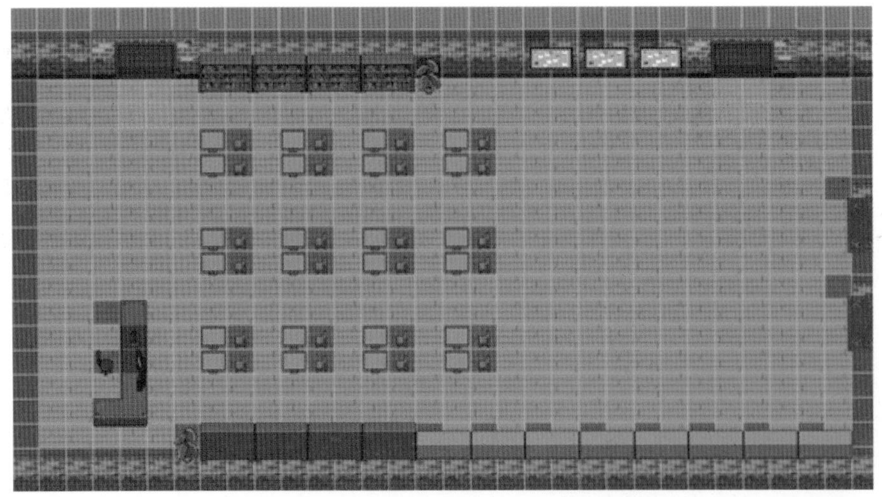

교사 책상, 학생 책상, 의자를 추가로 배치한 화면

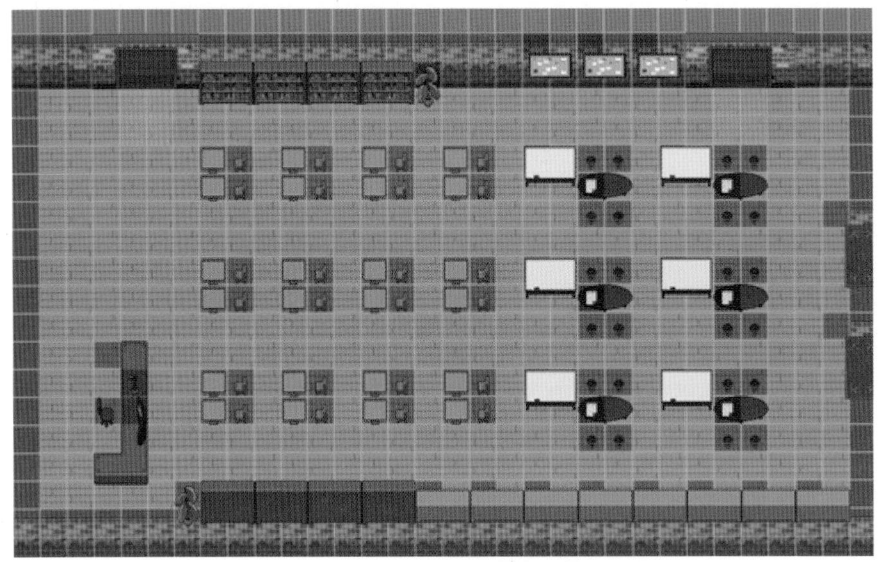

모둠 활동 책상 및 화이트보드를 추가로 설치한 화면

책상과 책장, 게시판, 사물함 등 교실에 필요한 오브젝트들을 배치한 모습입니다. 교실을 어떻게 꾸밀지 공간 구성을 먼저 생각해 보고 필요한 오브젝트를 설치하기 바랍니다.

지금까지 바닥재(타일), 벽, 오브젝트를 활용해 공간 구성을 끝냈습니다. 다음으로는 적절한 타일 효과 지정을 통해 공간 운영을 좀 더 효율적으로 해 보겠습니다.

우선, **Spotlight**(스포트라이트) 타일 효과에 관해 살펴보겠습니다. 교실이란 공간을 가정했을 때 교사(진행자)는 자신의 자리에서 모든 사람에게 이야기를 전하고 싶으며, 개별 모둠 및 그룹은 같은 공간 내에 있는 사람들과만 의사소통을 하고 싶습니다. 이를 위해 먼저 교사의 말이 모든 학생에게 들리도록 교사 자리에 해당하는 타일에 스포트라이트 효과를 지정해 줍니다.

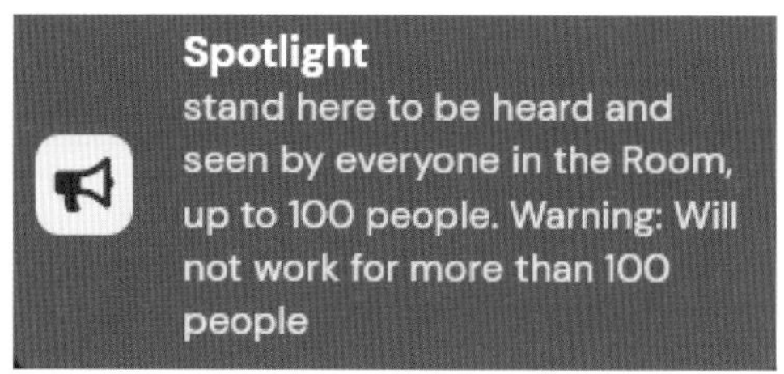

스포트라이트

Spotlight는 동일한 방 안에 있는 최대 100명의 참가자와 서로 보고 듣는 것과 같은 소통에 참여할 수 있게 합니다.

Private Area

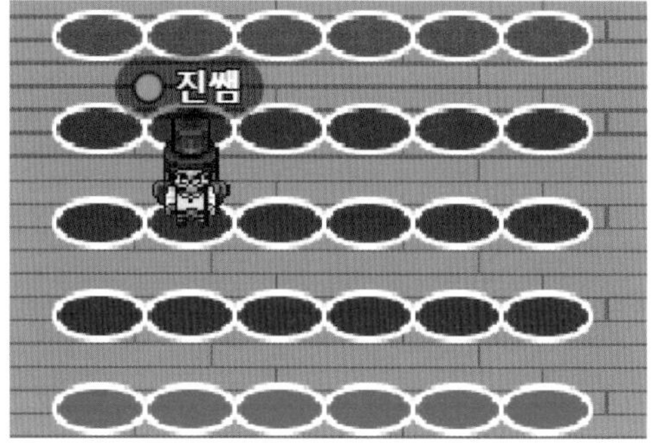

Color tiles 효과 적용

모둠 활동을 하는 같은 공간 내의 사람들끼리만 대화할 수 있도록 공간마다 **Private Area** 효과를 적용할 수도 있습니다. **Set a private area ID**에 번호 또는 문자를 작성한 후 맵메이커 왼쪽에 있는 **Select** 또는 **Stamp** 도구를 활용해 모둠 활동의 영역을 지정해 줄 수 있습니다. 이때 위에 있는 **Color tiles**를 선택하면 영역별로 색깔을 다르게 칠할 수도 있습니다.

지금까지 설명한 내용을 토대로 제작한 공간의 모양을 살펴보면 다음과 같습니다. 주황색은 **Spotlight** 타일 효과이며, 분홍색은 **Private Area** 효과입니다.

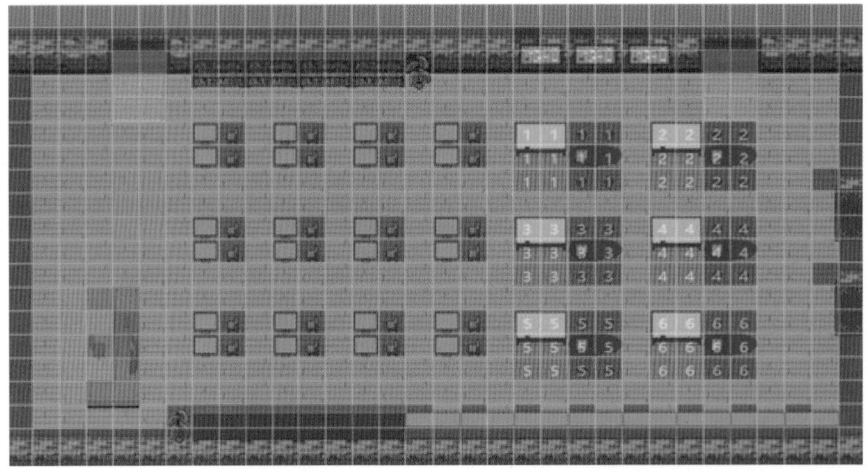

Spotlight(주황색), Private Area(분홍색) 지정

Spotlight 지점은 편집 화면상에서만 색이 구별됩니다. **Private Area** 또한 **Color tiles** 옵션을 설정하지 않은 경우, 그 영역은 공간 편집 화면에서만 구별되어 보이고 실제로 구동했을 때는 색상이 보이지 않습니다. 또한, **Color tiles**로 색이 보이도록 설정하더라도 자신이 원하는 색으로 모둠 영역을 지정하기 어렵습니다. 그래서 일반적으로 사람들이 **Spotlight**와 **Private Area**를 명확하게 보여주기 위해 사용하는 방법이 있습니다. 우선, **Spotlight** 지점을 표시하기 위해서는 상단 메뉴바의 **Objects**를 누르면 나타나는 오른쪽 **Objects**에서 **More Objects**를 누릅니다. 이때 다음 그림과 같이 'spotlight indicator'를 검색하여 Spotlight 타일 위를 그림으로 나타내면 됩니다.

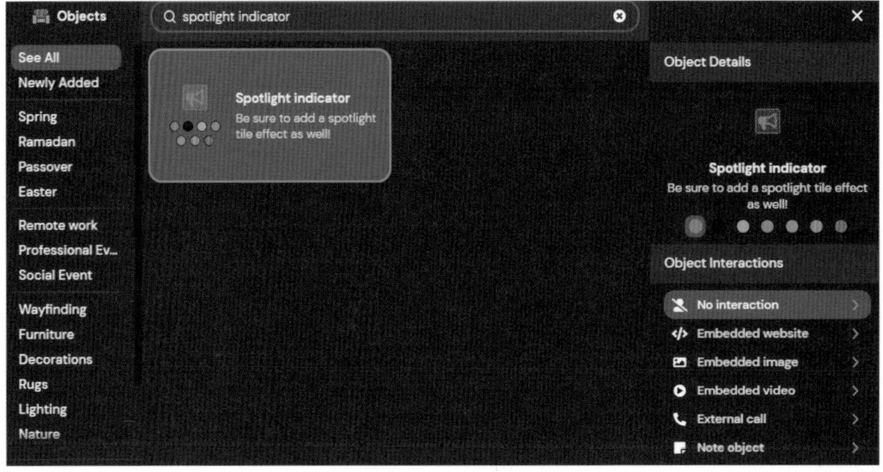

Spotlight Indicator 검색 화면

그리고 교사 자리 주변에서 모둠의 대화를 듣고 참여할 수 있도록 모둠(1~6)과 같은 ID를 교사 자리 주변에도 배치해 줍니다.

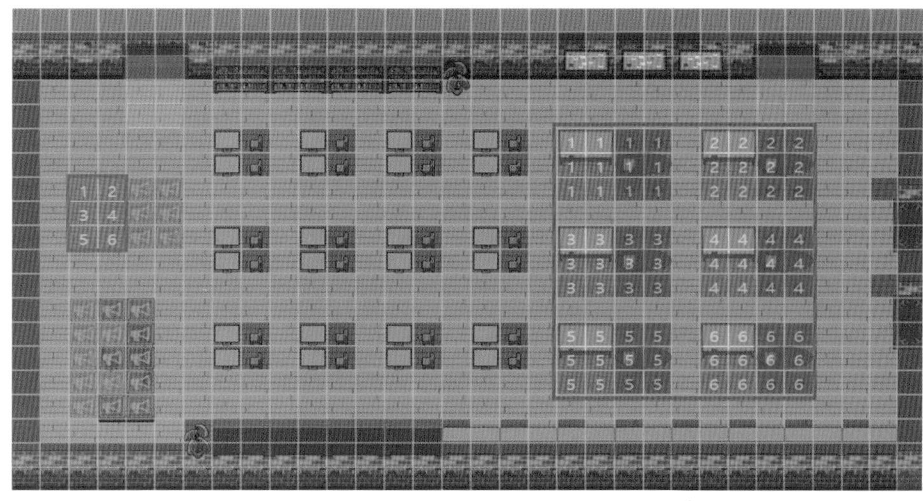

Spotlight indicator 오브젝트 및 Private Area 효과 지정

지정해 둔 **Private Area**도 실제 공간에서는 보이지 않기 때문에 영역 구분을 위해 바닥재 색을 다르게 표시하겠습니다. 상단 메뉴바에서 '**Walls & Floors > Floors**' 메뉴를 순차적으로 누른 후 오른쪽 **Floor tiles**에서 서로 다른 바닥재를 선택하여 깔아 줍니다. 책에서는 빨강, 주황, 노랑, 초록, 파랑, 보라 순서로 모둠 영역 표시를 해 주었습니다. 교사 주변에 있는 **Private Area**에도 같은 ID끼리 같은 색으로 바닥재를 변경해 주세요.

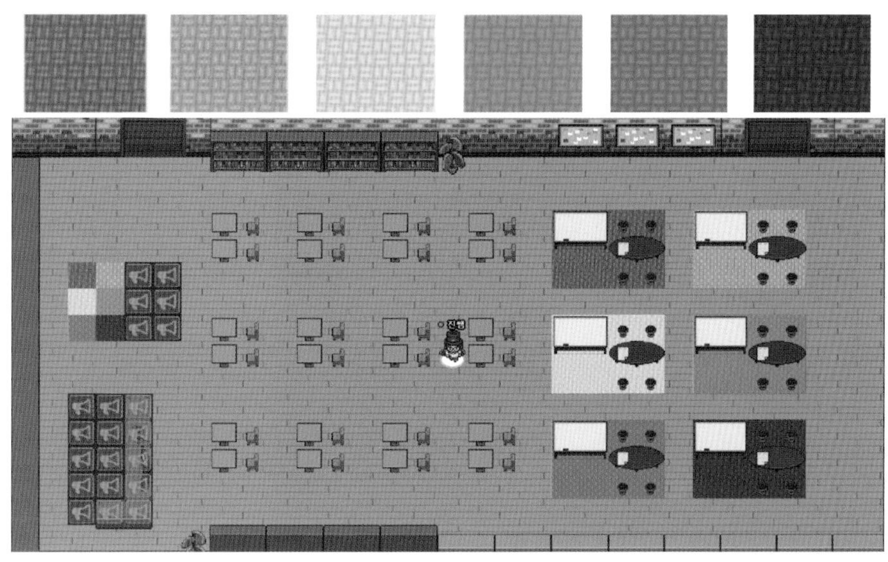

모둠 활동 영역 바닥재 변경

텍스트 입력 — 모둠 번호 기재하기

실제 교실처럼 보이기 위해 태극기 이미지도 넣어 봅시다. 그리고 학생들이 자신의 모둠 위치가 헷갈리지 않도록 바닥에 숫자를 써 모둠 번호를 표시해 줍니다. 이미지를 넣는 방법과 텍스트를 입력하는 방법은 80 ~ 83쪽에서 자세히 설명하겠습니다.

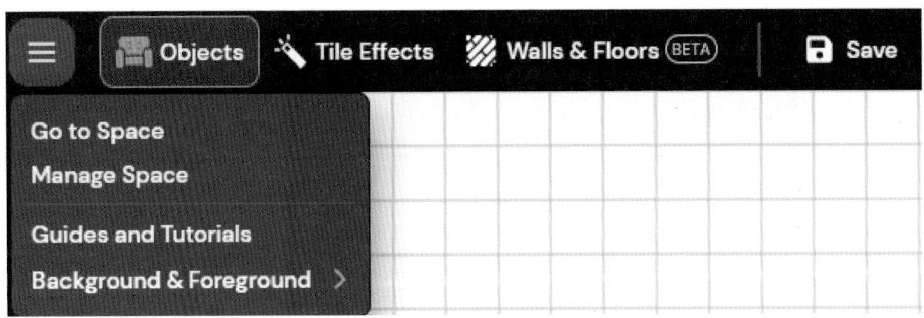

저장 후 자신이 만든 공간 확인하기

Save(저장) 후 상단 왼쪽 끝의 메뉴(☰) 버튼을 눌러 **Go to Space**를 클릭하면 지금까지 만든 공간에 입장할 수 있습니다.

동영상으로 한 번 더!

http://m.site.naver.com/0UVBk

복사해서 사용하기

게더타운에서는 자신이 이미 만들었던 공간을 가져와서 활용할 수 있습니다. 이전에 만들었던 공간을 불러와서 사용 목적에 맞게 수정 및 활용하기 위해서는 홈페이지에서 **Create Space**를 클릭하여 들어갑니다.

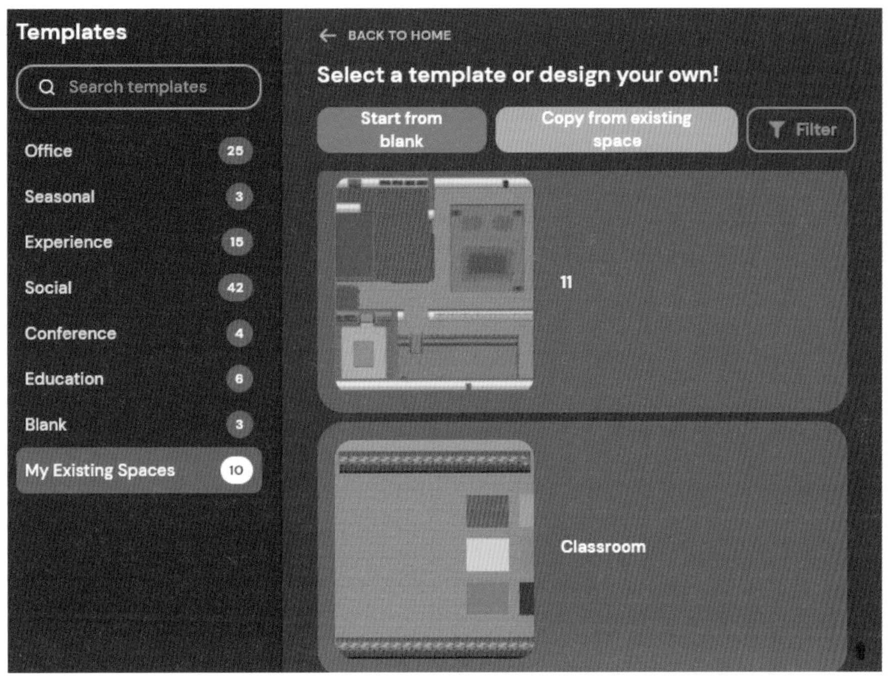

My Exisiting Spaces 템플릿 화면

공간 생성 템플릿의 왼쪽 목록에 **My Existing Spaces**를 선택하면 자신이 기존에 생성했던 공간들의 목록이 나옵니다. 그리고 **Copy from existing space**를 선택하면 공간을 복사해서 사용할 수 있습니다.

동영상으로 한 번 더!

http://m.site.naver.com/0UVBD

상호작용 기능 살펴보기

게더타운에서 이야기하는 상호작용은 참가자 간의 상호작용 외에 공간 안에 설치된 대상(물건)들과의 상호작용이 있습니다. 게더타운의 가장 핵심적인 기능 중 하나인 상호작용 기능에 대해 지금부터 살펴보겠습니다. 일반적으로 공간 안에 배치할 수 있는 오브젝트에는 특별한 상호작용 기능을 넣을 수 있습니다. 예를 들어, 비디오 모양의 물건 가까이 다가가면 동영상을 재생해 주거나, 화이트보드에서는 글을 쓸 수 있게 해 주거나, 혹은 특정 사이트를 연결할 수도 있습니다. 오브젝트에 넣을 수 있는 기능에 대해서 하나씩 살펴보고 실습을 통해 자주 쓰이는 옵션들을 알아보겠습니다.

오브젝트는 **Open Object Picker**를 통해서 공간 안에 삽입할 수 있으며, 게더타운에서 자체적으로 제공하는 오브젝트와 여러분들이 외부에서 삽입할 수 있는 오브젝트가 있습니다. 먼저, 게더타운에서 자체적으로 제공하는 오브젝트들은 주제 중심의 카테고리로 항목이 만들어져 있습니다. 이 항목에는 **Office Decor**, **Presentation** 등 목적에 따라서 구분이 되어 있는 것도 있으며, **Game**, **Sound** 등 기능에 따라 구분되어 있기도 합니다. 그 외 특정 시즌에 맞추어서 활성화되는 오브젝트들이나 베타 기능(7장)을 통해서 활성화할 수 있는 오브젝트도 있습니다.

이렇게 게더타운에서 자체적으로 제공하는 오브젝트의 경우, 여러분이 영어 단어에 능숙하다면 오브젝트 화면 상단의 **Search objects**에 관련된 단어를 검색하여 찾아볼 수도 있습니다.

다음으로, **Insert Text**나 **Upload New**를 통해서 자신이 원하는 글자를 입력하거나 자신이 가지고 있는 이미지 등의 파일을 업로드해서 오브젝트로 활용하는 방법도 있습니다.

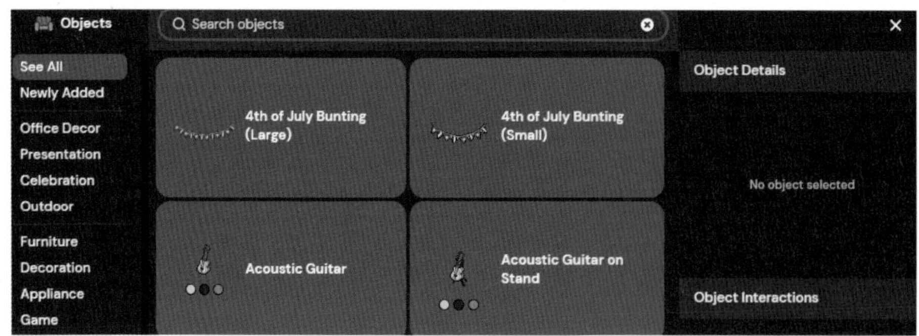

Object 화면

다음으로, 특정 오브젝트를 선택했을 때 오브젝트의 상세 내용을 살펴볼 수 있습니다. **Object Details**에서는 오브젝트를 자신이 원하는 방향으로 회전할 수 있으며 색상도 변경해 줄 수 있습니다. 특히, 깃발을 뜻하는 Flag 오브젝트들은 색상에 따라서 해당 깃발의 국가가 달라지는 특성이 있어 이러한 오브젝트의 세부 내용을 변경하는 것도 게더타운의 재미있는 요소 중 하나입니다.

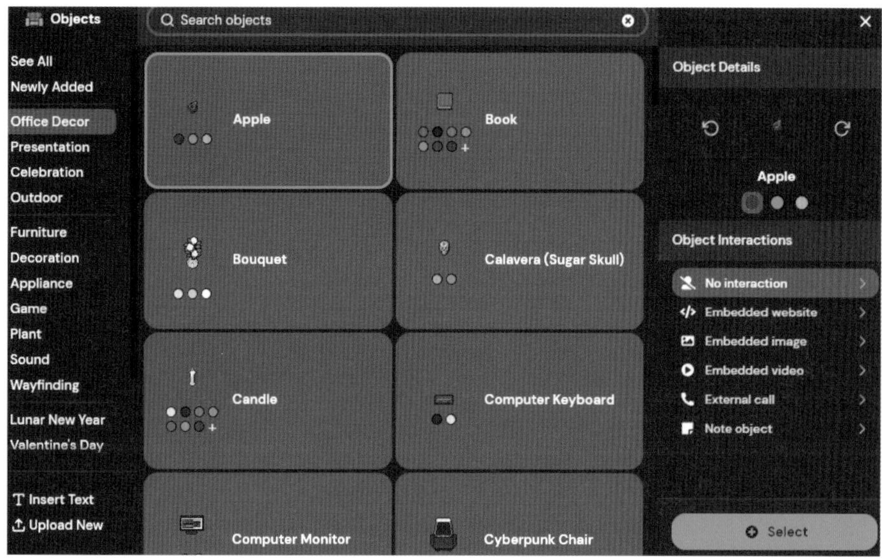

Object Details

Object Details 아래에 **Object Interaction**이 있습니다. 해당하는 내용이 바로 본 절에서 다루고자 하는 게더타운의 핵심 기능인 '상호작용' 기능입니다. 게더타운이 확장성을 갖춘 메타버스 플랫폼으로 성장할 수 있었던 배경에는 삽입된 여러 오브젝트를 연동해 플랫폼으로서의 역할을 수행할 수 있었던 점도 큽니다.

오브젝트 상호작용 선택에는 총 6가지가 제시되어 있습니다.

① No interaction

② Embedded website

③ Embedded image

④ Embedded video

⑤ External call

⑥ Note object

① No Interaction은 오브젝트에 상호작용 기능을 넣지 않고 이미지 파일로 삽입하기를 원할 때 넣을 수 있습니다. 단순히 꾸밈용, 관상용으로 오브젝트를 활용하는 방법이라고 볼 수 있습니다.

② Embedded website는 오브젝트 안에 웹사이트의 주소를 내장하여 연동시키는 방법입니다. 이 기능이 활성화된 오브젝트에 참여자가 X 키를 눌러 상호작용하면 오브젝트와 연동된 사이트로 바로 연결해 줍니다. 단, 'https://'로 시작되는 도메인 주소만 사용할 수 있어서 관련된 홈페이지 및 온라인 도구 등은 원활하게 연동시킬 수 있지만, 포털 사이트 및 검색 엔진과의 연동은 안 되는 경우가 많습니다.

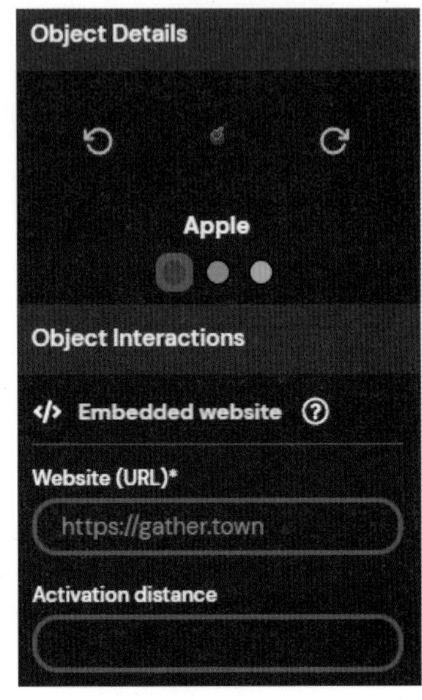

Embedded website

- **Websites(URL)**: 상호작용 시 연동할 웹사이트 주소를 입력합니다.
- **Activation distance**: 해당 오브젝트와 상호작용이 가능한 거리를 지정합니다. 캐릭터가 오브젝트에 어느 정도 가까이 와야 오브젝트와 상호작용이 가능한지 거리를 지정해 줄 수 있습니다. 숫자가 작을수록 더 가까이 와야지 상호작용할 수 있습니다.

③ Embedded image는 오브젝트 안에 자신이 가지고 있는 이미지 파일을 연동시키는 방법입니다.

- **Image**: 상호작용 단축키인 X 키를 눌렀을 때 보이는 이미지입니다.
- **Preview image**: 오브젝트 근처에 다가가면 보이는 이미지입니다.
- **Activation distance**: 상호작용 가능 거리

이미지를 삽입할 때는 실제 오브젝트와 상호작용을 했을 때 보이는 **Image**와 오브젝트 근처에 다가갔을 때 미리 보기로 보여주는 **Preview image**를 넣어 줄 수 있습니다. 해당 기능의 활용 예시는 **Preview image**에 문제 번호를 넣고, **Image**에 실제 문제 내용 이미지를 넣어서 문제를 풀도록 할 수 있습니다. 또는 보물찾기 등을 할 때 보물함 이미지를 **Preview image**에 넣고 보물 여부를 **Image**에 넣어 마치 보물찾기를 하는 것처럼 구성할 수도 있습니다.

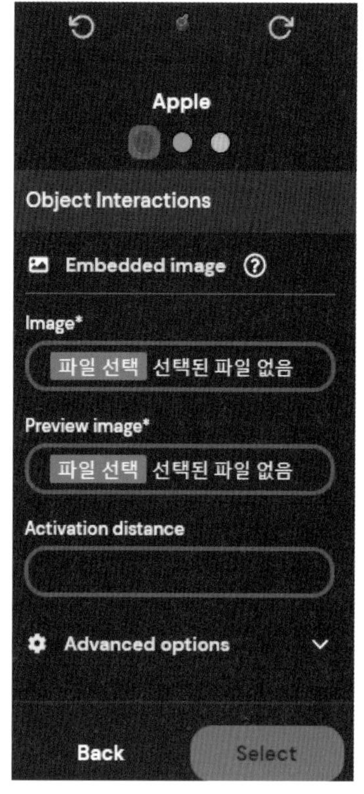

Embedded image

④ Embedded video는 오브젝트 안에 상호작용 기능으로 비디오를 넣어 줍니다. URL을 통해서 내가 원하는 비디오의 주소를 붙여 넣어 오브젝트에 다가가 상호작용하면 해당 URL로 이동하여 영상을 시청할 수 있도록 도와주는 기능입니다.

- **Video(URL)**: 유튜브, 비메오 등 영상의 링크를 넣어 줍니다.
- **Activation distance**: 상호작용 가능 거리

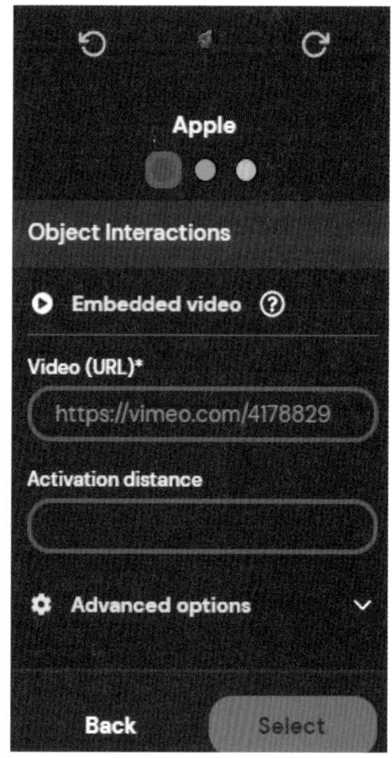

Embedded video

⑤ External call을 통해서 자체적으로 화면 공유 기능 및 오디오, 비디오 기능을 통해서 다양한 사람과 소통을 가능하게 해 줍니다. 특히, 스포트라이트 기능 및 **Private Area** 기능을 활용하여 전체 학습과 모둠별 분반 학습이 모두 가능한 점은 게더타운을 획기적인 상호작용 플랫폼으로 만들어 줍니다. 만약 게더타운 내의 기능이 아니라 줌을 비롯한 다른 외부 화상회의 도구가 필요하다면 **External call**을 활용할 수 있습니다. 원하는 오브젝트에 **External call** 기능을 통해 외부 화상회의로 연결되도록 하여 상호작용했을 때 해당 화상회의로 연결되도록 합니다.

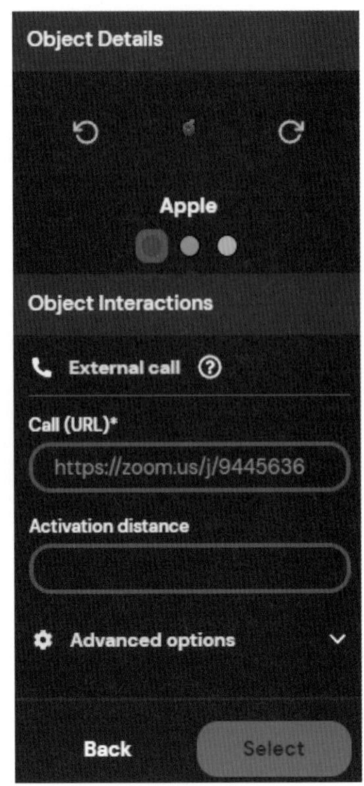

External call

- **Call(URL)**: 화상회의 도구의 참여 링크를 복사해서 넣습니다.
- **Activation distance**: 상호작용 가능 거리

해당 기능은 콘퍼런스나 박람회를 진행할 때 공개적인 장소에 대화하기 어렵거나 더 세부적인 논의가 필요할 때 지정된 화상회의 도구로 이동하여 대화하는 용도로 많이 사용됩니다.

⑥ Note object는 오브젝트와 상호작용했을 때 포스트잇의 형태처럼 보이면서 자신이 사전에 작성해 둔 메시지가 보이는 용도로 사용합니다. 간단하게 장소에 대한 설명이 필요하거나, 자리를 지정석 제도로 운영할 때 누가 어떤 자리에 앉아야 하는지 알려주는 인식표 등으로 많이 활용됩니다.

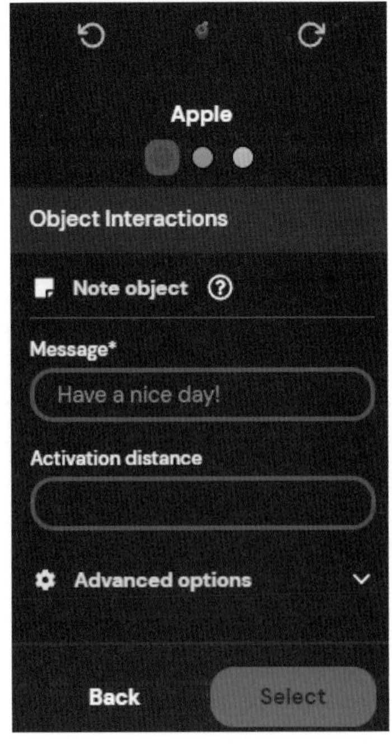

Note object

- **Message**: 오브젝트와 상호작용했을 때 보이는 메시지를 적습니다.
- **Activation distance**: 상호작용 가능 거리

이상으로 게더타운에서 오브젝트에 넣을 수 있는 상호작용에는 어떤 것들이 있는지 알아보았습니다. 오브젝트의 기본적 상호작용 기능을 살펴보면서 모든 오브젝트 기능 하단에 있는 **Advanced options**를 발견할 수 있었을 겁니다. **Advanced options**는 게더타운을 학습하는 데 필수적인 요소는 아니지만 알고 있으면 유용하게 활용할 수 있는 기능들입니다. 심화 옵션들은 자신이 어떤 상호작용을 하느냐에 따라서 조금씩 다르게 나오지만, 여기서는 모든 심화 옵션에 대해 간단하게 설명하겠습니다. 오른쪽 이미지는 **Embedded website**를 클릭했을 때의 심화 옵션으로, 다른 기능과 달리 **Loading icon**이 추가로 존재합니다. **Embedded image**를 클릭했을 때는 'Caption'이, **Embedded Video**를 클릭했을 때는 'Synchronized start time. This will sync the Tv for everyone'이 추가로 생성됩니다.

Advanced option

Prompt message는 오브젝트 주변에 생성되는 메시지입니다. 일반적으로 사용하는 노트 오브젝트와 다르게 공간에서 바로 직관적으로 볼 수 있는 점이 특징입니다.

Prompt message

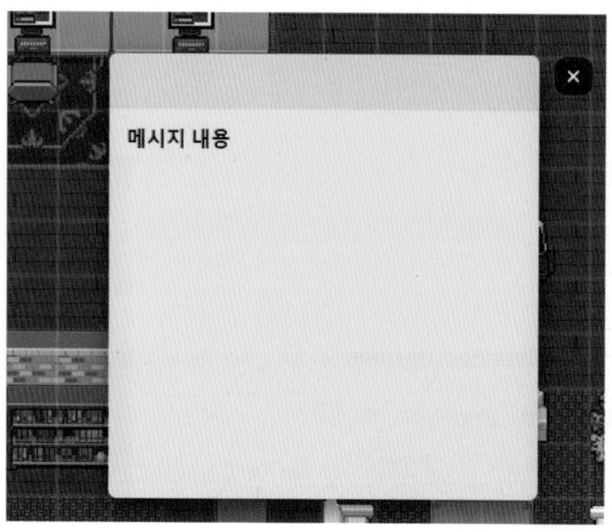

노트 오브젝트에서의 메시지

Object image는 선택한 오브젝트의 모양을 변경해 줄 때 사용하는 심화 옵션입니다. 예를 들어, 회사 로고와 관련한 오브젝트를 넣으려고 할 때 회사의 이미지로 변경해서 외부에 노출하고 싶다면 **Advanced option**에 있는 **Object image**를 클릭해서 오브젝트의 이미지를 변경해 줄 수 있습니다.

Active image는 오브젝트 근처에 갔을 때 자신이 원하는 활성화 이미지를 게더타운 공간의 바닥으로 만드는 기능을 의미합니다. 특정 오브젝트를 클릭하면 그 오브젝트와 관련한 테마가 펼쳐지도록 구성하여 돌아다닐 수 있도록 하는 기능입니다.

Object image는 공간 안에서 우리 눈에 직접 보이는 오브젝트의 이미지를 바꾼다는 점에서 직관적으로 이해되지만, 우리가 앞에서 배운 **Embedded image**에서의 **Image**, **Preview image**와 심화 옵션에 있는 **Active image**는 개념이 헷갈릴 수 있습니다. 따라서 다음의 그림을 보고 세 가지의 차이점을 알아보겠습니다.

우선, 기본 상호작용 기능에 있는 **Preview image**는 오브젝트와 상호작용을 하기 전에 화면 하단에 미리 보기 이미지를 보여주는 기능입니다.

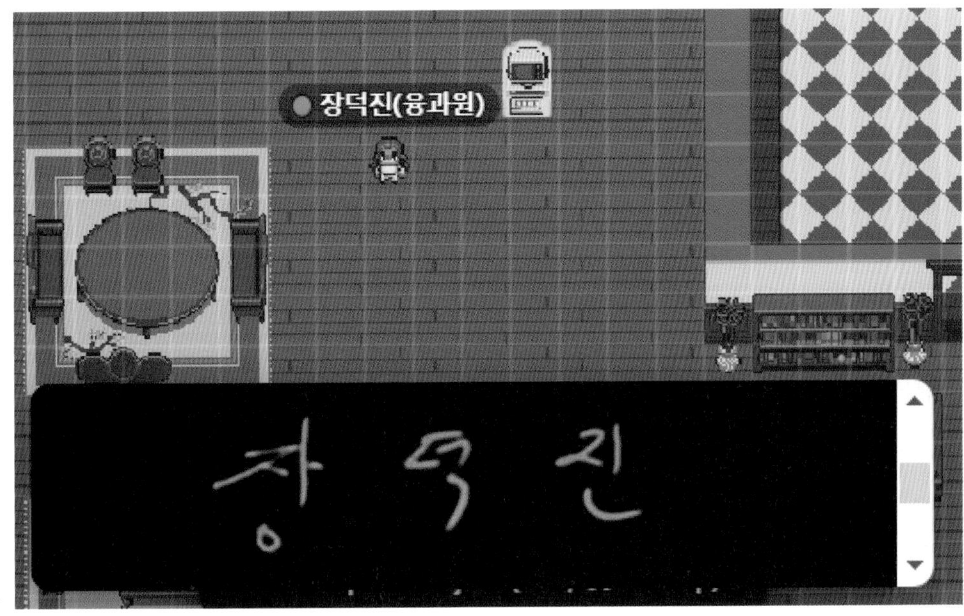

Preview image

상호작용에 기본으로 들어가는 **Image**는 오브젝트와 상호작용인 X 버튼을 눌렀을 때 팝업으로 해당 이미지에 접속하며, 같은 이미지에 들어온 사람들과 비디오나 마이크를 통해 소통할 수 있습니다.

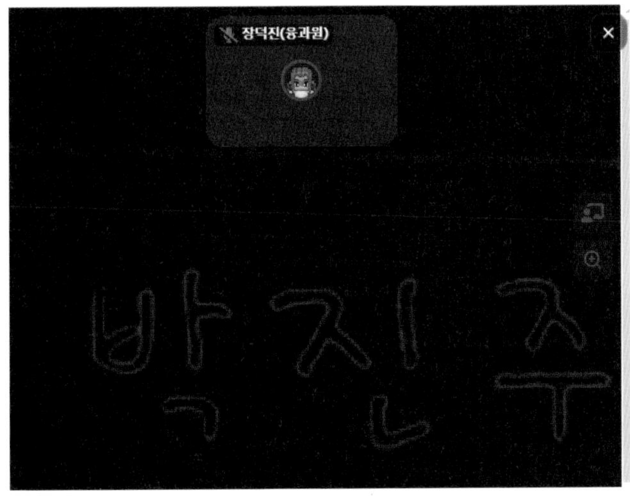

Image

이에 반해 심화 옵션에서 추가한 **Active image**는 해당하는 오브젝트를 만났을 때 별도의 상호작용 없이도 타일 하단을 자신이 넣은 이미지로 변경되도록 만드는 기능입니다. 따라서 특정 오브젝트를 밟고 지나갈 때 맵 공간이 바뀌는 듯한 이미지를 구현할 수 있습니다. (바닥 부분이 자신이 넣은 이미지로 바뀌며 오브젝트에 접속하지는 않습니다.)

Active image

Display(start)와 **Display(end)**는 일종의 특별전과 같이 특정한 시간대에 해당하는 오브젝트가 보이도록 하며 특정한 시간이 지나면 사라지도록 하는 기능입니다. 해당 옵션을 선택하면 달력에서 날짜와 시간을 선택할 수 있습니다. 단, 유의할 점은 여러분이 처음 오브젝트를 넣을 때는 예약을 위해 미리 오브젝트를 넣을 수 없고 **Display(start)** 시점 이후로 오브젝트를 공간 안에 삽입할 수 있습니다.

Loading Icon은 **Embedded website**를 선택했을 때만 나타나는 심화 옵션으로, 웹사이트 연결 중에 나타날 아이콘을 내 PC에서 선택하여 삽입해 줄 수 있습니다.

Caption은 **Embedded image**를 선택했을 때만 나타나는 심화 옵션으로, 이미지와 관련한 설명을 간략하게 담을 수 있습니다. 여러분이 넣은 글씨는 이미지 오브젝트와 상호작용을 했을 때 ? 버튼을 눌렀을 때 나옵니다.

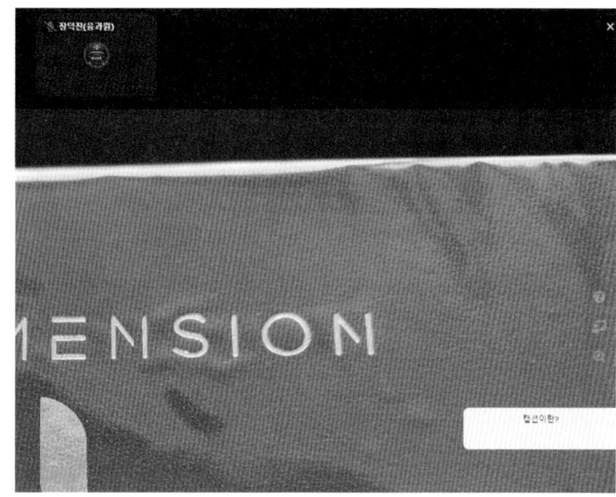

Caption

Synchronized start time. This will sync the Tv for everyone은 Embedded video를 선택했을 때만 나타나는 심화 옵션으로, 삽입한 영상의 시작 시각을 지정하는 옵션입니다.

오브젝트 상호작용 기능의 다양한 옵션에 대해서는 6장에서도 한 번 더 살펴볼 예정입니다. 그렇다면 지금부터는 상호작용에서 자주 쓰이는 옵션이 실제로 어떻게 많이 이용되고 있는지 예제를 통해 살펴보겠습니다.

웹사이트 또는 동영상 연결

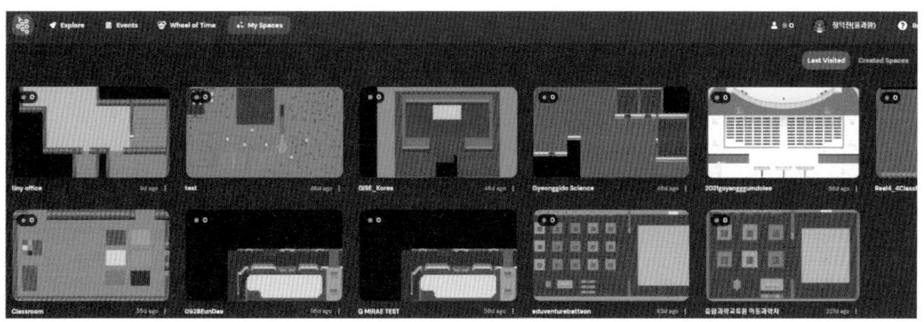

저장 후 자신이 만든 공간 확인하기

게더타운에서 로그인을 하면 첫 화면에서 자신이 방문했던 공간과 자신이 만든 공간을 한 눈에 볼 수 있습니다. 그중 우리가 템플릿을 가져와 만들었던 연습용 공간인 'Tiny Office'를 클릭해 입장하겠습니다. 만약 해당 공간이 없다면 **Create Space**에 들어가서 'Tiny Office'를 검색한 후 공간을 생성해 줘도 됩니다.

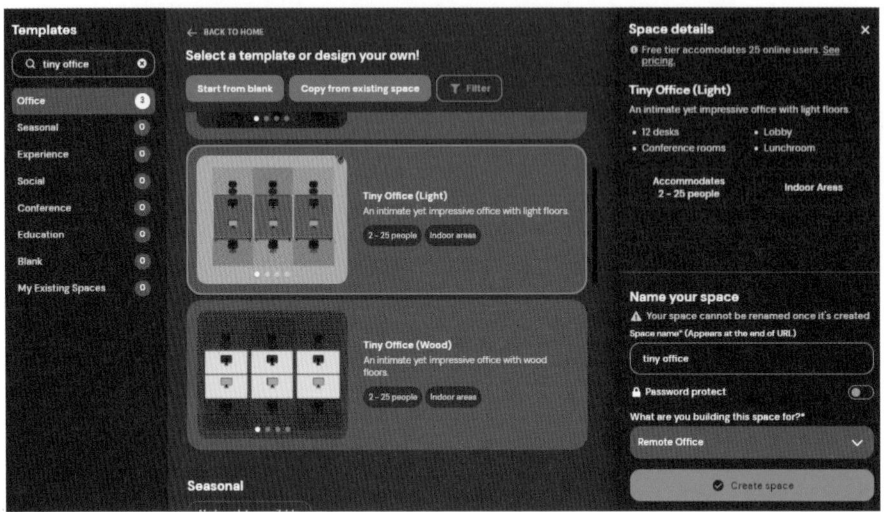

Create Space > Tiny Office를 선택한 화면

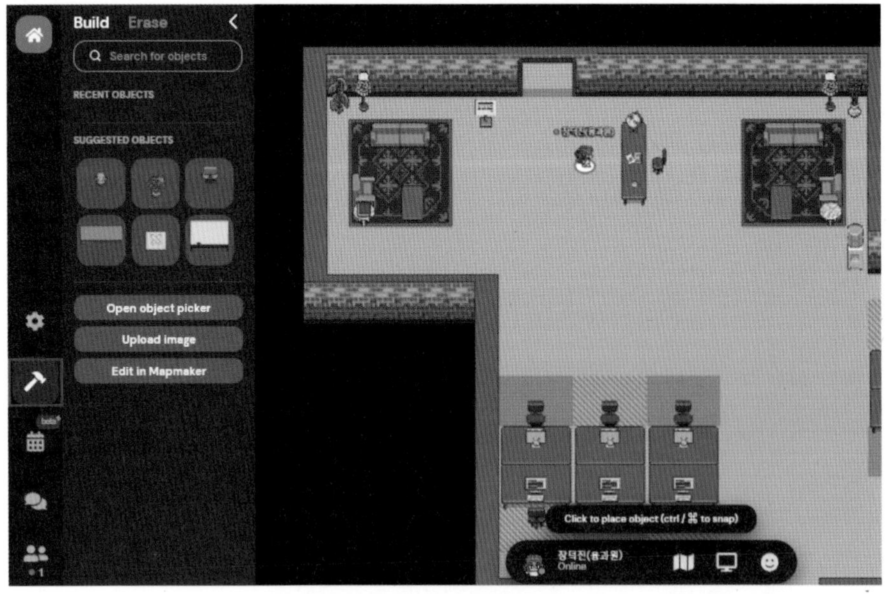

Tiny Office > Build를 선택한 화면

왼쪽 도구 중 **Build**(![icon])를 눌러서 오브젝트를 설치해 보겠습니다.

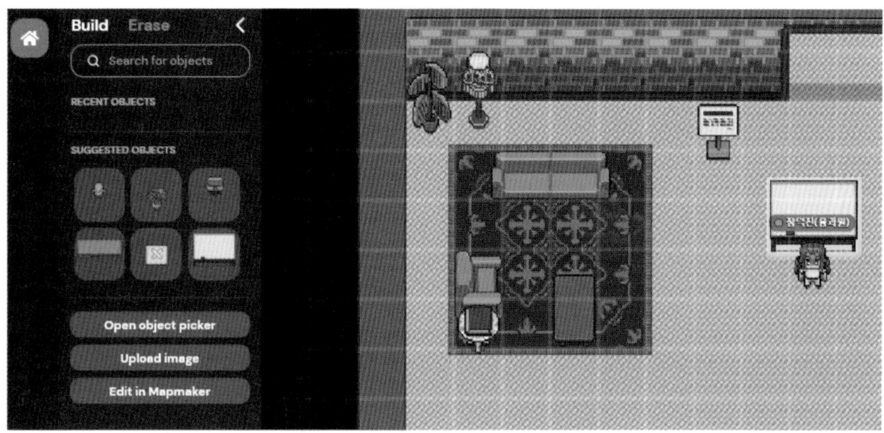

Build 〉 Open object picker를 선택한 화면

Build(![icon]) 버튼을 누르면 최근에 사용했던 오브젝트 및 추천 오브젝트 아래로 **Open object picker**(오브젝트 선택), **Upload image**(이미지 업로드), **Edit in Mapmaker**(공간 편집) 버튼이 나타납니다.

Open object picker를 누르면 게더타운에서 기본적으로 제공하는 오브젝트들을 볼 수 있습니다. 우리는 여기서 TV를 1대 삽입해 보겠습니다. **Appliance** 카테고리에서 **TV**를 찾아도 되고 검색 창에서 'TV'를 검색해도 됩니다.

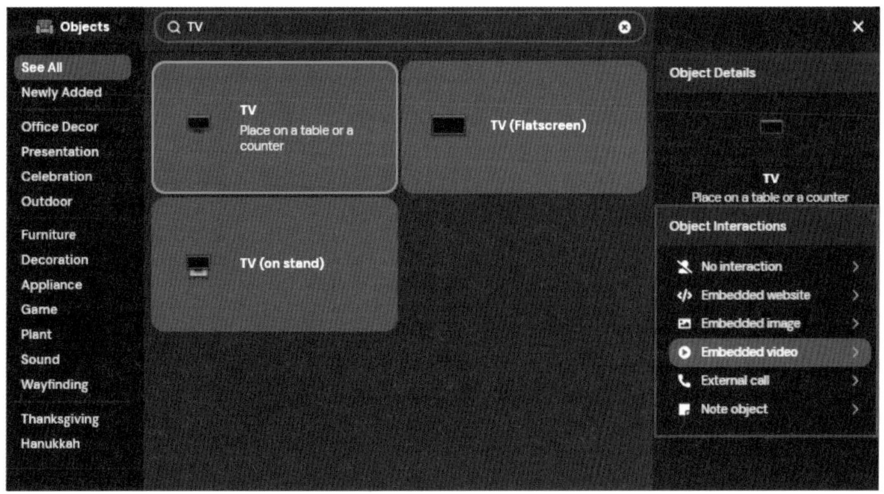

Object interactions 화면

오브젝트를 선택했으면 오른쪽에서 **Object Interaction** 탭을 확인할 수 있습니다. 오브젝트 상호작용 기능을 넣고 싶지 않다면 **No interaction**을 선택하고 **Select** 버튼을 눌러 오브젝트를 꾸미는 용도로만 설치해도 됩니다. (단, **No interaction**으로 넣을 시에는 향후 상호작용을 추가 및 변경할 수 없습니다.) 하지만 자신이 삽입한 오브젝트(TV)를 웹사이트에 연결하거나 동영상 재생 등과 같은 상호작용을 원한다면 **Embedded website** 또는 **Embedded video**를 선택한 후 URL을 빈칸에 입력합니다.

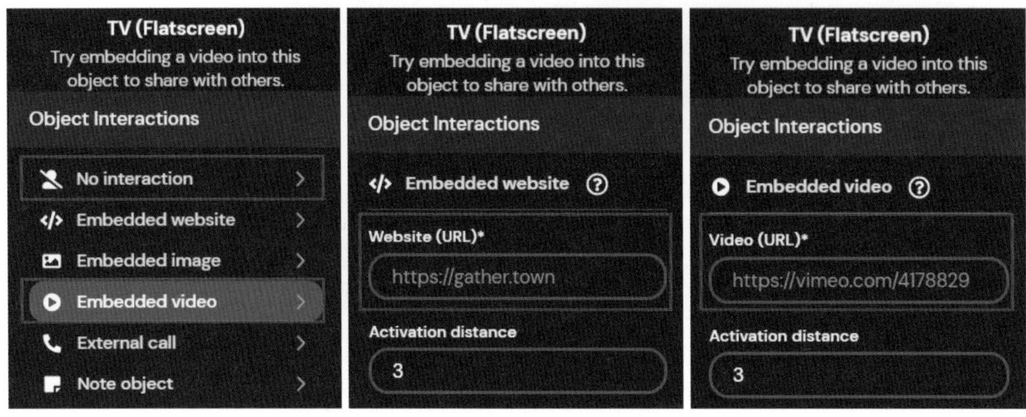

Object interactions 상세 창

오브젝트 상호작용과 관련해서 상세 창에서 '*' 표시가 있는 곳은 필수 입력란이므로 꼭 넣어 주어야 합니다. 일반적으로 웹사이트 및 동영상과 연결하려면 반드시 URL을 넣어 주어야 합니다.

URL 입력란 하단에 있는 **Activation distance**는 기능이 활성화되는 유효 거리를 뜻합니다. 숫자가 작을수록 캐릭터가 오브젝트와 가까워야 하며, 숫자가 클수록 캐릭터와 오브젝트가 멀어도 상호작용 기능이 실행됩니다. 연결이 잘 되었는지 확인하려면 오브젝트 가까이 다가가 키보드의 X 키를 누릅니다.

동영상으로 한 번 더!

http://m.site.naver.com/0UVBU

화이트보드 연결하기

이번에는 여러 사용자와 협업 시에 많이 사용하는 수단인 화이트보드를 연결해 보겠습니다. 동시에 여러 명이 작업할 수 있어서 회의 내용을 바로 기록하거나 내용을 함께 보기에 효과적입니다. 앞에서 TV를 설치한 것과 마찬가지로 **Build**( )를 선택한 후 오브젝트로 **Whiteboard**를 설치해 보겠습니다.

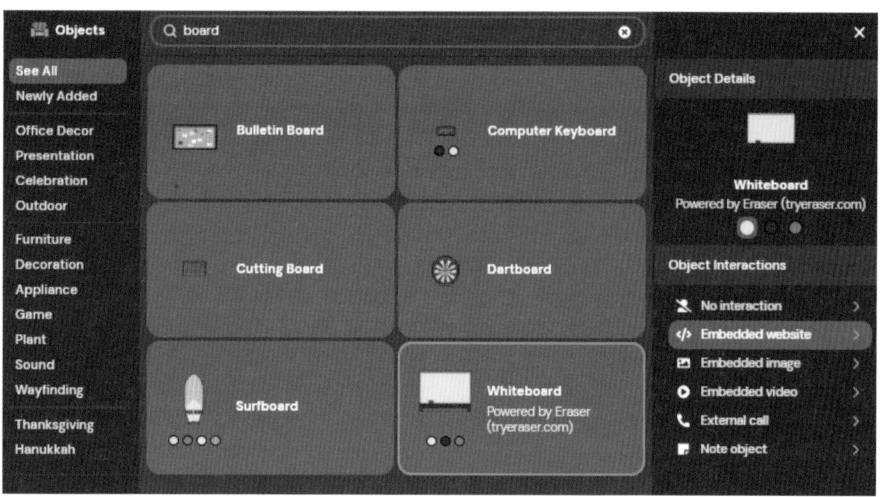

Whiteboard 삽입하기

그림처럼 'board'로 검색한 후 **Whiteboard**를 선택하고 오른쪽의 **Object Interaction** 탭에서 **Embedded website**를 선택하여 연결할 URL을 넣어 줍니다. 별도의 URL을 연결하지 않는다면 게더타운의 기본 화이트보드인 **Tryeraser**가 자동으로 실행됩니다. **Select**를 누르고 원하는 곳에 클릭하여 설치합니다.

동영상으로 한 번 더!

http://m.site.naver.com/0UVC6

X 키를 눌러 화이트보드를 실행합니다.

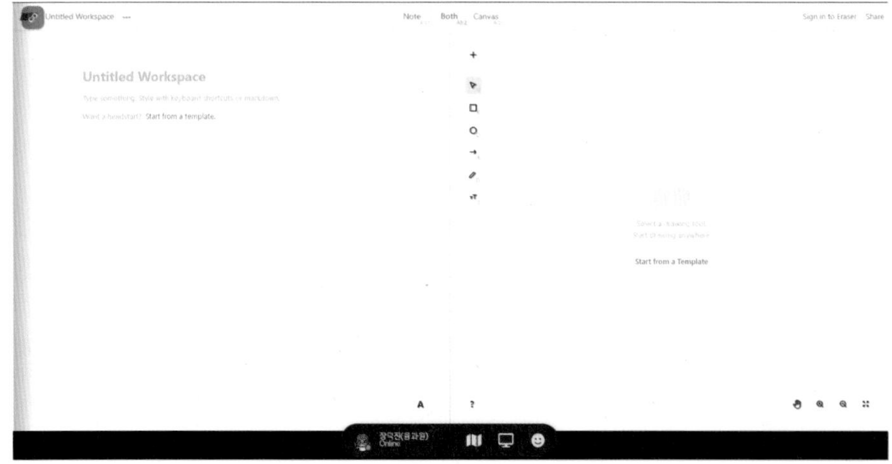

기본 화이트보드(Tryeraser) 화면

노트 오브젝트 연결하기

이번에는 알림판 및 문서 등과 연결하기에 좋은 노트 오브젝트 상호작용에 대해 배워 보겠습니다. 간단한 세부 설명을 첨부할 때 사용할 수 있으며, 일반적으로 환영 인사나 공지 사항은 물론 해당 장소, 인물에 대한 설명을 쓰거나 안내 문구를 첨부할 때 활용합니다.

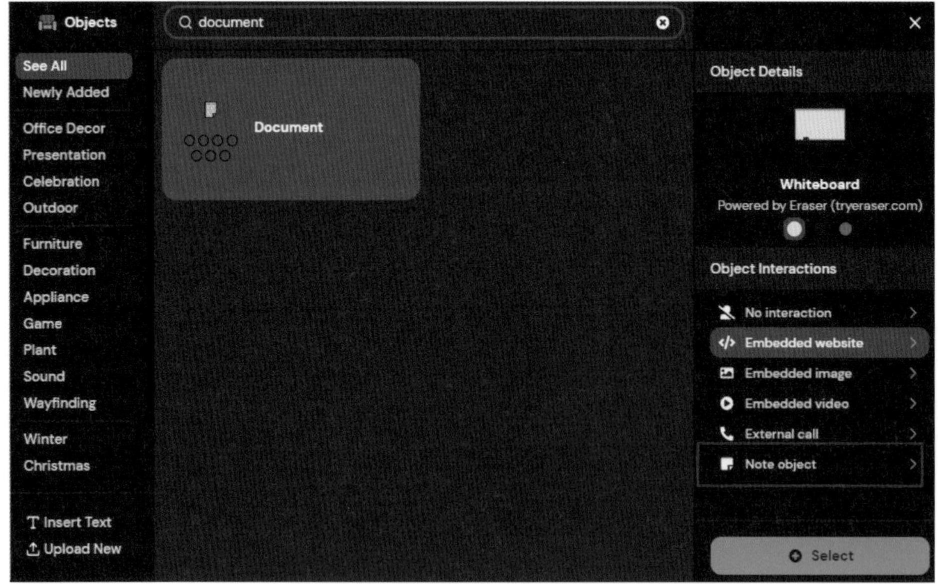

Document 오브젝트

우선, Build(↗)를 클릭해서 **Document** 오브젝트를 선택합니다. 오른쪽 **Object Interactions** 탭에서 가장 아래쪽에 있는 **Note object**를 선택합니다.

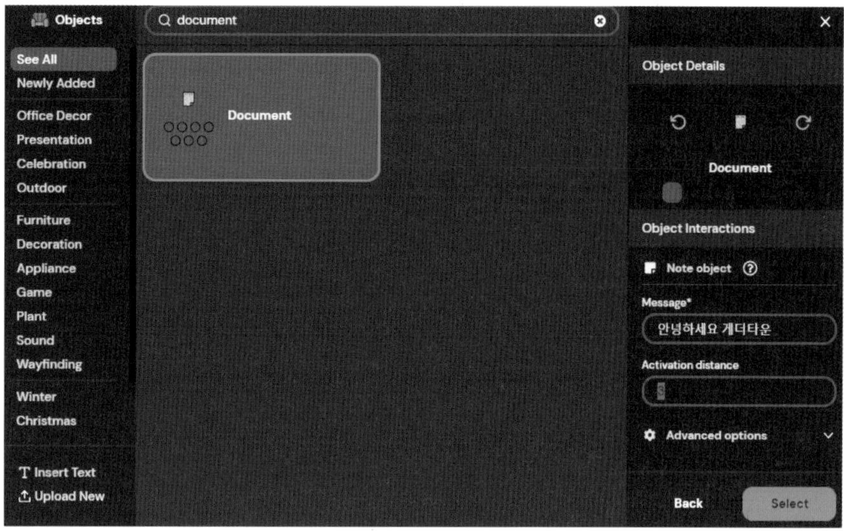

Note object

Note object의 세부 사항에서 **Message**에는 노출할 문구를 적어 줍니다. 그런 후에 **Activation distance**로 활성화 거리를 작성한 후 **Select** 버튼을 눌러 적용해 봅니다.

Note object를 구현한 모습

동영상으로 한 번 더!

http://m.site.naver.com/0UVDU

실제 게더타운 안에서는 여러분이 작성한 메모가 포스트잇의 형태로 보이게 됩니다.

이미지 연결하기

다음으로 **Object Interactions** 탭 중 이미지가 보이도록 하는 **Embedded image**에 대해서 살펴보겠습니다. 새로운 **Document** 오브젝트를 선택한 후 **Object interactions**에서 **Embedded image**를 선택합니다.

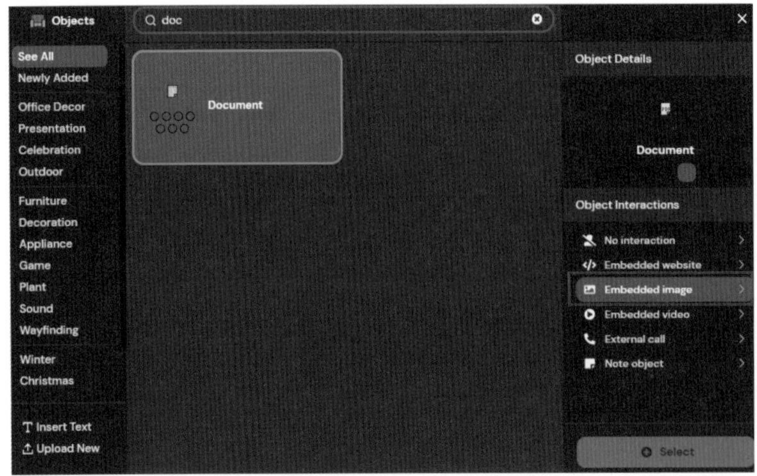

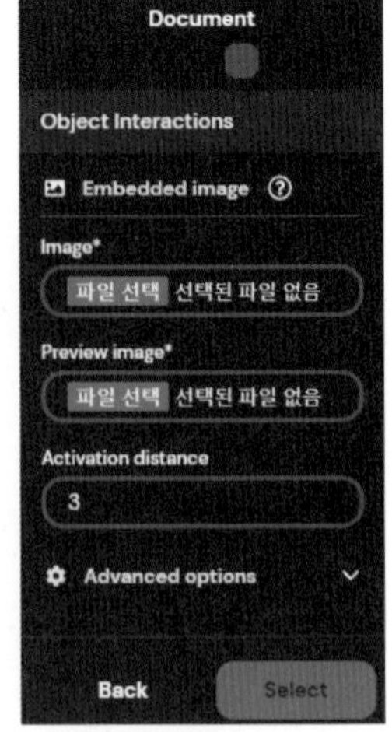

Object interaction — 이미지 삽입

세부 설정 — 이미지

이미지에는 **Image**와 **Preview image**가 있습니다. **Preview image**(미리보기 이미지)는 참가자가 오브젝트에 가까이 다가가면 보이는 예비 이미지이며, **Image**(이미지)는 실제로 상호작용 버튼인 X를 클릭하면 확장되어 보이는 이미지입니다. 이 기능을 잘 활용하면 보물찾기 등의 게임도 만들 수 있습니다.

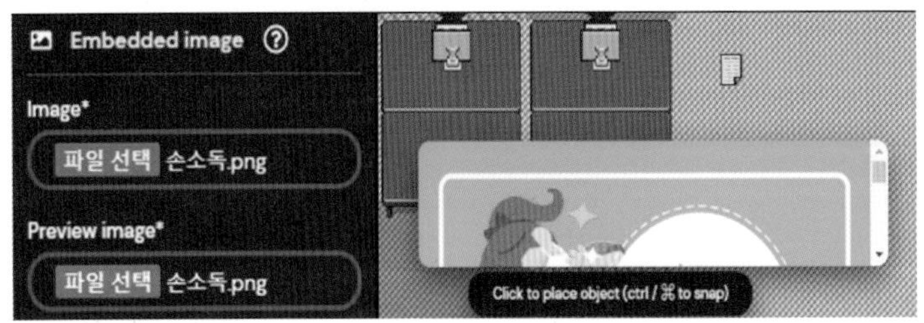

미리보기 이미지 예시

동영상으로 한 번 더!

http://m.site.naver.com/0UVPz

이미지 삽입하기

앞에서 배운 '이미지 연결하기'는 오브젝트와 상호작용 및 활성화를 했을 때 이미지가 보이도록 이미지를 넣는 것을 의미합니다. 이에 반해 지금 안내해 드리는 '이미지 삽입하기'는 공간에 직접 이미지를 넣는 것을 뜻합니다. 여러분이 가지고 있는 이미지 파일을 사용해도 되며, 여기서는 예시 자료로 게더타운 홈페이지의 로고 이미지를 활용하겠습니다.

우선, 기존의 방식대로 **Build**(🔨)를 선택한 후 오브젝트 삽입을 위해 **Open object picker**에 들어 옵니다.

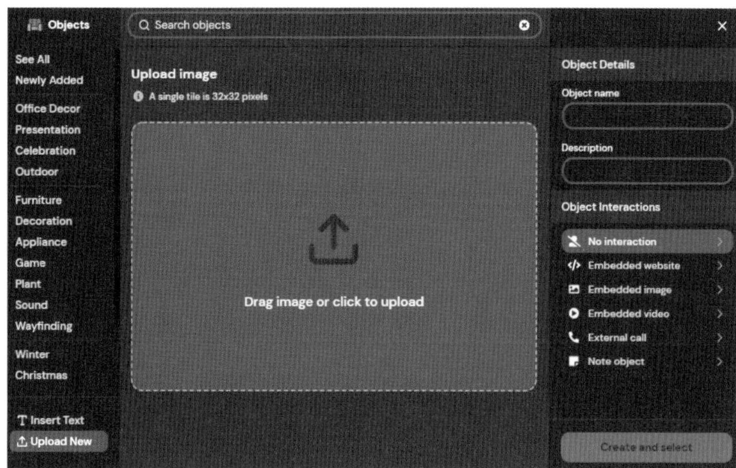

Object 〉 Upload New

오브젝트 메뉴 왼쪽 하단에 **Upload New**를 선택하면 이미지를 업로드할 수 있는 화면을 볼 수 있습니다. 컴퓨터에 저장된 파일을 드래그해서 옮겨 넣거나 화면을 클릭 후 불러올 수도 있습니다. 공간에서 보이는 타일 하나의 크기가 32 × 32픽셀이므로 만약 깔끔하게 그림 파일을 불러오고 싶으면 크기 및 화질에 유의하기 바랍니다.

Object 〉 Upload New

이렇게 삽입된 이미지 오브젝트에도 다른 오브젝트들처럼 여러 상호작용 기능을 추가할 수 있습니다. 가령, 위에 삽입된 게더타운 로고 이미지에 게더타운 공식 홈페이지 URL(Gather.town)을 삽입하거나 홍보 영상을 넣을 수도 있습니다.

만약 발표회 등이 있다면 발표 포스터 이미지를 삽입하고, 해당 이미지에 오브젝트 상호작용을 동영상으로 넣어 가까이 가서 활성화가 되었을 때 발표 영상을 볼 수 있도록 하는 등 다양하게 구현할 수 있습니다.

동영상으로 한 번 더!

http://m.site.naver.com/0UVPG

텍스트 삽입

다음으로 텍스트도 오브젝트로 삽입하고 관련 상호작용을 넣어 줄 수 있습니다. 텍스트 오브젝트도 이미지 오브젝트나 다른 오브젝트를 넣는 방법과 같으며, 여러분이 원하는 문구를 써서 공간 여기저기에 직접 설치할 수 있습니다. 환영 문구를 문 앞에 적어 두거나 벽에 회사나 학교 이름을 적어 두는 것도 많이 쓰이는 방법입니다.

이미지를 넣을 때 활용하였던 **Upload New** 바로 위에 있는 **Insert Text**를 선택합니다(**Open object picker 〉 Insert Text**).

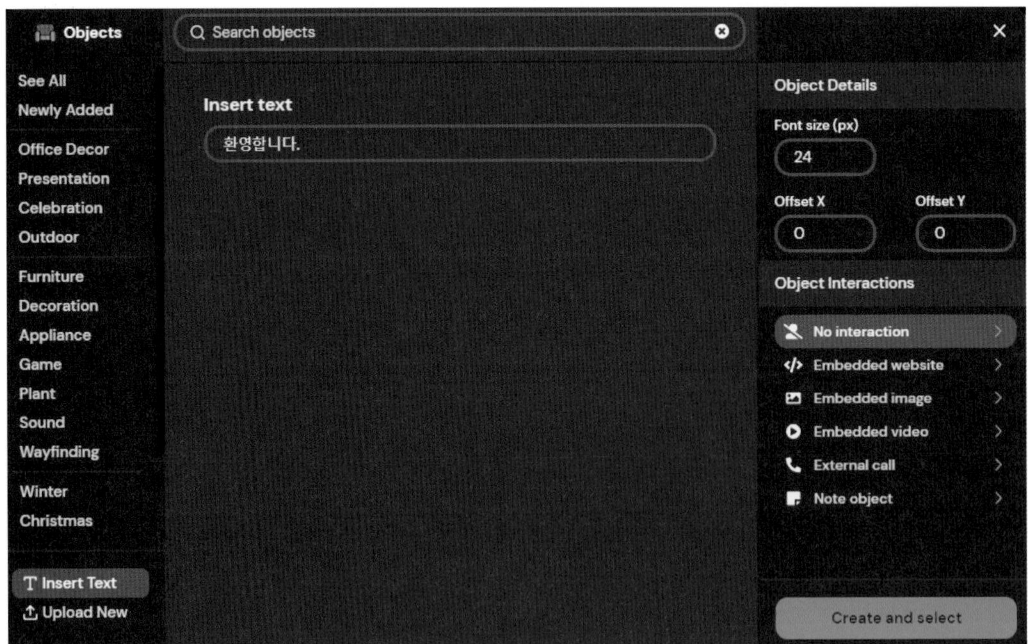

Object 〉 Insert Text

Insert Text 하단 박스에 원하는 문구를 입력한 후 오른쪽 상세 설정 창에서 글씨 크기와 오프셋 설정(x, y값 설정) 및 상호작용을 넣어 줄 수 있습니다.

텍스트가 삽입된 공

아쉬운 점은 아직 원하는 글꼴을 선택하는 기능이 없어서 기본 글꼴로만 텍스트가 삽입됩니다. 따라서 일반적으로 예쁜 글씨를 삽입하고 싶을 때는 포토샵이나 미리캔버스 등으로 글씨를 예쁘게 작성하여 이미지로 삽입해야 합니다.

동영상으로 한 번 더!

http://m.site.naver.com/0UVPO

게더타운 기초 튜토리얼 & 설정

지금까지 우리는 게더타운 회원가입 및 로그인을 하고 캐릭터를 설정한 후 공간을 만드는 기초적인 방법에 대해 알아보았습니다. 이제 게더타운에 참여하여 본격적으로 활동해 보겠습니다.

게더타운 입장하기

게더타운에 입장하는 방법에는 여러 가지가 있습니다. 대표적으로 자신의 계정으로 로그인한 후 기존에 입장했던 방이나 만들었던 방 등에 입장하는 방법과 게더타운 공간의 주소를 직접 입력해서 입장할 수 있습니다.

Welcome to Gather!

게더타운에 들어가면 네 가지 카테고리를 확인할 수 있습니다. **Explore**, **Events**, **Wheel of Time**, **My spaces**입니다. 이 중 원하는 카테고리를 선택해서 게더타운을 즐길 수 있습니다.

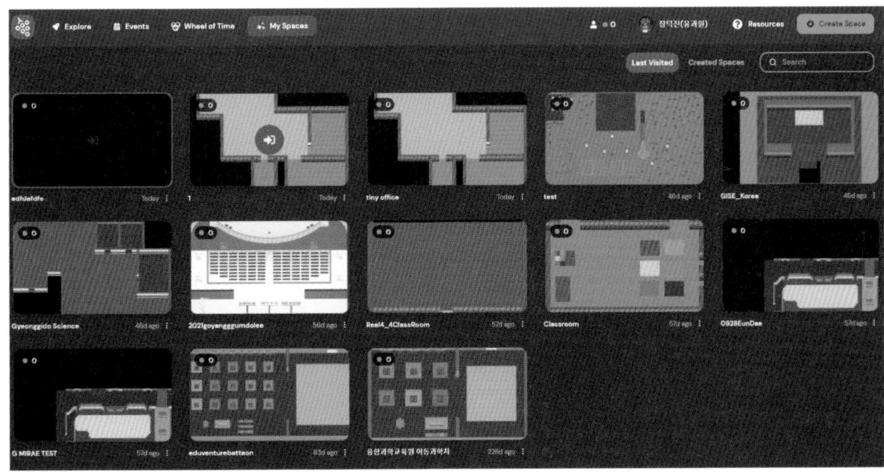

게더타운의 My Spaces

이 중 **My Spaces**를 선택하면 자신이 최근에 방문한 장소(**Last visited**) 혹은 자신이 직접 제작한 공간(**Created Spaces**)을 확인해서 참여할 수 있습니다.

게더타운의 Explore

Explore 카테고리에서 다른 사용자가 오픈한 공개 공간에도 참여할 수 있습니다. 해당 탐험에는 여러분들이 잘 알고 있는 역사적 배경의 공간과 방 탈출 등 재미있는 게임 요소가 많으니 적절히 선택하면 됩니다. 또한, 이러한 공개 공간 중 아마존의 드라마인 〈Wheel of Time〉을 배경으로 제작된 게더타운 공간이 현재 별도 카테고리로 제공되고 있습니다.

게더타운의 'Wheel of Time'

카메라/마이크/스피커 확인 및 캐릭터 변경

원하는 공간에 처음 접속하면 사용할 카메라와 마이크, 스피커 종류를 선택할 수 있습니다. 만약 컴퓨터에서 사용하는 기기가 많으면 제대로 설정되어 있는지 먼저 확인하는 것이 좋습니다. 특히, 마이크가 잘 되는지 소리를 내어 카메라 화면에서 초록색 칸의 움직임을 살펴보세요.

만약 해당 공간에 처음 입장했다면 튜토리얼이 진행됩니다. 튜토리얼 설명에 따라서 천천히 진행하면 됩니다. 튜토리얼을 생략하고 싶으면 **Skip Tutorial**을 선택합니다.

입장 시 마이크/비디오 선택

캐릭터 이동

첫 번째 튜토리얼은 내 캐릭터를 이동하는 활동입니다. 캐릭터 이동은 키보드 방향키나 'A, W, S, D' 키로 움직일 수 있습니다.

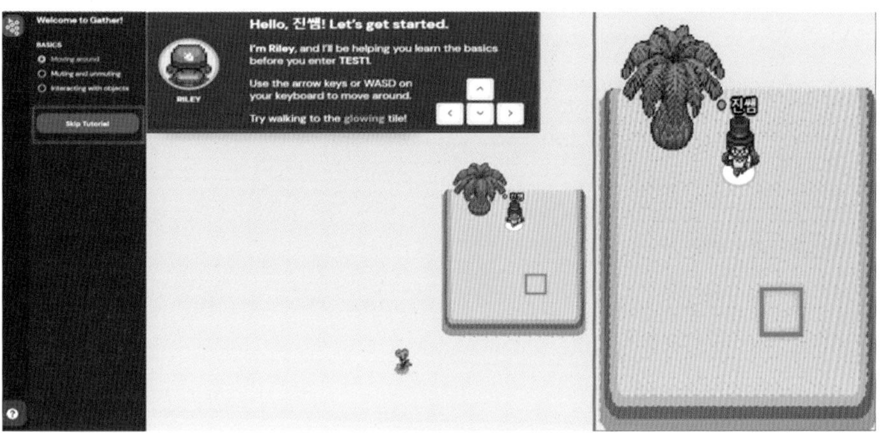

튜토리얼 – 이동

캐릭터 이동에 능숙해졌다면 안내에 따라 음소거도 해 보세요.

음소거

단축키 X

게더타운 안에서 가장 자주 쓰이는 단축키인 X를 눌러 오브젝트에 포함되어 있는 기능을 활성화해 봅시다. 기능이 포함된 오브젝트 가까이 다가가면 X 키를 누르라는 안내 메시지가 뜹니다. 가까이 다가가서 X 를 눌러 봅시다.

상호작용 연습하기

동영상으로 한 번 더!

http://m.site.naver.com/0UVPZ

설정하기

게더타운의 기본 설정을 바탕으로 운영해도 좋으나 보다 효율적으로 활용하기 위해서는 자신의 사용 환경에 맞추어 개별화된 설정을 하면 더 좋습니다. 이를 위해 대시보드 및 설정을 살펴보겠습니다.

Settings 〉 Space

가장 먼저 원하는 **Space**에 먼저 접속해 보겠습니다. 여러분이 원하는 **Space**에 접속한 후 왼쪽 도구 모음을 살펴봅시다. 2장에서는 왼쪽 도구들을 순서대로 살펴볼 예정인데, 가장 먼저 톱니바퀴 모양의 **Settings**(⚙)를 선택합니다(단축키 Ctrl + P).

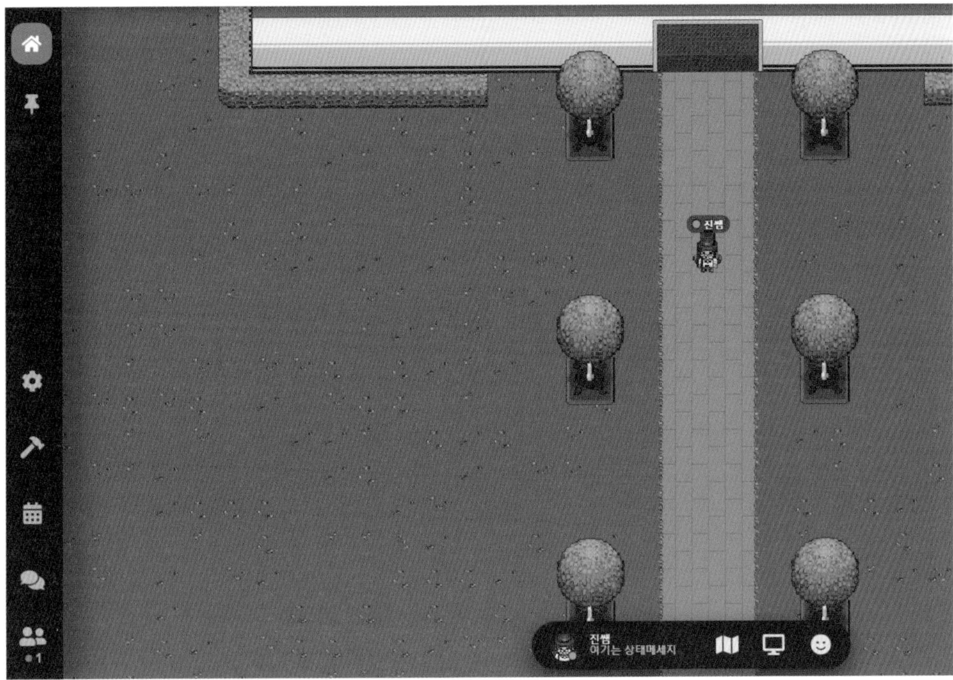

Space 접속하기

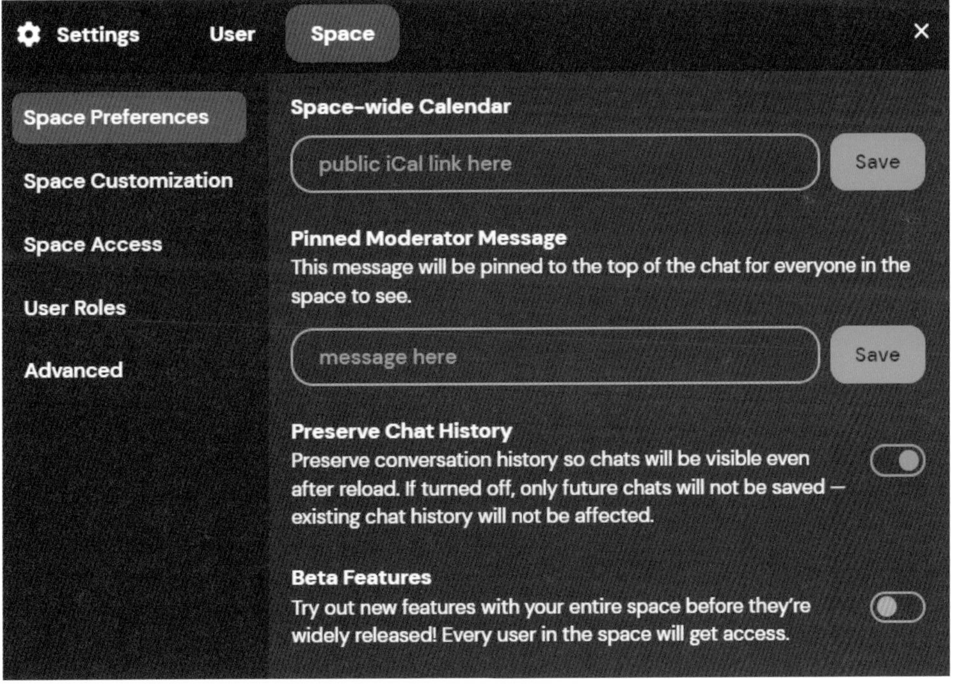

Settings > Space 화면

Settings에는 User와 Space 카테고리가 있습니다. 우선, Space 카테고리에 있는 다섯 가지 사항을 천천히 살펴보겠습니다.

Space Preferences(공간 설정)

첫 번째는 사용 공간에 대한 기본 설정 창입니다. **Space Preferences**에서는 총 8가지의 기능을 설정할 수 있습니다.

기능	설명
Space-wide Calendar	구글 캘린더 등 내가 가지고 있는 캘린더를 스페이스와 동기화하여 보여줍니다.
Pinned Moderator Message	공간의 모든 사용자가 볼 수 있도록 채팅 상단에 고정되는 메시지입니다.
Preserve Chat History	공간에서 이루어진 채팅 기록이 보존됩니다.
Beta Features	베타 기능을 사용해 볼 수 있습니다.
Hide Tutorial in this Space	이 공간에 접속하는 사람들이 튜토리얼을 생략하도록 합니다.
Disable Invite Button	초대 버튼을 비활성화합니다.
Disable Chat(유료)	채팅을 비활성화합니다.
Disable Screenshare(유료)	화면 공유를 비활성화합니다.

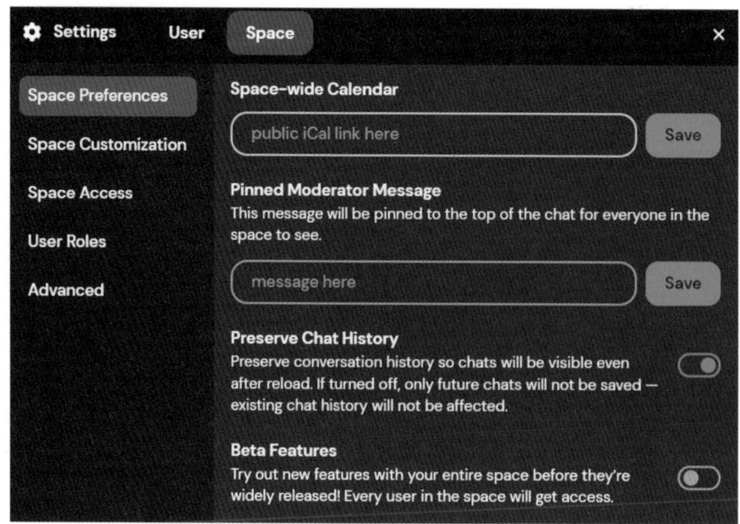

Space Preferences 기능(1)

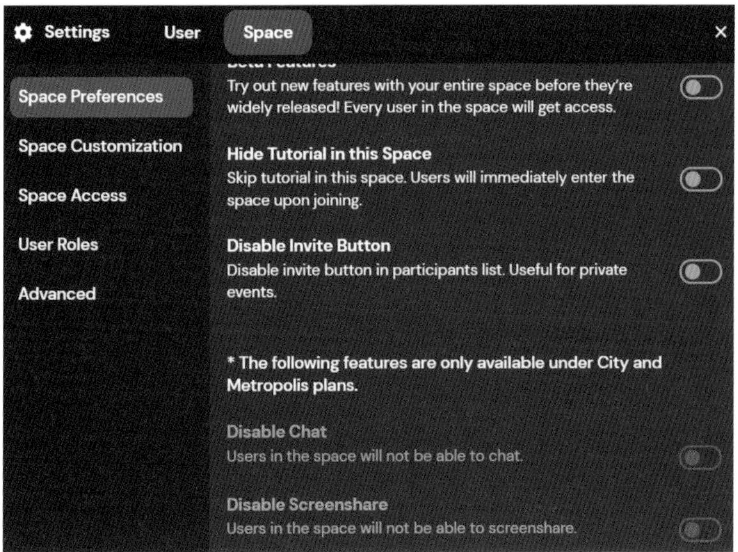

Space Preferences 기능(2)

일반적으로 해당 참가자들에게 행사의 전체 일정을 알려 줄 때 캘린더를 넣어 줄 수 있으며, 많은 사용자에게 지속해서 알려야 할 메시지가 있으면 메시지 고정 기능을 활성화해 안내할 수 있습니다. 예를 들어, 축제를 진행할 때 부스 운영의 마감 시간을 공지하거나 공개 강의에 대한 안내 등으로 활용 가능합니다. 추가로, 채팅 기록 보존을 실시하면 과거의 대화를 다시 볼 수 있어서 참가자 확인 및 출석 체크 등으로도 활용할 수 있습니다.

Space Customization(공간 개인화)

여러 사람이 동시에 공간을 함께 만들어 갈 때 계정 하나하나마다 권한을 주기 어려울 수 있습니다. 이때 **Global Build** 기능을 열어주면 모든 사용자가 공간을 편집할 수 있습니다. 원래 맵메이커는 **Build**(🔨)를 눌러서 접속하게 되어 있는데, **Space Customization**에서는 바로 맵메이커에 접속해서 커스터마이징 및 수정할 수 있도록 하는 링크가 있습니다.

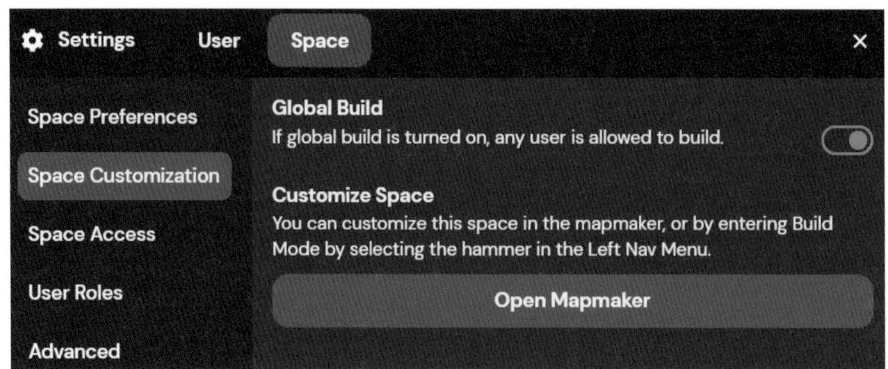

Space Customization

기능	설명
Global Build	모든 사용자가 공간을 편집할 수 있습니다.
Customize Space	맵메이커에 들어가서 공간을 커스터마이징할 수 있습니다.

Space Access(접근 권한)

Space Access에서는 공간 비밀번호를 설정하거나 게더타운 스태프에게 공간 접근 권한을 허용하거나 공간을 닫을 수 있는(**Shut Down Space**) 설정을 할 수 있습니다. 일반적으로 공간의 **Admin = Owner**(관리자 및 소유자) 및 **Moderator**(중재자 및 운영자)들이 해당 공간에 대한 접근 권한을 가지게 됩니다.

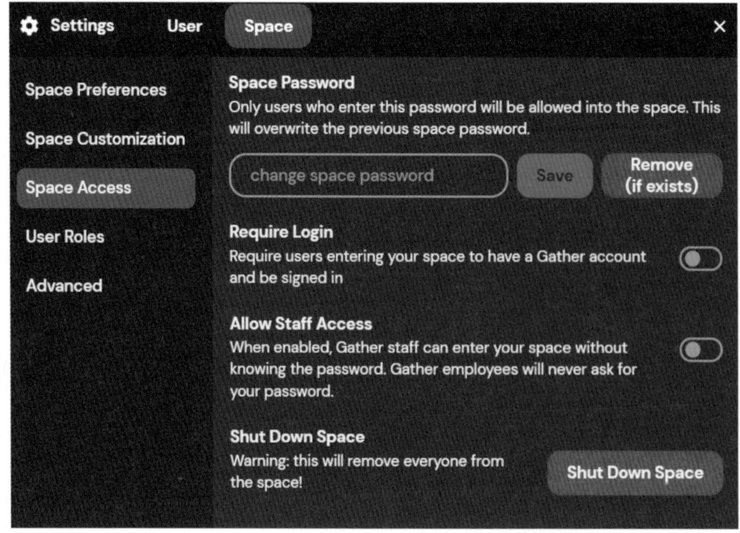

Space Access

기능	설명
Space Password	공간의 비밀번호를 설정하거나 재설정합니다.
Require Login	공간에 들어오기 위해서는 별도의 계정으로 로그인해서 접속하도록 합니다.
Allow Staff Access	Gather.town의 회사 직원이 별도의 동의 없이 공간에 들어올 수 있도록 허용합니다.
Shut Down Space	공간을 임시로 닫아 공간에 있는 모든 참가자를 제거합니다.
Email Domain Access(유료)	해당 도메인의 사람들만 들어올 수 있도록 합니다.

User Roles(사용자 권한)

사용자의 권한을 관리하는 설정 창입니다. 사용자에게는 크게 소유자, 관리자, 빌더(공간 편집자)의 권한을 줄 수 있습니다.

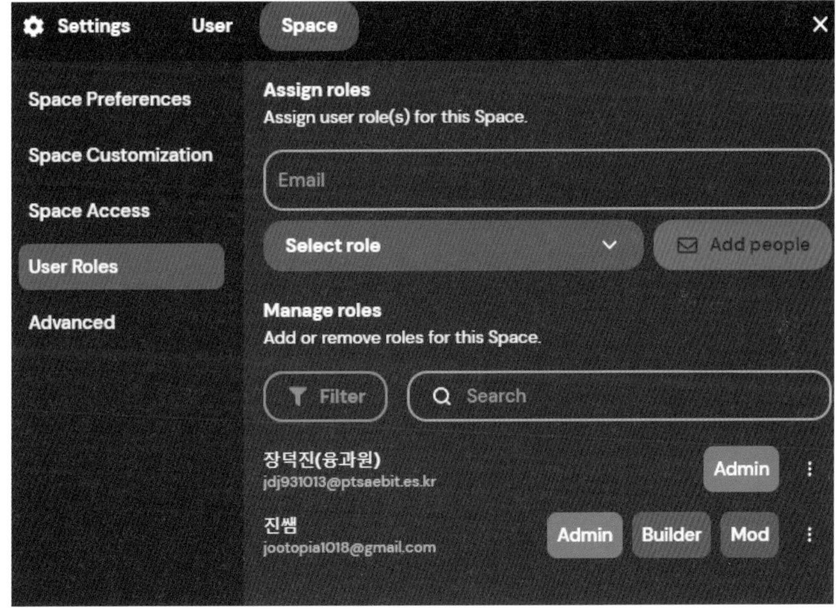

User Roles

Assign roles에서는 이메일을 추가하여 해당 사용자에게 권한을 부여해 줄 수 있습니다. 권한에는 크게 **Admin**, **Builder**, **Mod**가 있습니다.

① Admin = Owner(관리자 및 소유자)

공간을 만들고 운영하는 계정 외에 관리자 및 소유자를 추가할 수 있습니다. 관리자 및 소유자 권한을 받으면 중재자와 빌더(공간 편집자)의 권한뿐만 아니라 해당 공간에 대한 모든 권한을 가지게 됩니다.

② Builder(빌더, 공간 편집자)

빌더는 공간을 편집할 수 있는 권한을 가집니다.

③ Moderator(중재자 및 운영자)

중재자는 공간의 기본 설정 및 공간의 접근 제어에 대한 권한을 가집니다.

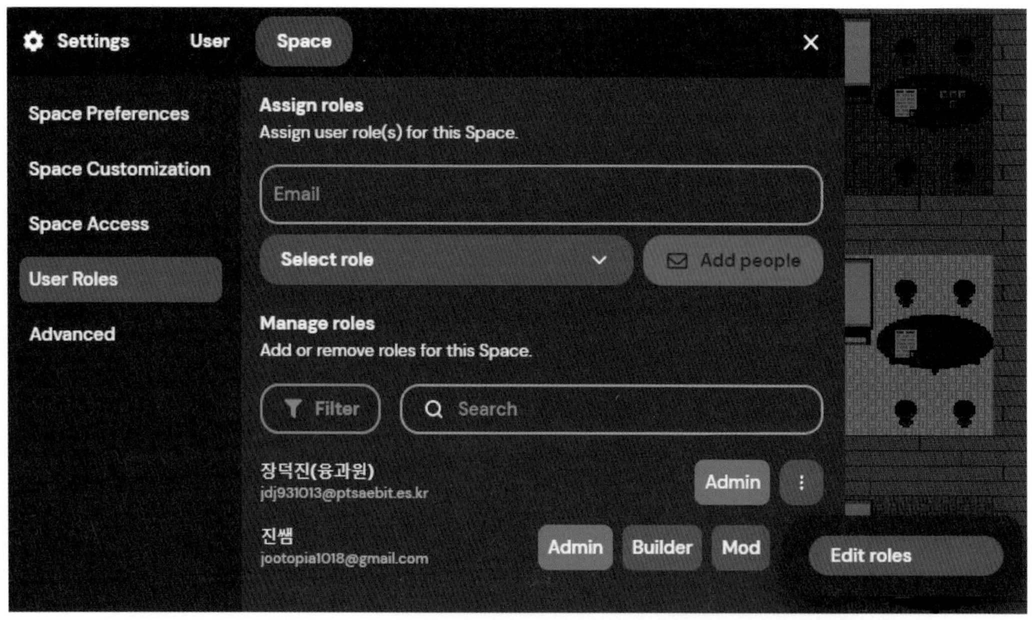

Manage roles

공간에 참여한 권한이 부여된 사람들은 점 3개 메뉴(⋮) 아이콘을 눌러 **Edit roles**를 통해 권한에 대한 수정도 가능합니다.

Advanced(심화 기능) 〉 Space Dashboard

심화 기능에 들어가면 **Space** 대시보드에 들어갈 수 있습니다.

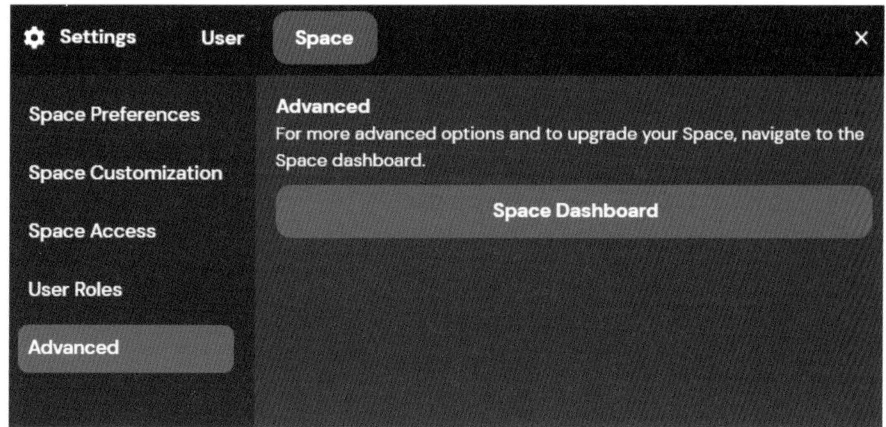

Space 〉 Advanced

대시보드에는 설정은 물론 공간 전체에 대해 살펴볼 수 있습니다. 주요 내용은 설정과 거의 비슷하지만, 추가되는 부분에 대해서 살펴보겠습니다. 대시보드에 접속하는 방법은 **Settings**에서 들어가는 방법 외에 **Build 〉 Edit in Mapmaker**에서 좌측 상단의 메뉴 버튼을 선택 후 나타나는 **Manage Space**에서도 들어갈 수 있습니다.

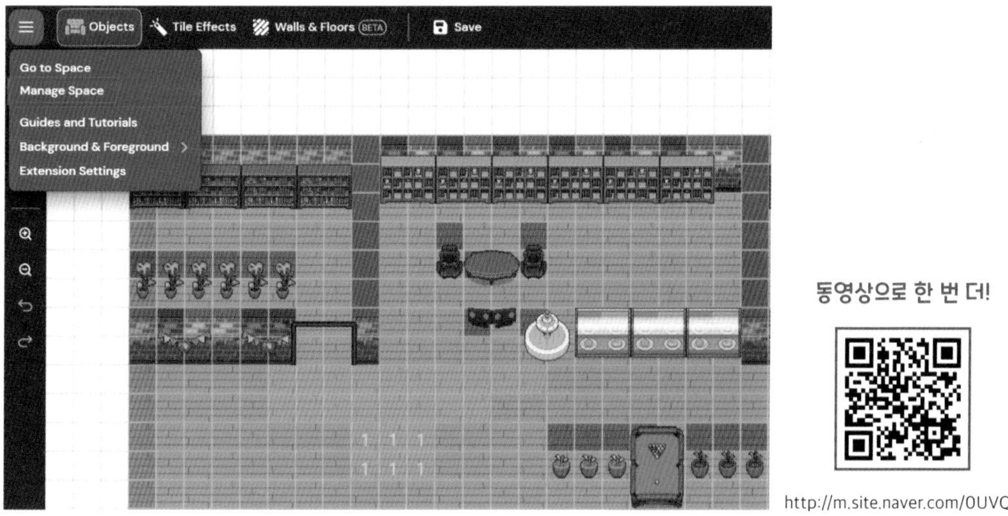

맵메이커의 Manage Space

Settings 〉 Space 〉 Space Dashboard

대시보드의 주요 기능을 같이 한번 살펴보겠습니다.

Reservations(예약, 유료 결제)

관리 설정에 들어가면 제일 먼저 예약 결제 창이 보입니다. 만약 무료로 수용 가능한 인원 수(25명) 이상이 참여할 이벤트가 예정되어 있다면 안정적인 접속을 위해 추가로 결제하면 됩니다.

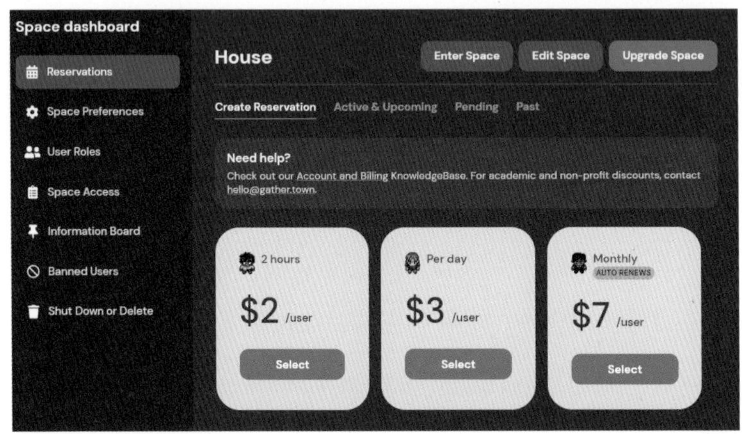

Space dashboard — (1) Reservations

2시간 이용을 기준으로 '전체 사용자 수 × 2달러'를 결제해야 하며, 하루를 사용한다면 '전체 사용자 수 × 3달러'를, 한 달을 사용하게 된다면 '전체 사용자 수 × 7달러'를 결제해야 합니다. 유의해야 할 점이 있는데, 만약 50명 규모의 행사를 진행한다고 가정했을 때는 기본 무료 25명 + 유료 결제 25명이 아니라 전체 50명에 대해서 유료 결제를 해야 합니다.

Space Preferences(공간 설정)

두 번째 탭인 **Space Preferences**는 앞에서 설명한 설정에 있는 '공간 설정'과 완전히 똑같은 내용입니다. 따라서 접근하기 편한 곳에서 설정하면 됩니다.

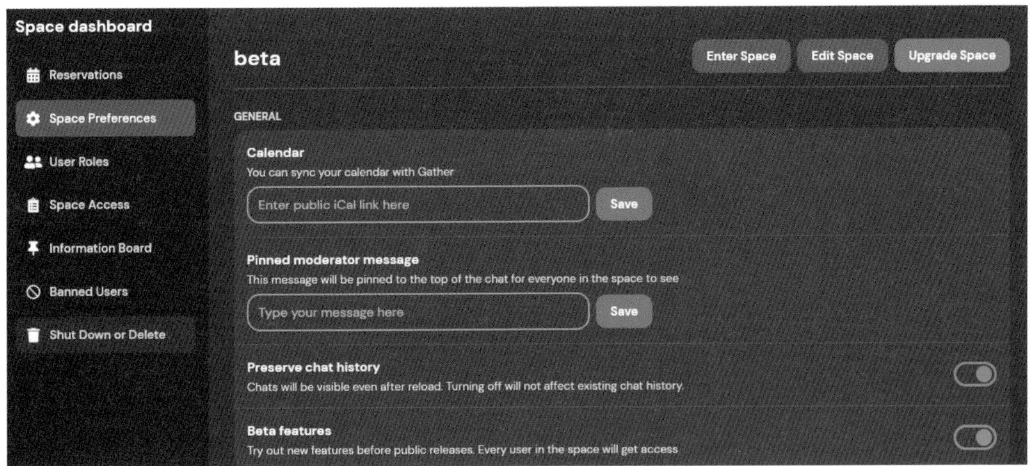

Space dashboard — (2) Space Preferences

User Roles(사용자 권한)

대시보드에 있는 사용자 권한도 앞에서 설명했었던 **Settings**에 있는 사용자 권한과 완전히 같습니다. 따라서 관리자 및 소유자, 중재자 및 운영자, 빌더 및 공간 편집자를 같은 방법으로 추가해 줄 수 있습니다.

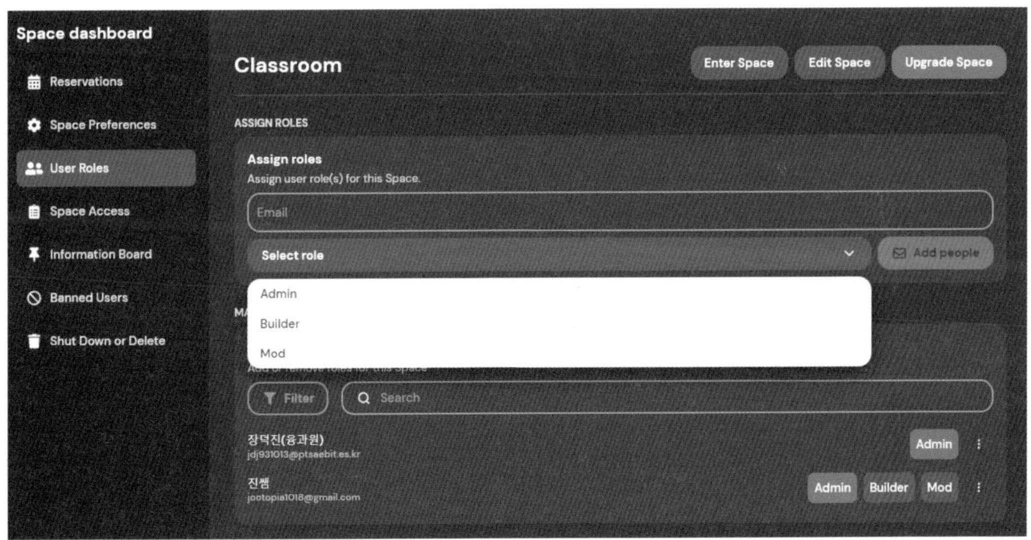

Space dashboard — (3) User Roles

Space Access(접근 권한)

접근 권한은 **Settings**에 있는 접근 권한과 같은 부분도 있지만, 일부 추가 설정이 가능한 부분이 대시보드에 존재합니다. 따라서 대시보드에서 추가로 볼 수 있는 기능들에 대해서 설명하겠습니다.

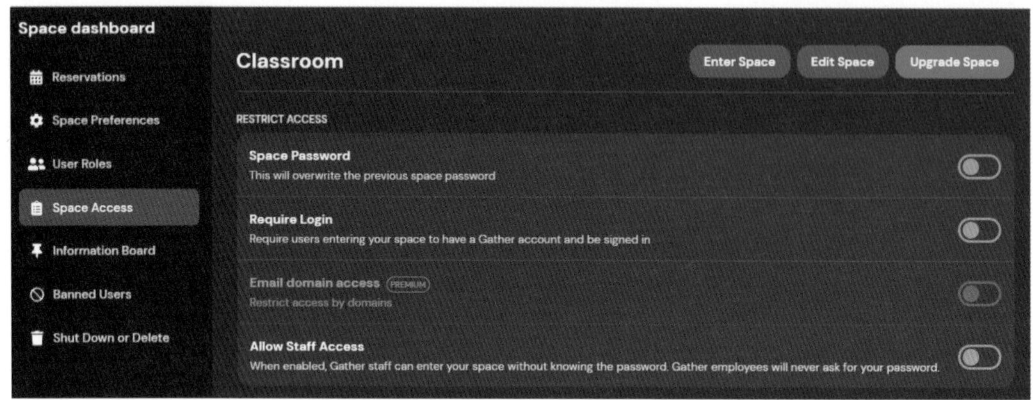

Space dashboard — (4) Space Access_1

공간에 대한 접근 권한에서 가장 먼저 설정할 수 있는 부분은 접근 제한 기능입니다. 총 4가지 기능이 있으며, 자세한 설명은 다음의 표와 같습니다.

기능	설명
Space Password	공간의 비밀번호를 재설정합니다. 기존에 설정한 비밀번호를 덮어 쓸 수 있습니다.
Require Login	내 공간에 접속할 때 로그인을 요청합니다. 익명의 참가자로 참가할 수 없습니다.
Email domain access(유료)	도메인 주소를 기준으로 접근을 허용합니다. (예: 구글 워크스페이스, 학교 계정 등)
Allow staff Access	게더타운을 운영하는 회사의 직원들이 비밀번호 없이 내 공간에 접근할 수 있도록 허용해 줍니다. (게더타운은 회사 운영자도 개별 공간에 무단 접근을 할 수 없습니다.)

CAPACITY LIMIT 〉 Customize Warning Screen Text 기능을 활성화할 수 있습니다.

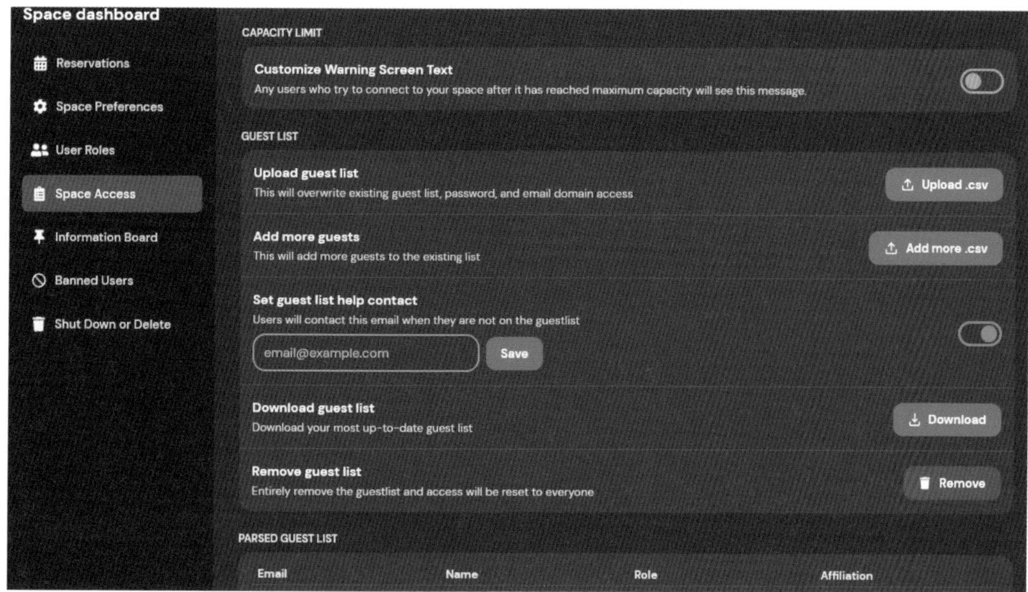

Space dashboard — (4) Space Access_2

해당 옵션은 자신이 소유한 공간에 수용 가능한 인원이 초과되었을 때 메시지를 송출하는 기능입니다. 이를 통해 수용 인원 제한을 알려 줄 수 있습니다.

다음으로 게스트 리스트 항목입니다. 총 다섯 가지 기능으로 구성되어 있으며, 자세한 설명은 다음의 표와 같습니다.

기능	설명
Upload guest list	게스트 목록을 업로드합니다. 파일을 새로 업로드할 경우 기존 게스트의 목록 위에 덮어씁니다.
Add more guests	기존에 업로드한 게스트 목록에 게스트를 더 추가합니다.
Set guest list help contact	사용자가 게스트 목록에 없을 경우 연락 가능한 이메일을 입력합니다.
Download guest list	게스트 목록을 다운로드합니다.
Remove guest list	게스트 목록을 삭제합니다. 게스트 목록이 없을 경우 누구나 해당 공간에 참여할 수 있습니다.

만약 게스트 리스트가 있다면 해당 공간에는 게스트들만 접근할 수 있으며, 게스트 리스트가 없다면 누구라도 접근할 수 있습니다. 따라서 줌바밍zoombombing과 같은 외부의 테러를 방지하기 위해 비밀번호를 사용할 수도 있지만, 게스트 리스트를 이용해서 의무적으로 참석해야 하는 사람들만 초대하는 방법을 취할 수도 있습니다.

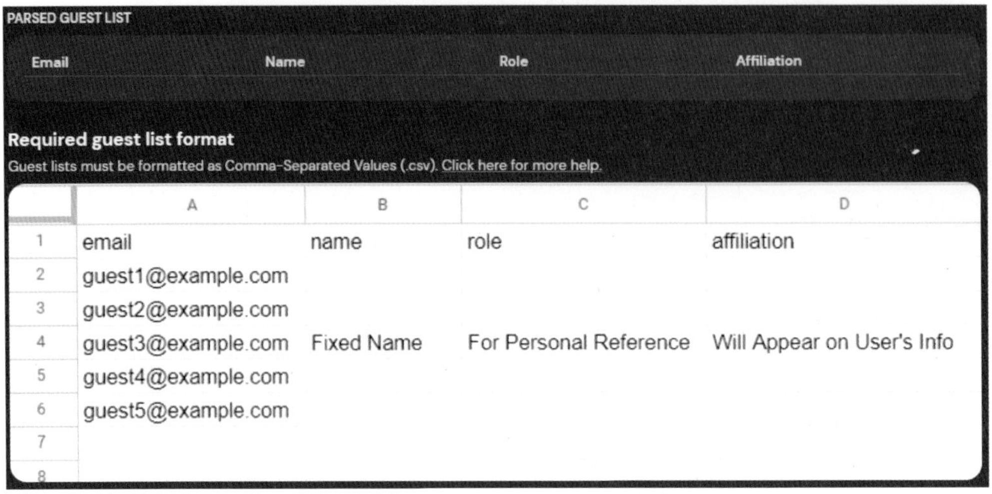

PARSED GUEST LIST

Email	Name	Role	Affiliation

Required guest list format

Guest lists must be formatted as Comma-Separated Values (.csv). Click here for more help.

	A	B	C	D
1	email	name	role	affiliation
2	guest1@example.com			
3	guest2@example.com			
4	guest3@example.com	Fixed Name	For Personal Reference	Will Appear on User's Info
5	guest4@example.com			
6	guest5@example.com			
7				
8				

PARSED GUEST LIST

게스트 리스트는 스프레드시트, CSV 등을 통해 작성할 수 있으며, 해당 작성 양식은 위 그림과 같습니다.

기능	설명
PARSED GUEST LIST	입력된 게스트 목록입니다.
Required geust list format	필수 게스트 목록 예시입니다. 게스트 목록은 '.csv' 형식으로 제공됩니다.

Information Board(메시지 게시)

Information Board는 공간 내에 고정된 메시지를 작성할 수 있는 설정 창입니다. **New post**를 클릭하여 고정할 메시지를 작성합니다. 일반적으로 해당 공간 및 맵에 대한 설명을 적어 놓거나 행사의 개요를 설명합니다.

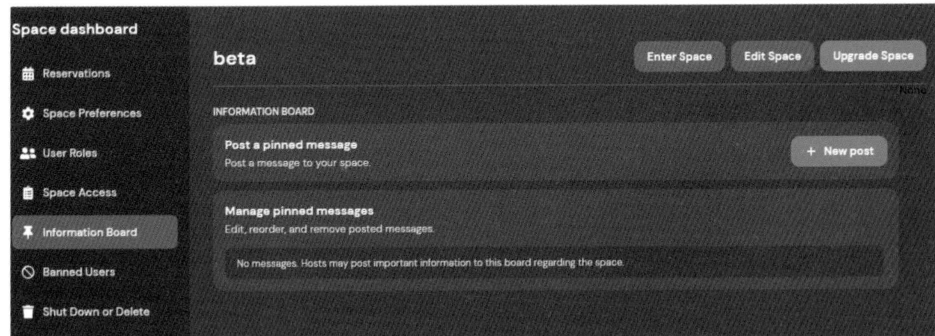

Space dashboard — (5) Information Board

그리고 두 번째에 있는 **Manage pinned messages**에서는 고정된 메시지를 수정하거나 삭제할 수 있습니다. 입력된 메시지를 확인하는 방법은 공간의 왼쪽 상단의 핀 모양( )을 누르면 확인할 수 있습니다.

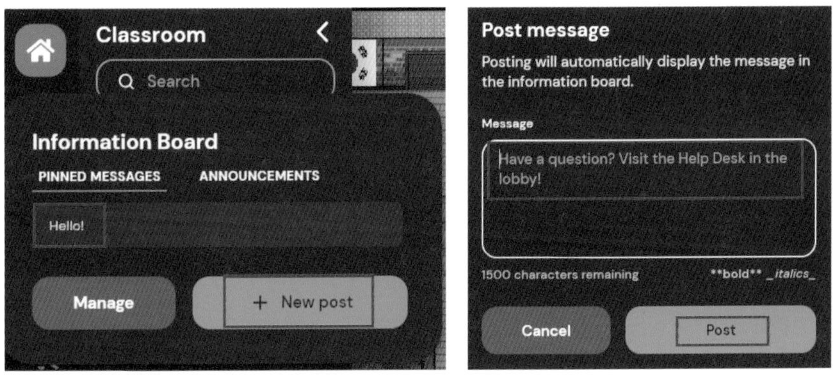

메시지 작성 및 수정

Information Board — Message

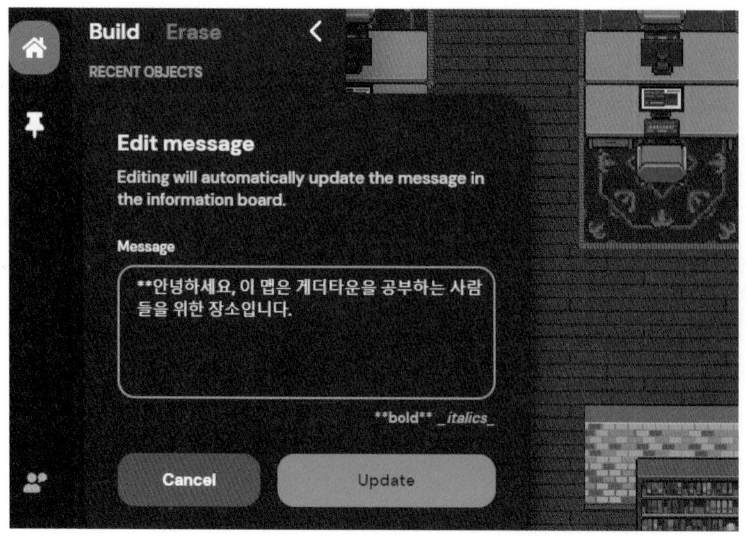

Information Board — Message 수정

Information Board에서 사전에 입력된 고정 메시지를 모든 사람이 볼 수 있으며, 추가로 소유자라면 고정 메시지를 즉시 수정할 수도 있습니다. 따라서 **Space** 대시보드에 접근하기 어려운 사람들은 공간 왼쪽 상단의 핀 모양( )을 클릭해서 수정할 수 있습니다.

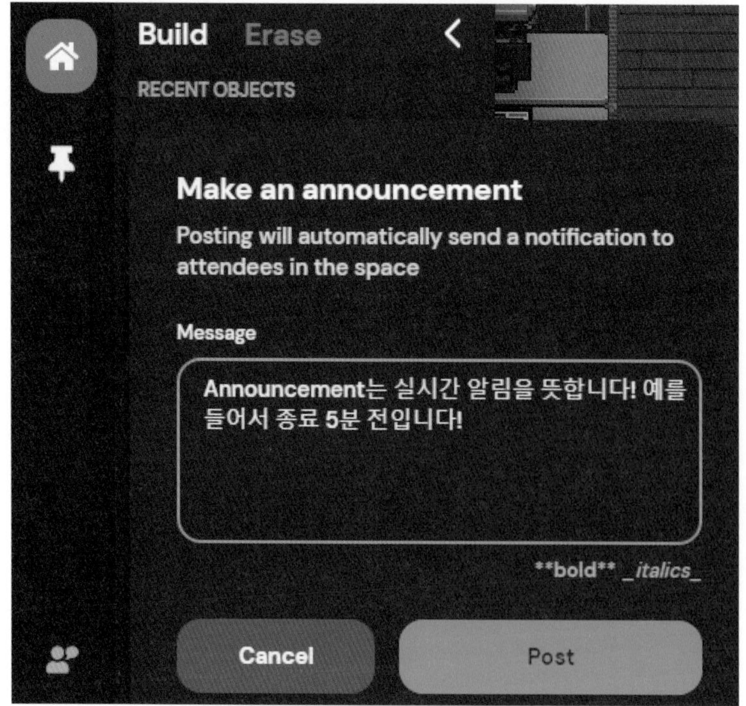

Information Board — Announcement

이 외에도 **Information Board**에는 **Announcement**라는 즉시 알림 기능이 있습니다. 이 경우 공간 전체에 실시간 알림을 주는 것으로 잠시 나타났다 사라지는 기능입니다.

Information Board — Announcement 실제 화면

Banned Users(접근 금지된 사용자)

다시 **Space** 대시보드로 돌아오겠습니다. **Space** 대시보드의 여섯 번째 항목은 **Bannned Users**입니다.

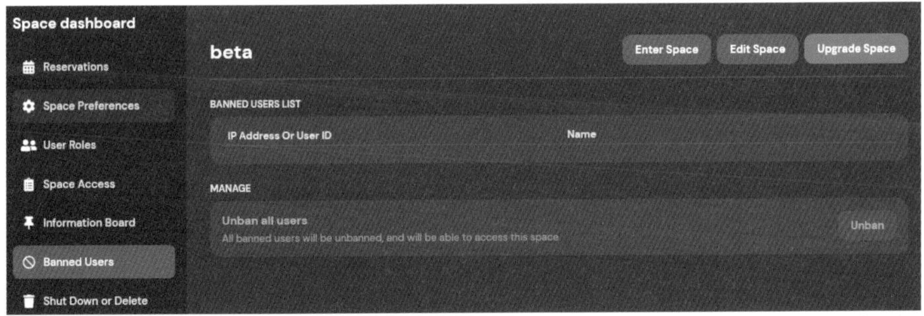

Space dashboard — (6) Banned Users

이 항목을 통해서는 해당 공간에 접근을 금지당한 IP 주소를 확인할 수 있습니다. 접근 금지를 해제하려면 해당 계정을 선택한 후 휴지통 표시를 누르거나 **Unban**을 누릅니다. 특정 IP의 사용자를 접근 금지하는 방법은 4장의 '관리 기능(Block/Kick/Ban)'에서 설명하겠습니다.

Shut Down or Delete(공간 삭제)

게더타운에서는 자신이 소유권을 가진 공간에 대해 일시적으로 닫거나 영구적으로 삭제할 수 있습니다.

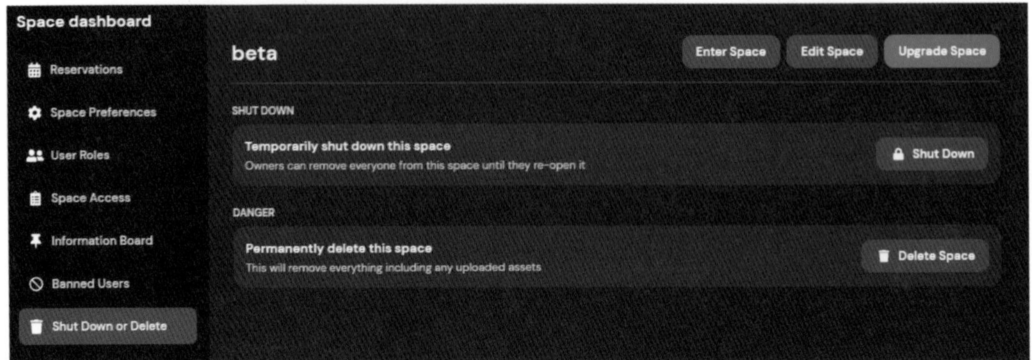

Space dashboard — (7) Shut Down or Delete

Shut Down을 누르면 현재 운영 중인 공간이 일시 정지되며, **Re-Open** 버튼을 눌러 다시 활성화할 수 있습니다. 즉, 관리자가 원할 때 **Re-Open** 버튼을 눌러 다시 개방할 수 있습니다. 해당 공간을 완전 삭제하고 싶을 때는 **Delete Space**를 클릭합니다. 여러분이 올리고 연결한 모든 오브젝트와 요소가 삭제되므로 신중히 선택하기 바랍니다.

동영상으로 한 번 더!

http://m.site.naver.com/0UVQt

Settings 〉 Users

지금까지 **Settings**에서 공간 옵션을 변경하고 **Space dashboard**에서 여러 권한을 제어하는 방법을 배웠습니다. 이번에는 공간 안에서 사용자에 대한 기능을 제어하는 방법을 알아보겠습니다. 먼저, 공간에 입장하여 왼쪽 카테고리의 **Build**( ) 위에 있는 톱니바퀴 모양( )의 **Settings**를 클릭합니다. 나타나는 개인 상태 창에 이름 부분을 클릭해서 **Settings**를 누르거나 `Ctrl` + `P`를 눌러 들어가 보겠습니다.

User > General

사용자 설정에서 가장 위에 있는 탭인 **General**(일반 설정)에 들어가면 총 다섯 가지의 옵션을 볼 수 있습니다. 베타 기능을 활용하거나 캔버스 줌 조정, 부드러운 캐릭터 움직임 처리, 처음 접속한 자리로 리스폰, 로그아웃 등이 있습니다.

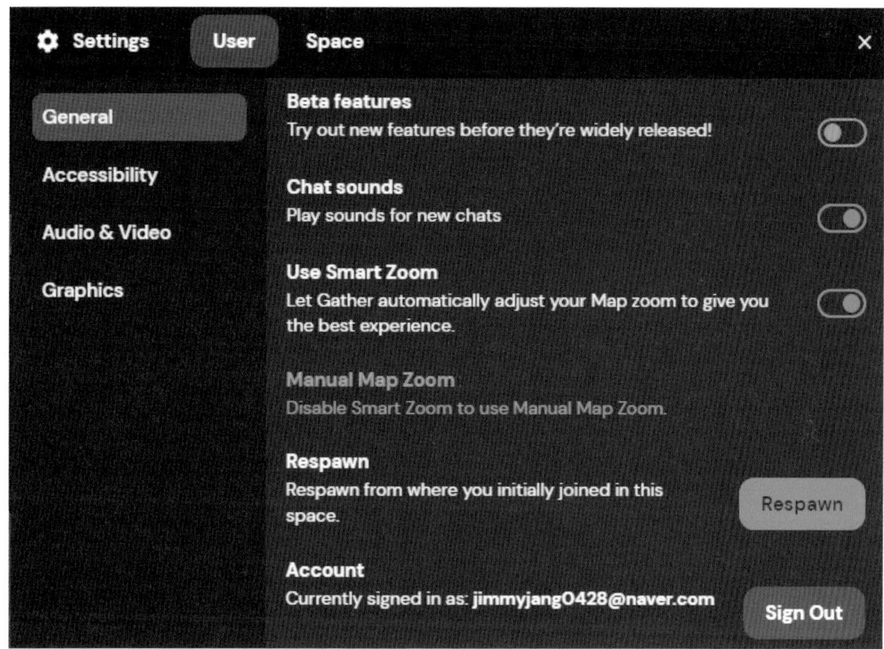

Settings > User > General

옵션	설명
Beta features	베타 기능을 사용할 수 있습니다.
Use Smart Zoom	자동으로 캔버스 줌을 조정합니다.
Respawn	캐릭터가 재생성됩니다.
Account	계정 정보입니다. 로그아웃을 할 수 있습니다.

Accessibility(접근성)

다음으로 사용자와 관련해 사용자의 이름 크기와 'X 버튼을 누르세요'와 같은 도구 팁의 상자 크기를 조절해 줄 수 있습니다. 여러분에게 가장 적합한 이름 라벨과 도구 팁 라벨의 크기를 조절해 주세요.

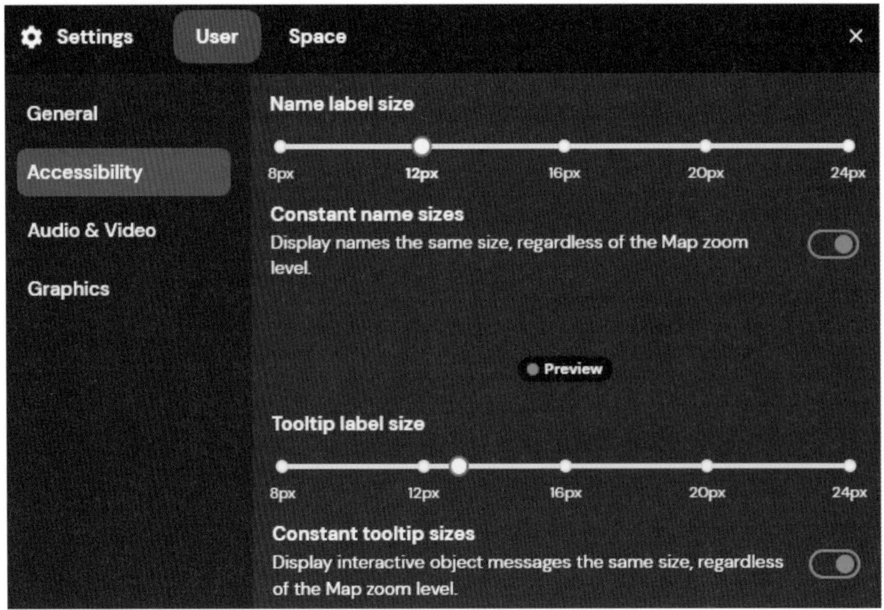

Settings > User > Acccessibility

Audio & Video(오디오와 비디오)

User 설정에서는 **Audio & Video**에 대한 설정도 가능합니다. 위에서부터 차례대로 현재 연결된 카메라, 마이크, 스피커를 확인할 수 있습니다. 컴퓨터 스피커와 TV 스피커 등 한 컴퓨터에 여러 대의 스피커가 연결되어 있다면 꼭 확인하기 바랍니다.

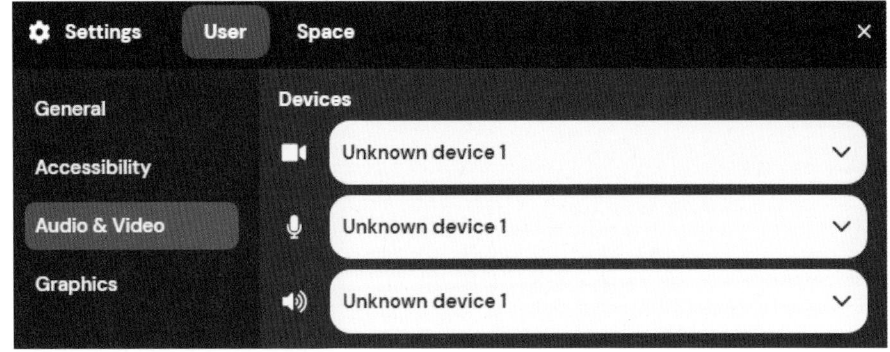

Settings > User > Audio & Video(1)

Audio Level에서는 음성을 재생하여 오디오 테스트를 할 수 있습니다. **SFX volume**은 반드시 필요하지는 않지만, 특정 공간에 내장되어 있는 음성을 들을 때 사용하는 기능입니다. 따라서 스크롤을 이용해 볼륨 크기를 조정해 봅시다.

다음의 세 가지 활성화 기능은 오디오 및 비디오와 관련해 추가적으로 도움을 주는 기능들입니다. 소음을 차단하거나 품질을 개선하는 것과 관련이 있습니다.

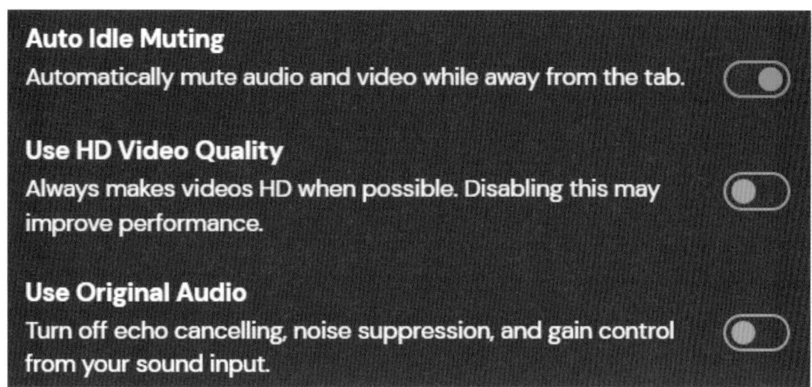

Settings > User > Audio & Video(2)

기능	설명
Auto Idle Muting	사용자가 게더타운 외의 다른 탭을 사용할 시에 오디오 및 비디오의 음이 자동으로 소거됩니다.
Use HD Video Quality	비디오 품질을 HD로 유지합니다. 비활성화를 하면 게더타운 환경이 향상됩니다.
Use Original Audio	주변 소음 억제 기능을 사용하지 않고 원본 그대로의 오디오를 사용합니다.

Graphics(그래픽)

게더타운에서는 컴퓨터에 있는 GPU(그래픽스 처리 장치)를 활용하여 보다 높은 품질을 안정적으로 유지하도록 지원하고 있습니다. 해당 부분까지 원하는 대로 설정할 수 있습니다.

Settings > User > Graphics

동영상으로 한 번 더!

http://m.site.naver.com/0UVQw

캘린더 동기화

게더타운 공간에 들어와서 왼쪽에 있는 도구를 살펴보면 **Settings**(, 설정), **Build**(, 공간 편집), **Calendar**(, 달력), **Chat**(, 채팅), **Participants**(, 참가자 확인) 아이콘이 있습니다. 앞에서 설정과 공간 편집에 대해서 어느 정도 다루어 보았는데, 이번에는 '달력' 도구에 대해서 한 번 알아보겠습니다.

이번에는 **Calendar**()에서 구글 캘린더를 동기화하여 알림 설정을 해 보겠습니다. 만약 여러분들이 구글 캘린더를 동기화하지 않은 상태라면 상단에 캘린더를 연결하라고 메시지가 나옵니다. 앞에서 우리가 배운 바와 같이 **Settings > Space Preferences**에서 달력 설정을 할 수 있다고 설명해 줍니다. 또는 바로 아래에 생성된 **Create new event**를 눌러 **Create in Google Calendar**를 통해 로그인해서 접속해 있는 동안 일시적으로 동기화할 수도 있습니다.

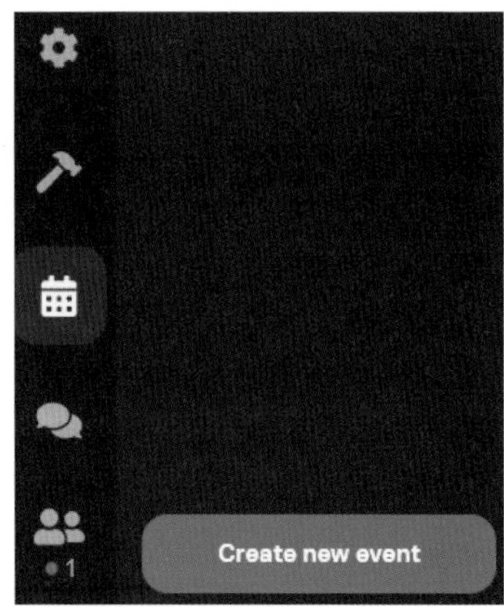

캘린더 도구

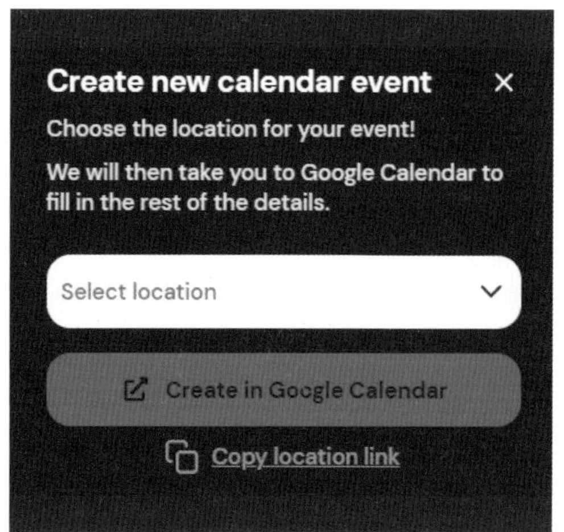

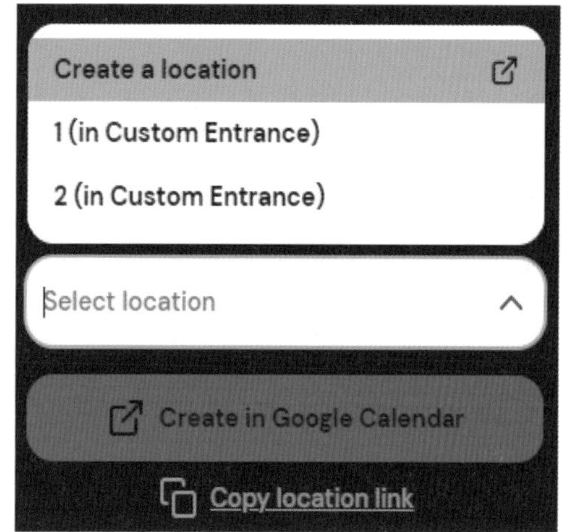

캘린더 생성

캘린더를 연결할 때 **Select location**(지점 선택)을 지정하라고 나옵니다. 만약 여러분들 공간에 **Spawn**(생성) 지점이 없다면 해당 지점을 생성하라는 안내가 나옵니다. 캘린더에 왜 **Spawn**이 필요할까요?

처음에 공간을 구성할 때 살펴봤던 타일 효과 중에 **Spawn** 타일 효과를 떠올려 봅시다. **Spawn** 타일을 설치하면 공간에 입장할 때 **Spawn** 타일 위에서 캐릭터가 생성됩니다. 이때 **Spawn** 타일에 ID를 지정해 주면 특정 ID 타일 위에 캐릭터가 생성됩니다. 즉, 구글 캘린더에서 해당 일시에 이벤트 링크를 타고 들어오면 특정 지점에 생성되도록 하는 것이 바로 이 기능입니다.

그렇다면 그림으로 간단히 살펴보겠습니다. 우선, **Calendar**(📅) 도구 위의 **Build > Edit in Mapmaker**로 들어가서 **Tile Effects** 중 **Spawn** 타일 효과를 살펴봅시다. **Spawn Tile ID**에 아무것도 쓰지 않은 채로 타일 효과를 주면 캐릭터가 공간 안에서 처음 생성되는 위치로 지정할 수 있습니다. 그러나 **Spawn Tile ID**에 개별 ID를 부여하면 상황에 따라 캐릭터 생성 위치를 달리할 수 있습니다.

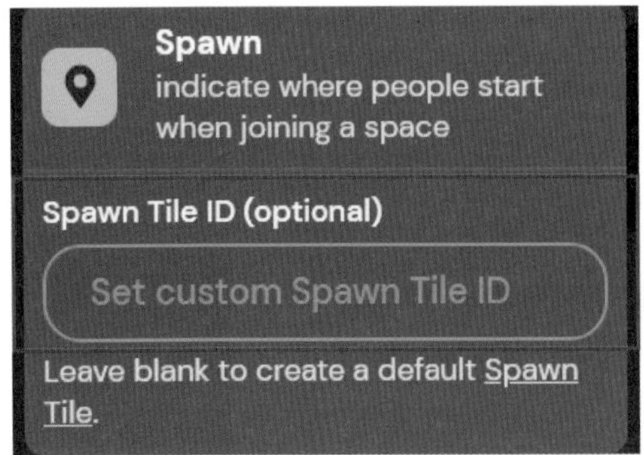

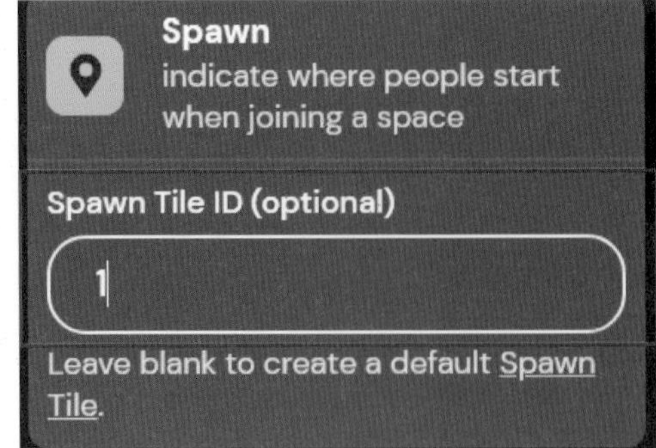

Spawn 타일 효과

이번에는 예정된 이벤트 날짜에 ID(1) 타일 위에서 캐릭터가 생성될 수 있도록 설정해 보겠습니다. 맵메이커에서 ID(1) 타일을 설치한 후 공간으로 돌아가 캘린더를 연결해 봅시다. **Select location**에서 **1**(in Custom Entrance)을 선택하고 **Create in Google Calendar**를 클릭합니다.

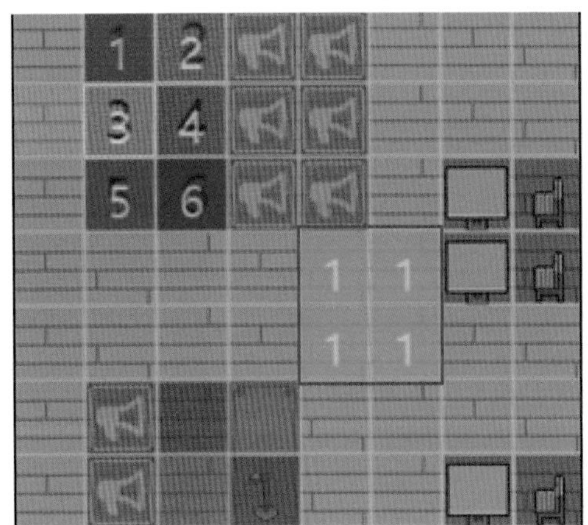

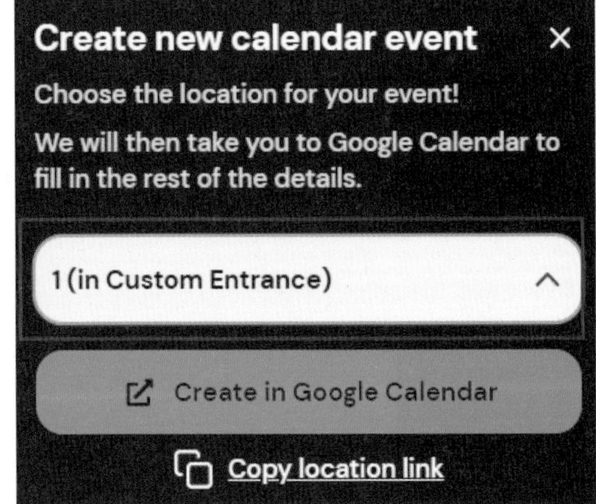

Spawn 타일과 구글 캘린더 연동

날짜와 시간을 설정하고 필요하면 알림을 받을 수도 있습니다. 예정된 날짜에 캘린더에서 알림이 뜨면 링크를 클릭하여 게더타운 공간으로 들어갑니다. 이때 지정된 ID(1) 타일 위치에 캐릭터가 생성됩니다.

구글 캘린더에 게더타운 링크 생성

만약 학교에서 수업하거나 지정된 자리가 있는 이벤트라면 지정석을 정해 줍니다. 이벤트가 시작할 때 자기 자리에서 캐릭터가 생성되면 더 효율적인 행사 진행을 할 수 있습니다.

동영상으로 한 번 더!

http://m.site.naver.com/0UVSo

채팅하기

다음의 도구로는 2개의 말풍선 모양의 **Chat**(, 채팅)이 있습니다. 게더타운에서는 **Everyone** (모든 사람) 또는 **Nearby**(가까이 있는 사람) 또는 특정 인물과 대화를 나눌 수 있습니다. 카테고리에서 **Chat**()을 누르고 원하는 인물을 클릭하여 채팅해 봅시다.

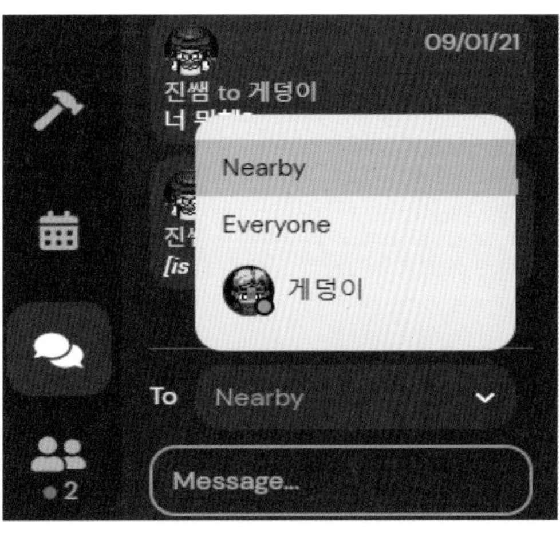

채팅 대상 지정

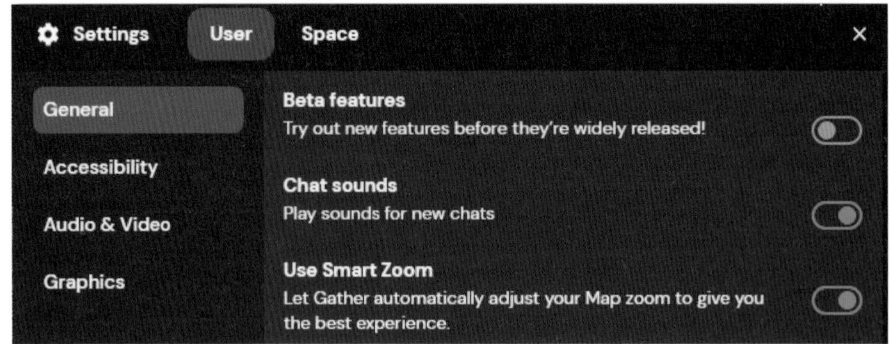

채팅 사운드 활성화

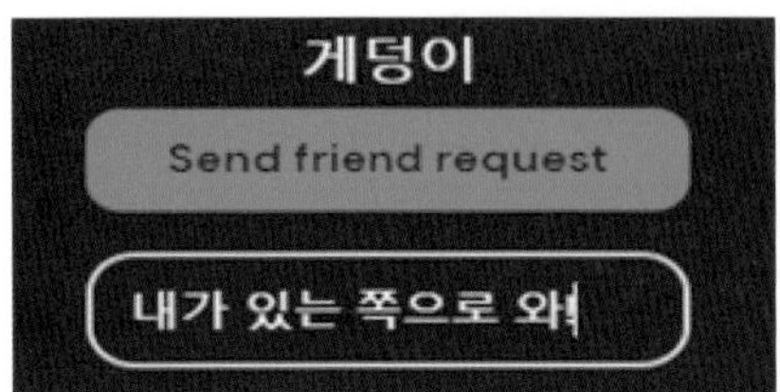

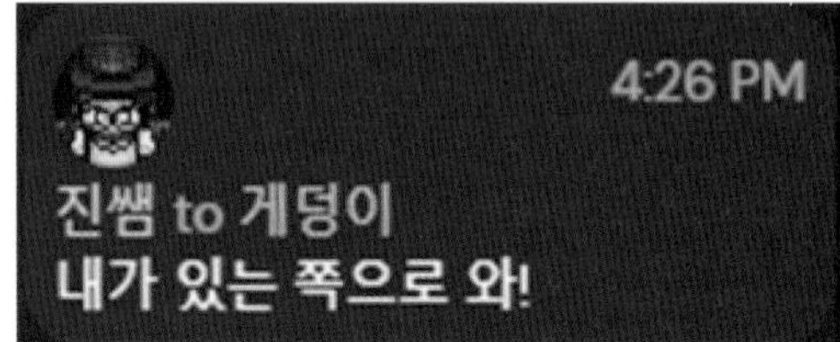

메시지 보내기

게더타운 공간에 사용자가 많다면 전체 채팅보다는 참가자 검색을 통해 채팅하는 방법을 추천합니다. 참가자를 찾는 방법은 채팅 창에서 대상자를 To를 통해 찾거나 말풍선 아이콘 아래에 있는 사람 아이콘을 눌러서 참가자를 보고 찾는 방법이 있습니다.

동영상으로 한 번 더!

http://m.site.naver.com/0UVSw

참가자

참가자 명단에서 원하는 캐릭터의 이름을 검색합니다. 캐릭터를 누른 후 Message란에 채팅 내용을 입력하고 엔터를 누릅니다. 그러면 채팅 창에서 메시지가 발신된 것을 확인할 수 있습니다.

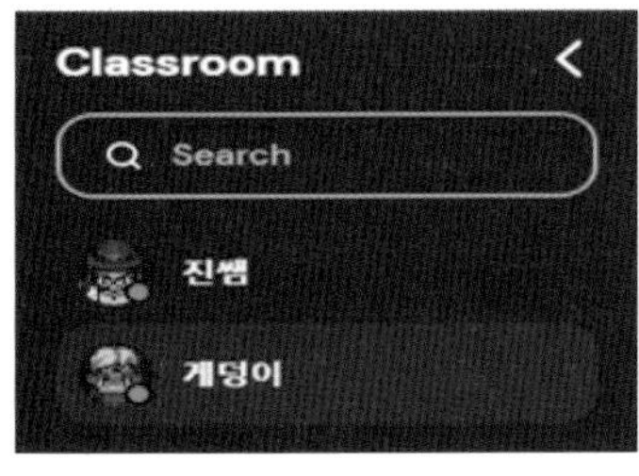

참가자 명단(1)

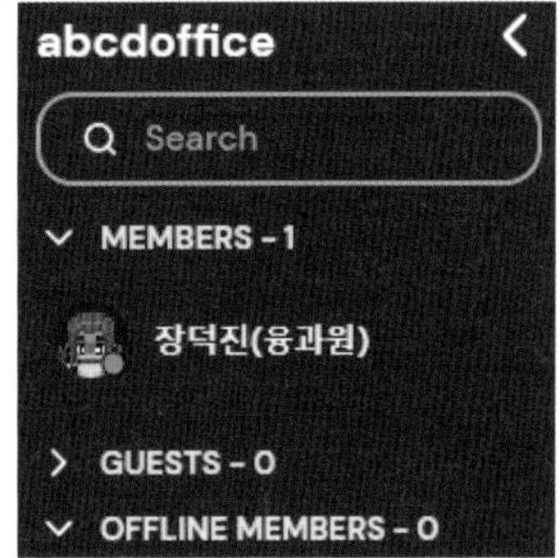

참가자 명단(2)

참가자 명단은 게더타운 맵의 왼쪽 아이콘 중 가장 아래쪽에 있습니다. 2명의 사람으로 되어 있는 아이콘을 누르면 참가자를 확인할 수 있습니다. 참가 인원이 많으면 검색을 통해 찾으면 됩니다. 원하는 참가자를 선택한 후 메시지를 보내거나, 해당 사용자의 위치를 찾거나, 스포트라이트와 퇴장 등 다양한 컨트롤을 할 수 있습니다.

동영상으로 한 번 더!

http://m.site.naver.com/0UVSC

추가로, 여러분의 공간 내에서 참가자 명단을 볼 때 여러 가지 버전으로 보일 수 있습니다. 위의 왼쪽 그림처럼 별다른 구별 없이 나오거나 혹은 오른쪽 그림처럼 **MEMBERS**, **GUESTS** 등의 항목으로 나뉘어 나올 때가 있습니다. 이것은 여러분들이 처음 공간을 만들 때 '목적'을 어떻게 선택하느냐에 따라 다릅니다. 가령 **Ohters**를 선택하면 왼쪽 그림처럼 별다른 카테고리가 나오지 않으며, 사무용으로 선택한다면 오른쪽 그림은 물론이며 **gathering**과 같은 항목도 생깁니다. 공간 목적 선택에 따라서 참가자의 카테고리 구분 목록이 변화하는 것도 게더타운만의 독특한 묘미입니다.

초대하기

참가자 아이콘이 선택되면 화면 하단에 **Invite**(Invite) 버튼을 볼 수 있습니다.

초대 버튼

Invite(Invite) 버튼을 누르면 이메일을 적어 초대를 하거나, 게더타운 맵의 주소를 복사해서 안내할 수도 있습니다. 초대 역시도 처음 공간을 제작할 때 설정한 사용 목적에 따라서 다르게 나올 수 있습니다. 일반적으로 가장 많이 사용하는 **Others**의 경우 가장 간단한 형태의 초대 양식이 나옵니다.

이메일을 통해 초대를 보내거나 링크를 복사해 줄 수 있으며, 해당 초대 링크의 만료 기간을 설정할 수도 있습니다. 만료 기간을 두지 않을 수도 있고 최대 한 달까지도 가능합니다. 혹시 잘못 눌러서 해당 창을 끄고 싶다면 **I'll invite others later** 또는 알림창 외의 부분을 클릭하면 됩니다.

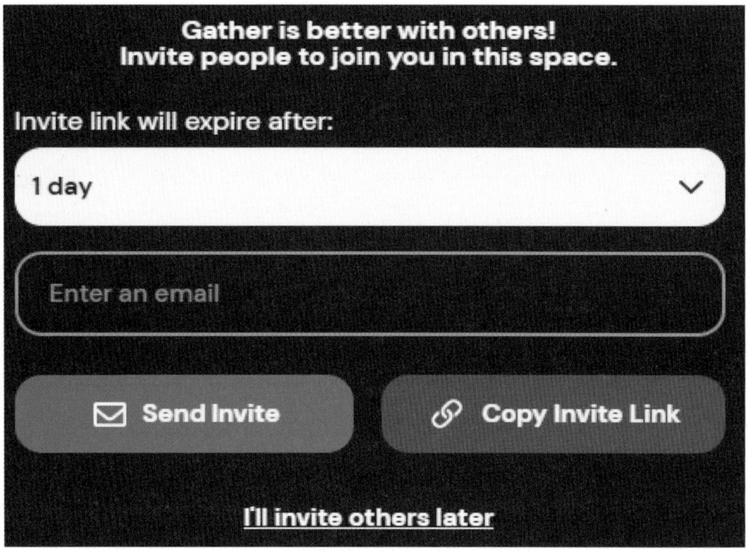

Gather is better with others!
Invite people to join you in this space.
Invite link will expire after:
1 day
Enter an email
Send Invite
Copy Invite Link
I'll invite others later

초대 옵션

만약 공간을 처음 만들 때 목적을 'Remote Office', 'Events' 등을 선택했다면 위의 참가자 명단과 마찬가지로 초대 옵션에서도 조금 다르게 나옵니다.

멤버를 추가할 때는 이메일 혹은 링크 주소를 통해 초대할 수 있으며, 게스트에게는 기간 만료가 있는 링크로 제공할 수 있습니다. 목적에 따라 화면이 유동적으로 달라지지만, 초대를 하는 방법과 링크를 복사해서 제공하는 방법은 모두 같으므로 자신의 공간 상황에 맞추어 초대하면 됩니다.

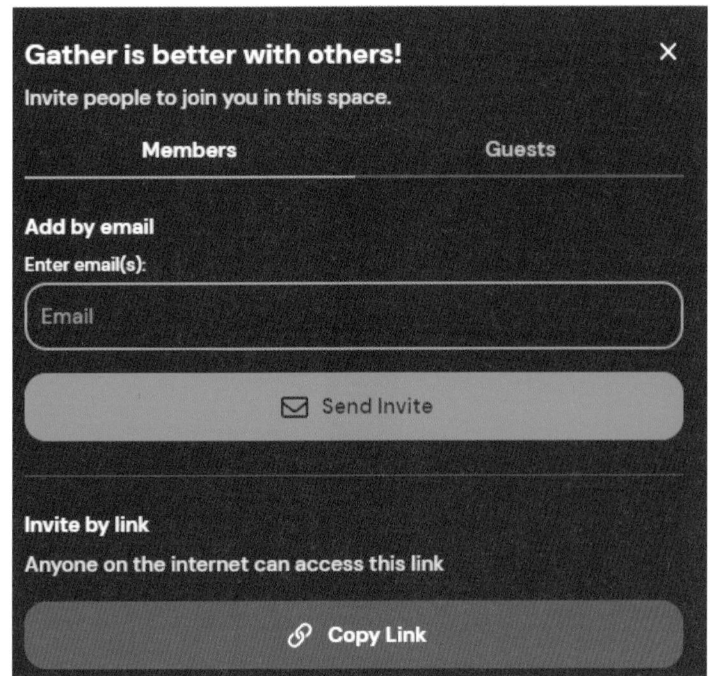

초대 옵션(이벤트_Member)

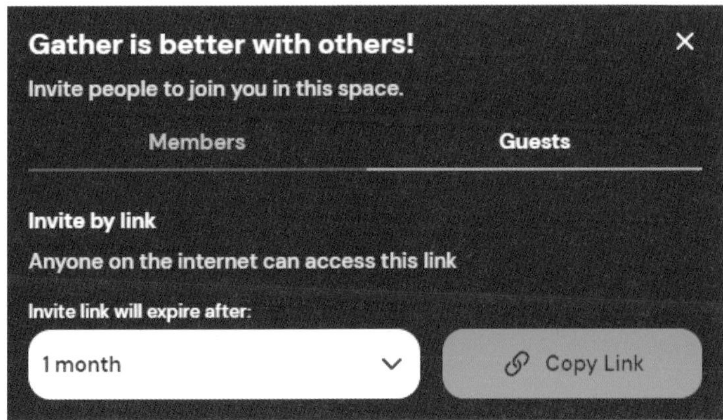

초대 옵션(이벤트_Guests)

동영상으로 한 번 더!

http://m.site.naver.com/0UVSl

3장

게더타운 기본 컨트롤

우리는 2장에서의 튜토리얼을 통해 이동하는 방법과 상호작용하는 방법을 간단하게 알아보았습니다. 이번 3장에서는 게더타운에 입장해서 볼 수 있는 다양한 화면 도구를 이용한 기본 컨트롤에 대해서 좀 더 자세히 배워 보겠습니다.

개인정보 창

여러분들이 게더타운의 특정 맵이나 공간에 들어가게 되면 화면 중앙 하단에 캐릭터 모습, 캐릭터 이름과 함께 나란히 있는 3개의 아이콘을 볼 수 있습니다.
여기서 캐릭터를 편집할 수도 있고 이름 변경 및 상태 메시지를 수정할 수도 있습니다. 이 부분을 앞으로 개인정보 창이라고 부르겠습니다.

게더타운 공간에 입장하면 나타나는 화면

개인정보 창

개인정보 창에는 총 5가지의 기능이 있습니다. 여러분들이 처음 게더타운에 접속할 때 만들었던 캐릭터 모양이 가장 먼저 보입니다. 해당 캐릭터 위에 마우스를 올리면 **Change Character**라는 문구가 보이고, 클릭하면 캐릭터 편집 창이 나타납니다.

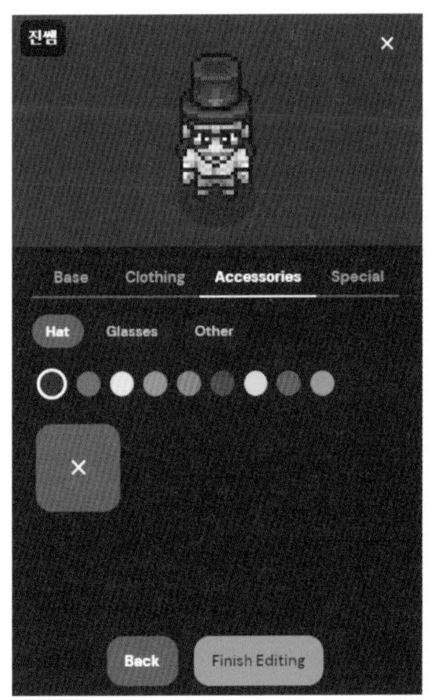

캐릭터 변경

내 캐릭터가 마음에 들지 않거나 상황에 따라 캐릭터를 변경할 필요가 있다면 언제든지 자신의 캐릭터를 변경할 수 있습니다.

'진쌤'이라고 적혀 있는 캐릭터의 이름을 클릭해 보겠습니다. 그러면 다음 그림과 같이 정보 창이 나타납니다. 하나씩 설명하겠습니다.

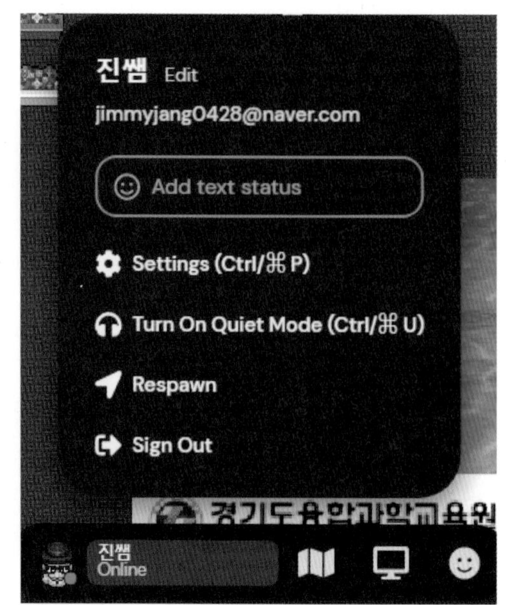

캐릭터 변경 설정

캐릭터 이름 옆에 있는 **Edit**를 누르면 공간 내에서 보이는 자신의 이름을 편집할 수 있는 창이 생깁니다. 이메일 주소 아래에 있는 공란은 상태 메시지입니다. 상태 메시지에 작성한 메시지는 참가자 명단에서 캐릭터 이름과 함께 보입니다. 따라서 직책이나 업무 또는 대화명 등을 적어두기를 추천합니다. 정보 창의 **Settings**는 2장에서 배운 공간에 대한 설정을 조절하는 부분입니다. 그 아래의 **Turn ON/OFF Quiet Mode**(단축키 Ctrl + U)를 누르면 대화 모드 및 정숙 모드가 실행됩니다. 게더타운은 기본적으로 가까이 있는 사람들과 화상 대화가 자연스럽게 실행되지만, 정숙 모드를 실행하면 바로 옆에 있는 사람만 대화할 수 있습니다. 즉, 불필요한 대화창이 켜지는 것을 방지합니다. **Respawn**을 누르면 캐릭터가 공간 안에서 다시 생성되고, 이때 처음 생성되었던 위치로 돌아갑니다. 마지막으로, **Sign Out**을 누르면 완전히 로그아웃됩니다.

해당하는 기능들을 잘 이용하면 게더타운을 더 효과적으로 이용할 수 있습니다.

동영상으로 한 번 더!

http://m.site.naver.com/0UVST

Mini map

다음으로 개인정보 창의 캐릭터 이름 바로 옆에 있는 지도 모양( ) 아이콘을 누르면 미니 맵이 켜집니다. 공간이 넓거나 사용자가 많아서 자신의 캐릭터를 찾기 어려울 때 미니 맵을 통해 자신의 캐릭터 위치를 확인할 수 있습니다.

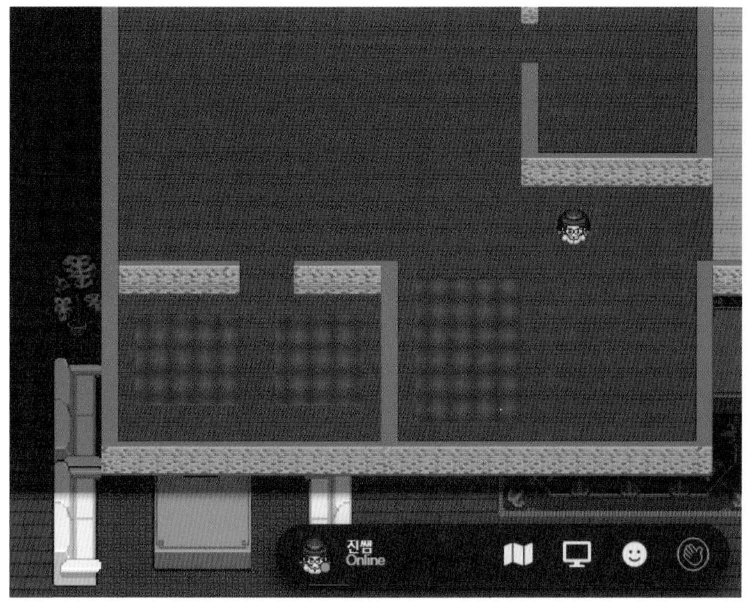

동영상으로 한 번 더!

http://m.site.naver.com/0UVVj

개인정보 창 — 미니 맵 기능

Screenshare(화면 공유)

개인정보 창에 있는 모니터 모양( )의 아이콘을 클릭하면 화면 공유를 할 수 있습니다. 화면 공유는 보통 여러 명의 사람들이 협업할 때 유용하게 쓰이는 기능이며, 크게 세 가지로 구분됩니다. 화상회의 도구인 줌ZOOM이나 구글 미트Google Meet에 익숙하다면 더 쉽게 활용할 수 있습니다.

첫째, 전체 화면 공유입니다. 모니터의 전체 모습을 보여주며, 모니터가 여러 대일 때 보여주고 싶은 모니터 화면을 선택할 수 있습니다. '시스템 오디오 공유' 부분을 체크하면 컴퓨터 소리를 사용자들과 공유할 수 있습니다.

공유할 정보 선택

gather.town 앱이 내 화면의 콘텐츠를 공유하려고 합니다.

화면 공유 기능 – 전체 화면

둘째, 창 공유입니다. 모니터에 띄워 놓은 여러 개의 창 중 하나를 선택해서 공유할 수 있습니다. 전체 화면과의 차이점은 프로그램별 공유가 가능하다는 점입니다. 크롬 브라우저와 한글 등 프로그램 단위로 공유할 수 있습니다.

공유할 정보 선택

gather.town 앱이 내 화면의 콘텐츠를 공유하려고 합니다.

화면 공유 기능 – 창 공유

셋째, 탭 공유입니다. 활용하고 있는 크롬 탭 중에서 하나를 골라 공유할 수 있습니다. 창 전체를 공유하고 싶지 않을 때 선택하면 좋습니다.

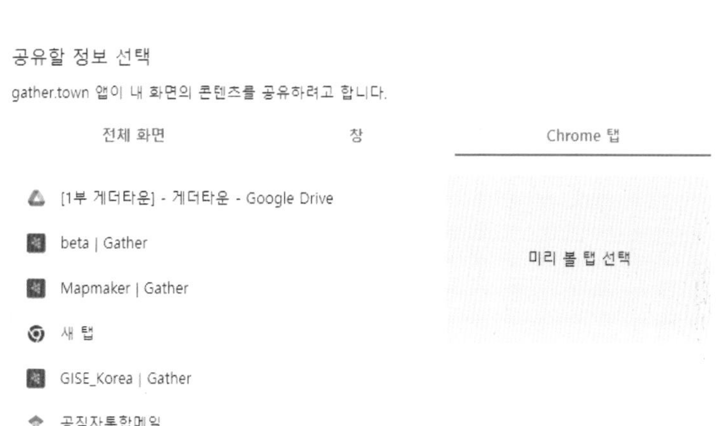

동영상으로 한 번 더!

http://m.site.naver.com/0UVVI

화면 공유 기능 — 탭 공유

상태 표시 이모티콘

상태 표시 이모티콘

다음으로 화면 공유 아이콘 옆에 웃고 있는 스마일 모양(☺)을 클릭하면 여러 상태 표시 이모티콘을 볼 수 있습니다. 거기에서 원하는 그림을 클릭하면 머리 위에 이모티콘이 표시됩니다.

상태 표시 이모티콘 — 손들기

6번은 손들기 상태인데, 6번을 선택하면 손들기 표시가 참가자 목록 화면에도 나타납니다. 만약 사용자가 많아 캐릭터들이 겹쳐서 누가 손들었는지 확인하기가 어렵거나 공간이 커서 캐릭터가 보이지 않는다면, 캐릭터 이모티콘 옆을 보면 손들기 표시가 나오므로 확인할 수 있습니다.

기본으로 세팅된 이모티콘을 제외하고 나만의 이모티콘을 다양하게 활용하고 싶으면 상태 표시 이모티콘의 가장 오른쪽에 있는 **Edit**(✎) 버튼을 클릭하여 수정할 수 있습니다.

Edit(✎) 버튼을 클릭하면 **Customize emotes**에 들어갈 수 있으며, 여러 가지 감정 표현 이모티콘을 클릭하여 교체할 수 있습니다. 이모티콘 교체가 끝났으면 **Save**(Save) 버튼을 눌러 저장합니다.

상태 표시 이모티콘 — Edit

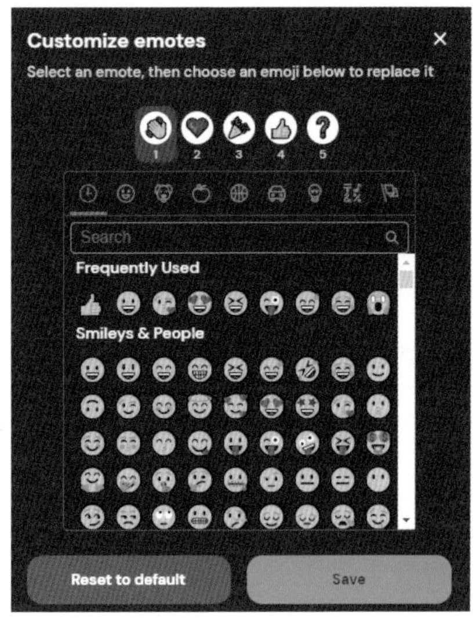

이모티콘 커스터마이징

동영상으로 한 번 더!

http://m.site.naver.com/0UVVn

카메라, 마이크 On/Off

카메라/마이크 ON 상태

카메라 ON/마이크 OFF 상태

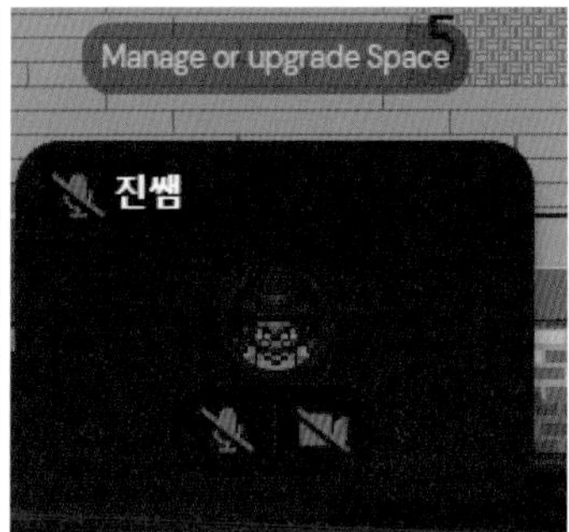

카메라/마이크 OFF 상태

여러분들이 만약 게더타운에 접속하면 기본적으로 게더타운 공간의 화면 오른쪽 아래에 카메라에 담긴 나의 모습을 확인할 수 있습니다. 이때 나의 선택에 따라 카메라 또는 마이크를 켜고 끌 수 있습니다. 다만, 다른 사람들을 만나거나 오브젝트를 활성화 했을 때는 상황에 따라 카메라의 위치가 바뀔 수 있습니다.

동영상으로 한 번 더!

http://m.site.naver.com/0UVVp

다른 참가자와 상호작용하기

지금까지의 기본 컨트롤은 자신과 관련된 기능이었습니다. 이번에는 다른 사람이 있는 것을 가정하고 다른 참가자와 상호작용하는 기본 컨트롤 방법에 대해서 알아보겠습니다.

Locate on map(지도에서 위치 표시하기)

게더타운 공간에 사용자가 많거나 맵이 넓은 경우라면 소통하고 싶은 캐릭터가 어디 있는지 모를 때가 있습니다. 그럴 때 사용하는 기능이 **Locate on map**입니다. 참가자 중 원하는 캐릭터를 클릭하고 **Locate on map**을 누르면 그 캐릭터에게 가는 경로를 알려줍니다.

참가자 중 1명을 선택합니다. '게덩이'라는 이름을 가진 참가자를 선택하겠습니다. 만약 해당 사용자가 모바일로 접속하면 이름 옆에 휴대폰 모양이 뜹니다. 사용자를 선택했을 때 4가지의 선택지가 나옵니다. (참고: 사용자를 선택했을 때 공간의 설정에 따라 **Send friend request**가 보이거나 **Send Message**가 보이기도 합니다. 앞에서 배운 참가자 및 초대와 같이 공간 목적에 따라 변함) 우리는 이 친구에 대해 **Locate on map**을 클릭해 보겠습니다. 버튼을 누르면 내가 선택한 사람의 움직임을 반영해 실시간으로 그 사람에게 가는 경로를 표시해 줍니다. 따라서 길을 잃을 염려가 없습니다.

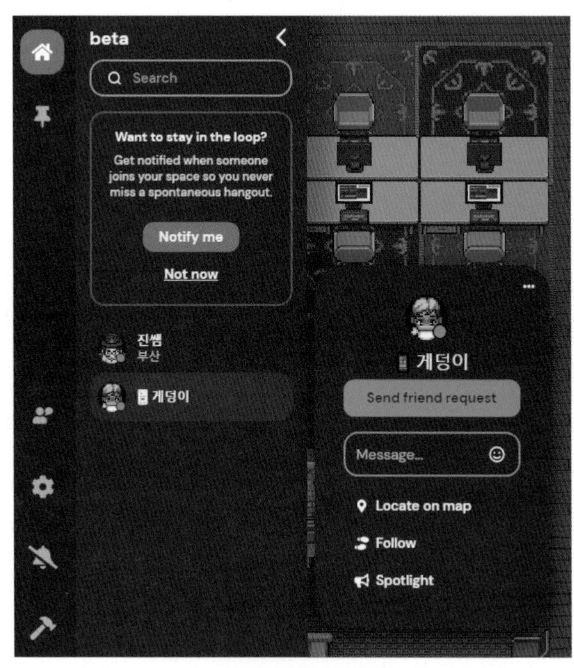

참가자 중 1명 선택하기

그래서 찾고 싶은 사람이 있다면 **Locate on map** 버튼을 누르면 되고, 혹시 경로를 찾기 원치 않으면 **Stop locating**을 선택하면 됩니다.

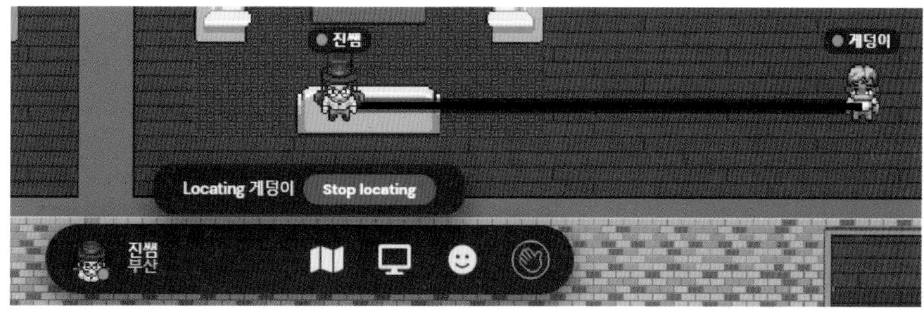

Locate on map

Follow(다른 사람 따라가기)

해당 캐릭터를 클릭하고 **Follow**를 누르면 캐릭터가 있는 곳까지 자동으로 찾아갑니다. 해당 캐릭터가 계속 움직이더라도 자동으로 추적하여 따라갈 수 있습니다. 만약 내가 찾기를 원하는 사람이 있다면 **Follow** 버튼을 통해 따라가면 쉽게 대화를 나눌 수 있습니다. 따라가기를 원치 않을 때는 캐릭터를 다시 클릭하고 **Stop following**을 눌러 주면 됩니다.

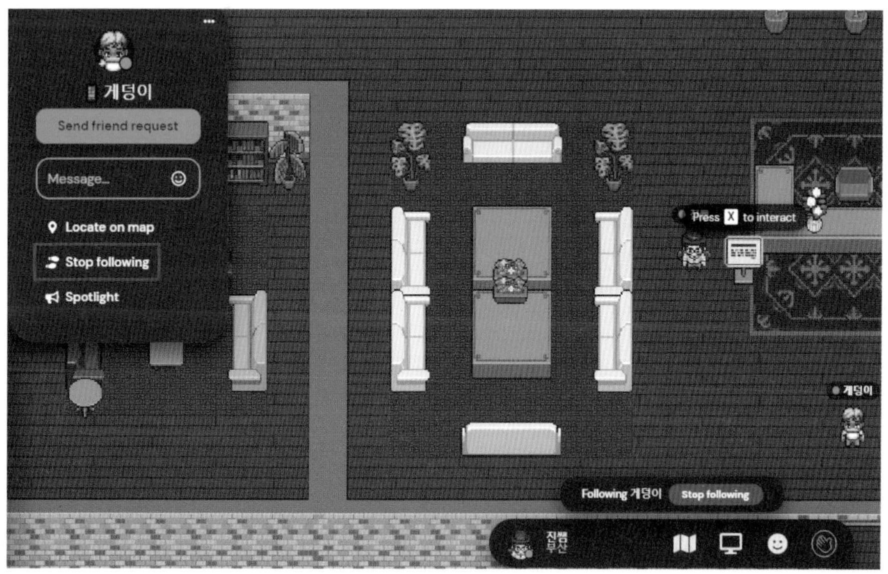

Follow

Request to Lead(나를 따라오도록 요청하기)

Request to Lead를 선택하면 다른 사용자에게 자신을 따라올 것을 요청하는 메시지를 보냅니다. 만약 여러분이 '진쌤'이라는 계정에서 '게덩이'에게 **Request to Lead**를 클릭하면 다음 그림과 같이 요청이 가게 됩니다. '게덩이'가 **Accept** 버튼을 눌러 따라가는 것을 수락하면 '진쌤'을 따라가게 됩니다. 즉, **Follow**는 상대방을 내가 따라가는 것이고, **Request to Lead**는 나를 따라오도록 요청하는 기능입니다. 혼잡한 장소이거나 조별로 이동해야 할 때 유용하게 활용할 수 있는 기능입니다.

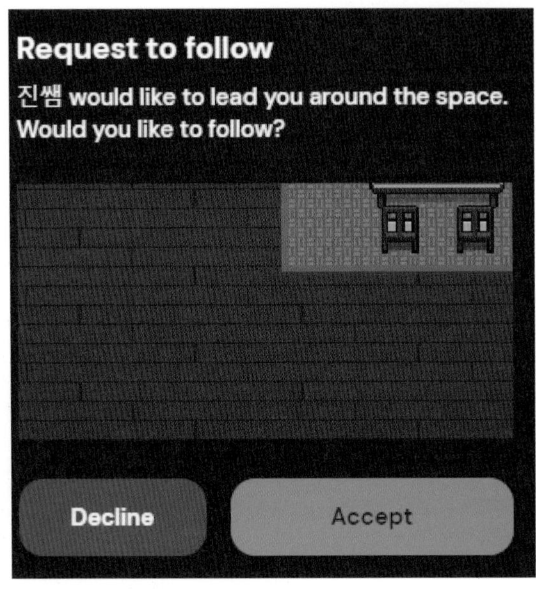

Request to Lead

Spotlight(스포트라이트: 전체 말하기)

앞에서 공간을 만들 때 사용했던 **Spotlight**(스포트라이트) 기능을 기억하나요? 여러분들이 공간 꾸미기를 할 때 **Spotlight** 타일 위에 서 있으면 가까이 있지 않더라도 모든 사용자에게 자신의 말소리를 전달할 수 있다고 설명하였습니다. 그런데 캐릭터별 **Spotlight** 기능을 이용하면 **Spotlight** 타일 효과가 없어도 모두가 내 목소리를 들을 수 있습니다. 이것을 통해서 호스트를 쉽게 넘겨줄 수 있습니다.

Spotlight/Unspotlight

Spotlight와 **Unspotlight**를 통해서 해당 사람에게 스포트라이트를 줄 수 있으며, 확인은 해당 사람의 카메라에서 주황색 메가폰 모양의 존재 여부로 알 수 있습니다. **Spotlight** 기능이 **ON**으로 되어 있으면 모든 사용자에게 말할 수가 있고, **Unspotlight**로 되어 있으면 가까운 사용자들끼리만 대화할 수 있습니다.

해당 공간의 소유자는 자기 자신과 게스트 모두의 **Spotlight** 기능을 켤 수도 있고 끌 수도 있습니다. 그러나 게스트는 **Spotlight** 기능을 켤 수는 없고 끌 수만 있습니다. 그러므로 소유자가 호스트가 되어서 조절을 하면 되며, 혹시 멀리 있는 사용자의 대화 소리를 듣고 싶을 때는 소유자가 강제로 **Spotlight** 기능을 활성화해 주면 됩니다.

동영상으로 한 번 더!

http://m.site.naver.com/0UVVq

4장

게더타운 즐기기

이번에는 게더타운 공간 안의 핵심 기능을 이용해서 게더타운을 즐기는 다양한 방법에 대해 알아보겠습니다. 게더타운에 대해 기본 컨트롤만 배운 사람들은 RPG Maker ZOOM이나 2D ZOOM 정도로만 기능을 평가하지만, 이번 장을 학습한다면 소통을 넘어서서 다양한 기능을 게더타운과 결합할 수 있음을 알 수 있습니다.

사용자와 소통하기

먼저, 사용자와 소통하는 방법에 대해 알아보겠습니다. 게더타운은 **Spotlight**와 같은 기능도 있지만, 기본적으로는 캐릭터와 캐릭터가 직접 만났을 때 다양한 소통이 이루어집니다. 지금부터 캐릭터끼리 만났을 때 사용할 수 있는 여러 기능을 살펴보겠습니다.

사용자와 대화하기

게더타운에서는 캐릭터끼리 가까워지면 자연스럽게 소리가 커지고, 캐릭터끼리 멀어지면 자연스럽게 소리가 작아집니다(페이드 인/아웃). 또한, 일정 범위 내에 있는 사람끼리는 같은 화면을 볼 수 있습니다.

가까이 있는 사람들의 화면이 모여서 보입니다

혹은 앞에서 배운 맵메이커에 **Private Area**를 지정하여 대화 영역을 지정해 주면 해당 범위 내에 있는 사람들과만 대화가 가능해서 소그룹 회의나 토의를 할 수 있습니다. 또한, 대화할 때 상대의 얼굴을 보고 싶지 않거나 목소리를 듣고 싶지 않다면 상대의 카메라와 마이크를 끌 수 있습니다. 그러나 이것은 내 컴퓨터의 기준으로 끄는 것이지 상대방의 카메라와 마이크 자체를 컨트롤할 수 있는 것은 아닙니다. 그리고 상대가 카메라와 마이크를 끈 상태에서는 강제로 켤 수 없고, 켜져 있을 때만 카메라와 마이크를 꺼서 얼굴을 보지 않거나 목소리를 듣지 않도록 설정할 수 있는 것입니다.

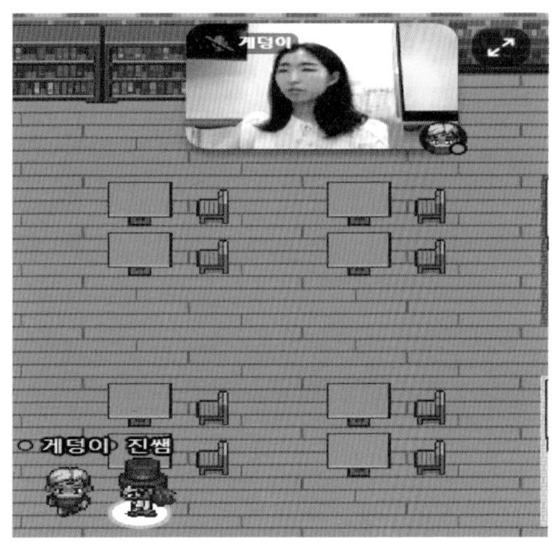

화면 확장 및 음소거

기존의 다른 플랫폼에서는 호스트가 일괄적으로 음소거를 하지 않으면 시끄러운 사용자에 대한 차단이 어려웠지만, '게더타운에서는' 참가자가 주도성을 가지고 내가 원하지 않는 사람을 음소거할 수 있습니다. 따라서 만약 특정 사용자가 소음을 발생시키면 음소거를 해서 모임을 원활하게 진행할 수 있습니다. 그리고 얼굴이 보이는 화면 옆의 확대 버튼( )

을 누르면 다른 사람의 화면을 더 크게 볼 수 있습니다.

Bubble(일대일 대화 모드)

게더타운에서는 여러 명이 존재하는 방 안에서도 개별적으로 대화할 수 있는 기능이 있습니다. 이것을 **Bubble** 모드라고 합니다. 'bubble'이라는 말은 '재잘거리다'라는 뜻으로, 친한 사람과 수다를 떠는 것을 의미합니다.

Start bubble

게더타운에서는 가까이 있는 사용자들과 자동으로 대화 상태가 만들어지는데, 기본적으로 전체 대화가 이루어지는 상황에서 특정 사용자와 일대일로 대화를 하고 싶을 때 **Bubble** 모드를 할 수 있습니다.

Bubble 모드에 진입하는 방법은 일대일 대화를 하기 원하는 사람의 캐릭터를 오른쪽 마우스 버튼으로 클릭한 후 **Start bubble**을 클릭하면 됩니다. 또는 해당 캐릭터를 더블클릭해도 **Bubble** 모드가 활성화됩니다. **Bubble** 모드가 활성화되면 두 캐릭터 사이에는 초록색 버블이 형성되며, 버블 외부의 대화 볼륨을 별도로 제어할 수 있습니다.

사용자와 화면 공유하기

사용자들과 대화를 하면서 자신의 화면을 공유해야 할 때가 있습니다. 화면을 공유하는 방법은 3장에서 배운 바와 같이 게더타운 화면 중앙에 있는 개인정보 창에서 모니터 모양

()인 **Screen share**를 눌러 원하는 화면을 공유할 수 있습니다. 이때 화면 공유의 범위는 화상 대화가 이루어지는 거리 안에서 이루어집니다. 거리가 멀어지면 자동으로 화면 공유도 꺼지게 됩니다.

동영상으로 한 번 더!

http://m.site.naver.com/0UVVB

관리 기능(Block/Kick/Ban)

게더타운에서 사용자들과 활동을 하다 보면 소란을 피우는 사용자들을 간혹 볼 수 있습니다. 특히, 대규모 행사를 하거나 불특정 다수를 대상으로 자신의 공간을 공개했을 때 참가자에 대한 컨트롤 권한이 필요합니다. 바로 이때 사용할 수 있는 방법이 **Block**, **Kick**, **Ban**입니다.

여러분들이 참가자 목록에서 해당 캐릭터 이름을 누르고 참가자 캐릭터 오른쪽 상단에 있는 더보기 메뉴()를 누르면 관리 방법이 나타납니다.

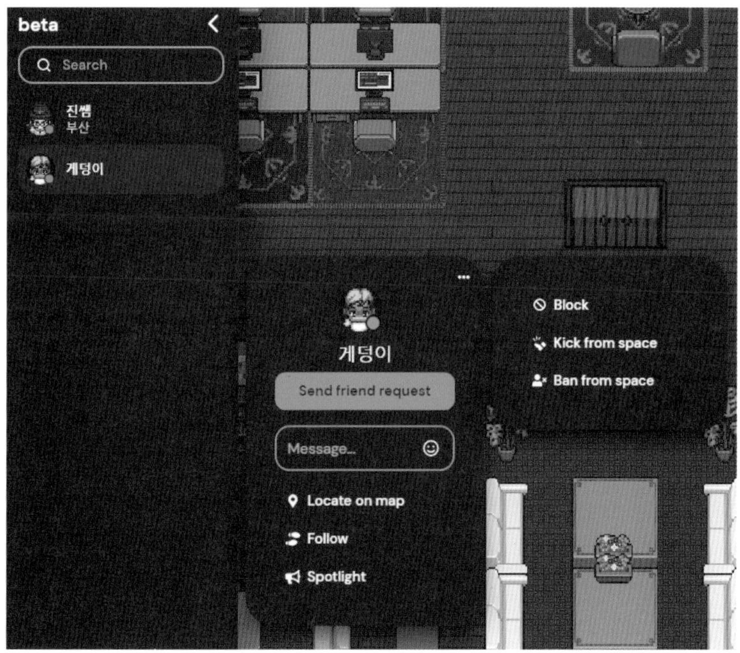

캐릭터 관리 방법

첫 번째는 **Block**입니다. **Block**을 누르면 상대방의 얼굴이 보이지 않으며 목소리도 들리지 않아 대화를 할 수 없게 됩니다. 즉, 일시적으로 같은 공간 내에서 잠시 차단하는 것이 해당 버튼의 기능입니다. 물론, **Unblock**을 하면 해당 상대방과 다시 대화할 수 있습니다.

두 번째는 **Kick from space**입니다. 이 버튼을 눌러 사용자를 공간에서 추방시킬 수 있습니다. 즉, 해당 버튼은 강제 퇴장의 기능을 가지고 있습니다. 하지만 사용자가 원한다면 다시 게더타운으로 입장할 수 있습니다. 따라서 **Kick from space**는 임시 퇴장에 해당합니다.

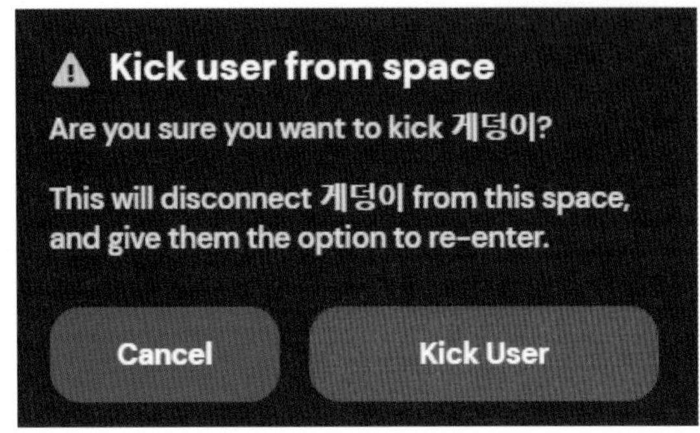

Kick from space

세 번째는 **Ban from space**입니다. 이 방법은 상대의 IP 자체를 차단하는 방법으로, 영구추방에 해당합니다. 따라서 상대방이 다시 들어오고 싶어도 금지된 IP에서는 입장이 불가능합니다. 혹시 이렇게 영구추방된 사용자를 다시 입장시키고 싶을 때는 다음의 절차를 따르면 됩니다.

개인정보 창 — Settings

우선, 게더타운 중앙에 있는 내 화면에서 이름이 있는 부분을 클릭합니다. 여기서는 '진쌤' 부분을 클릭합니다. 그 후 톱니바퀴 모양(⚙)의 **Settings**(설정)에 들어갑니다(혹은 단축키 `Ctrl` + `P`).

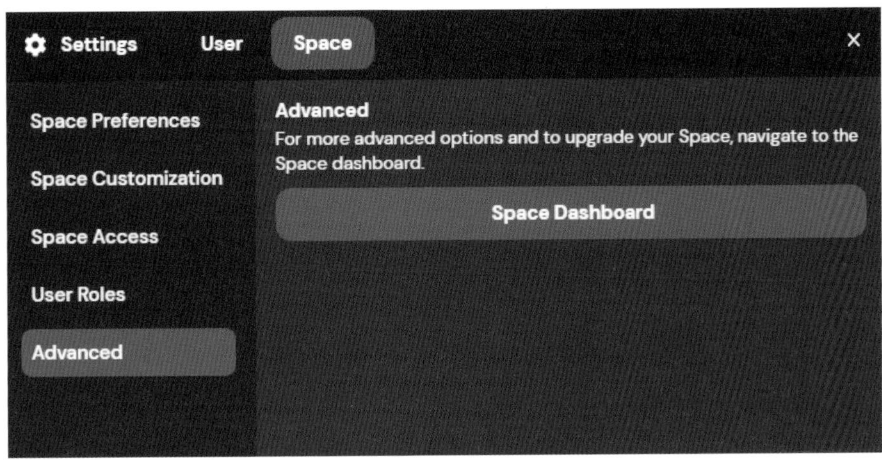

Settings 〉 Space 〉 Advanced

설정에서 **Space 〉 Advanced**에 들어가면 **Space dashboard**에 접속할 수 있습니다. 대시보드로 접속해 보겠습니다.

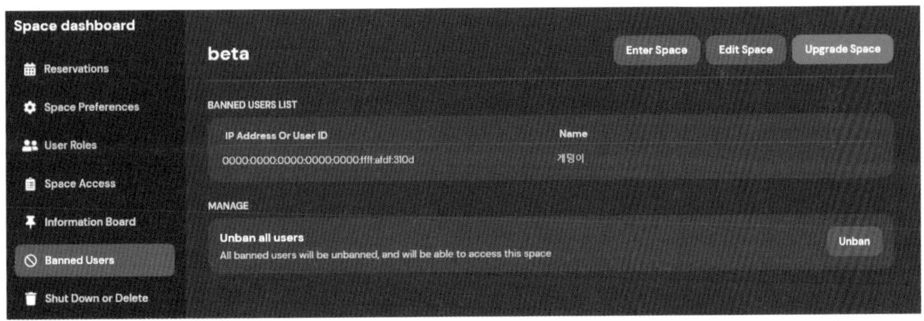

Space dashboard 〉 Banned Users

Space dashboard에서 추방된 사용자를 찾아서 해당 사용자에 마우스를 가져다 대면 휴지통이 뜨고, 휴지통을 눌러 차단된 IP를 해제하면 됩니다.

동영상으로 한 번 더!

http://m.site.naver.com/0UVVE

단축키

게더타운에는 여러 단축키가 있습니다. 우리가 튜토리얼에서 배웠던 가장 간단한 이동 단축키부터 설정에 필요한 단축키도 있고, 캐릭터의 움직임에 필요한 단축키도 있습니다. Ctrl + P 를 눌러 **Settings**를 오픈시킬 수도 있고, Ctrl + U 를 눌러 **Turn OFF Quiet Mode**(정숙 모드)를 활성화시킬 수도 있습니다.

여기서는 캐릭터의 움직임 또는 게더타운 활용을 좀 더 효율적으로 하기 위한 방법으로, 이동 단축키 외에 가장 대표적인 단축키 네 가지에 대해 알아보겠습니다.

G는 고스트 모드입니다. 게더타운은 물리적 충돌이 구현되기 때문에 만약 내 캐릭터가 주변 사용자들에게 둘러싸인다면 통행할 수 없게 됩니다. 이때 이 모드를 통해 캐릭터를 투명 상태로 바꿔 다른 사용자를 통과할 수 있습니다.

Z는 춤추기 모드입니다. 캐릭터가 귀엽게 춤을 춥니다.

E는 탈출 모드입니다. 이동이 불가능한 공간 안에 갇혀 있을 때 이 단축키를 통해 가장 가까운 열린 공간으로 이동할 수 있습니다. 방 탈출 게임 등을 즐기다가 갇힐 때 활용하면 되겠습니다. 단, 오픈된 공간에서는 작동되지 않습니다.

X는 오브젝트에 삽입되어 있는 상호작용 기능을 활성화시키는 단축키입니다. 이 단축키를 통해 TV 오브젝트에 삽입된 동영상을 보거나, 문서 오브젝트에 삽입된 홈페이지를 오픈시키거나, 피아노 오브젝트를 활성화시켜 피아노 연주를 할 수도 있습니다.

동영상으로 한 번 더!

http://m.site.naver.com/0UVVF

키	설명
W, A, S, D	캐릭터의 위쪽, 왼쪽, 아래쪽, 오른쪽으로 이동
G	고스트 모드(투명 모드)
Z	춤추기 + 하트
E	탈출
X	상호작용(사물 작동)

화이트보드 사용하기

우리는 앞에서 오브젝트에 화이트보드를 연결하는 방법을 배웠습니다. 연결된 화이트보드를 좀 더 효율적으로 사용해 보겠습니다. 우선, 이 실습을 하기 위해서 **Build**(↗) 버튼을 눌러서 화이트보드를 하나 삽입해 주세요. 여러분들이 구글 잼보드나 기타 화이트보드 도구를 넣지 않고 단순히 **Embedded website**라는 기본 옵션을 선택하면 자동으로 기본 화이트보드 도구로 연결됩니다.

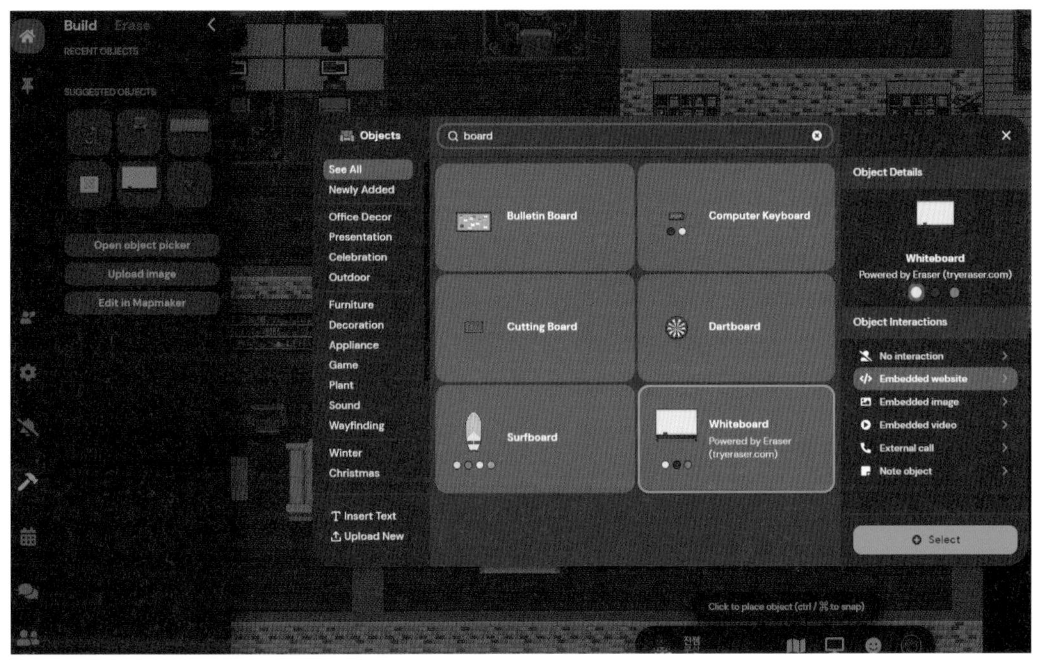

화이트보드 삽입

단축키 `X` 를 눌러 화이트보드를 활성화합니다. 화이트보드는 글을 쓸 수 있는 **Note**와 그림을 그릴 수 있는 **Canvas** 두 가지 버전이 있습니다. 화이트보드를 처음 연결하면 **Note**와 **Canvas**가 반반 나옵니다. 두 가지 중 하나만 넓게 사용할 수도 있습니다.

Note Both Canvas

세 가지는 각각 단축키 `Alt` + `1`, `Alt` + `2`, `Alt` + `3` 으로 전환할 수 있습니다.

Note

Note(Alt + 1)를 클릭하여 살펴보겠습니다.

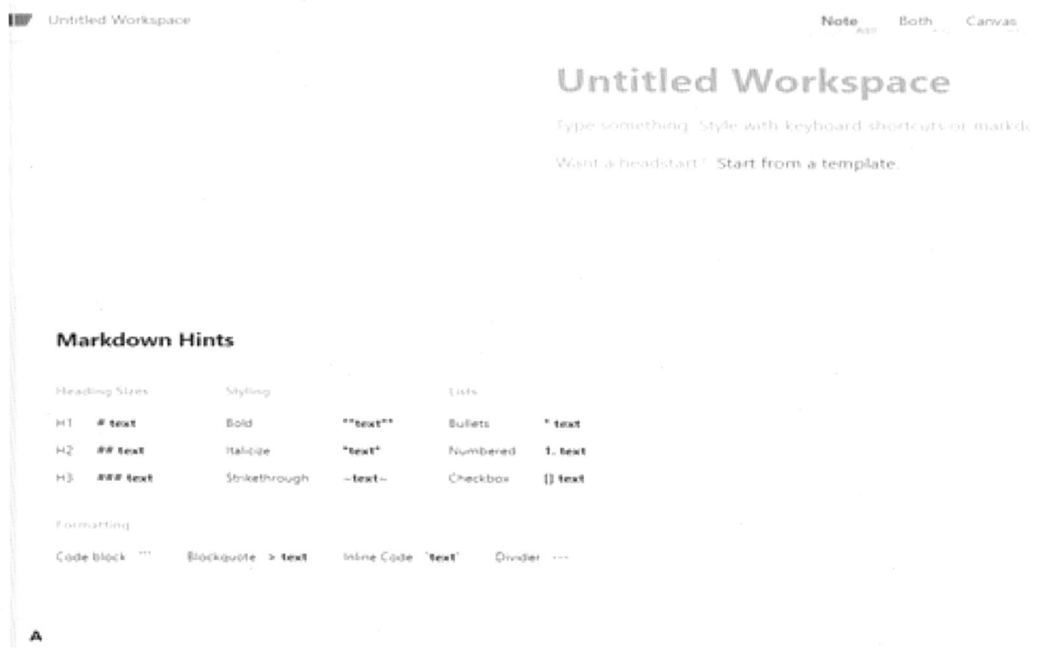

화이트보드 – 노트

Note 부분의 하단 아래에 보면 굵은 A(A) 아이콘이 있습니다. 이 아이콘에 마우스를 갖다 대면 화이트보드 노트를 쓰는 방법이 나옵니다. 화이트보드에 코딩과 같이 특정 문자를 입력해서 신호를 주면 화이트보드가 자체적으로 해당 내용을 인식해서 원하는 대로 글자 크기, 스타일, 개요 등을 바꿔 줍니다. 그럼, 설명서에 있는 대표적인 내용을 살펴보겠습니다.

우선, H1 ~ H3는 글씨 크기를 나타냅니다.

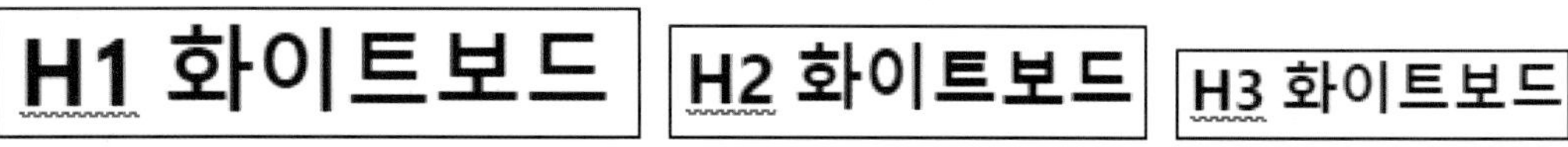

화이트보드 – 글씨 크기 조절

화이트보드에 '#'을 쓰고 한 칸 띄고 '화이트보드'라고 써 보겠습니다. 또 '##'을 쓰고 한 칸 띄고 '화이트보드'라고 써 보겠습니다. '###'까지 같은 식으로 쓰고 난 후 3개를 비교해 보면 다음과 같습니다.

H1 화이트보드

H2 화이트보드

H3 화이트보드

글자 크기

TEXT (진하게)

TEXT (기울임)

TEXT(취소선)

글꼴 스타일

• TEXT

1. TEXT

☑ TEXT

개요

두 번째로, 글꼴 스타일을 살펴보겠습니다. **TEXT**, *TEXT*, ~TEXT~를 통해 진하기, 기울이기, 취소선을 만들 수 있습니다.

세 번째로, 노트에서 리스트를 작성할 때 넘버링을 하거나 체크박스 등 '개요'를 만들 수 있습니다. '* text' 또는 '1. test' 또는 '[] text'를 이용해 보세요. []을 이용해서 체크박스를 만들면 실제로 체크도 가능합니다.

동영상으로 한 번 더!

http://m.site.naver.com/0UVVH

Canvas

Canvas(Alt + 3)를 클릭하여 살펴보겠습니다. 캔버스는 8개의 도구가 있습니다. 숫자나 알파벳 단축키를 활용해 도구를 바꿀 수 있습니다.

도구	1	2	3	4	5	6	7	8
단축키	1 혹은 V	2 혹은 R	3 혹은 D	4 혹은 E	5 혹은 A	6 혹은 L	7 혹은 P	8 혹은 T
기능	선택	사각형	마름모	원	화살표	선	그리기	글쓰기

선택( )

사각형 마름모 등 그려 넣은 도형들을 선택해서 위치를 이동시키거나 크기를 조절하고, 삭제하고 싶은 도형들을 드래그하여 한꺼번에 삭제할 수 있습니다. 또한, 선택된 도형들끼리 그룹( )을 만들 수도 있습니다.

사각형/마름모/원(□ / ◇ / ○)

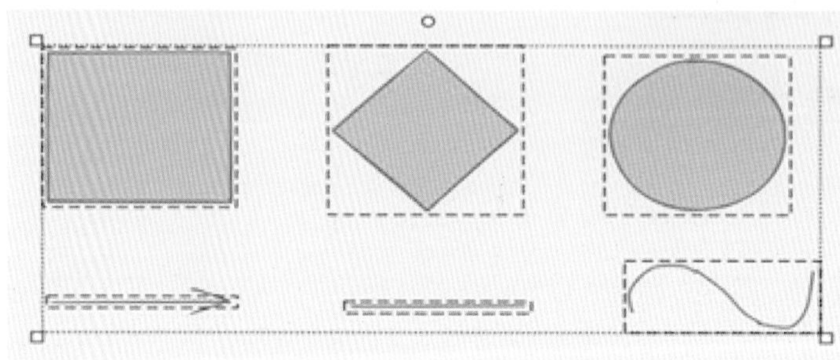

캔버스 — 사각형, 마름모, 원 등

캔버스에서는 다양한 도형을 그릴 수 있습니다. 그리고 그 도형에 대해서 옵션 등을 설정할 수 있습니다. 위에서 본 선택 도구를 이용해 선택하면 해당 도형에 대한 옵션을 변경할 수 있습니다.

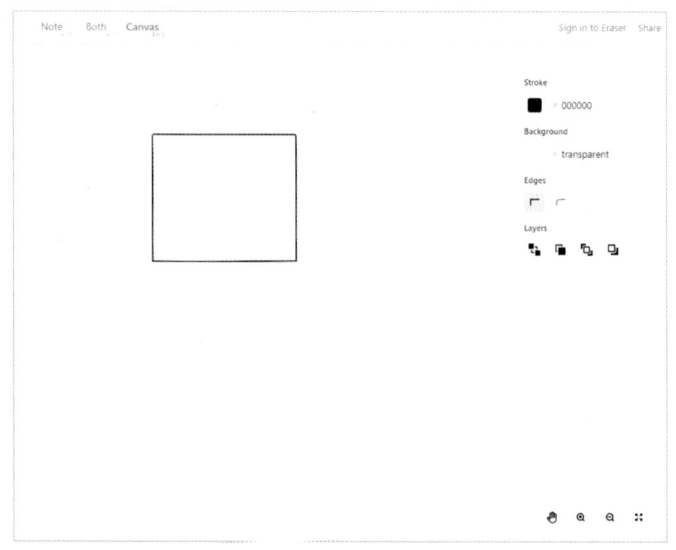

도형 설정

가장 간단한 것은 화살표 커서 모양(→)의 선택 도구를 고른 후 꼭짓점을 잡고 자유롭게 크기를 조절하는 것입니다. 만약 비율을 고정시키고 크기를 조절하고 싶다면 시프트키(Shift)를 누른 채 마우스로 크기를 조율할 수 있습니다.

그리고 세부적인 설정과 관련해 오른쪽에 뜨는 내용은 다음과 같습니다.

Stroke & Background

Stroke는 도형의 테두리 선의 색을 결정합니다. **Background**는 도형 내부의 색을 결정합니다. 색을 클릭하여 여러 색 중에서 고를 수도 있지만, 색상의 번호를 직접 입력할 수도 있습니다. 스크롤바를 이용하여 색을 조절해 봅시다.

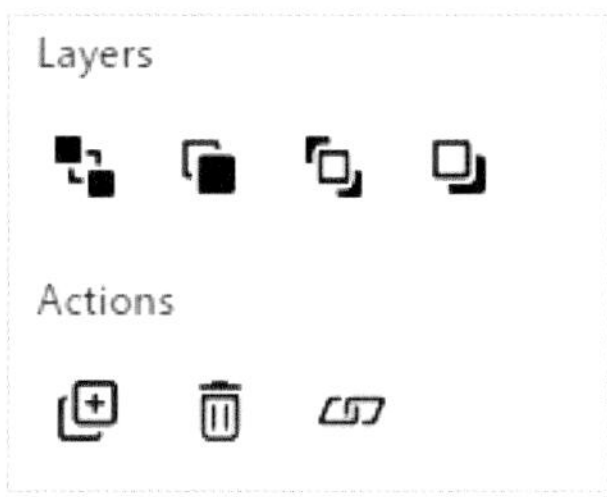

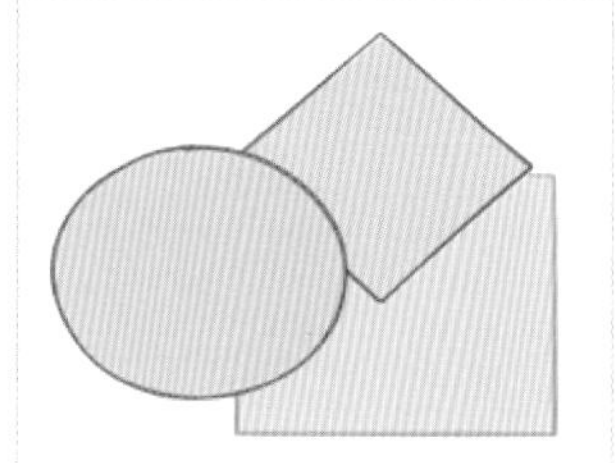

Layers & Actions

Layer는 여러 도형끼리 겹쳤을 때 도형의 순서를 결정합니다. 앞에서부터 ① **Send to back**(제일 뒤로), ② **Send backward**(한 칸 뒤로), ③ **Bring to front**(제일 앞으로), ④ **Bring forward**(한 칸 앞으로)입니다. 따라서 빨간색 원을 제일 위로 배치하고 싶으면 빨간색 원을 클릭하고 세 번째 **Bring to front**(제일 앞으로)를 선택하면 됩니다. 도형을 더블클릭하거나 엔터키(Enter)를 누르면 도형 안에 글을 쓸 수 있습니다.

다음으로, **Actions** 부분을 살펴보겠습니다. 제일 처음에 있는 아이콘은 복사Duplicate 도구입니다. 같은 도형을 똑같이 복사+붙여넣기를 해 줍니다. 두 번째는 삭제Delete 도구입니다. 세 번째는 링크 복사Copy link to elements입니다. 링크 복사 후 주소창에 URL을 붙여넣기를 하면 화이트보드에 작성한 내용이 그대로 새 창으로 뜹니다.

화살표/선(→ / –)

화살표 또는 선을 그릴 때 마우스를 떼지 않고 한 번에 그으면, 그은 길이만큼의 화살표 또는 선이 생깁니다. 그러나 여러 포인트를 찍어 선을 그리면 곡선이 생겨 굽은 선을 그릴 수 있습니다. 이때 곡선의 각을 수정하고 싶으면 화살표 또는 선을 더블클릭하거나 엔터키(Enter)를 눌러 동그라미 포인트로 조절할 수 있습니다.

도형과 똑같이 선의 색을 바꿀 수 있으며, 레이어도 조절할 수 있습니다. 시프트키(Shift)를 누른 채로 그리면 좀 더 분명한 각도의 선을 그릴 수 있습니다.

화살표 및 선

그리기(✎)

그리기 도구는 일반 펜처럼 자유롭게 그릴 수 있습니다. 정해진 모양의 도형 외의 창의적 그리기를 할 때 사용하며, 선끼리 이어 붙이면 면이 만들어져 내부 색칠도 할 수 있습니다. 더블클릭하면 곡선의 각도 조정을 다시 할 수 있습니다.

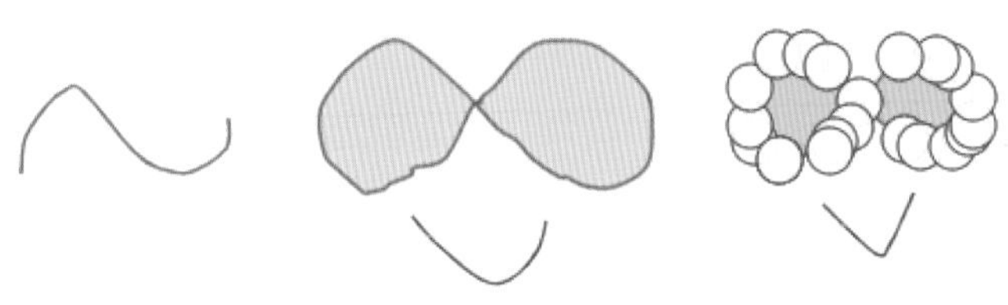

화살표 및 선

글쓰기( )

글쓰기 도구

글쓰기 도구 옵션

캔버스 내에서도 글쓰기를 할 수 있습니다. 글씨 크기는 확대 및 축소 조절을 통해 할 수 있으며, 색상 변경 및 왼쪽/중앙/오른쪽 정렬을 할 수 있습니다.

기타 기능

캔버스의 오른쪽 하단을 보면 다음과 같은 4개의 아이콘을 볼 수 있습니다.

기타 기능

손바닥 모양( )으로 캔버스 화면을 이동시킬 수 있고 더하기(+)와 빼기(-) 모양은 화면 확대와 축소입니다. 마지막의 화살표 모양( )을 누르면 캔버스에 그렸던 도형 및 텍스트가 가운데에 배치됩니다.

그 외 단축키 및 기타 정보들은 물음표 아이콘을 통해서 더 확인할 수 있습니다.

Send Feedback

Knowledge Base

Keyboard Shortcuts

Canvas Hints

?

물음표 아이콘

동영상으로 한 번 더!

http://m.site.naver.com/0UVVJ

피아노 즐기기

다음으로 게더타운의 오브젝트를 통해서 즐길 수 있는 요소로 **Piano**(피아노)를 알아보겠습니다. **Build**()를 선택한 후 **Open object picker > Piano**를 선택하여 **Interactions**에서 **Embedded website**를 선택합니다. 마찬가지로 별도의 사이트를 입력하지 않으면 기본 사이트로 연결됩니다.

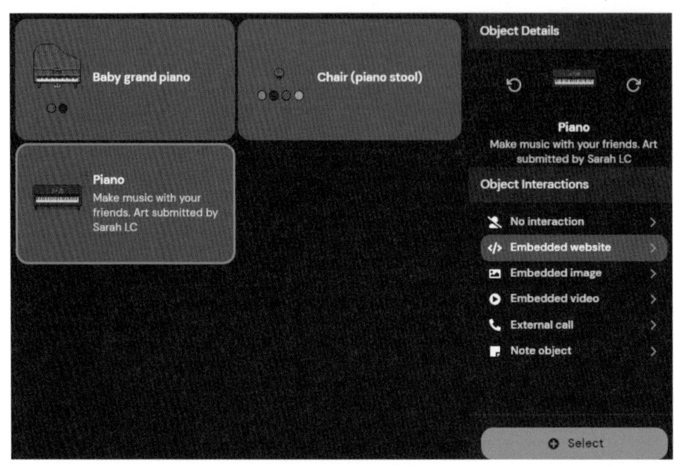

피아노 선택

공간에 삽입된 오브젝트를 단축키 X 를 눌러 기능을 활성화하면 자동으로 기본 피아노 연주 사이트(https://musiclab.chromeexperiments.com/Shared-Piano/)로 접속됩니다. 해당 사이트는 크롬 뮤직랩(https://musiclab.chromeexperiments.com/)으로, 구글에서 제공하는 피아노 연주 도구입니다.

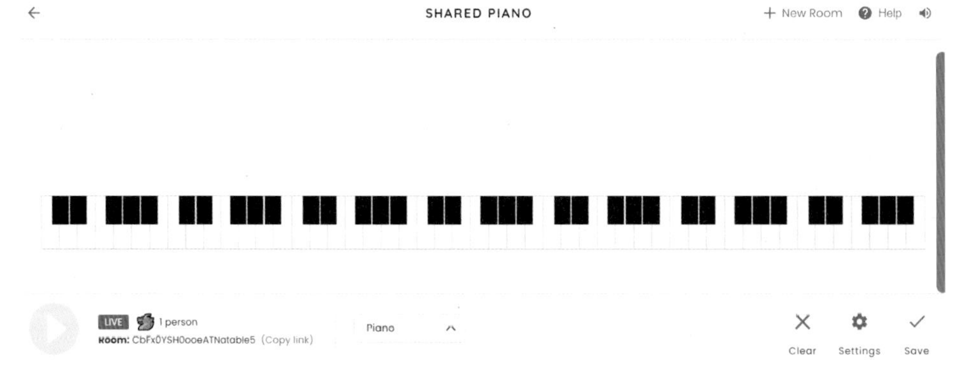

피아노 연주 홈페이지

게더타운 속 피아노의 기본 연결 앱인 크롬 뮤직랩은 구글에서 만든 인공지능 교육 도구로, 공유 가능한 고유의 주소 링크가 있습니다. 같은 주소 링크의 피아노에 접속한 사람들은 함께 협업을 진행할 수 있습니다. 자판을 누르거나 마우스로 클릭하여 연주할 수 있고, 완성한 멜로디는 저장하거나 링크를 통해 공유할 수도 있습니다.

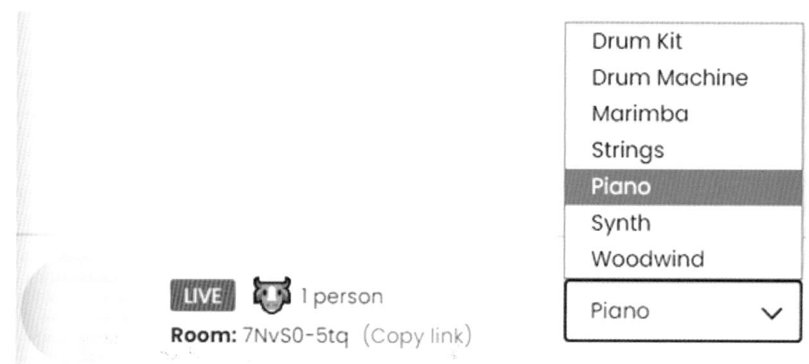

피아노 연주 홈페이지의 왼쪽 아래 화면 — 링크 공유, 악기 선택

왼쪽 아래를 살펴보겠습니다. **Copy link**를 눌러 현재 피아노 방의 주소를 공유할 수 있습니다. 오른쪽에 보이는 **Piano** 버튼을 누르면 악기 소리를 변경할 수 있습니다. 드럼, 마림바 등이 있습니다. 멜로디 기억을 끝내면 재생 버튼을 눌러 내가 연주한 곡을 들을 수 있습니다.

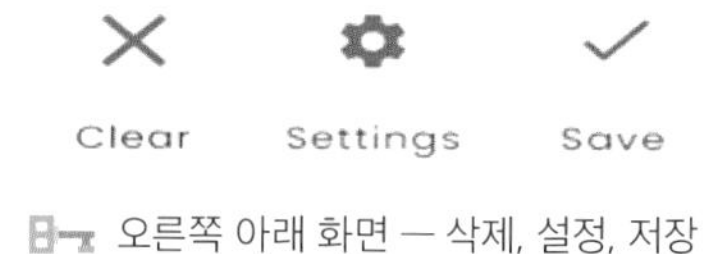

오른쪽 아래 화면 — 삭제, 설정, 저장

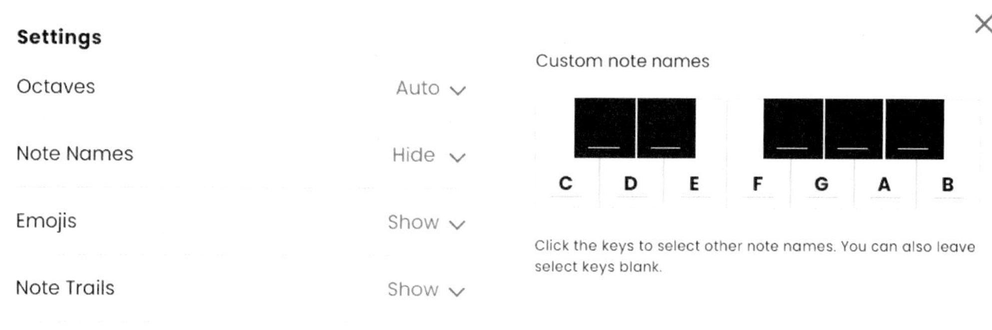

악기 세부 설정

오른쪽 아래를 보겠습니다. **Clear**(클리어)/**Settings**(설정)/**Save**(저장) 아이콘이 있습니다. **Clear**(×)를 누르면 지금까지 기억한 멜로디가 삭제됩니다. **Settings**(✲)를 누르면 몇 옥타브까지 건반을 나타낼지, 건반 이름을 나타낼지 혹은 노트 흔적을 남길지 등의 세부사항을 설정할 수 있습니다.

Save(✓)를 눌러 지금까지 연주한 멜로디를 저장하고 저장한 내용을 복사해서 공유하거나 새 탭에서 열어서 확인할 수 있습니다.

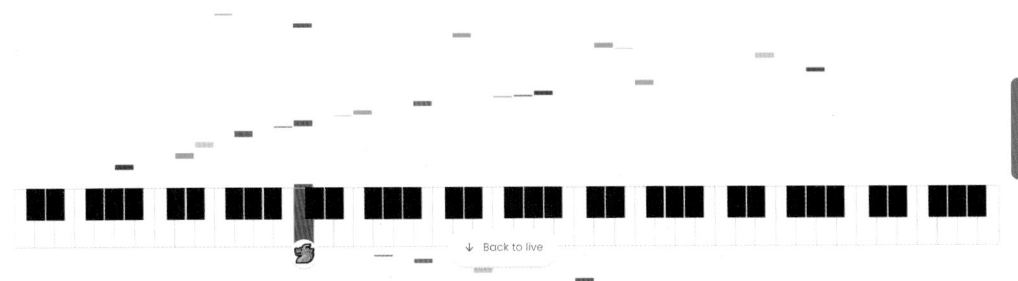

오른쪽의 파란색 스크롤

피아노 연주를 하면 여러 가지 색(노트)으로 멜로디가 기억됩니다. 만약 자신이 연주한 곡을 다시 듣고 싶거나 지나간 멜로디를 다시 듣고 싶으면 오른쪽의 파란색 스크롤을 위에서 아래로 움직이면 됩니다.

연결된 피아노 연주 페이지는 크롬 뮤직랩의 일부입니다. 여러분들이 음악과 관련된 오브젝트를 넣고 해당 웹사이트의 주소를 크롬 뮤직랩과 연결하면 더욱 더 많은 연주를 즐길 수 있습니다.

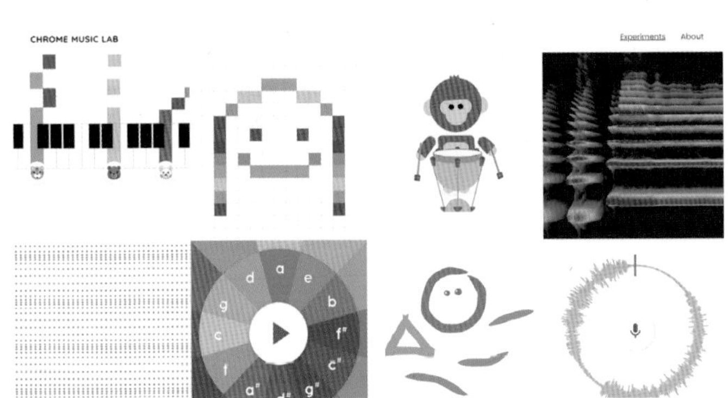

크롬 뮤직랩의 다양한 도구

동영상으로 한 번 더!

http://m.site.naver.com/0UVVK

게임 즐기기

다음으로 게더타운에 있는 다양한 게임 오브젝트에 대해서 알아보겠습니다. 일부 게임은 사행심을 조장하는 요소가 있을 수 있으니 학생들에게 적용할 때는 반드시 사전에 충분한 검토를 한 후 설치하기 바랍니다.

Battle Tetris

게더타운에서는 오브젝트를 통해서 다양한 게임을 함께 즐길 수 있습니다. **Build > Open object picker > Game** 분류에 들어가면 테트리스나 포커 카드, 스도쿠 등 다양한 게임이 있습니다. 그중 테트리스를 설치해 보겠습니다.

여러 오브젝트 중 **Battle Tetris**를 클릭하고 **Embedded website**를 선택한 채로 **Select**합니다. 이때 별도의 웹사이트를 연결하지 않으면 기본 테트리스 웹사이트로 연결됩니다.

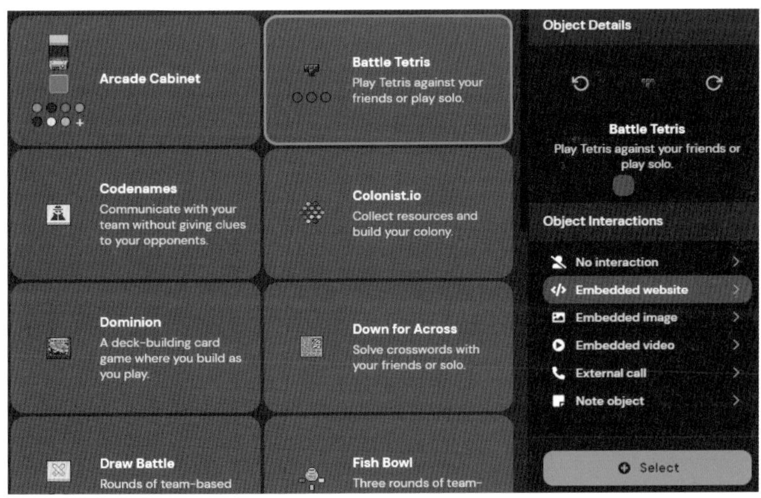

Object > Game > Battle Tetris

설치된 오브젝트에 단축키 X 를 눌러 테트리스를 실행해 주세요.

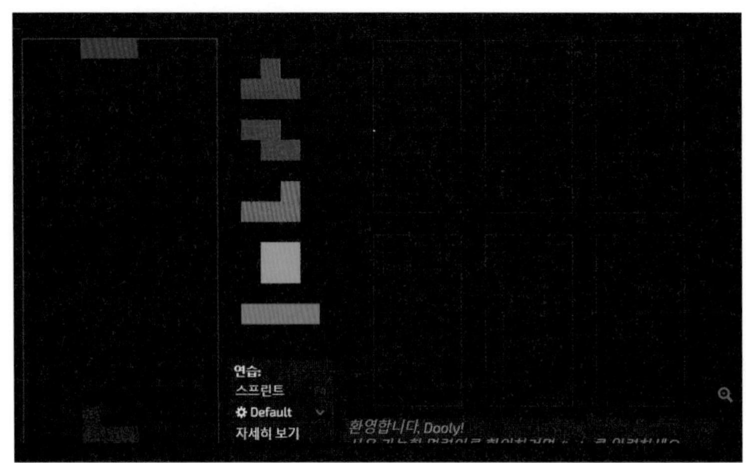

테트리스 창

처음 실행하면 혼자 연습할 수 있는 플레이 창이 뜹니다. 만약 다른 사용자들과 대결을 하고 싶다면 **플레이 > 실시간**으로 들어가서 게임 중인 참가자들과 함께 즐길 수도 있습니다. 테트리스 오브젝트에 연결된 기본 웹사이트는 스프린트/치즈 레이스 등 여러 버전의 게임을 제공하고 있습니다. 자세한 설명이 궁금하면 해당 사이트에서 **Jstris에 대해**를 클릭하여 읽어보기 바랍니다.

Tetris

스도쿠

학교에서 학생들의 창의성 신장 및 계산력을 향상하기 위해 자주 사용하는 스도쿠가 있습니다. 게더타운 안에서도 스도쿠를 즐길 수 있습니다. 설치하는 방법은 앞의 테트리스와 같습니다. **Build 〉 Open object picker 〉 Game 〉 Sudoku** 순서로 설치해 보겠습니다. **Embedded website**를 선택하여 기본 사이트와 연결합니다. 생성된 오브젝트를 활성화해서 사이트에 접속해 봅시다.

					5		6	2
2					7			9
5			2					
		3	4		6			8
			7		9			
		8	3	1	2		5	6
	1		6			8		
	4	5	8			9	2	
9		7		2	1			

스도쿠

스도쿠 화면에서 숫자를 넣고자 하는 부분을 마우스로 클릭하면 노란색으로 표시되고, 오른쪽에서 적당한 숫자를 클릭하여 스도쿠 칸을 완성하면 됩니다.

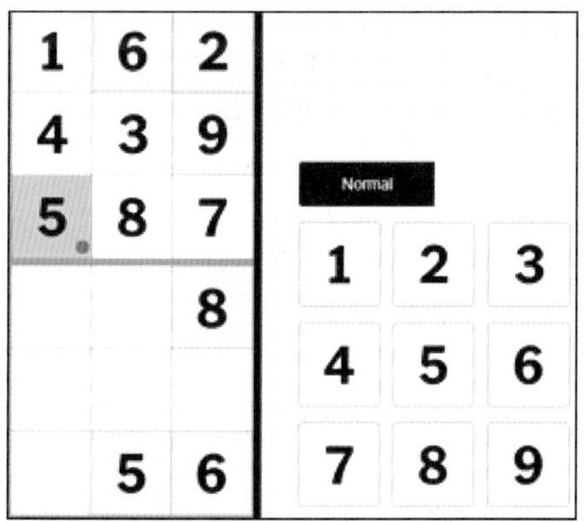

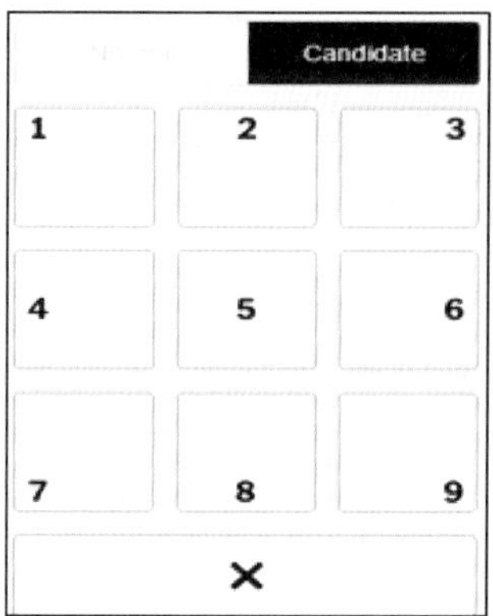

스도쿠 플레이 장면

만약 여러분이 답을 입력하는 것이 아니라 체크 및 연습용으로 예상 답을 작게 쓰고 싶을 때는 **Candidate**를 눌러 작은 숫자를 이용할 수 있습니다. 또한, 만약 자신이 적은 답을 수정하려면 (**✕**)를 눌러 삭제합니다.

동영상으로 한 번 더!

http://m.site.naver.com/0UVVL

사운드 즐기기

게더타운에서는 자체 기능을 가진 오브젝트들이 많습니다. 그중 설치만 해도 소리가 나는 오브젝트들을 알아보겠습니다.

다른 오브젝트를 설치하는 것과 마찬가지로 **Build** 〉 **Open object picker** 〉 **Sound**로 들어갑니다. 여러 오브젝트 중에서 오브젝트 이름 하단에 스피커 표시가 있는 오브젝트를 설치하면 공간에서 오브젝트와 관련된 소리가 자동으로 재생됩니다.

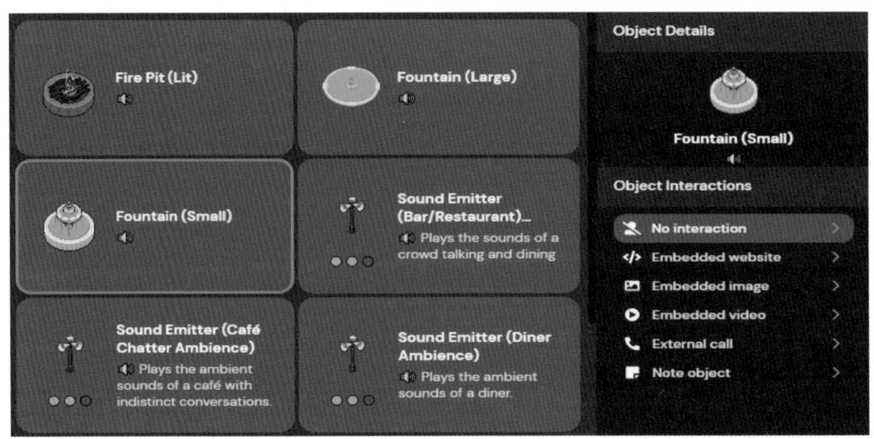

Sound Object

위에서 **Fire Pit**(**Lit**)(모닥불)과 **Fountain**(**Small**)(분수)을 설치하여 해당 오브젝트의 소리와 함께 분위기를 연출해 보겠습니다. 게더타운에 별도의 소리를 입력해 줄 수도 있지만, 이렇게 간단히 오브젝트 자체의 소리를 들으며 즐길 수도 있습니다.

동영상으로 한 번 더!

http://m.site.naver.com/0UVVN

5장

게더타운의 기초 기능 활용

1~4장의 활동을 바탕으로 게더타운에서 제공하는 기본적인 기능들에 대해서는 완벽히 숙지할 수 있었습니다. 지금부터는 게더타운에서 공식적으로 제공하는 기능들을 활용하여 실제 활용 사례를 천천히 따라 만들어보겠습니다. 최근 게더타운에서는 타일드Tiled, 깃허브Github 자료 및 디자인된 각종 화려한 공간들이 많이 등장하고 있습니다. 하지만 게더타운의 핵심은 무엇보다 실감 나는 소통이라는 점에서 소통에 중점을 두고 기초 기능을 잘 활용하는 것이 중요합니다.

이러한 점에서 별도 비용 없이 간단하게 공간을 구축하는 활용 두 가지를 살펴보겠습니다.

교실에서 수업하기

1장에서 우리는 맵을 직접 만들어 보며 교실 공간을 꾸며 보았습니다. 해당 교실 공간을 불러오도록 합니다. 만약 해당 공간이 없으면 게더타운에서 제공하는 기본 맵 중 어떤 것을 사용해도 무관합니다.

교실에서 게더타운으로 수업하는 사례를 따라하기 전에 공통된 상황을 먼저 살펴보겠습니다. 학교는 교실 외에도 여러 개의 특별실이 있습니다. 따라서 수업은 하나의 공간에서만 이루어지는 것이 아니라 여러 곳에서 이루어질 수 있습니다.

Portal 효과를 활용하여 사용자(학생 등)가 즐길 수 있는 공간을 더 만들어 연결해 보겠습니다. 먼저, 스페이스에 입장하여 **Build > Edit in Mapmaker**에 들어갑니다.

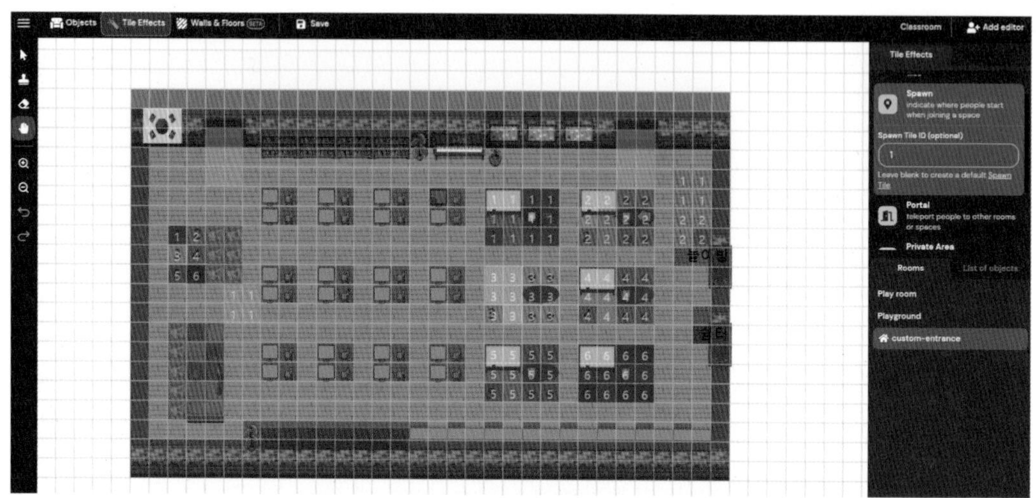

맵메이커 열기

맵 편집 화면 오른쪽 아래를 보면 **Rooms**가 있습니다. 하나의 스페이스 안에서 여러 개의 장소를 만들고 싶을 때 활용할 수 있습니다. 그 아래에 있는 **Create a new room**을 클릭합니다.

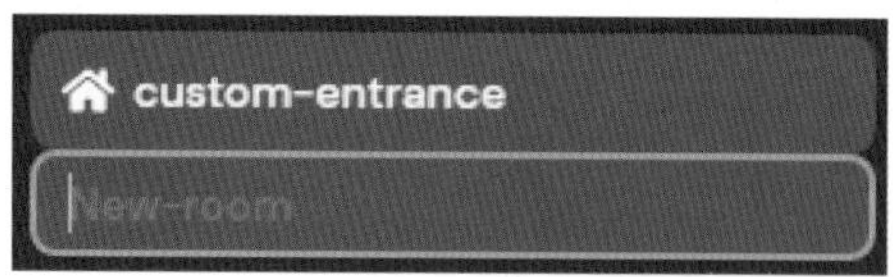

Create a new room

연결할 방의 이름을 'playroom'으로 정해 줍니다. 해당 방에 피아노와 게임 등 사용자들이 즐길 수 있는 오브젝트를 설치하겠습니다.

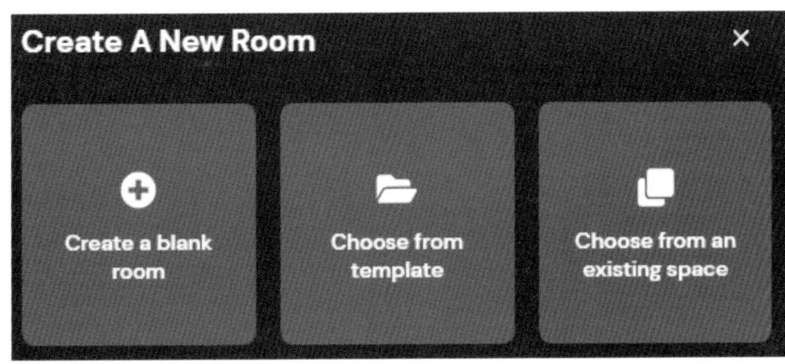

방 종류 선택하기

이름을 적고 엔터키(Enter)를 누르면 방을 만드는 방법 세 가지가 뜹니다. 첫 번째는 빈방에서 꾸미는 것이고, 두 번째는 템플릿을 선택하는 방법, 세 번째는 기존에 만들어 두었던 맵을 불러오는 것입니다.

만약 교실1, 교실2, 교실3 등 메인룸(교실)과 유사한 공간에서 오브젝트 몇 개만 바꿔야 한다면 세 번째를 추천합니다. 하지만 새로운 공간을 만들려면 앞의 두 가지 방법을 선택할 수 있습니다.

우리는 두 번째 **Choose from template**을 통해 게더타운에서 이미 보유하고 있는 템플릿을 활용하겠습니다. **education-breakout-small** 방을 선택합니다.

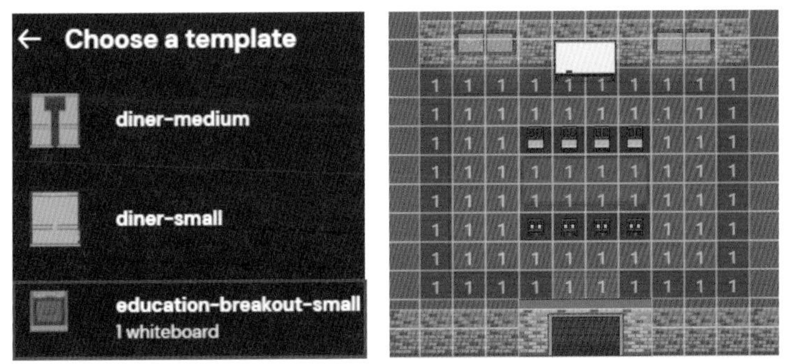

education-breakout-small 방 선택

education-breakout-small을 선택하면 이미 꾸며져 있는 방을 확인할 수 있습니다. 해당 템플릿을 살펴보면 Private Area 타일 효과가 방 전체에 ID '1'로 설정되어 있습니다. 다시 말해, 저 방 안에서는 모든 사용자가 함께 대화하거나 플레이할 수 있습니다.

이 방을 'Playroom'이라고 부르겠습니다. 'Playroom'과 메인 'Classroom'을 연결하려면 **Portal** 설치가 필요합니다. 앞에서 우리는 포털을 설치하기 위해 타일 효과에 들어가야 함을 배웠습니다.

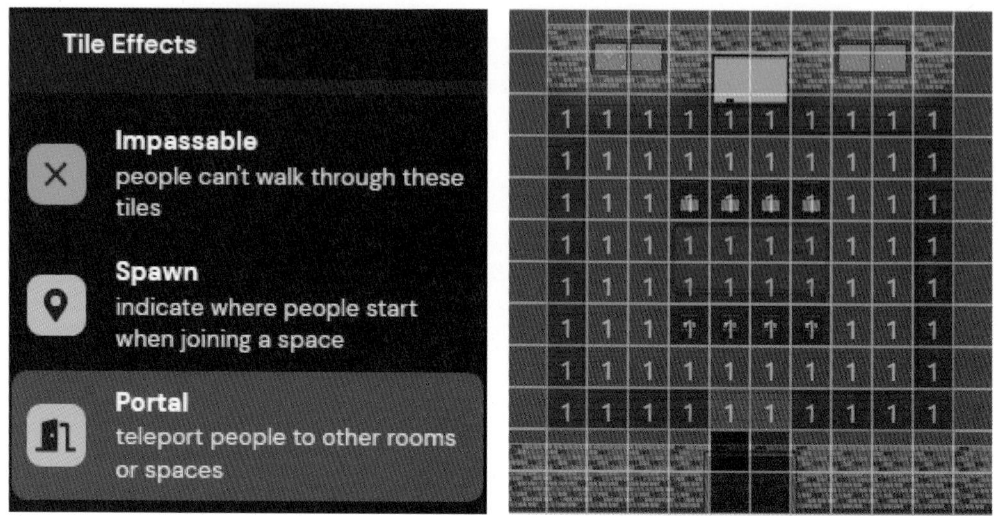

Tile Effects > Portal

Tile Effects > Portal을 선택한 후 원하는 곳에 타일 효과를 입혀 줍니다. 맵 아래에 문이 있으므로 저는 문 앞에 설치하였습니다. 여러분이 포털을 설치하면 다음과 같이 포털을 어느 곳과 연결할지 물어보는 창이 뜹니다.

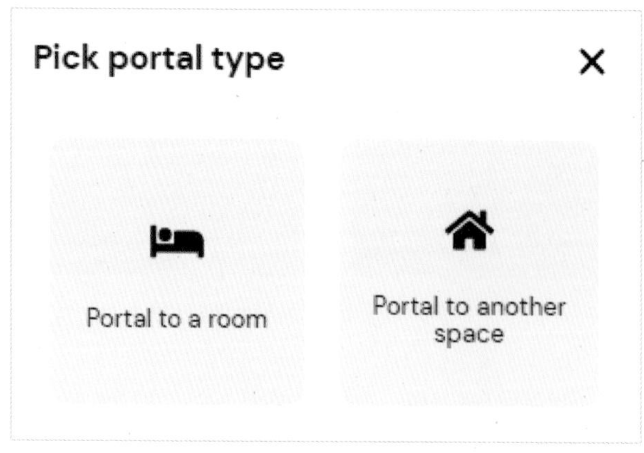

포털 설치 장소 지정

만약 미리 만들어 두었던 방과 연결하려면 **Portal to a room**을, 아예 다른 공간과 연결하려면 **Portal to another space**를 선택합니다. 여기서는 같은 공간 내의 'Classroom'과 'Playroom'을 연결해야 하므로 **Portal to a room**을 선택 후 **custom-entrance**(메인룸, 교실)를 선택합니다.

이때 'Playroom'에서 교실로 가는 포털을 설치하였으면 교실로 돌아가, 교실에서 Playroom으로 연결되는 포털도 설치해야 합니다. 양쪽으로 포털 연결을 해 주지 않으면 교실에서 놀이방으로 이동하고 나서 돌아올 수 없거나, 놀이방에서 교실로는 이동할 수 있는데 교실에서는 놀이방으로 이동할 수 없는 상황이 발생합니다.

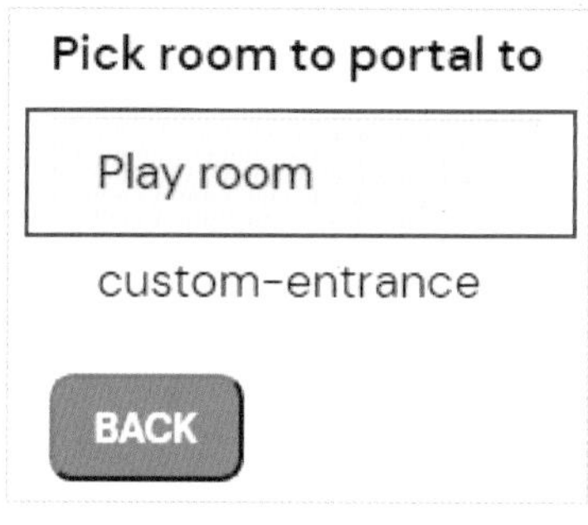

교실에서 Playroom 연결

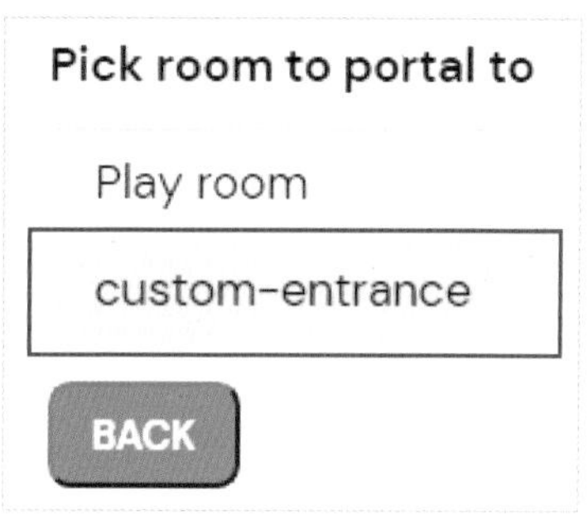

Playroom에서 교실 연결

포털을 연결하였으면 놀이방에 오브젝트로 피아노와 게임기 등을 설치하여 간단하게 꾸며 봅시다.

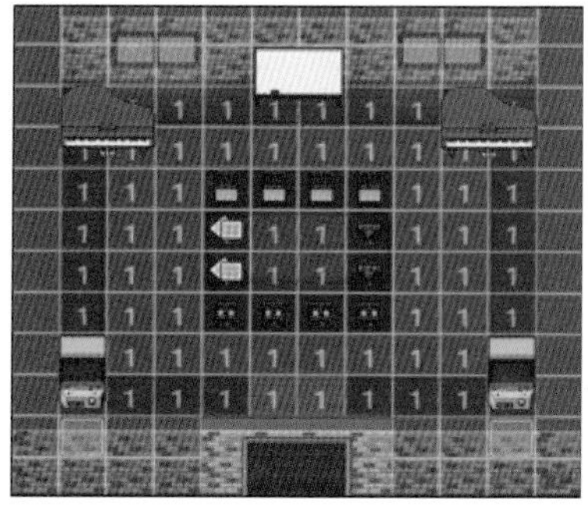

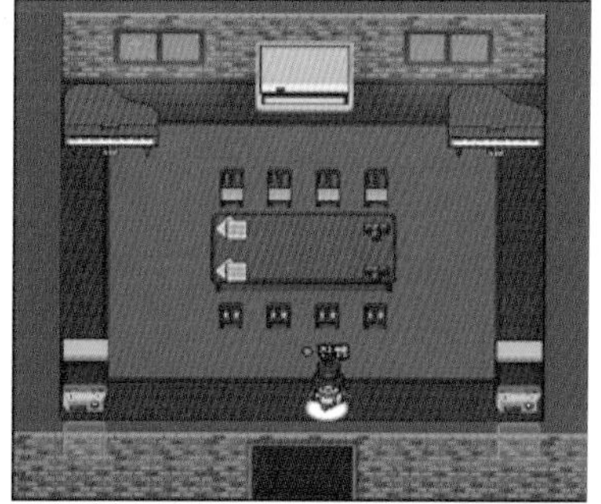

여러 오브젝트 설치하기

이번에는 쉼터를 만들어 교실과 연결해 보겠습니다. 공부도 하고 게임도 했으면 휴식을 취할 공간도 있어야겠죠? **Create a new room 〉 Playgroud(이름) 〉 Choose a template 〉 park-day**를 선택하였습니다. 아주 커다란 공원이 생성되었습니다.

쉼터(Playground)

앞에서 배운 포털 효과를 이용하여 교실-쉼터, 쉼터-교실을 연결해 보겠습니다.

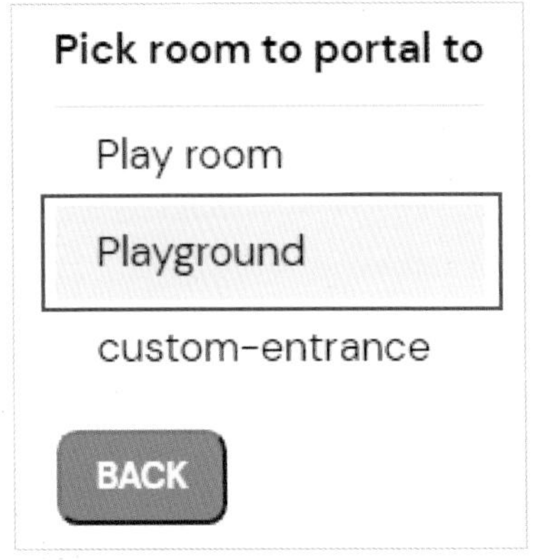

교실에서 쉼터 연결

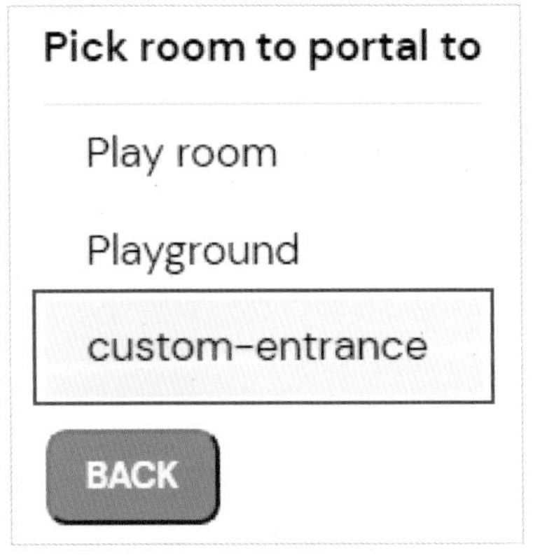

쉼터에서 교실 연결

놀이방 연결과 마찬가지로 교실에서 쉼터로만 연결하면 안 되고, 쉼터에서 교실로 포털 연결을 하여 왕래할 수 있도록 해 줍니다.

여러분들이 맵을 제작할 때 포털을 연결해 두어도 다른 표시가 없으면 참가자들이 포털이 있는지 알기 힘듭니다. 따라서 포털 근처 맵 바닥에 글씨를 써 놓도록 하겠습니다. **Open**

object picker > Insert Text를 선택하여 포털로 이동할 공간의 이름을 적습니다. 그리고 포털 효과가 지정된 위치에 글씨를 써 주겠습니다.

포털 이름 적기

글씨 오브젝트를 넣었으면 이제 캐릭터를 이동시켜 포털로 공간들이 서로 잘 연결이 잘 되었는지 확인해 봅시다. 포털을 한 칸 이상 설치할 경우 맵을 이동하자마자 다시 포털이 작동하여 바로 이전 맵으로 돌아가는 경우가 있을 수 있습니다. 따라서 주의하여 포털을 설치하기 바랍니다. 이렇게 만든 교실과 특별실에서 수업을 직접 해 보겠습니다.

① 맵에서 사람이 있는 아이콘을 눌러 **Invite > Copy Invite Link**를 통해 학생들을 게더타운으로 초대합니다.

② **Settings > Space > Space Customization > Global Build** 설정에서 글로벌 빌드를 비활성화하여 학생들이 교실 맵을 마음대로 수정할 수 없도록 합니다.

③ 모둠 활동을 하는 모둠 공간 외의 장소는 같은 ID의 **Private Area**로 묶어 거리가 멀어도 서로 대화할 수 있도록 설정하면, 디지털 리터러시가 부족한 학생들을 대상으로도 쉽게 운영할 수 있습니다.

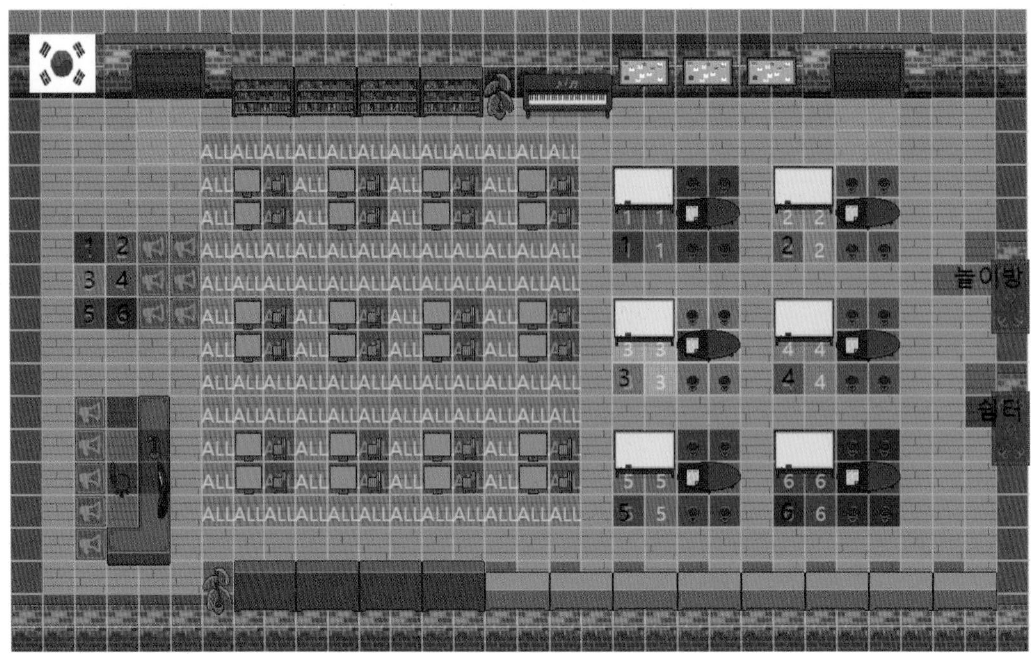

최종 완성된 교실

나만의 교실을 최종 세팅한 모습입니다. 교사 자리 주변에 타일 효과로 **Spotlight** 효과를 주어 교사 자리에서 모두에게 말할 수 있도록 하였습니다. 또한, 교실 앞자리에 설정한 **Spotlight**는 학생들이 발표할 때 유용하게 활용할 수 있습니다.

학생들 개인 자리 주변으로 같은 ID의 **Private Area**를 적용해서 함께 대화할 수 있도록 하였고, 각각의 모둠과 같은 ID를 교실 앞쪽에도 지정하여 모둠 활동 과정을 교사가 들을 수 있도록 하였습니다.

학생들이 모둠 활동을 효율적으로 할 수 있도록 각 모둠 자리마다 화이트보드와 문서 오브젝트를 설치하였습니다. 학생들이 게더타운에 익숙해지면 **Global Build**를 활성화하여 학생들이 문서 오브젝트에 자신의 작품을 동기화하여 발표할 수 있도록 합니다.

그럼, 학생들과 온라인으로 수업을 진행해 보겠습니다. 학생들이 들어오면 참가자 목록에서 이름을 확인합니다. 전체 공간에서 출석 체크를 한 후 모둠 활동을 위해 각자의 자리로 이동시킵니다. 질문이 있는 학생은 채팅 창에서 대화를 하거나 손들기 사인을 하면, 교사가 확인 후 특정 학생에게 **Spotlight** 기능을 부여할 수도 있습니다.

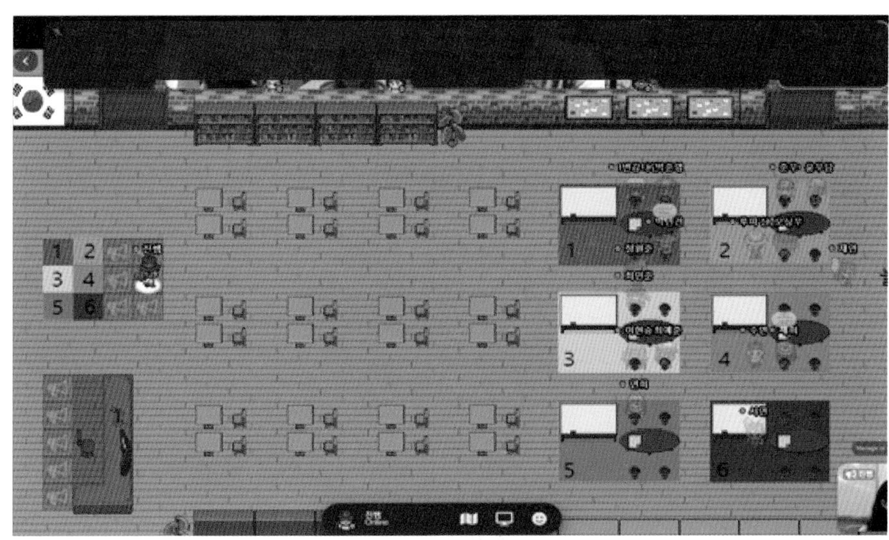

게더타운으로 온라인 수업하기

게더타운 모둠 활동의 장점은 줌ZOOM과 달리 학생들이 같은 공간에서 각자의 모둠 활동을 할 수 있다는 것입니다. 자신의 모둠 공간에서 다른 학생들의 방해 없이 모둠 활동을 진행하다가 교사의 도움이 필요하면 바로 교사와 소통할 수 있습니다. 또한, 교사도 각 모둠 방에 들어갔다 나오기를 반복하지 않아도 돼서 편리합니다.

또한, 교사가 화면을 공유해 주면 학생들은 화면을 보면서 모둠 활동을 진행할 수 있습니다. 실제 오프라인 교실과 유사한 환경에서 공부할 수 있다는 점이 큰 이점입니다. 다만, 학생들이 모둠 영역에서 벗어나면 모둠 활동이 어려워지므로 온라인 수업 규칙을 잘 세워 충분한 연습을 해야 합니다. 부득이한 경우 학생들이 각 모둠 영역에 입장하고 나면 **Impassable** 효과를 모둠 방 테두리에 설치하여 이동 제한을 걸 수도 있습니다. 쉬는 시간에는 놀이방에서 친구들과 게임을 하거나 쉼터에서 휴식을 취한 후 돌아올 수도 있습니다.

동영상으로 한 번 더!

http://m.site.naver.com/0UVW5

http://m.site.naver.com/0UVW7

기관 자체 게더타운 만들기(예시)

지금까지 배운 내용을 바탕으로 기관에서 자체적으로 게더타운을 만들어서 활용하는 간단한 방법을 순서대로 보여드리겠습니다. 기관의 담당자로서 자체적인 게더타운을 구축해야 할 수도 있고, 혹은 기존의 게더타운 사이트를 활용해서 제작할 수도 있을 겁니다.

만약 높은 수준의 사이트를 만들어야 한다면 뒤에서 배울 타일드 및 깃허브 프로그램을 활용할 필요가 있습니다. 하지만 여기서는 간단하게 공간을 만드는 예시를 살펴보겠습니다.

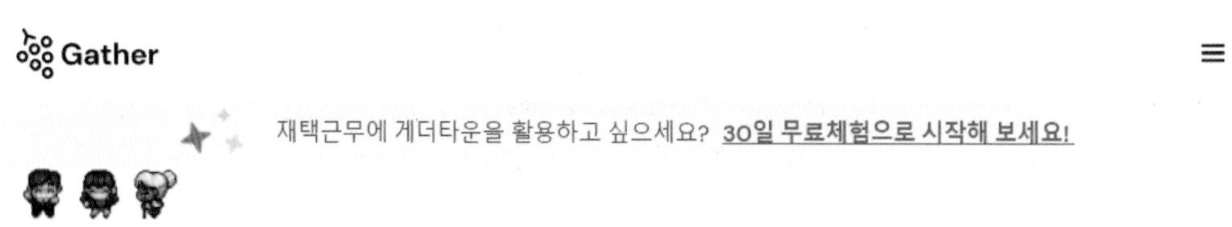

더 나은 방법

Gather|

게더타운에서는 완전 맞춤식 공간을 중심으로, 실생활에서처럼 간편하게 원하는 커뮤니티와 시간을 보내실 수 있습니다.

Gather 무료로 시작하기

게더타운 접속하기

게더타운에 접속해서 **Get starter for free** 또는 오른쪽 상단에 로그인 버튼을 눌러서 구글 로그인 등을 통해서 접속합니다. 그런 후에 **Create space**를 선택합니다.

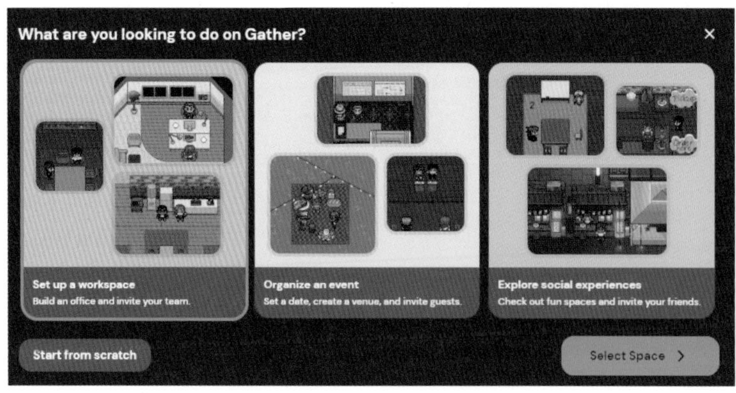

생성할 공간의 유형 선택하기

우리가 앞에서 학습한 것과 같이 공간을 생성해 보겠습니다. 생성하고 싶은 것이 우리의 가상공간 사무실인지, 일회성 이벤트를 위한 이벤트 장소인지, 혹은 그 외의 장소를 만들고 싶은 것인지를 선택하는 화면입니다. 물론, 어떤 것을 선택해도 나중에 템플릿 선택 등을 통해서 변경할 수 있습니다. 혹시나 영어에 익숙하지 않다면 크롬이나 엣지에서 마우스 우클릭을 하고 '번역'을 눌러 한국어로 자동 번역하면서 문제를 해결해 나갈 수 있습니다.

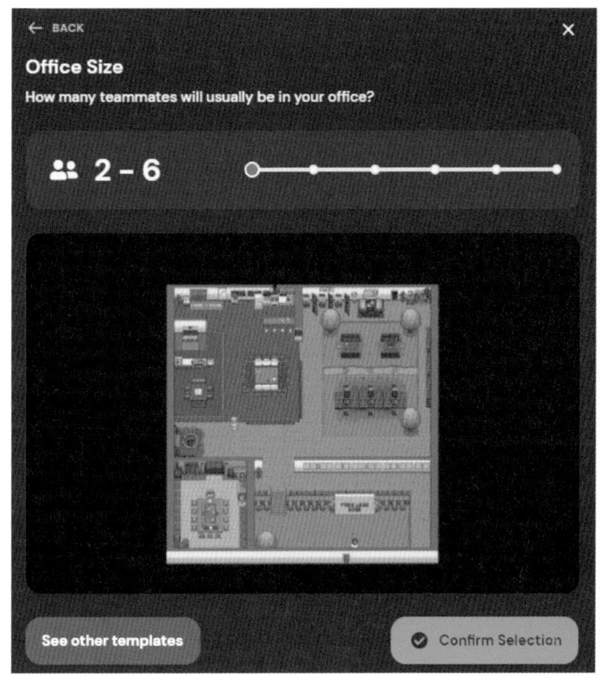

Set up a workspace — 참여할 인원 설정

사무실 인원에 따른 규모를 설정할 수 있습니다. 일반적으로 처음 만들 경우에는 작은 수로 시작하면 되며, 향후 이 책에 있는 다양한 기능을 익혀 나중에 스스로 타일을 만들고 맵을 확장하면 됩니다.

Confirm Selection을 선택해서 화면에 보이는 기본 사무 공간에 접속하거나, **See other templates**를 선택해 주제 중심의 템플릿 화면으로 넘어가서 자신이 원하는 유형의 공간을 만들 수 있습니다.

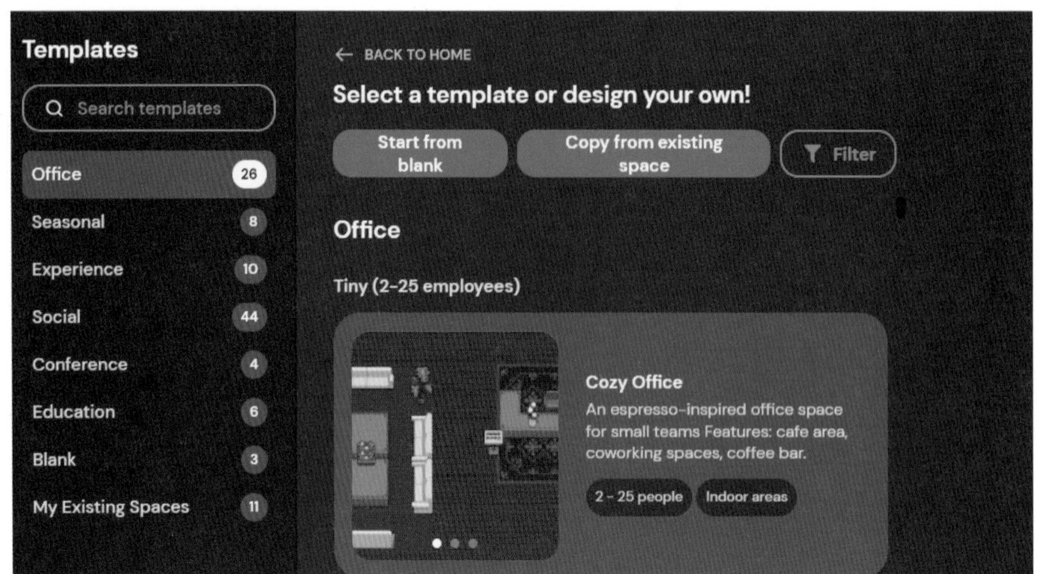

See other template

See other templates를 선택해 자신에게 적합한 공간을 찾아보겠습니다. 템플릿 중 Office와 관련된 공간을 자유롭게 한 군데 선택해 봅시다. 그 후 오른쪽 하단에서 영문으로 된 URL 끝에 나오는 '공간 이름'을 설정하고 비밀번호를 설정할 수 있습니다. 공간을 생성해 줍시다.

Confirm Selection 선택 후 공간의 이름 지정하기

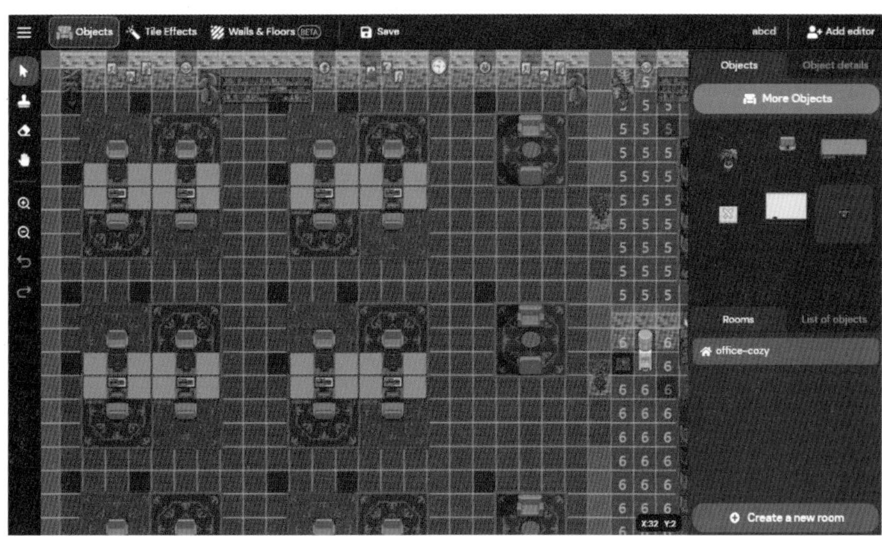

템플릿 맵으로 공간 구현

그러면 대표적인 템플릿 맵이 구현되고 바로 수정 가능한 맵메이커의 화면이 뜹니다. 만약 업무적으로 완전히 똑같은 사무실을 구현할 필요 없이 가상공간을 빠르게 만들어 사용하고 싶다면, 이러한 방식으로 공간을 제작하고 거기에서 오브젝트, 타일 이펙트, 벽과 바닥 등의 기능을 이용해 간단히 수정해서 사용하면 됩니다.

지금부터는 게더타운의 템플릿을 그대로 이용하는 것이 아니라 직접 기관을 있는 그대로 설계하고 하고 싶은 대로 만들어 보는 방법에 대해 알아보겠습니다.

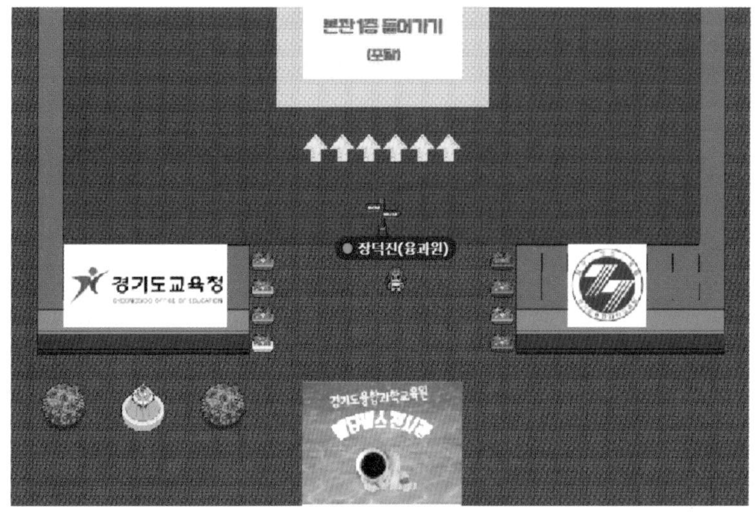

나만의 간단한 기관 만들기(예시)

예를 들어, 게더타운 공간을 내 생각대로 꾸미거나 혹은 실제 현실과 같이 있는 그대로 꾸미고자 할 때 처음부터 기관에서 제작하는 방법을 알려드리겠습니다.

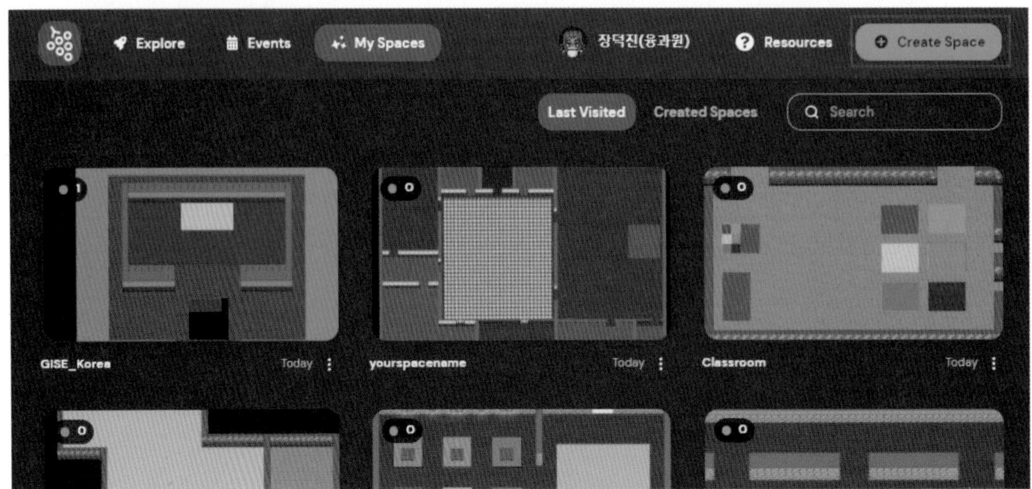

게더타운 홈

첫째, 홈에서 오른쪽 상단의 **Create Space**를 선택합니다. 기존에 공간을 만들었던 방식과 모두 같습니다.

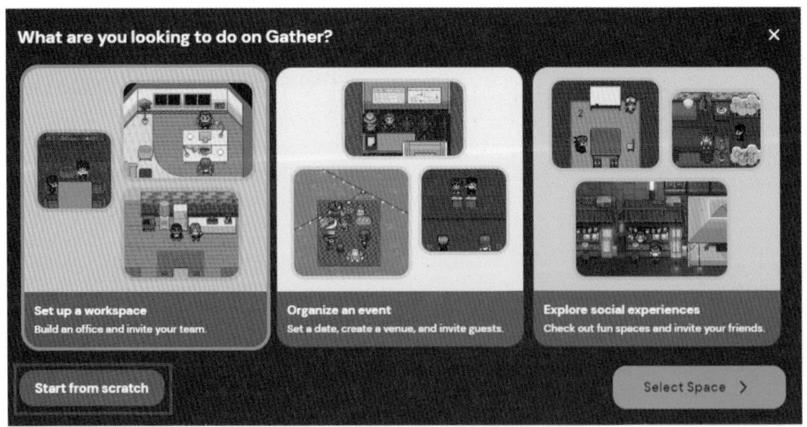

생성할 공간의 유형 선택하기

어떤 공간을 만들지 세 가지 중 하나를 선택하는 화면이 나오는데, **Start from scratch**를 선택해서 처음부터 기본적인 도구들만 가지고 만들어 보겠습니다. **Start from scratch**를 선택하면 템플릿 선택 창으로 이동하게 됩니다.

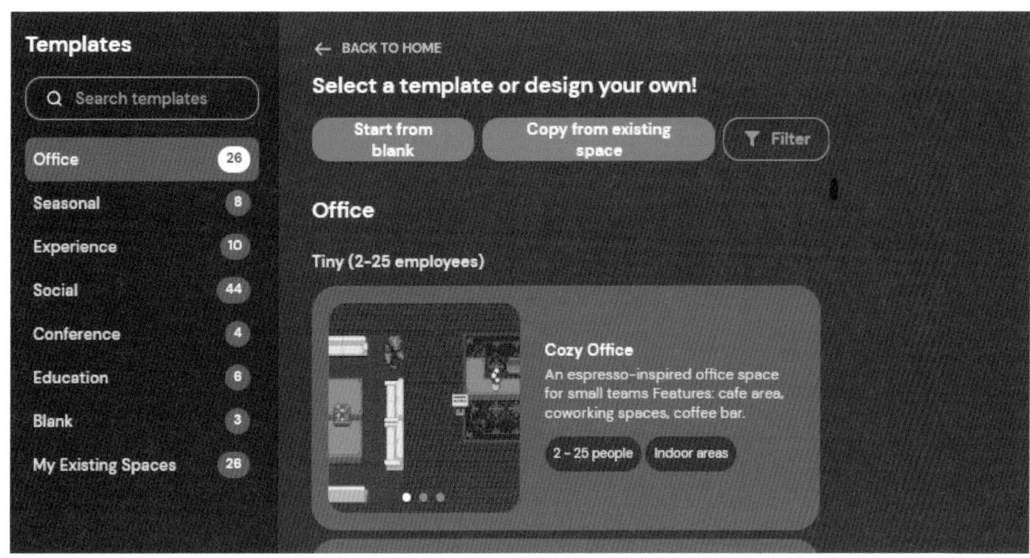

템플리 선택 창

쉽게 만들고 싶다면 사무실과 관련된 템플릿을 받아 일부 수정해서 사용하면 되지만, 우리는 **Strat from Blank**로 시작하겠습니다. 화면 상단에 있는 **Strat from Blank**를 선택해서 백지에서부터 공간을 구성해 보겠습니다.

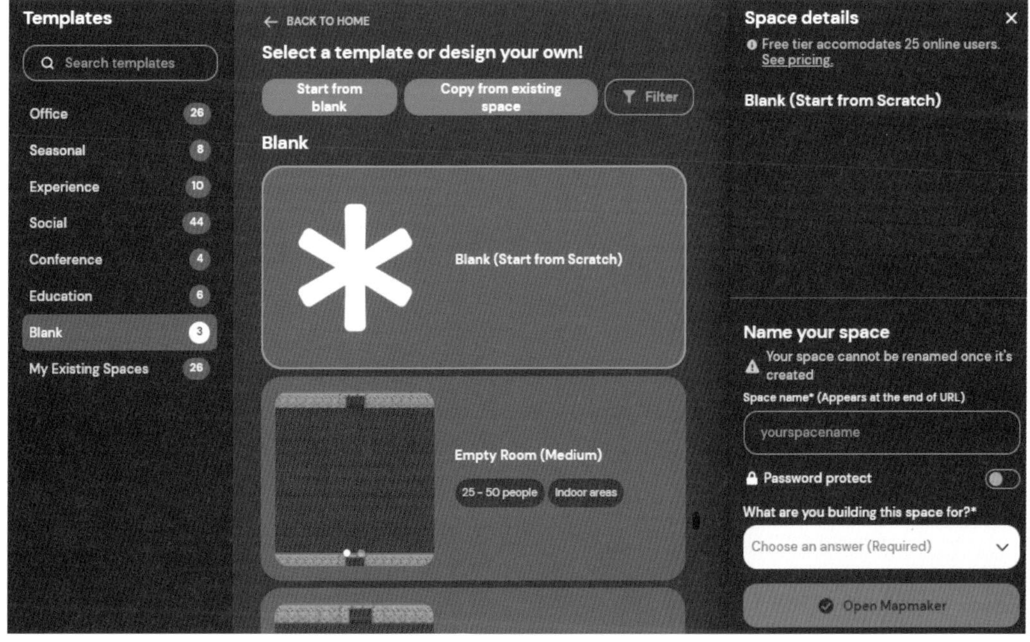

Strat from Blank(백지에서 시작하기)

Blank에서도 비어 있는 종류가 다양하게 있는데, 여기서는 완전히 백지에서부터 작성하는 방법을 따라 해 보겠습니다. 원하는 공간을 선택하고 오른쪽 하단에서 공간 주소를 입력한 후, **Open Mapmaker**를 선택해 자신이 제작하고자 하는 공간을 열면 됩니다.

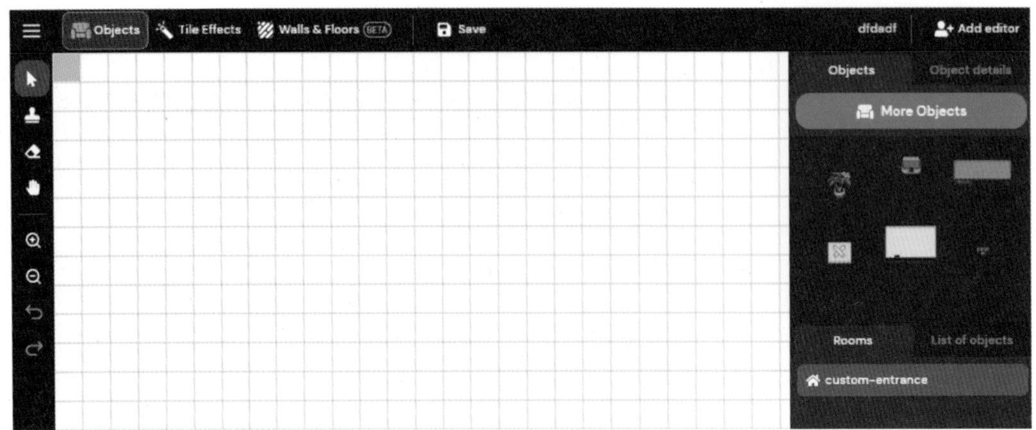

맵메이커 들어오기

맵메이커에 처음 들어오면 초록색 타일 1개만 색칠이 되어 있는 것을 볼 수 있습니다. 이는 맵을 처음 시작했을 때 사용자가 처음으로 스폰되는 장소를 나타내는 곳으로, 어떤 맵이나 어떤 방을 만들던 1개 이상의 기본 스폰 장소는 지정되어 있어야 하기 때문입니다. (초기 초록색 스폰 타일은 좌푯값으로 0.0을 뜻합니다. 처음 맵메이커에 접속해서 생성된 스폰 타일을 기준으로 위쪽과 왼쪽에는 맵 생성이 되지 않습니다. 향후 타일 이펙트를 통해 스폰 타일을 변경하여 초기 스폰 타일을 옮겨 줘야 합니다.) 나중에 **Tile Effects** 창에서 수정할 수 있으니 지금은 그대로 두겠습니다.

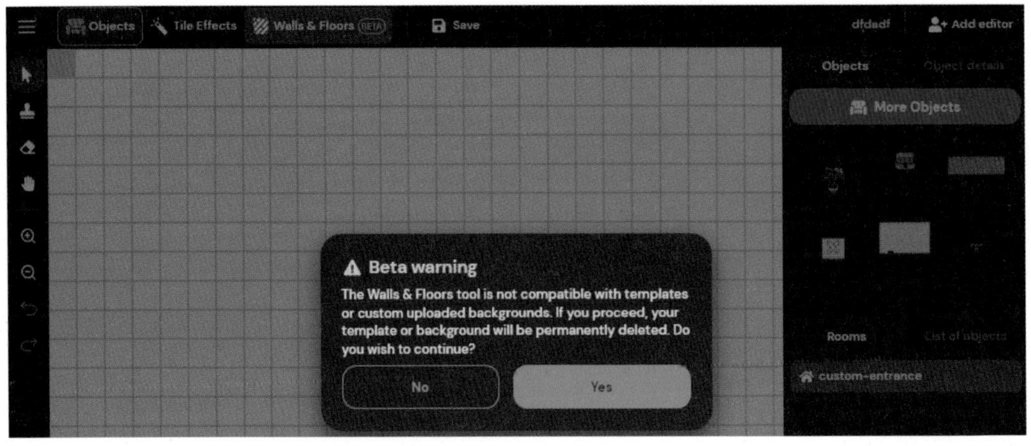

Walls & Floors 선택하기

우선은 맵메이커의 하얀색 도화지에 바닥을 칠해 주고 벽을 세워 줘야 합니다. 왼쪽 상단의 **Walls & Floors**를 선택해 줍니다. 이 기능은 아직 베타 버전이라서 버튼을 클릭하면 경고 창이 나오게 됩니다. **Continue**를 선택해 넘어가면 됩니다.

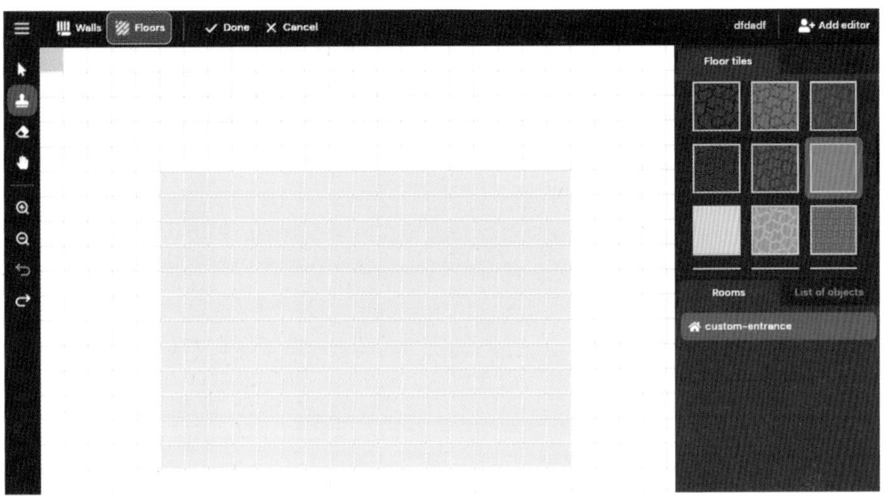

바닥 타일 색칠하기(드래그)

왼쪽 상단이 Walls와 Floors로 변경된 것을 확인할 수 있습니다. 땅을 먼저 색칠해 주기 위해서는 Floors를 선택한 후 오른쪽 타일 중에서 내가 원하는 색을 선택합니다. 그리고 도화지에 마우스의 왼쪽 버튼을 누른 채 드래그해서 색칠하기를 원하는 범위를 지정해 주면 됩니다.

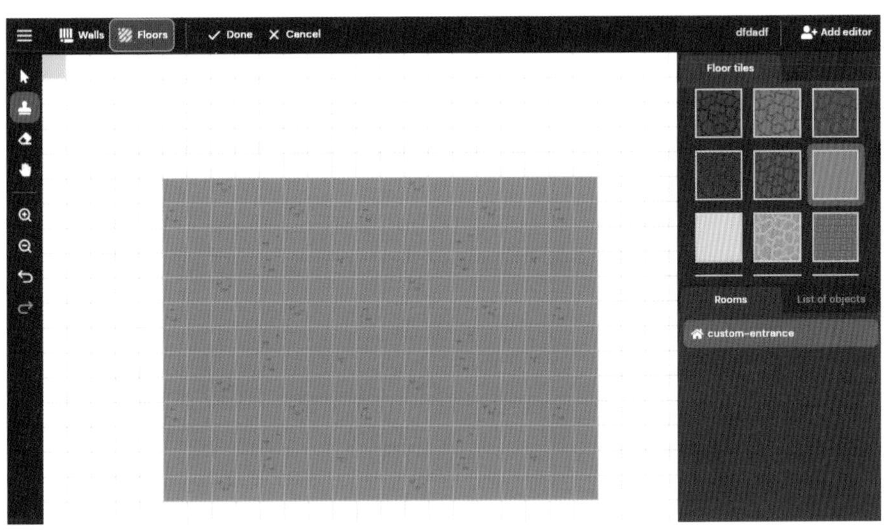

초록색 바닥 타일 완성

맵을 만들어 가는 과정에서 원하는 타일을 계속해서 칠할 수 있고 자신이 원하는 색의 타일로 덮어쓸 수 있기 때문에, 처음에는 전체적으로 넓게 색칠한 후 작업에 들어가는 것이 편리합니다.

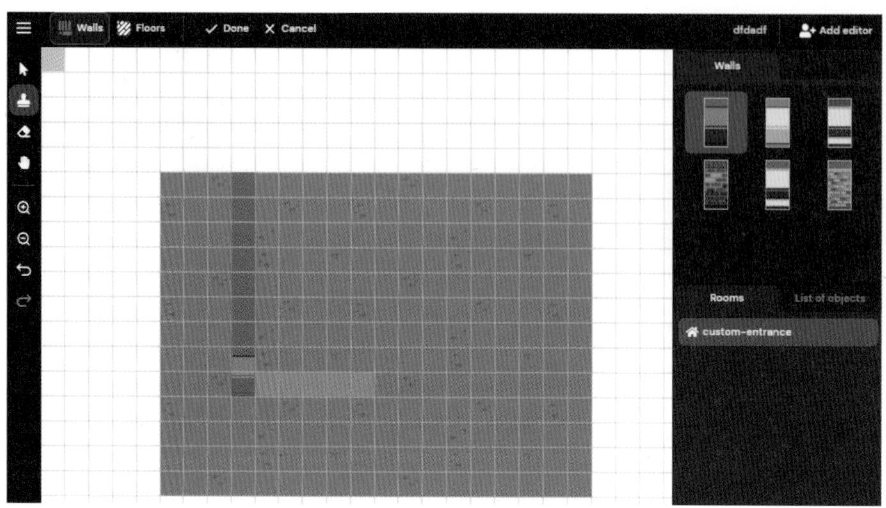

Walls — 벽 설치하기

다음으로 왼쪽 상단의 **Walls**를 선택한 후 내가 원하는 벽의 종류를 선택합니다. 바닥 타일 색칠할 때와 마찬가지로 마우스 왼쪽 버튼을 이용해서 벽을 설치해 주고 싶은 부분을 지정해 줍니다. 단, 이때의 벽은 눈에만 보이는 이미지 상의 벽이라 실제 벽처럼 지나가지 못하도록 하려면 나중에 **Tile Effect**에서 효과를 지정해 주어야 합니다.

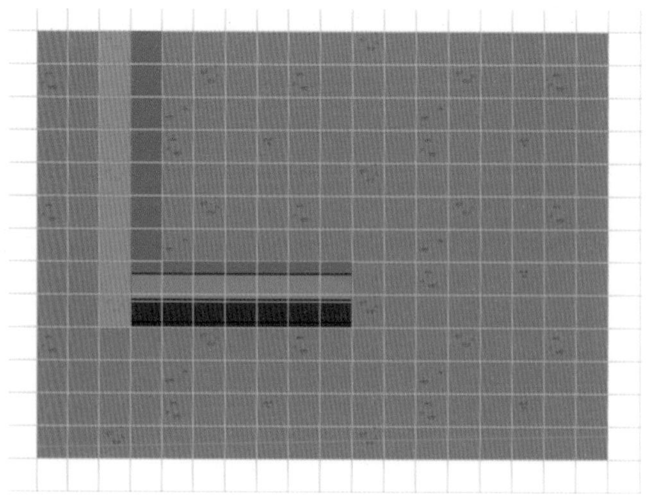

벽 타일 설치 오류 예시(1)

벽을 설치할 때 유의해야 할 사항이 하나 있는데, 이와 같이 벽을 설치할 때 같은 길이만큼 범위를 지정하면 다음 그림과 같이 나타나게 됩니다.

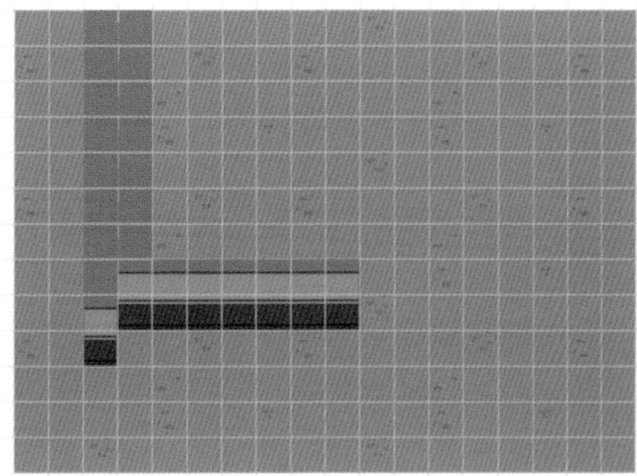

벽 타일 설치 오류 예시(2)

즉, 벽을 설치할 때는 반드시 튀어나오는 부분을 생각해서 1칸 아래까지 범위를 드래그해서 지정해 줘야 합니다.

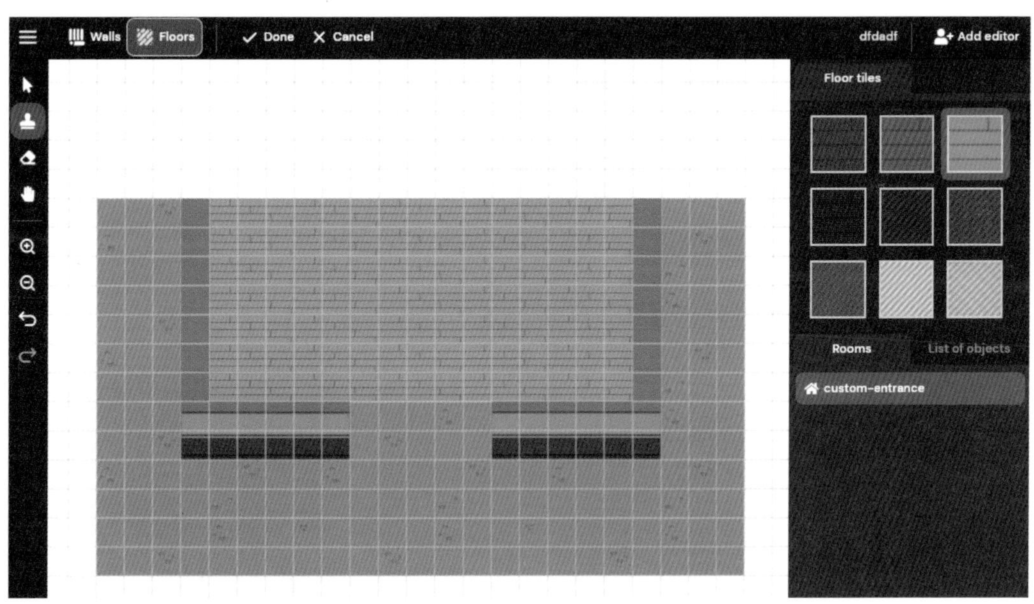

벽 타일 및 바닥 타일 설치

계속해서 **Walls**와 **Floor**를 이용해서 게더타운에 첫 입장했을 때 보이는 화면을 꾸며 주기 바랍니다. 물론, 맵을 구성하고 첫 시작 화면을 구성하는 것은 사람마다 기관마다 다릅니다. 기관의 공간을 만들고자 한다면 기관의 이미지에 어울리는 화면을 자체적으로 제작해 주면 좋습니다. 벽과 바닥의 기초를 모두 채웠으면 왼쪽 상단의 **Done** 버튼을 누르고 나옵니다.

밖으로 나온 후에는 오브젝트를 본격적으로 삽입해 보겠습니다. 국가 기관이라면 태극기가 필요한데, 오브젝트에서 'flag'를 검색하면 **Flag(Asia)**가 나옵니다. 그중 두 번째에 있는 검은색 동그라미를 클릭하면 우리나라의 태극기를 설치할 수 있습니다.

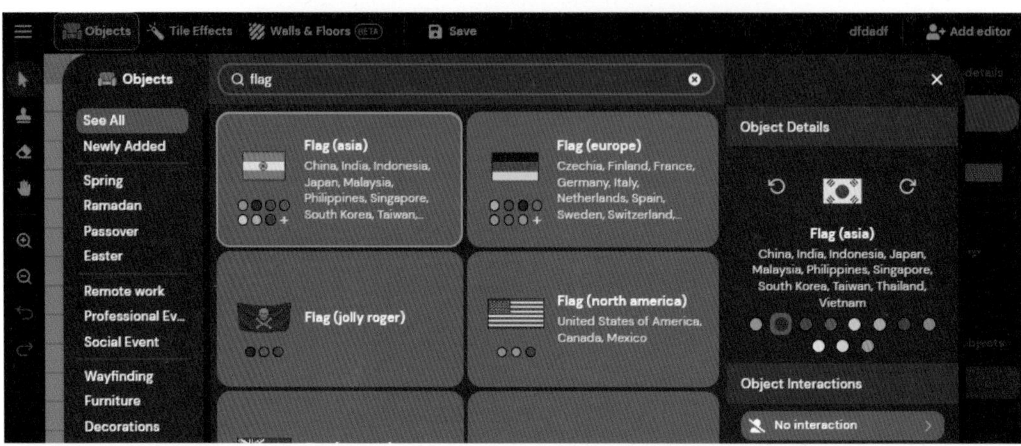

국기 오브젝트 설치 〉 Flag(Aisa) 〉 검정색

원하는 위치에 태극기를 걸어주면 됩니다. 그 외 다른 게더타운 기본 오브젝트나 6장에서 소개할 Tiled 도구를 활용해 제작된 오브젝트를 넣을 수도 있습니다.

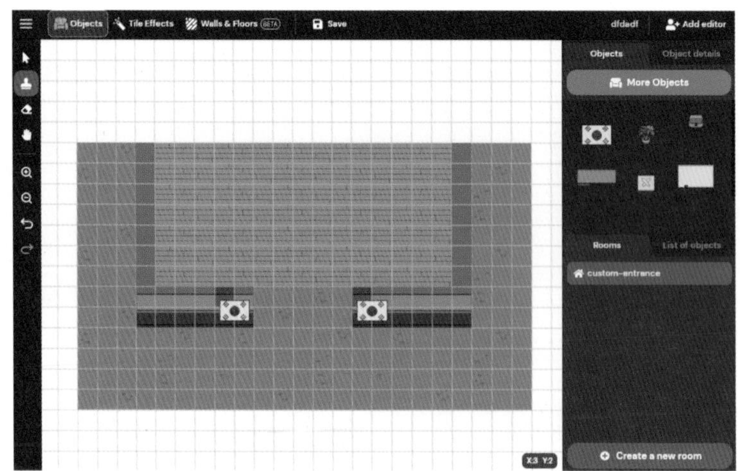

국기 오브젝트 설치 완료

앞에서 배운 것처럼 오브젝트 중 글씨도 직접 바로 타이핑해서 넣어 줄 수 있습니다. 그러나 일반적으로 기관 계정을 만들 때는 이렇게 타이핑해서 넣지 않고 포토샵이나 Photoscape X 등을 통해 만들어진 글씨를 활용합니다. 여기에서는 누구나 예쁜 글씨를 따라 만들 수 있도록 미리캔버스를 이용해서 편집된 글씨를 넣겠습니다.

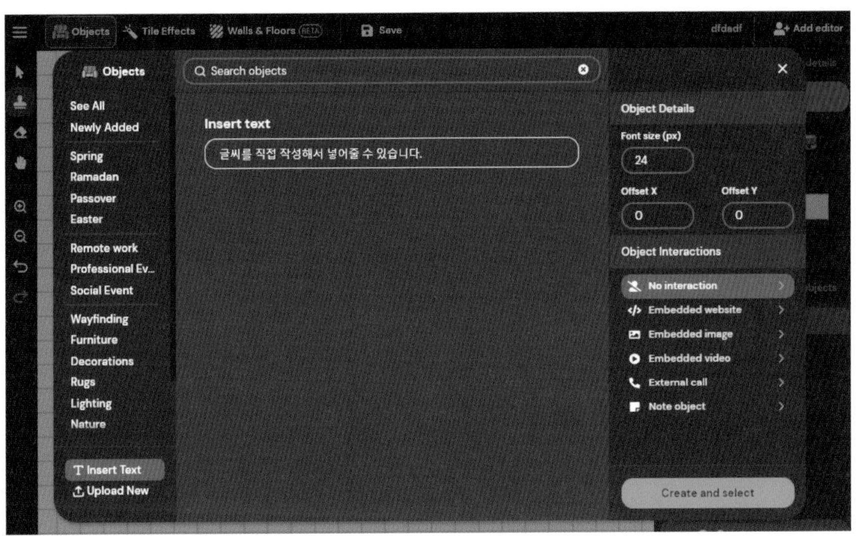

텍스트 오브젝트 입력 화면

일반적으로 쉽게 활용할 수 있는 무료 도구인 미리캔버스나 다음에서 설명될 Photoscape X 등 이미지 편집 도구에서 픽셀 단위로 이미지를 조정할 수 있는데, 게더타운의 1칸은 32픽셀 × 32픽셀임을 인지하고 자신이 원하는 크기만큼 가로, 세로에 곱셈을 해서 제작하면 됩니다.

미리캔버스에서 픽셀 조절하기

미리캔버스는 드라이브 기반으로 운영되므로 자신의 작업 공간에서 손쉽게 작업물을 수정할 수 있고, 같은 부서 내에서는 복제를 통해 템플릿 공유도 할 수 있어서 여러 기관에서 활용하기에 편리합니다. 특히, 무료이면서 구글 계정으로도 로그인할 수 있어 게더타운과의 시너지 효과가 높습니다. 그럼, 원하는 템플릿을 선택했다면 글씨를 수정해 보겠습니다.

미리캔버스의 홈 화면(https://www.miricanvas.com/)에 접속한 후 **바로 시작하기**를 선택합니다. (만약 로그인되어 있지 않으면 로그인을 먼저 합니다.)

미리캔버스 홈 화면

바로 시작하기 버튼을 누르면 작업을 할 수 있는 화면이 나옵니다. 이때 좌측 상단에 '1080px × 1080px'로 되어 있는 메뉴바를 선택합니다. 자신이 만들고 싶은 게더타운의 이미지 사이즈를 선택할 수 있습니다. **직접 입력**을 누르면 자신만의 이미지 사이즈를 지정할 수 있는데, 게더타운에서 한 칸이 32픽셀 × 32픽셀임을 인지하고 그 배수를 넣어 주면 깔끔하게 이미지를 작업할 수 있습니다.

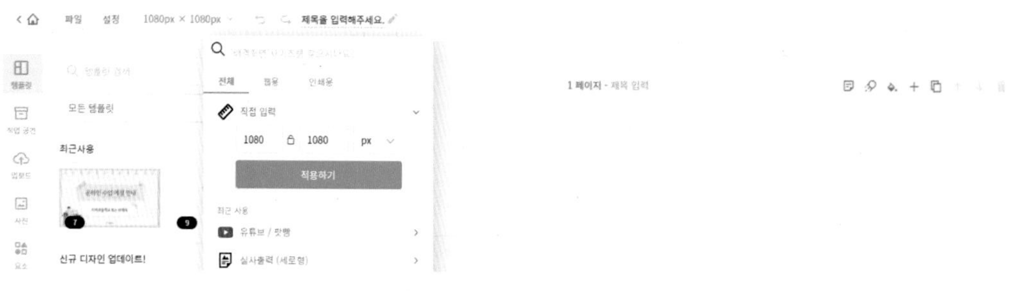

미리캔버스 제작 화면

자신이 직접 이미지 디자인을 처음부터 해도 되지만 미리캔버스에서는 다양하고 예쁜 템플릿을 제공합니다. 좌측에 있는 템플릿 메뉴에서 내가 사용할 이미지와 연관된 주제를 검색합니다. 그리고 사용하고 싶은 템플릿을 선택합니다.

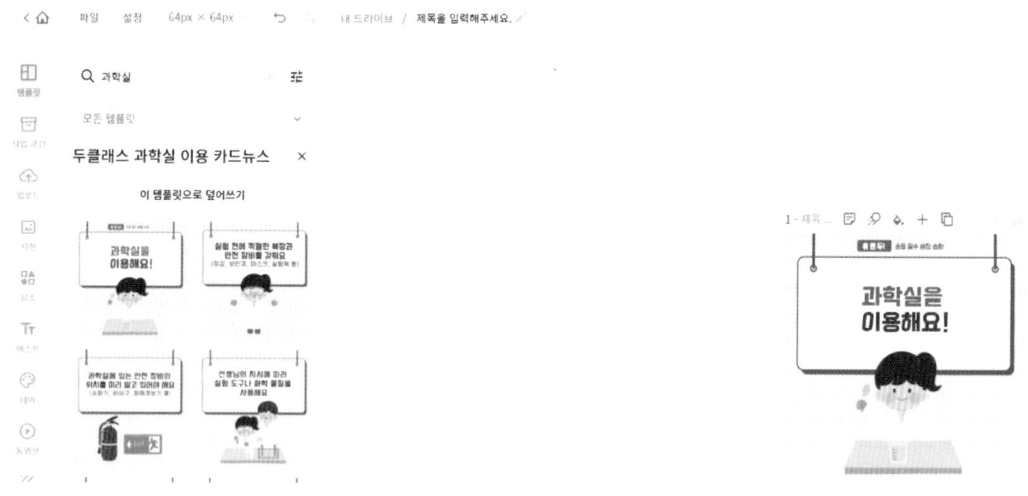

미리캔버스 템플릿 — 내가 원하는 주제 검색

여러분들은 이제 템플릿에 있는 글자나 그림을 추가, 수정, 삭제하여 나만의 이미지로 커스터마이징할 수 있습니다. 그 외에도 미리캔버스에서는 각종 요소, 텍스트, 사진 등을 추가 및 수정할 수 있어 자신이 원하는 대로 이미지를 만들 수 있습니다.

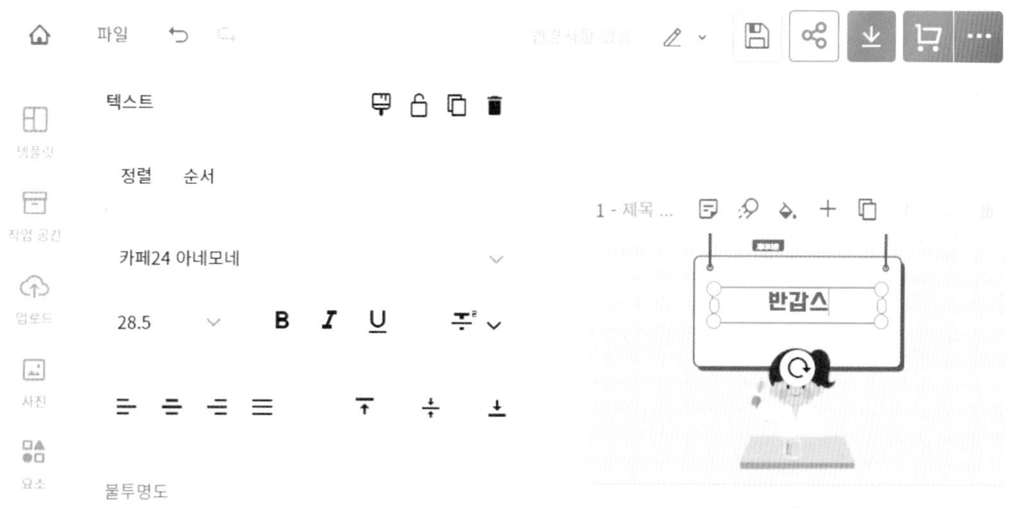

게더타운 이미지(글씨 수정)

모든 작업이 완료되었으면 오른쪽 상단의 **다운로드** 버튼을 클릭해 파일을 다운로드합니다.

미리캔버스 작업물 다운로드

게더타운으로 돌아와서 **Upload New** 버튼을 이용해서 앞에서 다운로드한, 자신이 원하는 글이 포함된 이미지를 삽입한 후 오브젝트 이름을 설정하고 오브젝트와 관련된 링크를 걸어줄 것이 있다면 넣어 주도록 합니다.

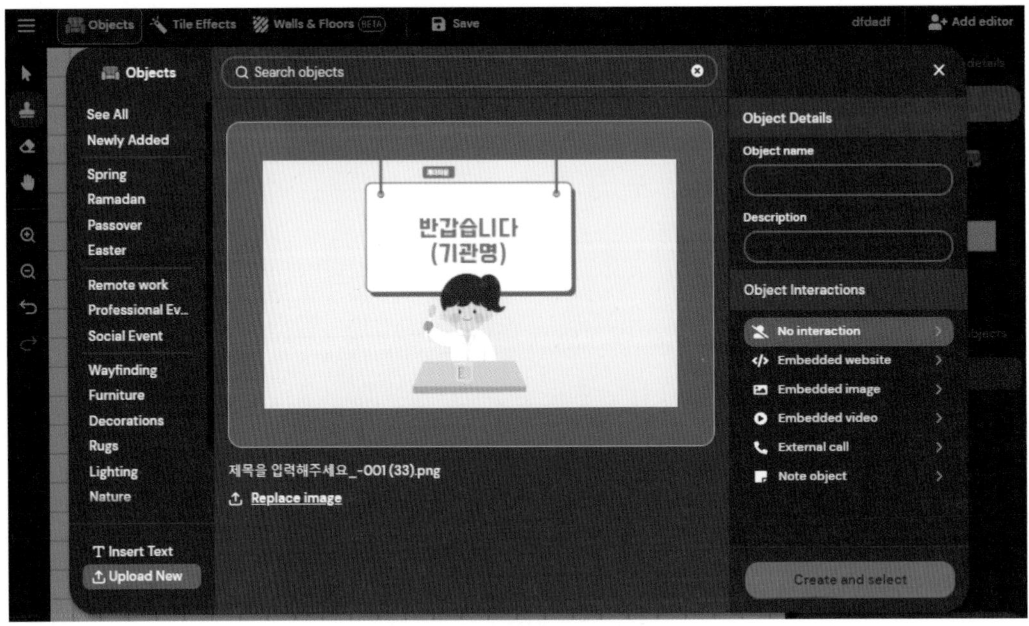

게더타운 〉 Objects 〉 Upload New

개별 오브젝트의 상호작용은 삽입하는 이미지의 활용 용도에 맞춰 넣어 줍니다. 예를 들어, 홍보 영상이라면 해당 이미지에 X 버튼으로 상호작용 시 홍보영상이 링크된 유튜브가 실행되게 할 수 있습니다.

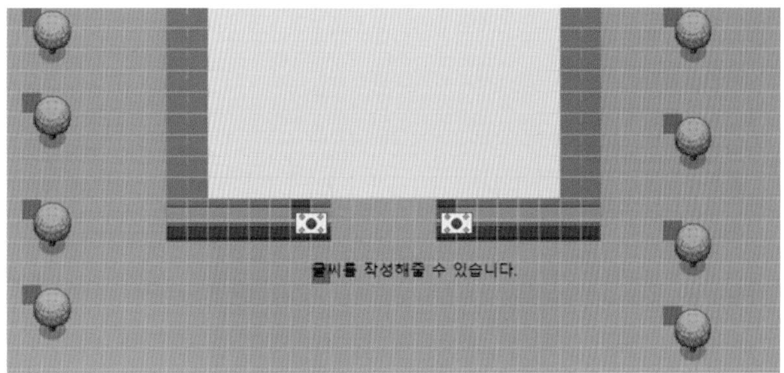

게더타운 기본 텍스트 오브젝트

오브젝트 중 게더타운의 자체 글씨 삽입으로 글을 넣은 화면입니다. 폰트 크기는 지정해 줄 수 있지만 글꼴 자체를 변경할 수 없기 때문에 일반적으로 기관에서 업무용으로 제작할 때는 활용성이 떨어집니다.

다음은 미리캔버스와 같은 이미지 제작 도구를 이용해서 넣은 글씨입니다. 더욱 편리하고 깔끔하게 넣을 수 있습니다. 다음 화면은 글자가 타일에 정확하게 들어가지 않도록 픽셀을 조정했는데, 픽셀 단위로 깔끔하게 넣고 싶다면 이미지 제작 시에 32픽셀의 배수로 가로, 세로 크기를 지정해 주면 됩니다.

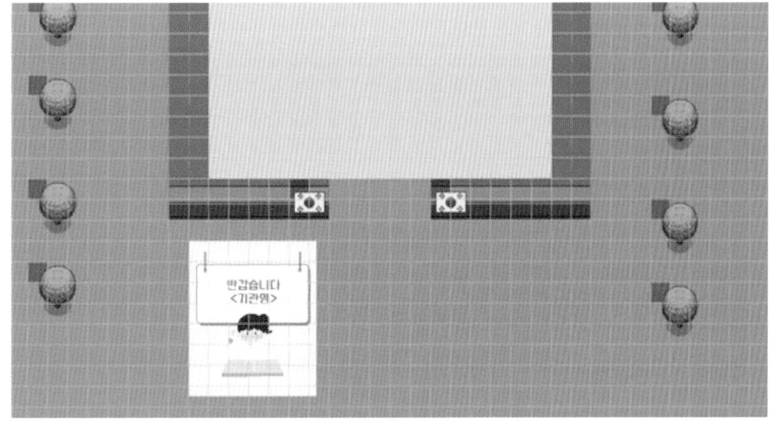

외부 파일 활용 예시

오브젝트를 넣고 상호작용을 넣는 방법은 매우 다양합니다. 따라서 본 예시에서는 하는 방법만을 살펴보고 다른 사람들의 게더타운을 탐색한 후 마음에 드는 것을 자신의 공간에 적용하기를 추천합니다.

다음으로 **Tile Effects**에 들어가서 타일에 효과를 넣는 방법을 살펴보겠습니다. 타일 효과에는 앞에서 설명한 바와 같이 이동을 못 하도록 하거나, 공간이나 방에 처음 들어갔을 때 스폰되는 장소를 설정하거나, 텔레포트 기능을 넣거나, 사적 공간을 만들거나, 공간 전체에 공지를 줄 수 있는 스포트라이트 기능 등이 있습니다.

오른쪽의 **Impassible** 버튼을 클릭한 후 벽 등 타일을 건너뛰거나 이동하지 못하도록 할 범위를 마우스 드래그를 통해 지정해 줄 수 있습니다. 이를 통해 기관 건축물의 내/외부를 더욱 실감 나게 구현할 수 있습니다.

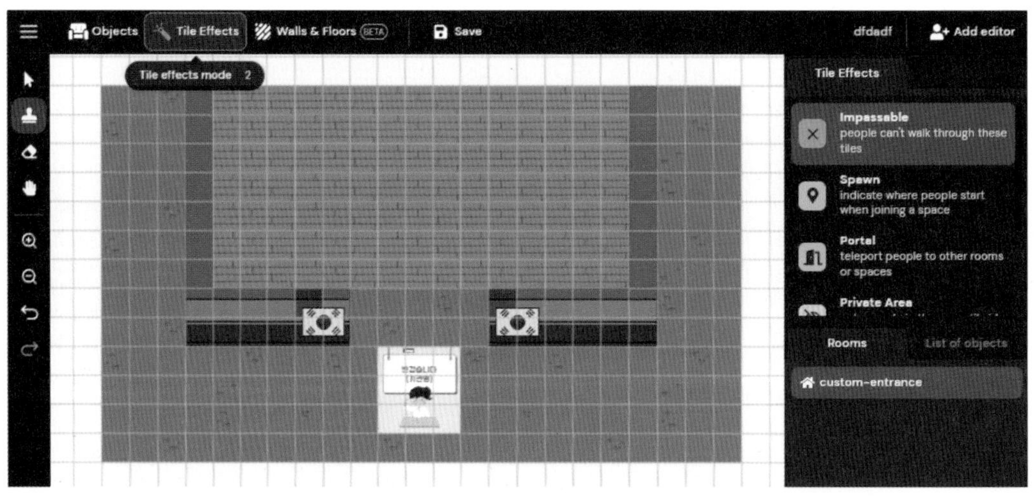

맵메이커 상단 — Tile Effects

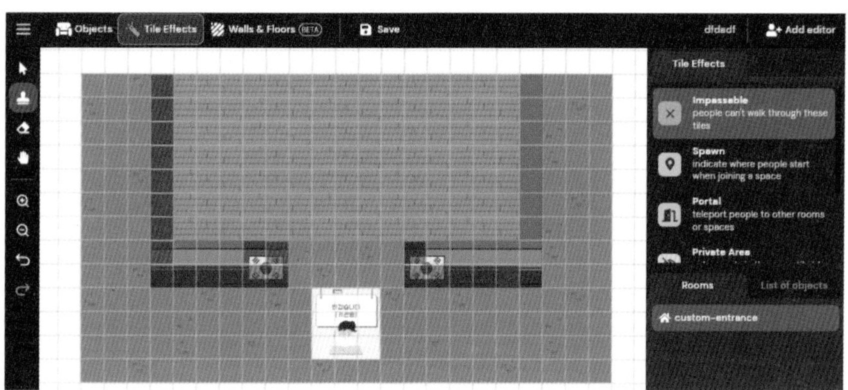

Impassable — 이동 불가 지역

다음은 **Spawn** 타일 효과를 이용해 맵에 입장했을 때 등장할 위치를 지정해 줍니다. 스폰 위치에는 글씨를 새길 수 있습니다. 단, 맵마다 최소 1개의 스폰 타일은 이름 없이 비어 있는 스폰 타일로 있어야 합니다.

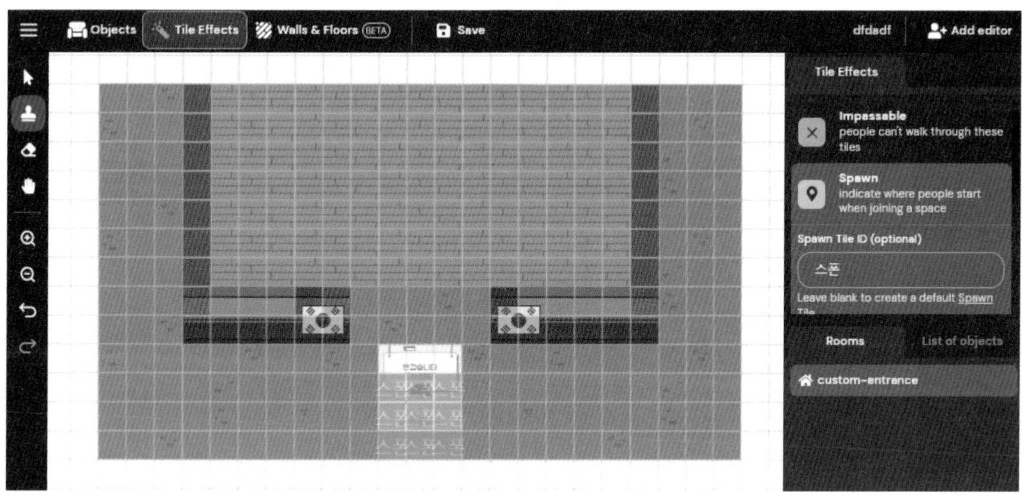

Spawn — 스폰 위치 지정

다음으로 포털을 열 수 있는데, **potal to a room**은 같은 게더타운 공간 내에서 새로운 방을 만들어서 이동시킬 수 있도록 하며, **potal to another space**는 또 다른 게더타운 공간이나 외부 URL 등으로 연결하도록 하는 링크의 일종입니다.

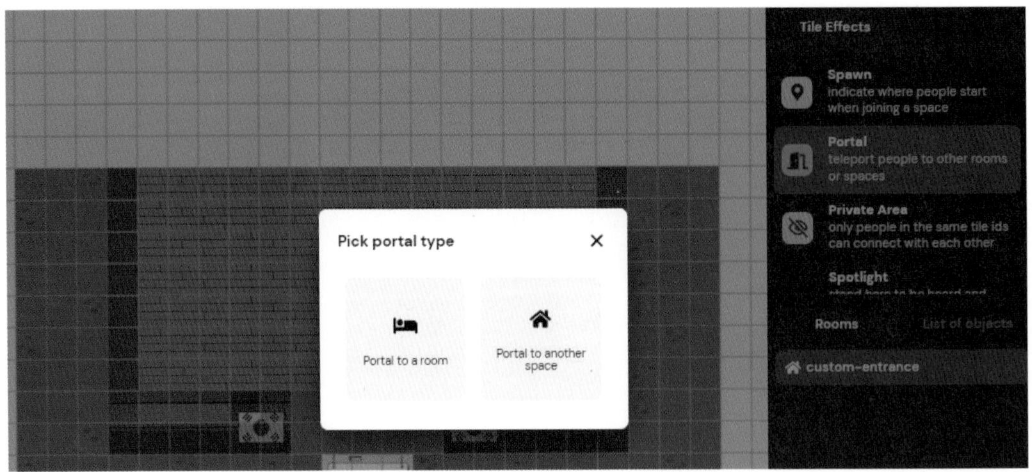

Portal — 공간 내에서의 이동

여기에서는 외부와 연동이 아닌 같은 게더타운 공간 내에서 연결할 새로운 방을 만들어 보겠습니다.

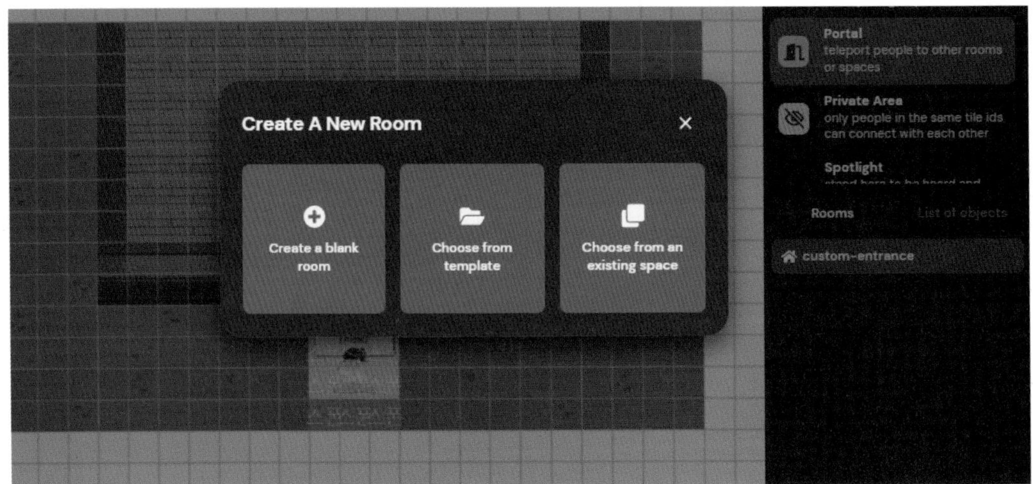

Create A New Room

potal to a room을 선택하면 새로운 방을 만들 수 있는 **Create A New Room** 팝업 창이 뜨고, 오른쪽 **Rooms** 탭에는 방 이름이 생성됩니다. 들어왔을 때 처음으로 마주하는 방은 집(홈) 모양의 아이콘이 방 이름 앞에 보이게 되고, 그 후 생성되는 방은 방의 이름만 보이게 됩니다. 방을 새로 만들 때도 아예 백지에서 새로 맵을 제작하거나(**Create a blank room**), 템플릿에서 가져오거나(**Choose from template**), 혹은 내가 기존에 제작하거나 참여했던 방의 자료를 가져올(**Choose from an existing space**) 수 있습니다.

만약 업무용 게더타운 공간을 빠르게 만들고자 한다면, 첫 화면은 직접 꾸민 후 내부 사무실 등은 기존의 템플릿 등을 활용하고 글자만 수정해 주는 방식을 추천합니다.

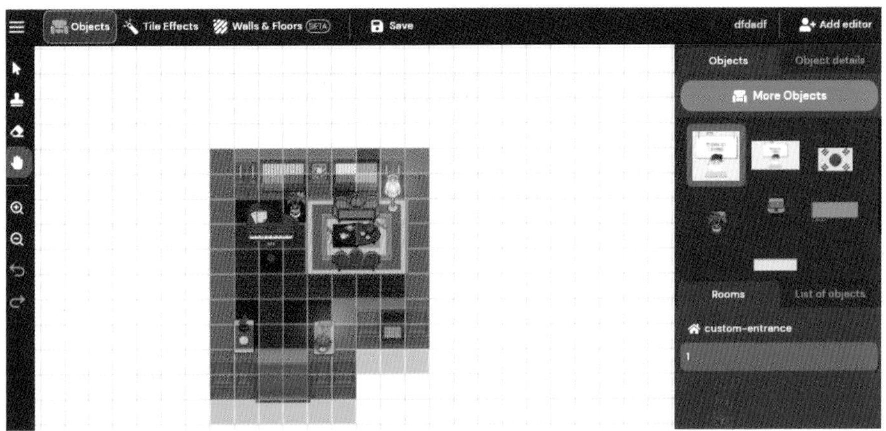

새로운 방 만들기

오른쪽의 **Rooms**에서 하단 **Create a new room**을 클릭하여 두 번째 방을 생성해 보았습니다. 이제 첫 번째 방과 두 번째 방을 포털로 연결하는 작업을 보여드리겠습니다. 먼저, 다음 그림과 같이 오른쪽 **Tile Effects**에서 **Portal**을 선택한 후 포털로 지정할 타일 1개를 선택합니다.

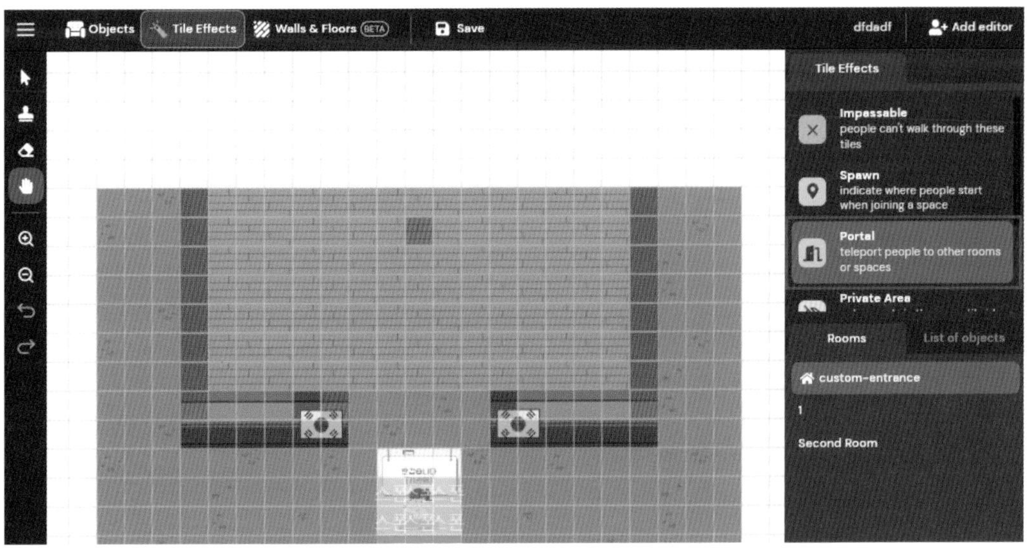

첫 번째 방에서 포털 생성하기

그리고 다음과 같이 **Portal to a room** 버튼을 선택합니다.

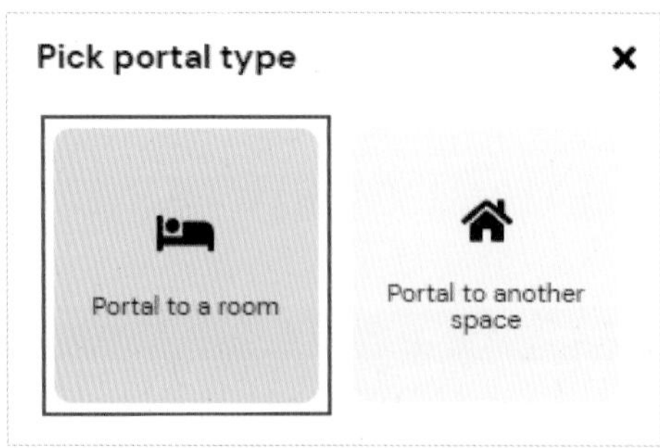

Portal to a room(1)

해당 포털과 연결될 방을 선택할 수 있습니다. 우리는 2개의 방을 만들었고, 첫 번째 방인 **custom-entrance**에서 두 번째 방인 **second room**으로 연결하도록 합니다.

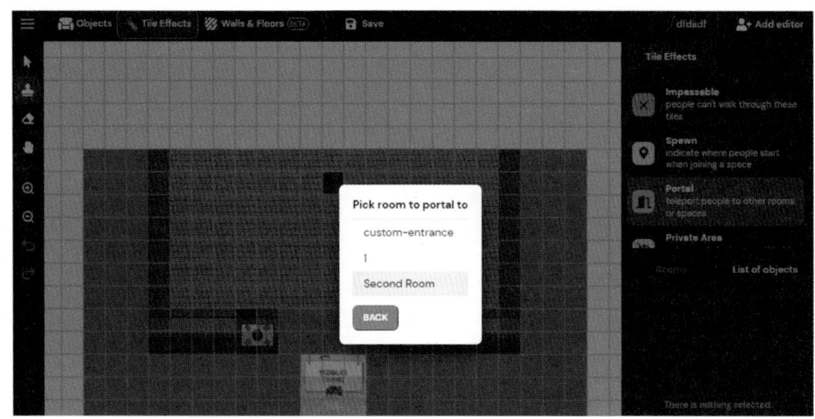

Portal to a room(2)

그리고 앞에서 배운 것과 같이 두 번째 방에서도 첫 번째 방으로 포털을 연결해서 서로 이동이 가능하도록 만들어 주면 좋습니다. 또한, 포털 지역 주변에는 여러 개의 포털을 동시에 넣어주어도 되며, 이동 불가 등으로 통행 경로를 유도할 수도 있습니다. 이러한 기본 방법을 바탕으로 여러분들만의 창의적인 기관 홈페이지를 만들 수 있습니다.

동영상으로 한 번 더!

http://m.site.naver.com/0UVW9

http://m.site.naver.com/0UVWb

6장

게더타운 심화 탐구

여러분들은 5장까지의 학습을 통해 게더타운의 기본적인 기능 대부분을 익혔습니다. 이제부터는 여러분들만의 개성 있는 공간을 꾸미는 데 더욱 도움을 줄 수 있는 추가 기능들에 대하여 살펴보겠습니다.

임베디드 기능 이용하기

게더타운 내에 오브젝트를 삽입할 때 오른쪽을 살펴보면 **Obejct Interactions**(오브젝트 상호작용)라는 메뉴가 있습니다. 65 ~ 68쪽에서 살펴본 적이 있습니다. 다시 한번 정리해 보겠습니다.

메뉴	설명
No interaction	아무런 반응도 넣지 않고자 할 때 쓰는 메뉴입니다.
Embedded website	링크를 통해 웹사이트를 살펴볼 수 있도록 하는 메뉴입니다.
Embedded image	여러분들이 갖고 있는 이미지를 삽입할 수 있는 메뉴입니다.
Embedded video	유튜브, 비메오 등 비디오 사이트와 연결하는 메뉴입니다.
External call	줌과 같은 화상 프로그램을 통해 통화를 돕는 메뉴입니다.
Note Object	포스트잇 형태의 간단한 노트를 삽입하는 메뉴입니다.

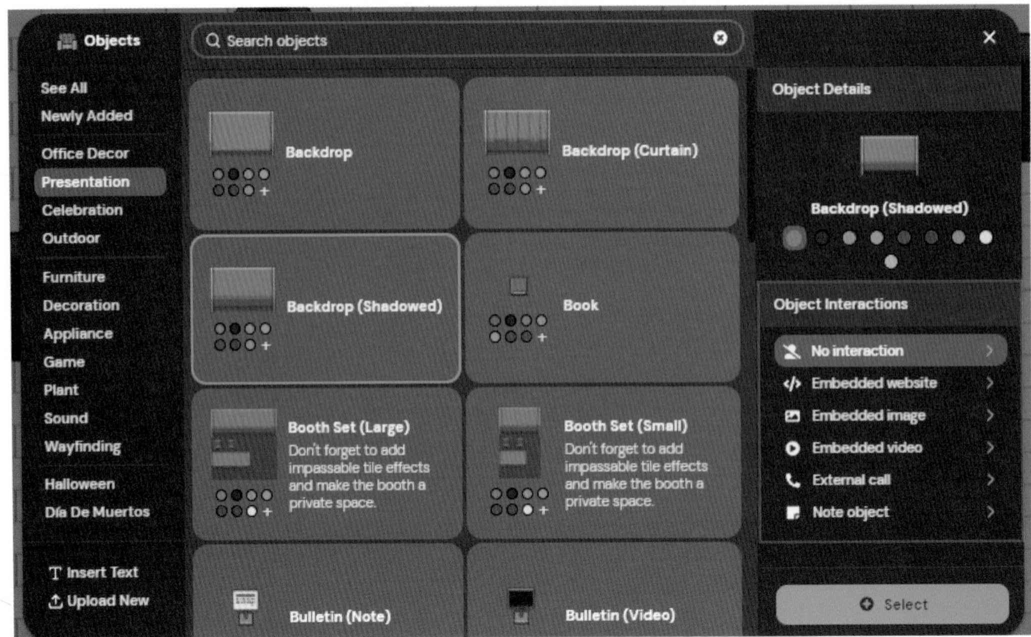

오른쪽 하단의 Object interactions 메뉴

지금부터 **Obejct Interactions**의 메뉴를 이용하여 게더타운의 공간을 다양하게 응용하는 방법에 대해서 살펴보겠습니다.

게시판(패들렛 연동) 기능 만들기

Embedded website 메뉴 간단히 살펴보기

오른쪽은 **Object Interactions** 메뉴 중 **Embedded website** 메뉴를 클릭한 상태입니다.

- **Website(URL)**에는 삽입하고자 하는 웹사이트의 링크를 적어 줍니다.
- **Activation distance**에는 어느 정도 거리(블록)까지 가까이 접근해야 상호작용이 가능한지를 설정합니다.

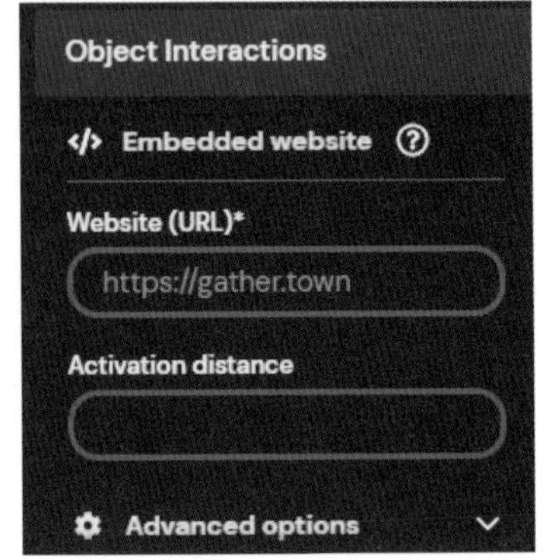

Embedded Website

다음은 **Advanced options**입니다.

Advanced options

- **Prompt message**는 배치한 오브젝트의 근처에 접근하면 간단한 메시지를 띄워 주는 기능입니다.
- **Object Image & Active Image**는 오브젝트의 기본 이미지와 반응했을 때의 이미지를 지정하는 기능입니다. 이를 이용하여 상호작용 시 변하는 오브젝트를 만들 수 있습니다. 예를 들어, 닫힌 상자 그림과 열린 상자 그림을 준비한 뒤, 해당 그림을 각각 **Object Image**와 **Active Image**에 넣어 주면 상호작용 시에 열리는 상자를 표현할 수 있습니다.
- **Caption**은 해당 내용을 설명하는 간단한 문구를 보여 주는 기능입니다.

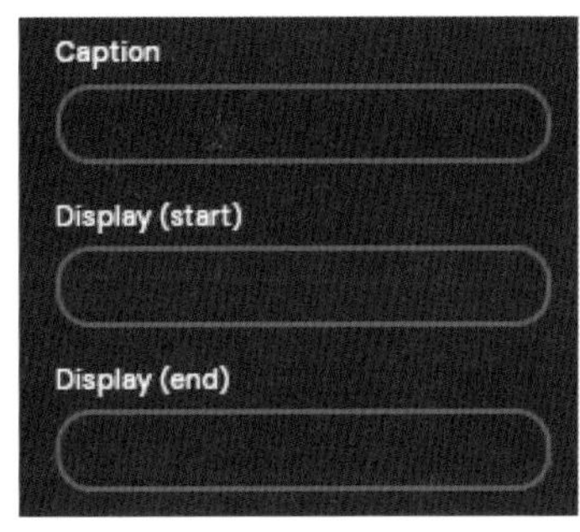

Advanced options

- **Display(start)**에 원하는 시간을 설정하면 해당 오브젝트가 처음에는 보이지 않다가 원하는 시간대에 등장하게 됩니다. 아직 지정한 시간이 되지 않았다면 오브젝트를 배치해도 화면에 별다른 변화가 없을 수 있습니다.
- **Display(end)**에 원하는 시간을 설정하면 공간에 존재하던 오브젝트가 지정한 시간대에 사라지게 됩니다.

  이 Display 기능을 이용하면 특정 시간대에 등장하고 없어지는 오브젝트를 배치할 수 있습니다.

동영상으로 한 번 더!

http://m.site.naver.com/0UVWi

게시판(패들렛) 주소 복사하기

최근 COVID-19로 인해 온라인을 기반으로 하는 많은 공유 플랫폼이 자리를 잡았습니다. 대표적으로 구글 도구와 패들렛 등이 있습니다. 게더타운은 이렇게 링크로 접속할 수 있는 플랫폼들과 동기화(연동)가 잘 됩니다. 게더타운에 패들렛 게시판을 연결해 봅시다.

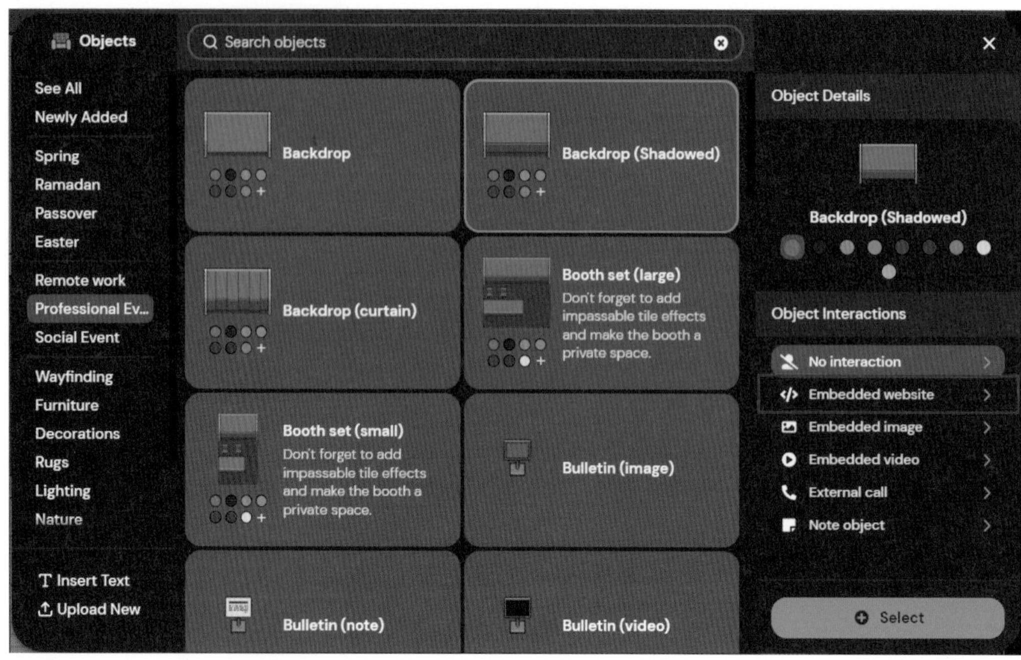

Embedded website로 주소 넣기

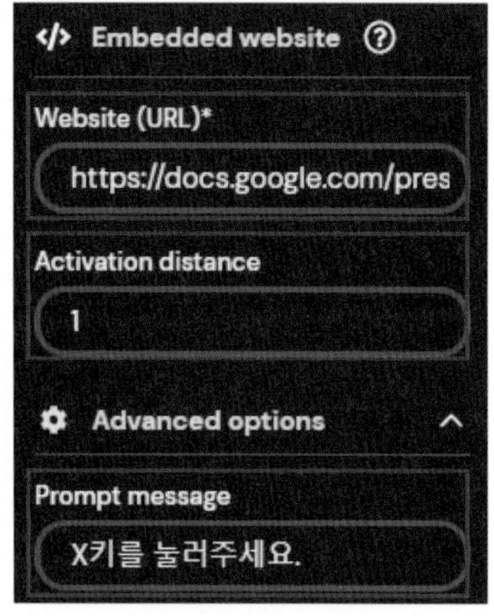

URL 입력하기

Website(URL)에는 미리보기 링크의 주소를 복사하여 붙여 넣습니다. **Activation distance**에는 1블록 정도의 거리에 접근했을 때 반응하도록 1을 넣습니다. **Prompt message**에는 근처에 접근했을 때 미리보기 메시지로 "X키를 눌러주세요!"가 나오도록 작성합니다.

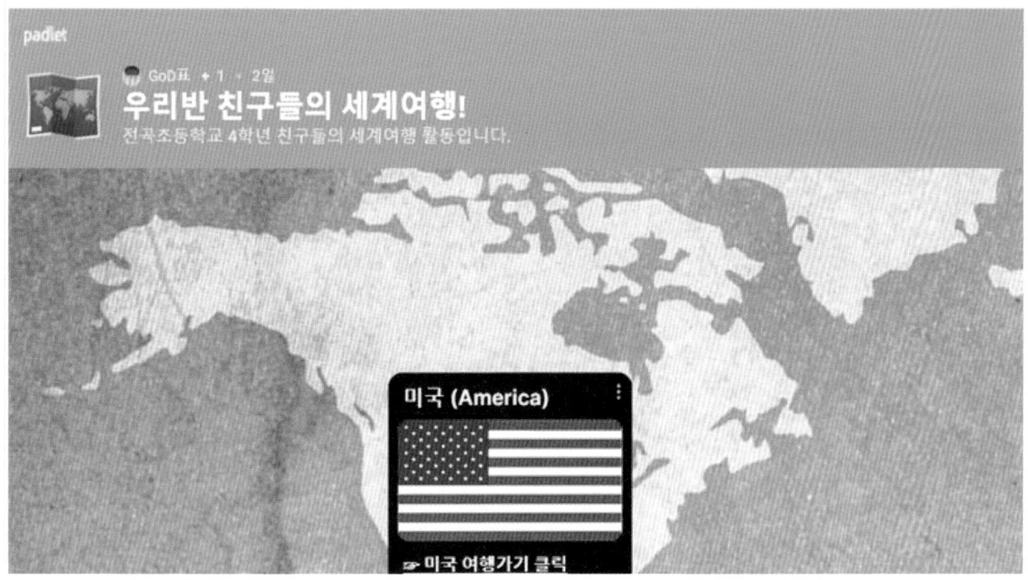

게더타운에 연결한 패들렛 화면

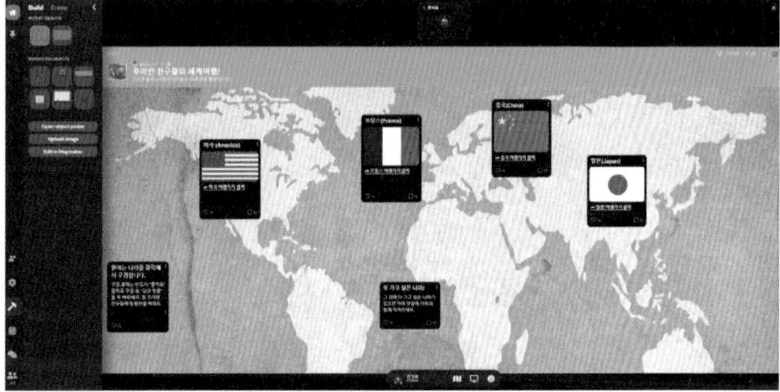

게더타운에 패들렛을 삽입한 결과

이렇게 임베디드 기능을 활용하여 링크를 연동하면 손쉽게 게더타운 내에 다른 플랫폼을 연동시킬 수 있습니다. 단, 일부 사이트는 게더타운을 통해 접속하는 방법이 막혀 실행이 안 될 수도 있습니다.

동영상으로 한 번 더!

http://m.site.naver.com/0UVWj

같은 방식으로 게시판 링크를 통해 학생들의 수업에 활용할 수도 있고, 특정 공간의 방명록이나 질문 게시판 등으로 활용할 수 있습니다. 수업 또는 업무를 효과적으로 할 수 있도록 다양하게 꾸며 봅시다.

구글 프레젠테이션으로 포토 갤러리 만들기

앞서 임베디드 기능을 이용해 패들렛 게시판을 넣는 방법에 대하여 살펴보았습니다. 이번에는 구글 프레젠테이션을 게더타운에 삽입하여 구글 프레젠테이션 슬라이드 쇼를 활용하는 사진 갤러리를 구성해 보겠습니다.

구글 프레젠테이션 미리보기 링크 만들기

구글 프레젠테이션으로 갤러리를 만들어 보기 전에 구글 프레젠테이션으로 자료를 공유하는 방법을 먼저 간단히 살펴보겠습니다.

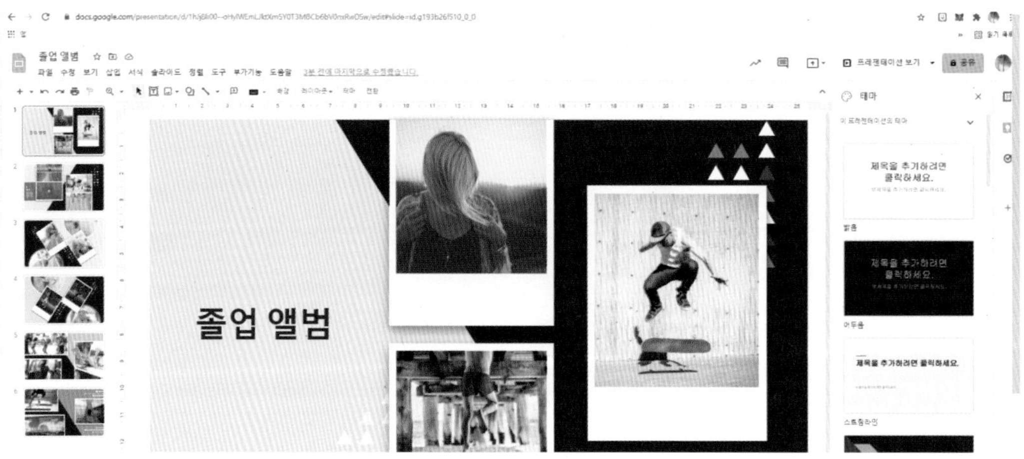

구글 프레젠테이션

구글 프레젠테이션에서 기본으로 제공하는 졸업 앨범 양식을 갖고 오겠습니다. 구글 프레젠테이션 오른쪽 상단에 있는 **공유** 버튼을 클릭하겠습니다.

공유 > 링크 보기

위와 같은 화면이 나오는데, 아래쪽에 보면 **링크 보기**가 있습니다. 클릭해 보겠습니다.

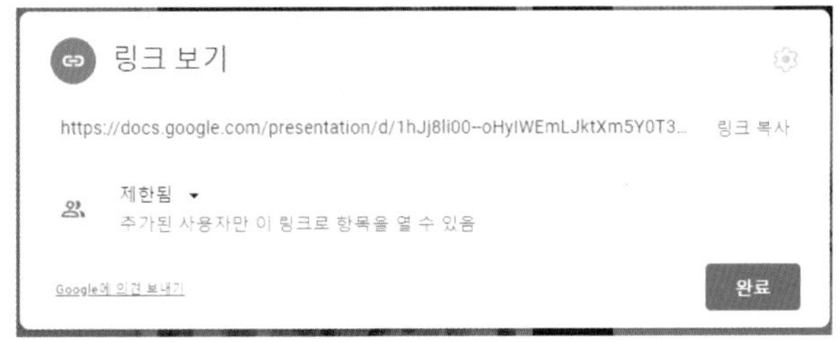

링크 보기 > '제한됨' 선택하기

링크 보기를 누르면 위의 화면처럼 기본적으로 링크로 들어오는 권한이 제한되어 있습니다. 게더타운에 접속한 사람이 링크를 통해 접속할 수 있도록 링크 권한을 변경해 보겠습니다.

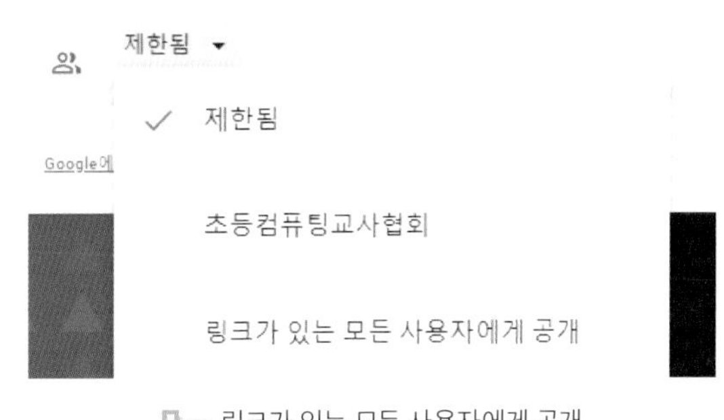

링크가 있는 모든 사용자에게 공개

앞의 화면에서 **링크가 있는 모든 사용자에게 공개**로 설정해야 게더타운에 삽입되어 있는 링크를 통해 들어오는 사용자들이 구글 프레젠테이션에 접속할 수 있습니다. 보통 이 단계까지 한 뒤 링크를 공유하면 구글 프레젠테이션 자료를 공유할 수 있습니다. 하지만 지금은 게더타운에서 '갤러리'로 프레젠테이션을 제시할 예정이기 때문에 구글 프레젠테이션을 '미리보기'로 설정하겠습니다.

졸업 앨범 - Google Slides × +

JktXm5Y0T3MBCb6bV0nxRwDSw/edit#slide=id.g193b26f510_0_0

edit 〉 preview

주소 입력창을 자세히 살펴보면 뒷부분에 '/edit~'로 시작하는 부분이 있습니다. 이 부분을 바꿔 줘야 합니다. 'edit'를 'preview'로 고쳐 입력해 주고 엔터키를 누르면, 구글 프레젠테이션이 '미리보기' 모드로 바뀌는 것을 확인할 수 있습니다.

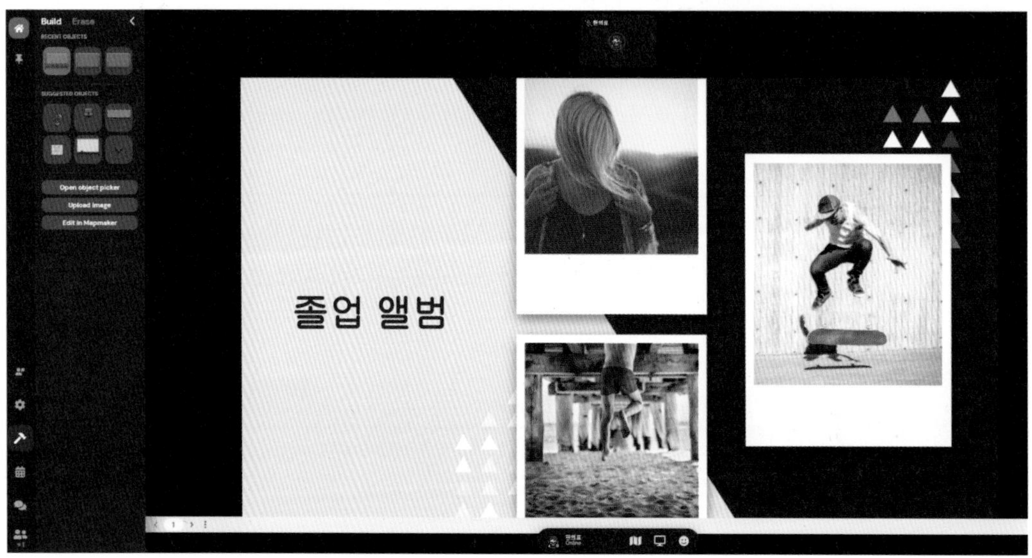

미리보기 모드로 바뀐 구글 프레젠테이션

다음으로는 미리보기로 바뀐 구글 프레젠테이션 링크를 게더타운과 연결해 보겠습니다.

동영상으로 한 번 더!

http://m.site.naver.com/0UVWm

게더타운에 구글 프레젠테이션 링크 넣기

갤러리를 삽입하고 싶은 오브젝트를 고른 뒤, 패들렛 게시판을 삽입했을 때처럼 링크를 복사하여 **Embedded website**에 복사하여 넣습니다. 링크를 복사한 뒤에 **+Select** 버튼을 누릅니다.

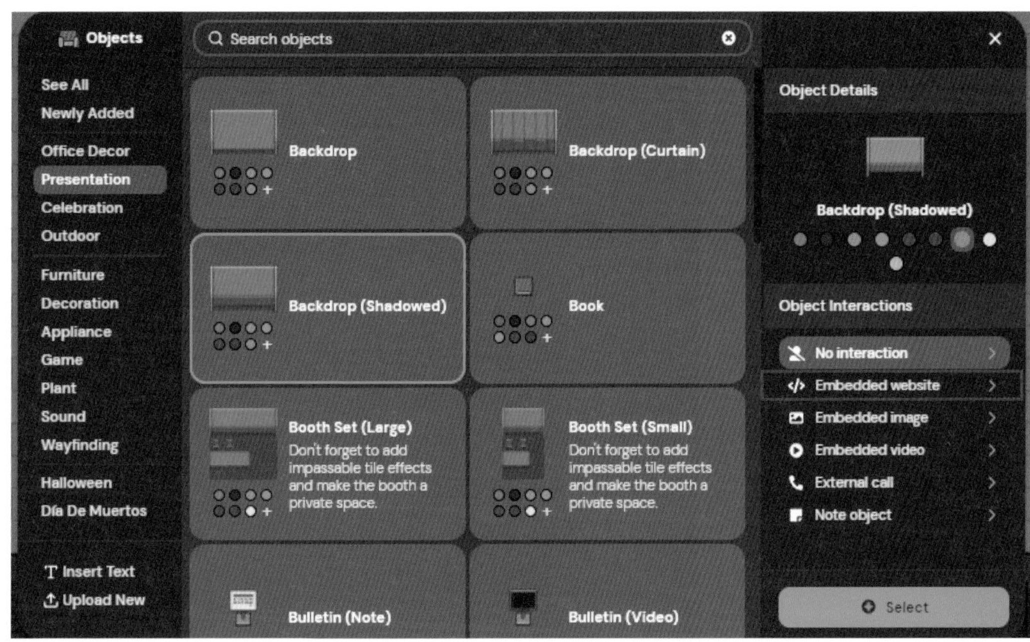

Embedded website 클릭하기

docs.google.com/presentation/d/1hJj8li00--oHyIWEmLJktXm5Y0T3MBCb6bV0nxRwDSw/preview?slide=id.g193b26f510_0_0

링크를 복사해서 삽입하기

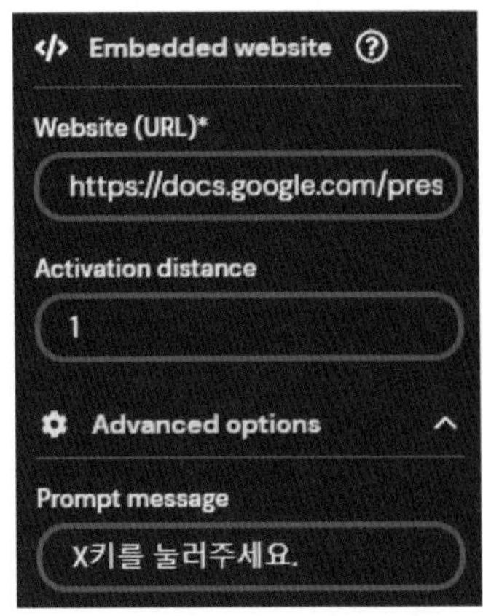

URL 입력하기

Website(URL)에는 미리보기 링크의 주소를 복사하여 붙여 넣습니다. **Activation distance**에는 1블록 정도의 거리에 접근했을 때 반응하도록 1을 넣습니다. **Prompt message**에는 근처에 접근했을 때 미리보기 메시지로 "X키를 눌러주세요!"가 나오도록 작성합니다.

이와 같은 방식으로 구글 프레젠테이션에 사진을 여러 장 넣은 뒤, 링크를 공유하여 게더타운에 임베디드로 삽입하면 손쉽게 갤러리 게시판을 만들 수 있습니다. 같은 방식으로 발표하고자 하는 프레젠테이션 자료를 쉽게 게시할 수도 있겠죠? 다음의 결과를 확인해 보기 바랍니다.

동영상으로 한 번 더!

http://m.site.naver.com/0UVWo

삽입한 결과

구글 설문지로 게더타운 공간에 질문지 삽입하기

이번에는 구글 설문지를 활용하여 게더타운 안에 질문지를 만들어 보겠습니다. 앞의 두 과정을 잘 따라 했다면 이번 과정은 더욱 쉽게 따라 할 수 있습니다.

구글 설문지

학생들이 작성할 구글 설문지를 완성한 후 오른쪽 상단의 **보내기** 버튼을 누릅니다.

구글 설문지 > 보내기

보내기 버튼을 누르면 다음과 같은 화면이 나옵니다.

설문지 보내기

화면의 **전송용 앱** 선택 부분에서 가운데에 있는 링크 모양(⊖)의 버튼을 클릭한 뒤, 아래에 제시되어 있는 링크를 확인하시고 **복사** 버튼을 누릅니다. 누른 뒤의 절차는 이전의 방법과 같습니다.

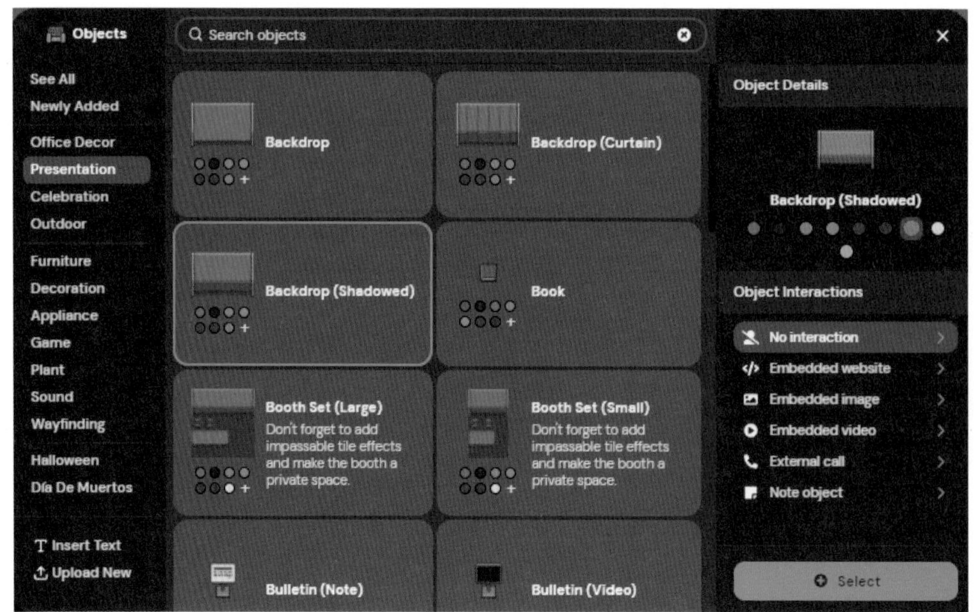

오브젝트 선택

먼저, 해당 설문지를 연결시킬 오브젝트를 고른 후에 오른쪽의 **Embedded website** 버튼을 클릭하고 구글 설문지의 주소를 복사하여 삽입합니다.

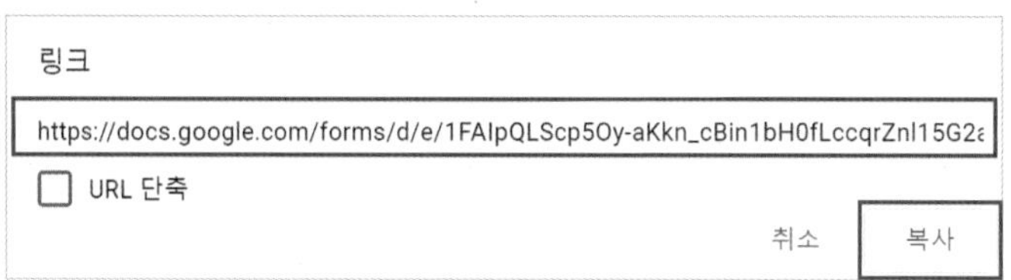

URL 복사 및 삽입하기

이후의 과정 역시 앞에서 설명한 두 단계와 같습니다. 각 칸에 맞는 설정을 입력한 후에 오브젝트를 배치하면 됩니다. 다음의 단계처럼 설정해 보면 결과를 확인할 수 있습니다.

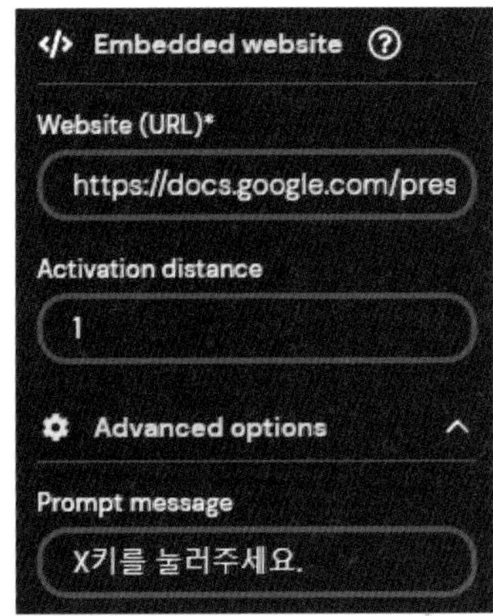

URL 입력하기

Website(URL)에는 미리보기 링크의 주소를 복사하여 붙여 넣습니다. **Activation distance**에는 1블록 정도의 거리에 접근했을 때 반응하도록 1을 넣습니다. **Prompt message**에는 근처에 접근했을 때 미리보기 메시지로 "X키를 눌러주세요!"가 나오도록 작성합니다.

구글 설문지를 삽입한 결과

지금까지 갤러리, 프레젠테이션, 설문지를 삽입하는 방법을 알아보았습니다. 이 외에도 링크 삽입이 가능한 홈페이지를 적절하게 활용하여 다양하게 꾸며 보시기 바랍니다.

동영상으로 한 번 더!

http://m.site.naver.com/0UVWp

맵에 개성 있는 글자 배치하기

게더타운에서는 기본적으로 오브젝트를 입력할 때 **Upload Text**라는 메뉴를 통하여 글자를 작성할 수 있게 되어 있습니다. 하지만 기본적으로 제공하는 글꼴 외에 내가 원하는 개성 있는 글꼴을 맵 안에 배치할 수 있는 방법이 있습니다. 이번에는 Photoscape X(포토스케이프 X)라는 프로그램을 통해 게더타운에 개성 있는 글자를 배치하는 방법에 대하여 알아보겠습니다. 결과물을 미리 한번 볼까요?

글자 배치 결과

Photoscape X 설치 및 글자 작성하기

구글 검색 창에 영어로 'Photoscape X'를 검색하면 다음의 사이트에 접속할 수 있습니다.

Photoscape X(http://x.photoscape.org)

사이트에 접속하여 운영체제에 맞는 Windows 10 또는 MAC 버전의 프로그램을 다운로드합니다. 프로그램을 다운로드하여 실행한 뒤 나오는 안내에 따라 프로그램을 설치합니다. 게더타운에 글자를 넣을 목적으로 사용하기 때문에 무료 버전만으로도 충분합니다.

PhotoScape X 프로그램 실행 화면

프로그램을 설치하면 다음의 왼쪽과 같은 화면이 나옵니다. 화면 중간의 **새로 만들기**를 클릭합니다. **새로 만들기**를 클릭하면 다음의 오른쪽과 같은 창이 나옵니다.

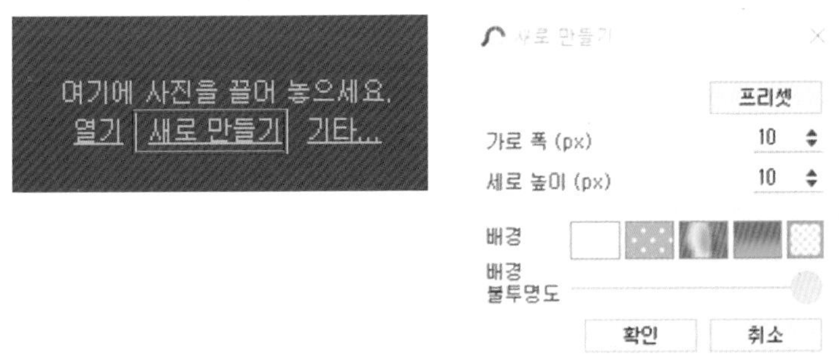

Photoscape X — 새로 만들기

크게 바꿀 설정은 없지만, **배경** 부분에서 맨 오른쪽의 '투명'을 선택해 주어야 배경 없이 글자만 깔끔하게 삽입됩니다. '투명'을 선택하는 방법은 설정 중 '불투명도'를 가장 오른쪽으로 지정하면 됩니다.

새로 만들기 > 삽입

새로 만들기 실행 후에 나타난 오른쪽 상단 패널에서 **삽입**() 버튼을 클릭한 후 **텍스트**()를 누르면, 다음과 같이 다양한 설정을 할 수 있는 패널이 나타납니다.

오른쪽 상단 패널 > 텍스트

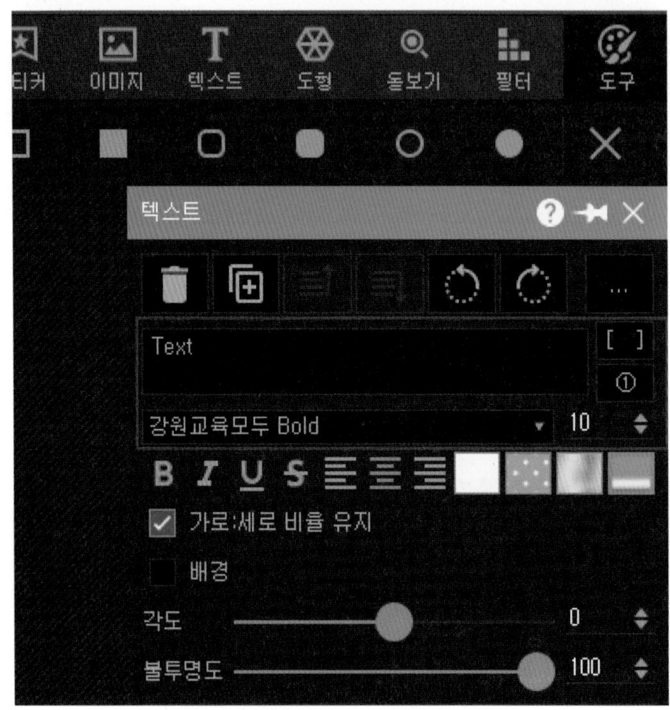

오른쪽 상단 패널 > 텍스트

Text라고 적힌 부분에 게더타운 내에 삽입하고자 하는 글자를 작성합니다. 그 아래에서는 글꼴 및 글씨의 색깔과 글씨를 꾸밀 수 있는 다양한 효과 등을 설정할 수 있습니다. 글꼴 옆에는 글씨 크기를 설정할 수 있는데, 초깃값은 '10'으로 설정되어 있습니다. 여러 크기로 바꿔 보며 알맞은 크기로 조절합니다. 이 책에서는 설정값을 다음과 같이 입력하였습니다.

게시판 글자 및 글씨 크기 32

저장하기

삽입하고자 하는 글자의 기본 설정을 마무리한 뒤, 오른쪽 하단의 **저장**(아이콘) 버튼을 누르고 다음의 문구가 나오면 **예**를 눌러 줍니다.

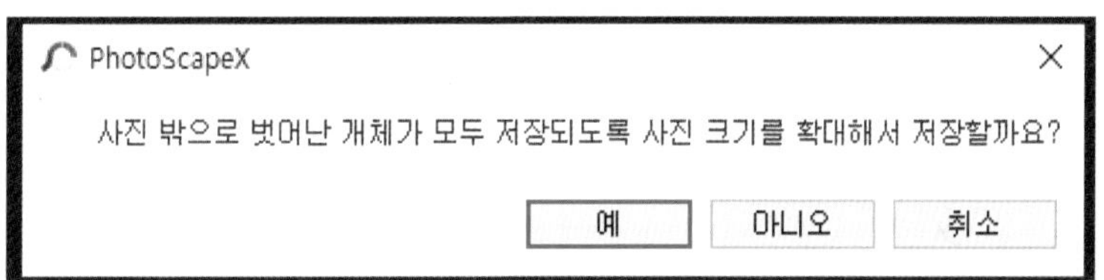

저장 확인하기

설정을 바꿀 필요 없이 지정된 폴더에 저장 또는 다른 이름으로 저장을 선택하여 파일을 저장합니다. '파일명.png'로 저장할 수 있습니다. 이제 글자 파일을 완성하였으니 게더타운에 삽입해 보겠습니다.

저장

저장 (Ctrl+S)

noname.png

지정된 폴더에 저장 C:₩ …

noname.png

다른 이름으로 저장... (Ctrl+Shift+S) 다른 파일 이름으로 사진을 저장합니다.

프로젝트 저장... (Alt+Shift+S) 나중에 계속 편집 가능한 프로젝트(PSXPRJ)형식으로 사진을 저장합니다.

JPEG 저장 품질 95 3KB JPEG 미리 보기

JPEG 저장 품질을 95 이상으로 지정할 것을 권장합니다. 품질 값이 낮으면 파일 크기가 줄어들지만 이미지 품질이 나빠집니다.

백업 폴더

☑ 원본 사진을 백업합니다 사진/PhotoScape X

☑ 메타데이터 정보를 보존합니다 (EXIF,GPS,IPTC,XMP)

☐ 파일 날짜를 수정하지 않습니다

☐ DPI

이 사진은 투명도를 포함합니다. 투명도를 보존하려면 JPEG 대신 **PNG 포맷**으로 저장하세요.

매트 색상 (기본 배경 색상): JPEG 포맷은 투명도를 지원하지 않습니다. 사진을 JPEG 파일로 저장하면, 투명 픽셀은 **매트 색상**으로 채워집니다.

저장 옵션 설정하기

게더타운에 글자 파일 삽입하기

글자를 삽입하고 싶은 맵에 접속합니다. 화면 왼쪽 아래의 카테고리 중 망치 모양(↗)의 **Build**를 클릭하여 다음 그림의 오른쪽 아래와 같은 화면에서 **Open object picker**를 클릭합니다.

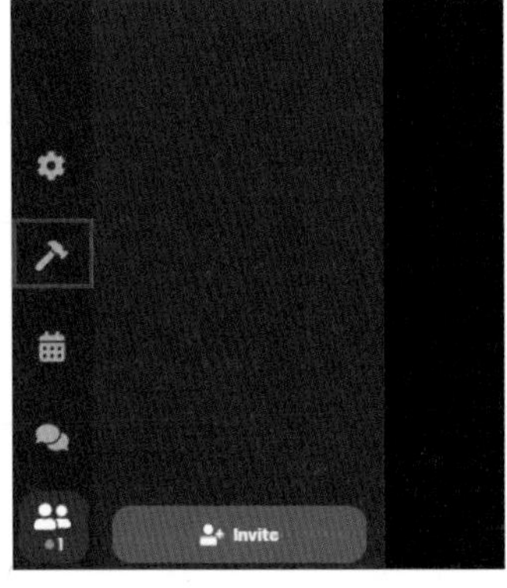

Build를 선택

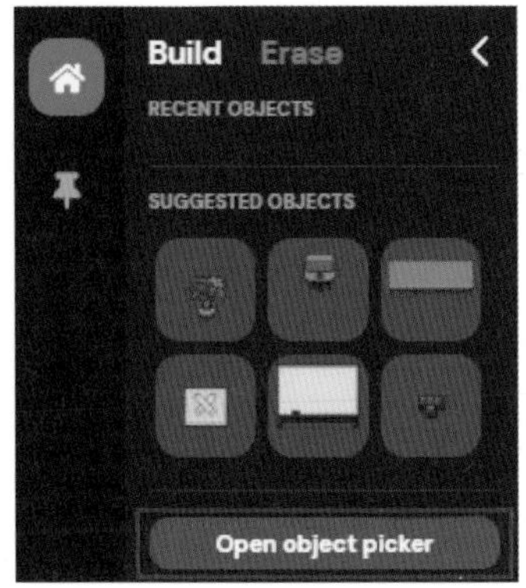

Open objcet picker를 선택

오브젝트 삽입 화면의 왼쪽 아래 부분을 살펴보면 **Upload New**라는 메뉴가 있습니다. Photoscape X 프로그램으로 만든 글자는 그림의 형태로 저장되어 있기 때문에 **Insert Text**가 아니라 이미지를 업로드하는 **Upload New** 기능을 이용해야 합니다.

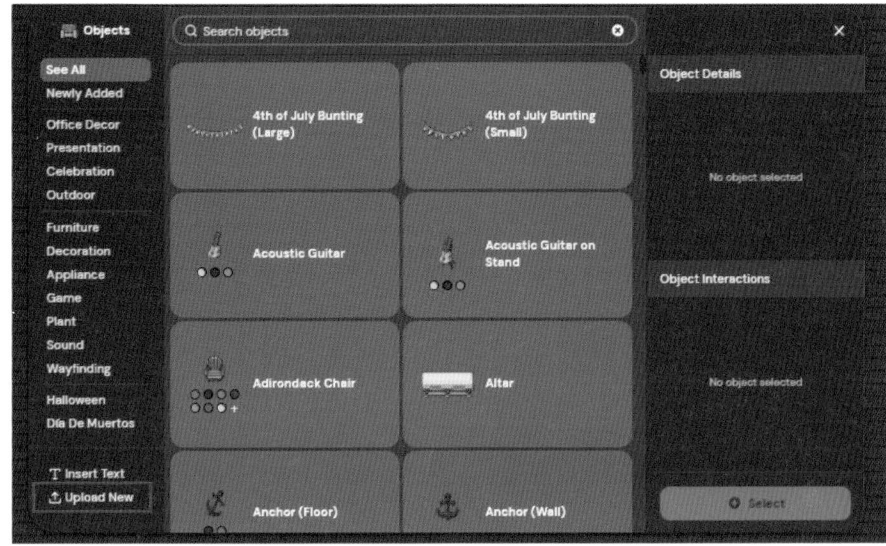

오브젝트 삽입

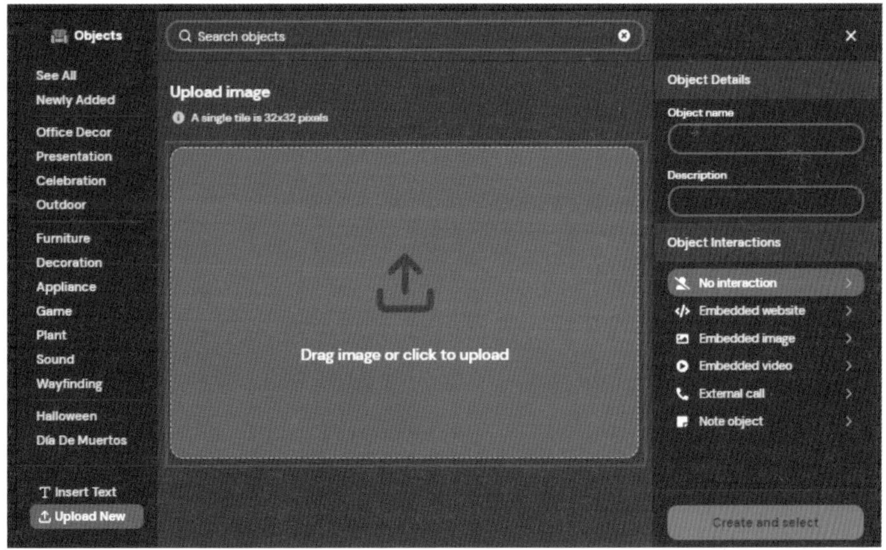

Photoscape X 파일 업로드

Photoscape X에서 만든 글자의 파일을 빨간색 상자 안으로 드래그해서 옮기거나 빨간색 상자를 클릭하여 만든 파일을 업로드합니다.

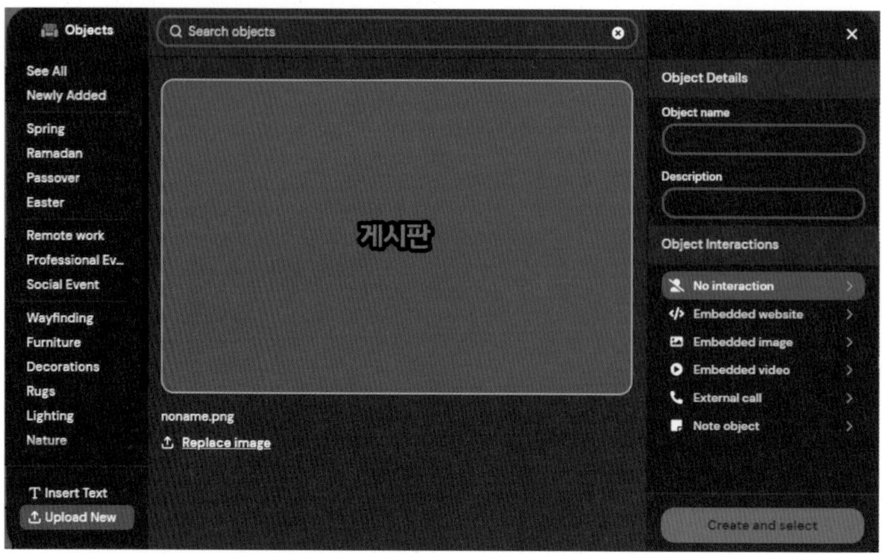

이미지 글자 업로드 과정

이제 글자를 게더타운으로 옮겨 오는 것은 모두 끝났습니다. 이제는 오른쪽에서 오브젝트의 이름이나 상호작용에 대한 내용을 설정한 뒤 배치하면 됩니다.

게더타운에 글자가 삽입된 모습

지금까지 색다른 매력의 글자를 게더타운 공간에 삽입하는 방법을 배워 보았습니다. **Edit in Mapmaker**에서도 글자를 배치할 수 있지만, 맵메이커에서는 타일 간격에 맞게 글자가 끼워지므로 조금 어색해 보일 수 있습니다. 그러므로 되도록 **Build**(![]) 기능을 이용하기 바랍니다.

동영상으로 한 번 더!

http://m.site.naver.com/0UVWq

게더타운에서 활용할 픽셀 이미지 구하기

게더타운에서는 다양한 오브젝트를 기본적으로 제공하고 있습니다. 하지만 경우에 따라서는 직접 만든 픽셀 이미지나 웹에서 다운로드한 픽셀 이미지를 게더타운에 넣어서 다채롭게 공간을 꾸밀 수도 있습니다. 이 절에서는 'itch.io'라는 사이트를 통해 게더타운에서 활용할 픽셀 이미지 구하는 방법을 소개하겠습니다.

itch.io 접속하기

http://itch.io를 검색 창에 입력하면 다음의 사이트에 접속됩니다.

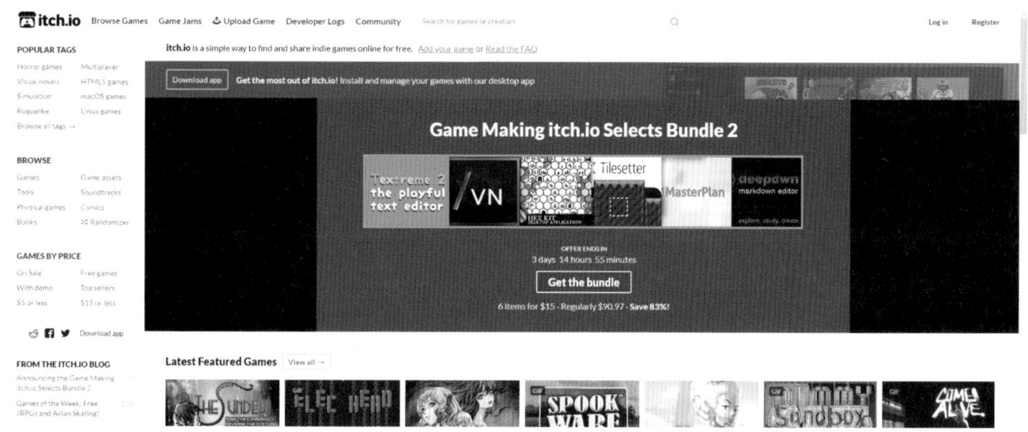

itch.io 홈페이지

위 사이트는 여러 사람이 자신이 만든 게임 또는 게임 요소들을 공유하는 사이트입니다. 이곳에서 픽셀 게임에 관한 자료도 찾을 수 있습니다. 사실 픽셀 게임의 역사는 굉장히 오래되었고, 마니아들이 아직도 픽셀 이미지를 활용한 게임을 제작하고 있습니다. 우리는 이 사이트에서 공유한 다양한 이미지들 중 우리에게 필요한 이미지를 찾아서 활용해 보겠습니다.

itch.io에서 픽셀 이미지 검색하기

itch.io 사이트의 상단에서 'Pixel'을 검색해 보면 다음과 같은 결과가 나타납니다. (검색 결과 화면은 검색 시점에 따라 다릅니다.)

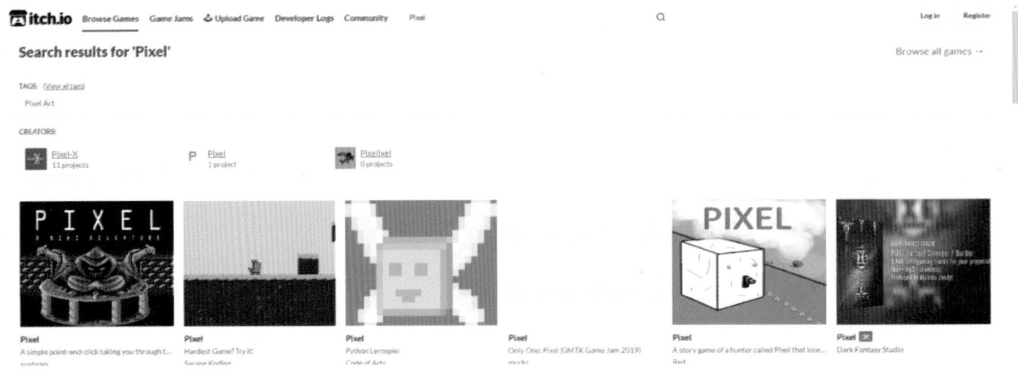

itch.io에서 'Pixel' 검색 결과

'Pixel'로 검색해 보니 다양한 자료를 볼 수 있습니다. 이 중에서 원하는 자료를 찾기가 어려우니 좀 더 세부적으로 검색해 보겠습니다. 이번에는 'RPG TileSet'를 검색 창에 입력해 보겠습니다.

RPG TileSet

Itch.Io의 검색 창에서 'RPG Tile Set' 검색하기

다음과 같이 게더타운에 쓸 수 있을 것 같은 이미지들이 나타납니다. 일부는 유료 이미지이지만, 무료 이미지로도 예쁘게 꾸밀 수 있습니다.

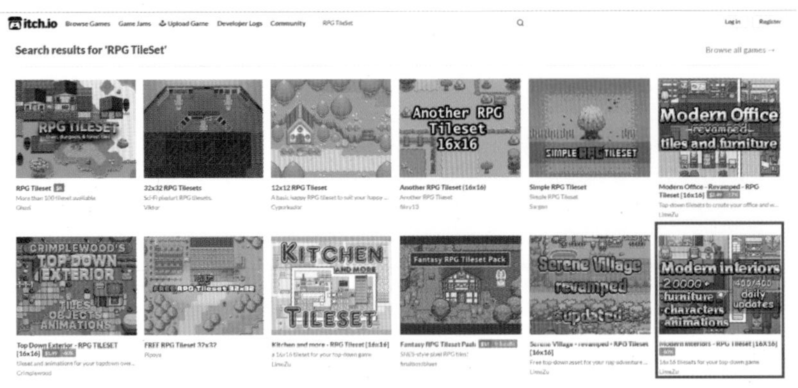

Itch.Io에서 'RPG Tileset' 검색 결과

출력되는 검색 결과 중 'Modern interiors'라는 항목을 선택합니다.

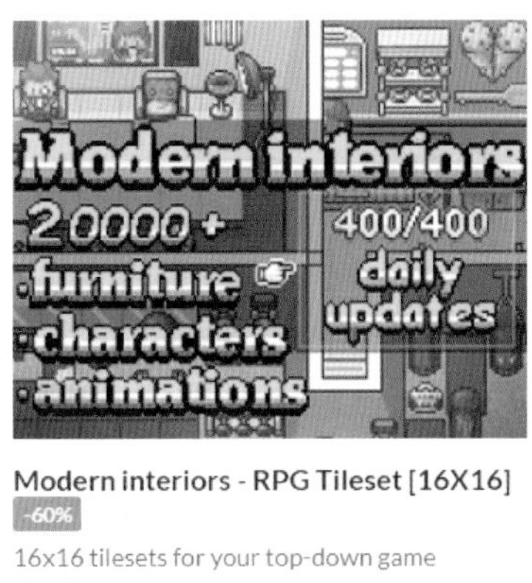

Modern interiors Tileset

그러면 다음과 같이 해당 자료에 대한 설명이 나타납니다. 어떠한 픽셀 이미지를 포함하고 있는지, 이를 이용해 어떻게 꾸몄는지에 대한 간단한 예시가 포함된 화면이 나타납니다. 이 화면은 게시하는 사용자가 정하는 것이므로 모든 자료의 화면이 같지는 않습니다.

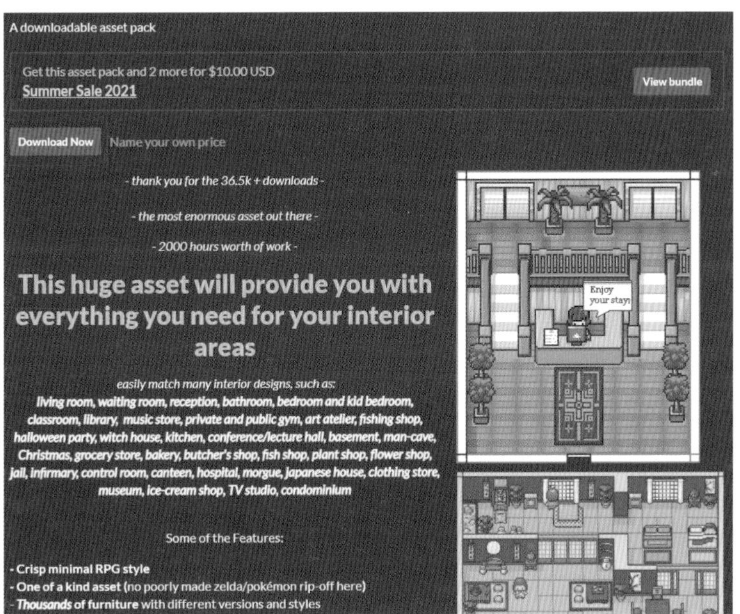

타일셋 다운로드하기

어떠한 항목들이 포함되어 있는지 확인하고 왼쪽 상단의 **Download now**를 클릭합니다. 자료에 따라 무료 타일셋과 유료 타일셋을 구분하여 받을 수도 있습니다. 타일셋의 개발자에게 응원의 마음을 담은 금액을 소액으로 내고 다운로드할 수도 있지만, 빨간색 상자 부분을 클릭하여 무료로 타일을 받을 수 있게 한 이미지들도 많습니다.

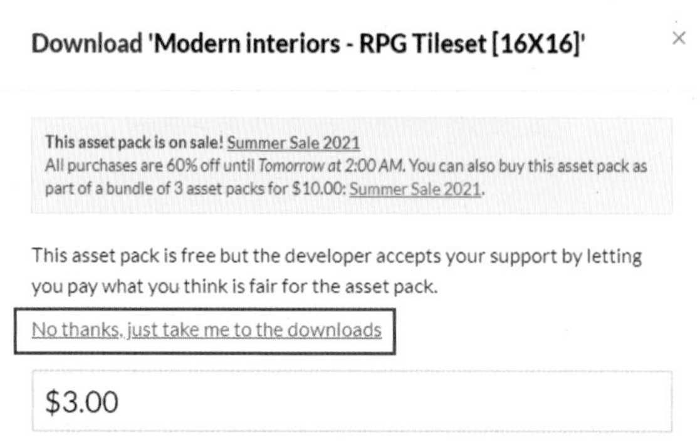

무료 타일셋 찾아보기

다운로드한 뒤 압축 파일을 풀어보면 폴더들이 나타나고, 이 중에서 **Interiors_free** 폴더를 클릭합니다.

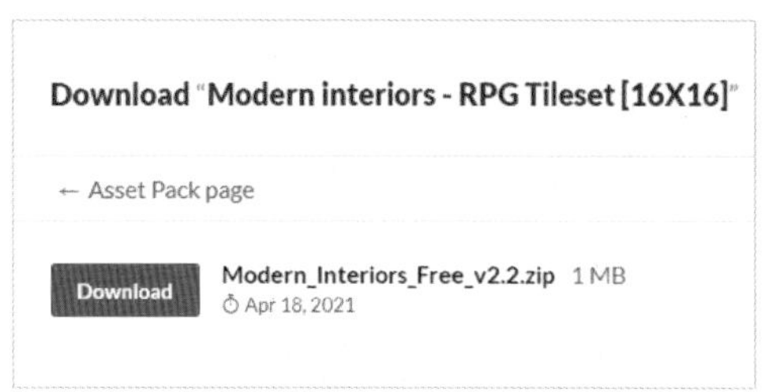

무료 버전 타일셋 다운로드

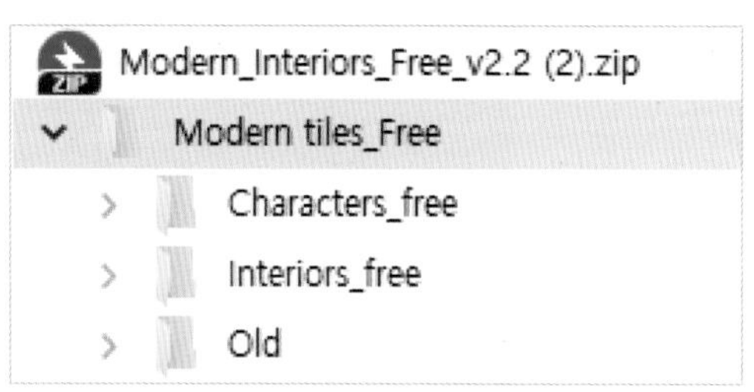

다운로드한 파일의 내용

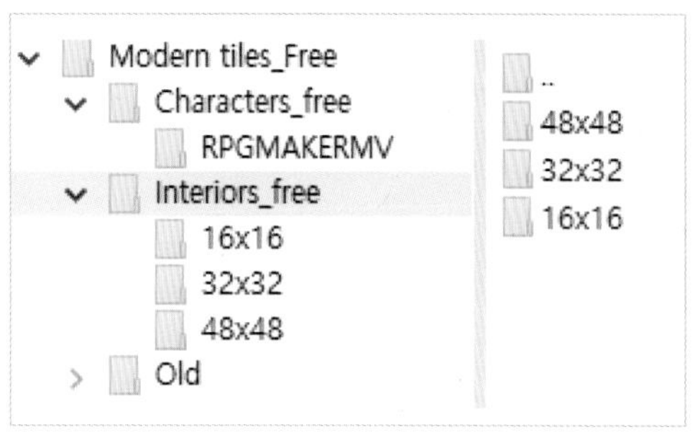

Interiors_free

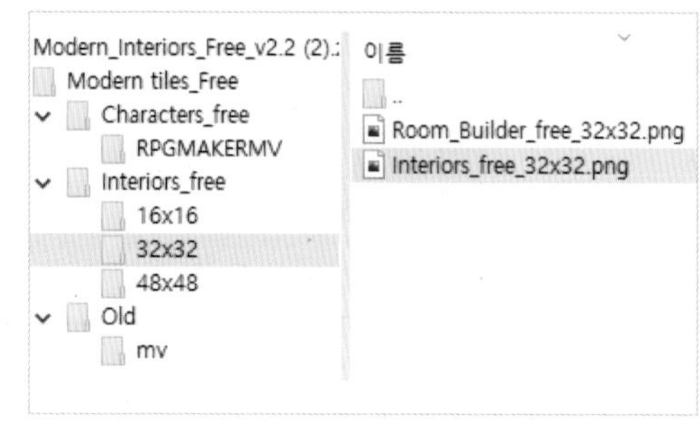

32 × 32 폴더의 내용

게더타운에서 타일 하나의 픽셀 크기는 32 × 32(가로 × 세로)입니다. 따라서 **32×32** 폴더를 선택하면 두 개의 이미지 파일을 확인할 수 있습니다.

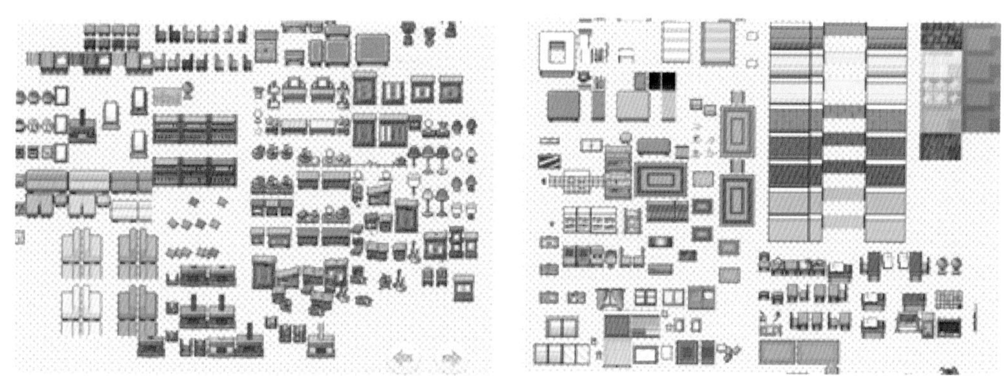

투명 형태의 인테리어 이미지 파일

여러분들은 이제 게더타운에서 활용할 수 있는 다양한 픽셀 파일을 다운로드하는 방법을 배웠습니다. 이제 이러한 파일들을 바탕으로 32 × 32 크기로 픽셀을 쪼개어 (앞에서 글자를 그림으로 넣었듯이) 배치하면 됩니다. 다만, 해당 픽셀 파일은 묶음 파일이므로 낱개 파일 구성을 추가한 유료 버전을 받거나, 해당 파일들을 포토샵, 일러스트레이트, 타일드 등의 프로그램을 통해서 변경하는 작업을 해야 합니다. 하지만 해당 프로그램의 기초적인 사용법만 알아도 충분히 활용할 수 있으므로, 이 책의 내용만으로도 게더타운 맵을 만드는 데 도움이 될 거라 믿습니다.

현재 대부분의 게더타운 서비스들은 앞에서 배운 기능들을 이용하거나 간단한 응용을 통해 구현된 것들입니다. 배운 기능을 활용하여 여러분들만의 게더타운을 더욱 멋있고 실용적으로 꾸밀 수 있기를 바랍니다. 다음은 참고하면 유용한 게더타운 사이트들입니다.

코게더 카페	https://cafe.naver.com/gathertown

국내 최대의 게더타운 카페입니다. 카페 운영진들을 중심으로 다양한 교육 자료와 사용자들의 자체 제작 맵, 공유되는 맵 및 오브젝트를 구할 수 있습니다. 게더타운 경험자들이 많아 궁금한 것들에 대한 답을 구하기에 도 좋습니다.

게더타운 깃허브	https://github.com/gathertown

게더타운에 대한 다양한 정보를 포함한 게더타운 깃허브 사이트입니다. 게더타운 안에 포함되어 있는 오브젝트를 비롯하여 다양한 그림 파일 등을 png 파일로 구할 수도 있고, 그 외에도 다양한 맵 아이디어들이 있으므로 방문해 보기 바랍니다.

나만의 공간 꾸미기 > 깃허브에서 타일 구하기

게더타운 내의 다양한 오브젝트 및 타일 등은 '게더타운 깃허브(https://github.com/gathertown)'에서 거의 모두 구할 수 있습니다. 그뿐만 아니라 현재 게더타운 내에서 제공되는 템플릿, 오브젝트 외에 개발자들이 디자인해 둔 다양한 참고자료와 오브젝트를 구할 수도 있습니다. 이 깃허브 사이트를 이용하면 훨씬 더 풍성한 게더타운 공간을 만들 수 있습니다!

깃허브란 무엇인가요?

깃허브GitHub는 일종의 '저장소'라고 생각하면 됩니다. 사이트 내에 계정을 만들어서 본인의 자료를 저장하고 관리할 수 있습니다. 하지만 공개된 저장소를 사용할 때에는 로그인하지 않더라도 누구나 쉽게 탐색 및 다운로드를 진행할 수 있습니다. 게더타운에 관한 다양한 자료가 바로 이 깃허브 저장소에 업데이트됩니다.

게더타운 깃허브에서 자료 구하기

인터넷 검색 창에 '게더타운 깃허브'라고 검색하거나 'github.com/gathertown'을 입력하면 손쉽게 해당 깃허브 페이지로 접속할 수 있습니다.

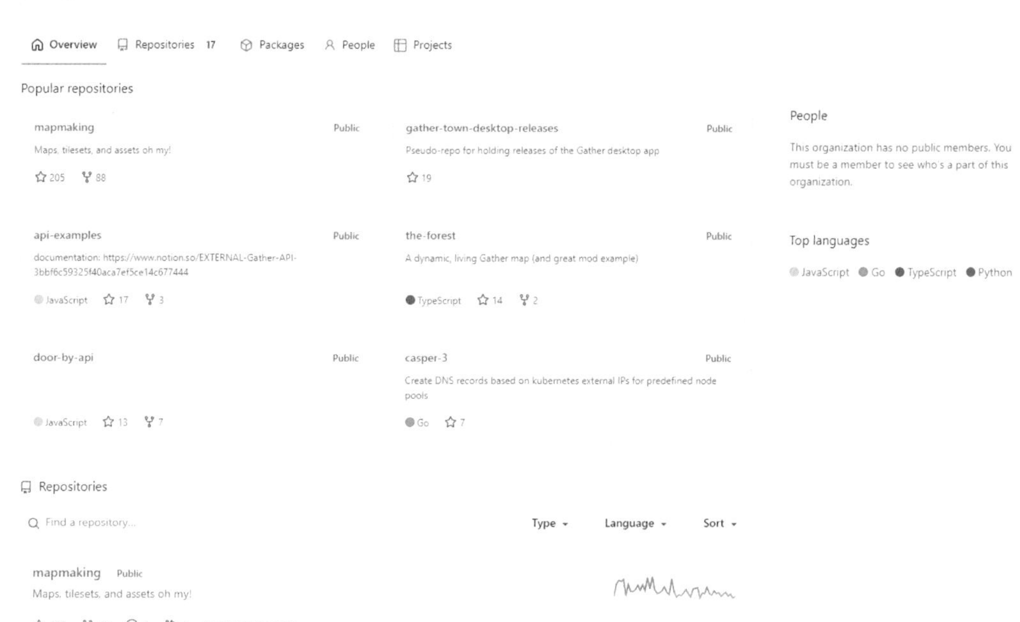

게더타운 깃허브에 접속한 모습

이 깃허브 페이지는 정말 어마어마하게 많은 게더타운 오브젝트와 공간(맵) 예시 자료가 있습니다.

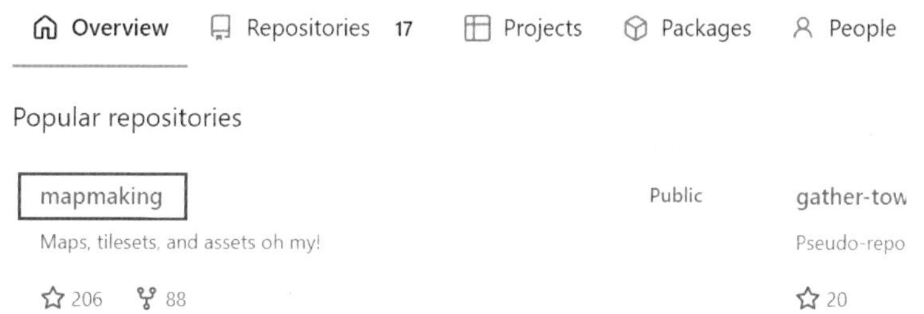

공간 제작을 위한 깃허브 오브젝트

게더타운 깃허브 페이지에서 좌측 상단의 **mapmaking**이란 부분을 클릭합니다. 클릭하면 다음과 같은 페이지가 나타납니다.

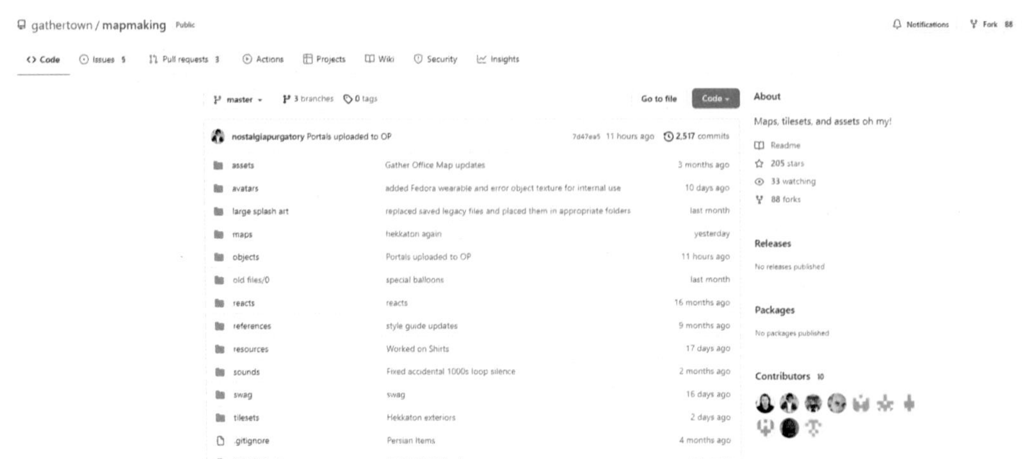

mapmaking 폴더에 있는 자료들

깃허브에서는 폴더명에 따라 다양한 자료를 분류해 두고 있는데, 게더타운의 요소들을 제목으로 분류해 두어 필요한 자료를 찾을 때 빠르게 접근할 수 있습니다. 먼저, **assets** 폴더를 클릭하면 다음과 같은 목록이 나타납니다.

master ▾ mapmaking / **assets** / Go to file

RosieRiver Gather Office Map updates c1893ad on 10 Jan History

..		
Avatars	Gather Speakeasy and Arcade	15 months ago
Rugs	ignore	7 months ago
Signage	Updated Hologlobe and added AFK one	4 months ago
Vanity Shots	funeral to uploads and moved/reorganized objects in the folder	12 months ago
animated/cat	cat animation	17 months ago
chairs	Game room updates	14 months ago
conference	removed big booth "map"	15 months ago
decoration	Pushing a lot of stuff	9 months ago
doors	ignore	7 months ago
effects/spotlight	added spotlight effects	15 months ago
extensions	pipleine and squatting gifs	14 months ago
games	many games	15 months ago
icons	Icons + Foyer shenanigans	6 months ago
plants	rooftop space	15 months ago
screenshots	Gather Office Map updates	3 months ago
sets	Object pushes	12 months ago
shadows	org	12 months ago
tables	org	12 months ago

asset 폴더에 있는 다양한 자료 폴더

공간을 만드는 데 필요한 다양한 '자산asset'들입니다. 폴더명 그대로의 자료들이 들어 있는데, 아바타, 의자, 데코레이션 오브젝트, 테이블 등 다양한 요소가 있습니다. 폴더 목록 외에도 그 아래를 살펴보면 확장자가 tsx, png 등의 파일들이 있습니다. tsx 파일은 뒤에서 살펴볼 Tiled라는 프로그램에 활용되는 파일들입니다.

파일	커밋 메시지	시간
Jaden Skyline.png	adding this, might move it later to keep it gather-only	15 months ago
Skyline.tsx	Sounds update and Diner Walls	13 months ago
Skyline1x.PNG	Added Skylines to Assets folder	15 months ago
Skyline2x.PNG	Added Skylines to Assets folder	15 months ago
Skyline3x.PNG	Added Skylines to Assets folder	15 months ago
art & design desk pods.png	office and some other stuff	11 months ago
art & design desks 2.png	office and some other stuff	11 months ago
art & design desks.png	gather office changes (for better or for worse)	12 months ago
assets.json	Assets library	2 years ago
bathda_tank.png	office updates	8 months ago
black.png	Assets library	2 years ago
blank [3x4].png	Assets library	2 years ago
blank.png	Assets library	2 years ago

바로 활용할 수 있는 확장자 png, tsx 등의 파일들

tsx 파일은 따로 Tiled 프로그램을 설치해야 어떤 파일인지 확인할 수 있습니다. 반면, png 파일은 이미지 파일이기 때문에 파일명을 클릭하면 바로 어떤 이미지인지 확인할 수 있습니다. 뒤에서 Tiled 프로그램을 사용할 때 설명하겠지만, png 파일을 Tiled 프로그램을 이용해 32 × 32 크기로 사용할 수 있도록 변환한 파일의 확장자가 바로 tsx 파일입니다. 따라서 png 파일을 통해 어떤 이미지인지 확인하고, 사용할 파일이 정해지면 해당 png 파일을 tsx 확장자로 변환하여 사용하면 됩니다.

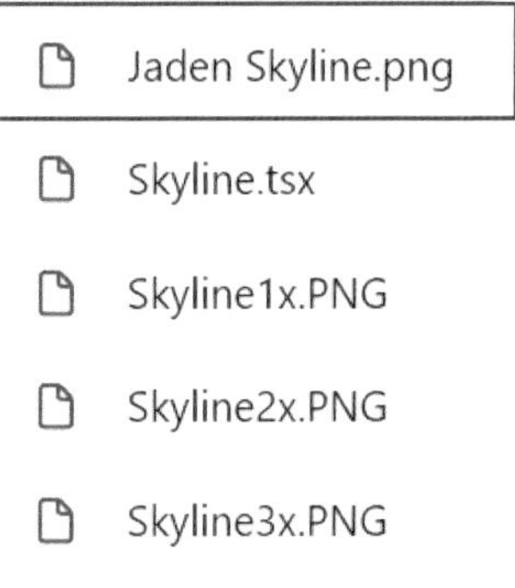

png 파일 중 아무 파일이나 선택

앞의 파일 목록 중 확장자가 png인 파일 중 아무 파일이나 선택을 해 봅시다. 이 책에서는 'Jaden Skyline.png' 파일을 클릭했습니다.

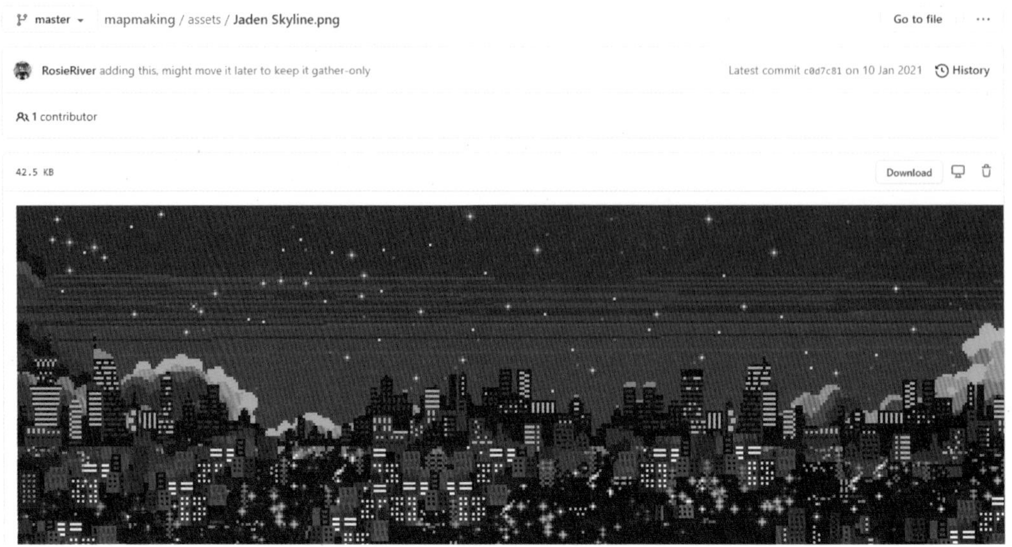

Jaden Skyline.png 파일을 선택한 모습

png 파일을 선택하면 해당 파일의 이미지를 웹에서 바로 확인할 수 있습니다. 이번에는 앞서 살펴보았던 깃허브의 **mapmaking** 폴더를 다시 살펴보겠습니다.

assets	Gather Office Map updates	3 months ago
avatars	added Fedora wearable and error object texture for internal use	10 days ago
large splash art	replaced saved legacy files and placed them in appropriate folders	last month
maps	hekkaton again	yesterday
objects	Portals uploaded to OP	11 hours ago
old files/0	special balloons	last month
reacts	reacts	16 months ago
references	style guide updates	9 months ago
resources	Worked on Shirts	17 days ago
sounds	Fixed accidental 1000s loop silence	2 months ago

mapmaking 폴더 속 목록의 모습

자료들 중 **maps** 폴더가 있습니다. 당연히 폴더명 이름처럼 다양한 맵에 관한 정보가 있습니다.

폴더 중 maps 선택

maps 폴더 속 목록의 모습

maps 폴더에 들어가면, **custom(external)**, **custom(internal)**, **templates** 등과 같은 폴더들이 있습니다. 각 폴더에는 폴더명의 특징을 그대로 가진, 다양한 완성된 맵들이 존재합니다. 직접 들어가 확인해 보겠습니다. **custom(external)**을 클릭합니다.

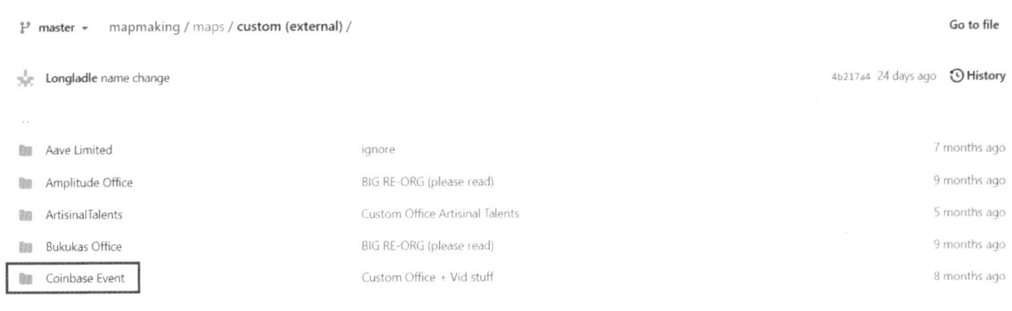

maps 〉 custom(external) 폴더의 모습

custom(external) 폴더를 클릭한 모습입니다. 게더타운을 활용하여 만든 다양한 오피스와 이벤트 맵들이 나타납니다. 원하는 폴더를 하나 선택하여 입장해 봅니다. 이 책에서는 **Coinbase Event** 폴더를 선택했습니다.

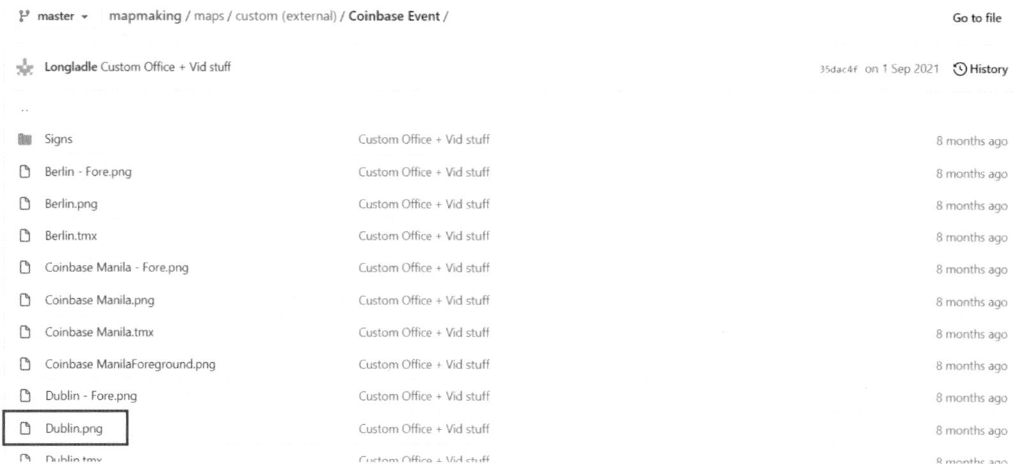

maps 〉 custom(external) 〉 Coinbase Event 폴더의 모습

폴더에 들어가면 다양한 파일을 확인할 수 있습니다. 나타나는 파일 중 확장자가 .png인 파일을 클릭하면 해당 맵을 구경할 수 있습니다. 우리는 그중 **Dublin.png** 파일을 클릭해 보겠습니다.

maps 〉 custom(external) 〉 Coinbase Event 〉 Dublin.png 이미지

책을 읽는 시점에 따라 게더타운 깃허브에 있는 폴더의 위치나 파일명이 다를 수 있으니 그 점은 고려하기 바랍니다.

여러분들도 png 파일을 선택하였다면 앞의 이미지처럼 선택한 이미지가 나타날 겁니다. 굉장히 다양한 맵 이미지를 확인할 수 있고, 이 이미지들을 다운로드하여 활용할 수 있습니다. **custom(external)** 폴더뿐만 아니라 **custom(internal)** 폴더에서도 다양한 맵 이미지들을 확인할 수 있습니다. **templates** 폴더에서는 게더타운에서 공간을 만들 때 기본으로 활용할 수 있는 다양한 템플릿 맵들을 확인할 수 있습니다.

동영상으로 한 번 더!

http://m.site.naver.com/0UVWs

Background와 Foreground, 게더타운 레이어 이해하기

이렇게 깃허브에서 맵 자료를 구할 때 유심히 봐야 할 것이 있습니다. 바로 맵 자료들 중 Fore, Foreground, FG, Back, BG, Background 등과 같은 표현입니다. 여러분들은 앞서 2장 '게더타운 기초 튜토리얼 & 설정'에서 맵 에디터인 '맵메이커'를 살펴보았습니다.

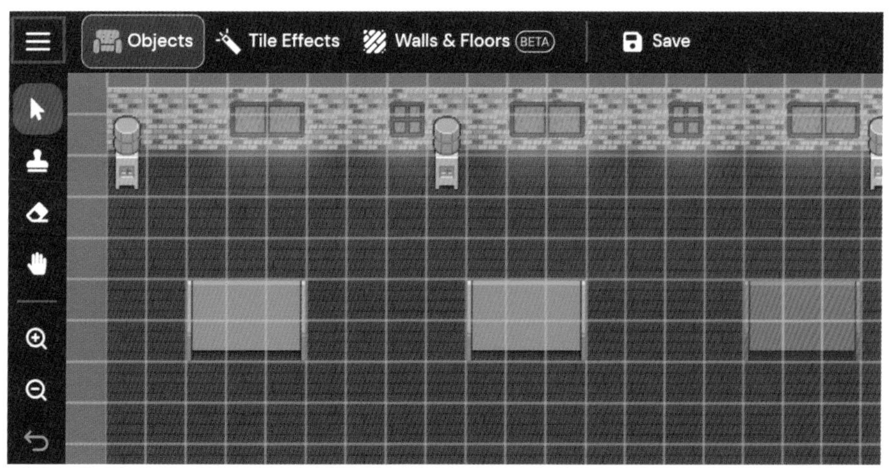

맵메이커의 왼쪽 상단 부분

앞의 화면은 맵메이커의 왼쪽 상단을 확대한 사진입니다. 왼쪽 상단의 모서리 부분에 메뉴(☰) 버튼이 있습니다. 클릭하면 다음과 같은 메뉴가 나타납니다.

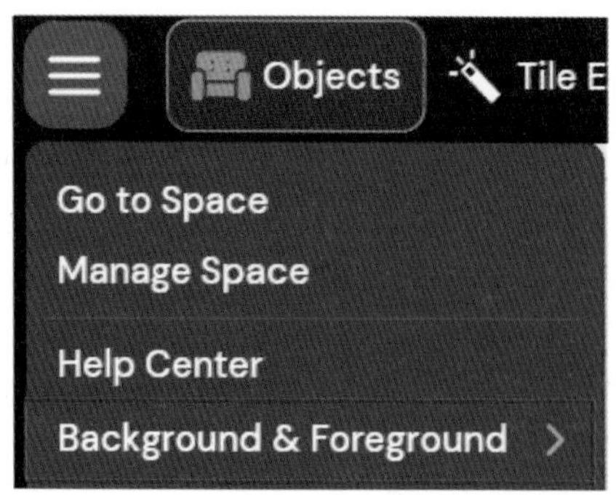

Background와 Foreground

여기서 **Background & Foreground**라는 개념이 나타납니다. 게더타운에서 말하는 Background와 Foreground는 각종 디자인 프로그램에서 흔히 등장하는 'Layer(층)'의 개념으로 보면 됩니다. 게더타운에서는 화면에 맵, 오브젝트, 캐릭터 등의 요소들이 화면에 층층이 쌓여 여러분이 보는 결과로 나타납니다. 게더타운의 층을 구성하는 요소들은 다음과 같습니다.

① Background ② Objects ③ Character ④ Foreground

이 레이어들이 화면에 배치되는 순서를 알아야 게더타운의 맵 제작을 더 섬세하게 할 수 있습니다. 순서는 다음과 같습니다. 제일 바닥부터 ① Background, ② Objects, ③ Character, ④ Foreground의 순서대로 층이 깔립니다. ① Background는 흔히 벽, 타일 등의 요소로 나타나며 제일 바닥에 깔리는 층입니다. ② Obejcts는 맵메이커 등에서 쉽게 설치할 수 있는 요소들인데, 가구나 프레젠테이션, 식물 등 맵을 꾸며 주는 요소들이며 두 번째로 깔리는 층입니다. 따라서 흔히 볼 수 있는 형태가 바로 ① 위에 ②가 배치된 형태입니다. 다음은 ③ Character입니다. 게더타운에 접속한 이용자들의 아바타가 바로 이 Character입니다. 앞서 설명된 Layer(층)의 개념에 따라 ①, ② 위에 여러분들의 Character가 배치되는 모습을 확인할 수 있습니다.

오른쪽의 그림을 예로 들면, 바닥과 뒤의 벽이 ① Background가 됩니다. 그리고 그 위에 정수기가 ② Objects로 배치되어 있습니다. 마지막으로 ③ Character가 다시 ② Object, 즉 정수기 앞에 배치되어 있는 것입니다.

레이어 순서 이해

여기까지는 쉽게 이해할 수 있을 겁니다. 이 다음에 등장하는 개념이 바로 ④ Foreground입니다.

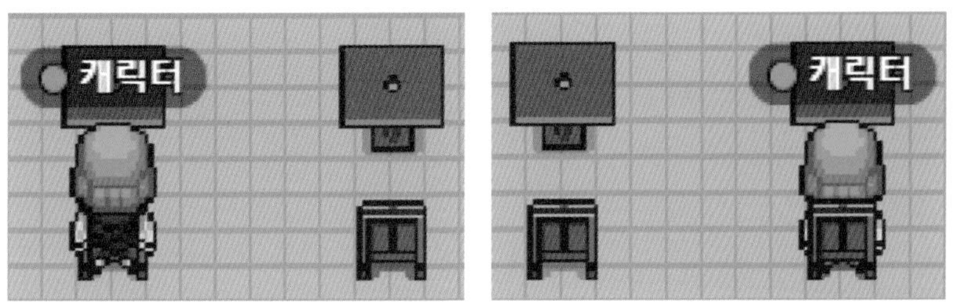

Objects로 배치된 의자(왼쪽)와 Foreground로 배치된 의자(오른쪽)의 차이(오른쪽)의 차이

위의 그림을 살펴보면 ④ Foreground로 배치된 의자와 ② Objects로 배치된 의자의 차이점을 쉽게 이해할 수 있습니다. 차이가 보이나요? 맞습니다. 앞서 게더타운의 요소들은 레이어의 형태로 배치된다고 했었습니다. 위의 그림에서 왼쪽 의자는 ② Objects로 배치된 의자이기 때문에 ③ Character가 의자의 위에 나타나게 됩니다. ①, ② 번 요소들보다 ③ 번 요소가 더 위의 층에 쌓이기 때문입니다. 반면, 오른쪽 의자는 ③ Character 위에 의자가 나타납니다! 여기서 바로 오른쪽의 의자가 ④ Foreground로 배치된 의자입니다. 앞서 말씀드린 층의 개념에 따라 네 번째 층으로 배치된 의자는 세 번째 층의 캐릭터보다 위에 나타나게 되는 것입니다.

게더타운의 깃허브에 맵을 올리는 개발자나 전문가들은 방금 설명한 Background와 Foreground의 원리에 따라 맵을 개발합니다. 이들은 맵을 개발할 때 본인들의 맵을 이용할 사용자를 배려하여 맵을 Background와 Foreground로 나눠서 올립니다. 따라서 게더타운 내의 다양한 자료에는 Fore, Foreground, FG, Back, BG, Background 등과 같은 표현이 파일명에 섞여 있는 것입니다.

그렇다면 일반 사용자들은 이러한 Background와 Foreground를 직접 활용할 수는 없는 것일까요? 이에 대한 해답은 다음 순서 중 하나인 Tiled 프로그램에 대해 다룰 때 말씀드리겠습니다.

동영상으로 한 번 더!

http://m.site.naver.com/0UVWv

깃허브에서 TileSets 폴더 살펴보기

앞서 살펴본 깃허브의 다양한 폴더 중에서 **maps** 폴더 못지않게 중요한 폴더가 바로 **tilesets** 폴더입니다. **mapmaking** 폴더에서 **tilesets** 폴더를 찾아봅시다.

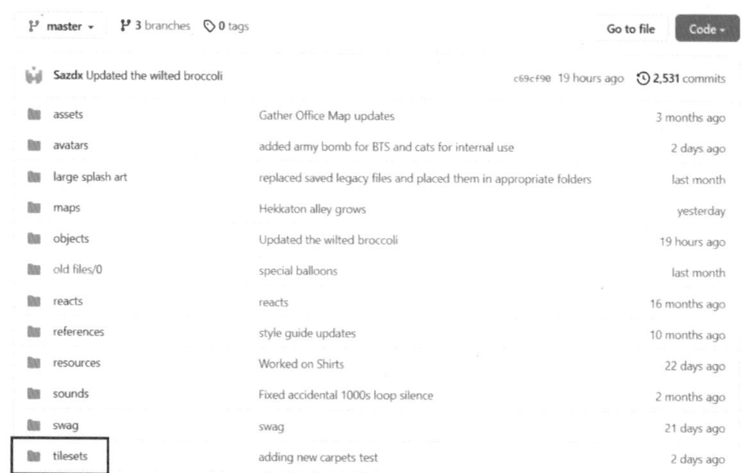

게더타운 깃허브의 mapmaking 폴더 중 tilesets 폴더

tilesets 폴더를 클릭하면 다음과 같은 파일들이 나타납니다.

- gather_avatars_1.0.png
- gather_avatars_1.x.tsx
- gather_chairs_1.3.png
- gather_chairs_1.x.tsx
- gather_decoration_1.21.png
- gather_decoration_1.x.tsx
- gather_decoration_exterior_1.3.png
- gather_exterior_decoration_1.x.tsx
- gather_exterior_roofs_2.1.png
- gather_exterior_roofs_2.x.tsx
- gather_exterior_walls_1.0.png
- gather_exterior_walls_1.x.tsx
- gather_exterior_walls_2.1.png
- gather_exterior_walls_2.x.tsx
- gather_facade_elements_1.0.png
- gather_facades.tsx
- gather_floors_1.5.png
- gather_floors_1.x.tsx
- gather_floors_2_exploration.ase
- gather_floors_2_exploration.png
- gather_floors_2_exploration.tsx
- gather_floors_2_exploration_colo
- gather_games_1.1.png

tilesets 폴더 내의 다양한 png, tsx 파일들

위의 화면과 같이 tilesets 폴더 내에는 다양한 파일이 있는데, 이 중 **gather_exterior_roofs_2.1png** 파일을 선택해 보겠습니다.

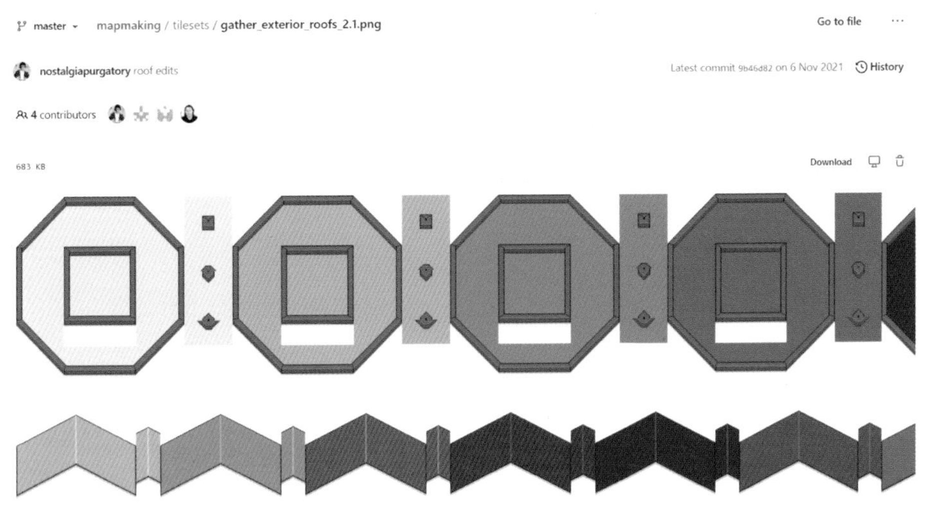

gather_exterior_roofs_2.1png 파일의 실제 이미지

파일 이름 그대로, 확장된 형태의 다양한 건물 지붕 모양의 게더타운 타일들을 확인할 수 있습니다. 이러한 이미지도 다운로드하여 활용할 수 있습니다. 이러한 타일들은 아직 베타 서비스인 게더타운 내에서는 찾아볼 수 없는 타일들입니다. 따라서 이러한 타일들을 남들보다 먼저 찾아 적절히 배치하여 활용한다면 더욱 창의적인 게더타운 맵을 만들 수 있습니다.

여기까지 진행한 분들은 궁금한 점이 생길 수 있습니다. 그렇다면 이 png 파일들을 다운로드해서 어떻게 쓰는 걸까요? 게더타운 내에 이미지로 올려서 쓰는 걸까요? 이 타일의 일부분만 필요하다면 어떻게 해야 할까요? 만약 일부분을 쓰고 싶다면 포토샵과 같은 프로그램으로 일일이 매번 타일을 32 × 32의 크기로 잘라서 써야 하는 걸까요? 이때 필요한 프로그램이 바로 Tiled 프로그램입니다.

동영상으로 한 번 더!

http://m.site.naver.com/0UVWw

http://m.site.naver.com/0UVWy

깃허브 게더타운 폴더 다운로드하기

앞서 안내해 드린 것처럼 깃허브 내의 게더타운 서버에서 자료를 다운로드할 때, 매번 깃허브에 접속하여 자료를 다운로드하는 방법은 다소 불편할 수 있습니다. 일일이 자료를 찾기에도 어렵고, png 파일을 미리보기로 살펴볼 수 없다는 점도 불편합니다. 이를 해결하기 위한 두 가지 방법이 있는데, 첫 번째 방법은 원하는 폴더를 통째로 다운로드하는 방법이며, 두 번째 방법은 SourceTree라는 프로그램을 활용하여 깃허브와 자신의 컴퓨터를 실시간으로 연동하는 방법이 있습니다. 이 책에서는 조금 더 간단한 첫 번째 방법으로 설명하겠습니다.

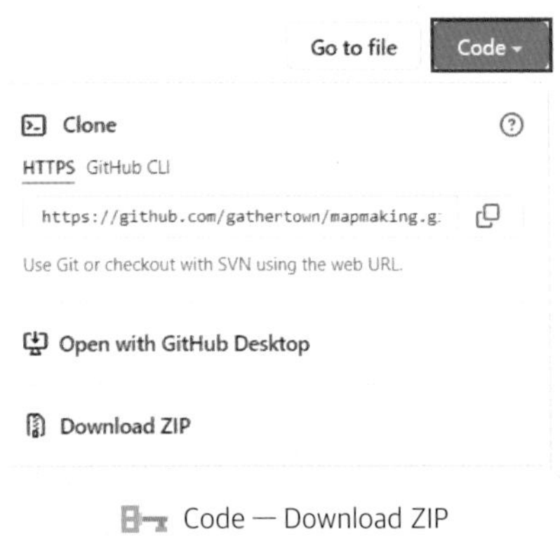

Code — Download ZIP

게더타운 깃허브의 **mapmaking** 폴더에 들어가면 오른쪽 상단에서 왼쪽 사진처럼 3개의 메뉴를 찾을 수 있습니다. 왼쪽 사진은 이 중에서 **Code** 메뉴를 눌렀을 때의 모습인데, 맨 밑에 **Download ZIP**이 있습니다. 이 메뉴를 클릭하여 깃허브의 **mapmaking** 폴더의 파일들을 통째로 압축 파일로 다운로드할 수 있습니다.

위의 파일을 다운로드하고 압축을 푼 뒤 윈도우 등에서 폴더 보기 설정을 '아주 큰 아이콘' 등으로 설정하면 다음과 같이 png 파일들을 미리 살펴볼 수 있습니다.

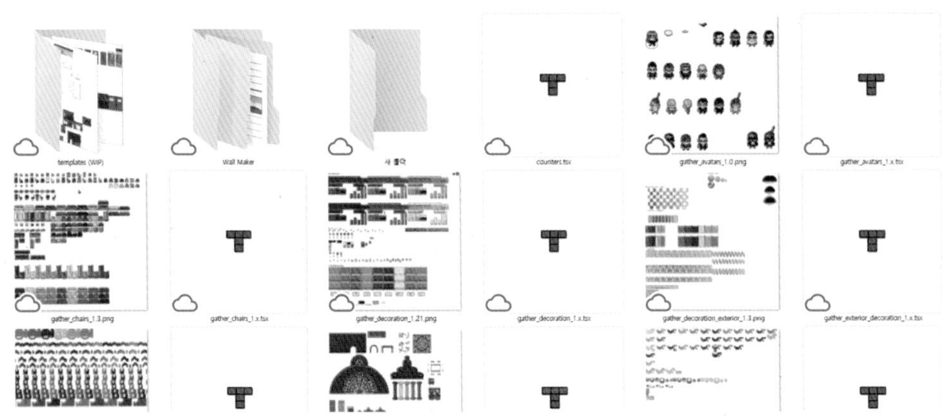

깃허브 폴더를 다운로드하여 압축을 푼 모습

Tiled 프로그램 살펴보기

지금부터 소개하는 Tiled타일드 프로그램은 사실 게더타운을 위해서 만들어진 프로그램은 아닙니다. 2D 그래픽 기반의 게임을 개발하는 사람들이 맵과 배경을 만드는 데 주로 사용하는 프로그램입니다. 국내에서는 일부 2D 마니아 개발자나 디자이너 등이 주로 사용하였으나 최근 게더타운이 인기를 끌며 다시 조명을 받고 있는 프로그램입니다. 게더타운은 2D 그래픽 기반의 맵을 활용하기 때문에 Tiled라는 프로그램은 손쉽게 맵을 수정할 수 있습니다. 이 책에서는 게더타운 맵 개발을 위해서 필요한 정도의 기초 기능만 살펴보겠습니다.

Tiled 프로그램 다운로드하기

인터넷 브라우저의 주소창에 www.mapeditor.org를 입력합니다. 또는 검색 창에 'Tiled'라고 입력하여 해당 주소로 이동해도 됩니다.

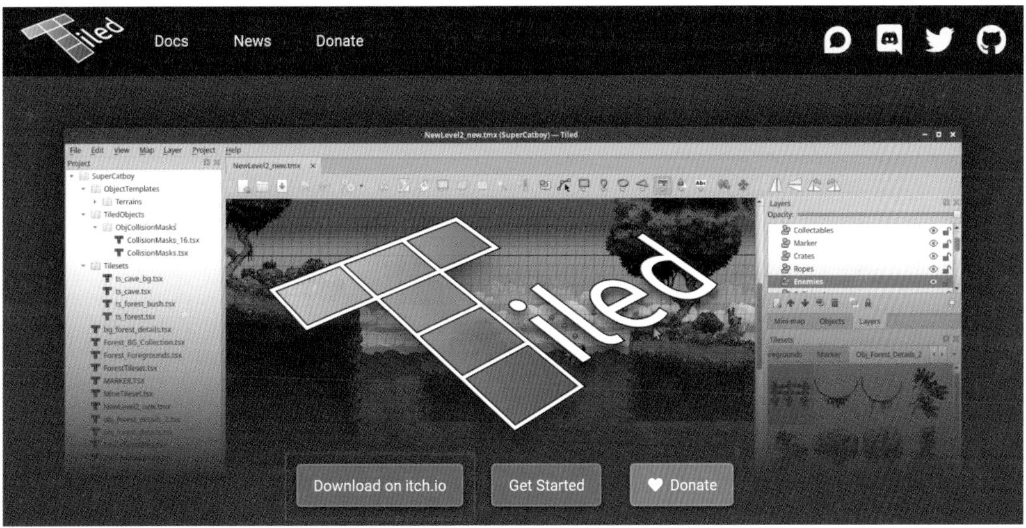

Tiled 프로그램 홈페이지의 메인 화면

Download on itch.io라고 적힌 버튼을 클릭합니다. 그러면 다음의 사이트로 이동합니다.

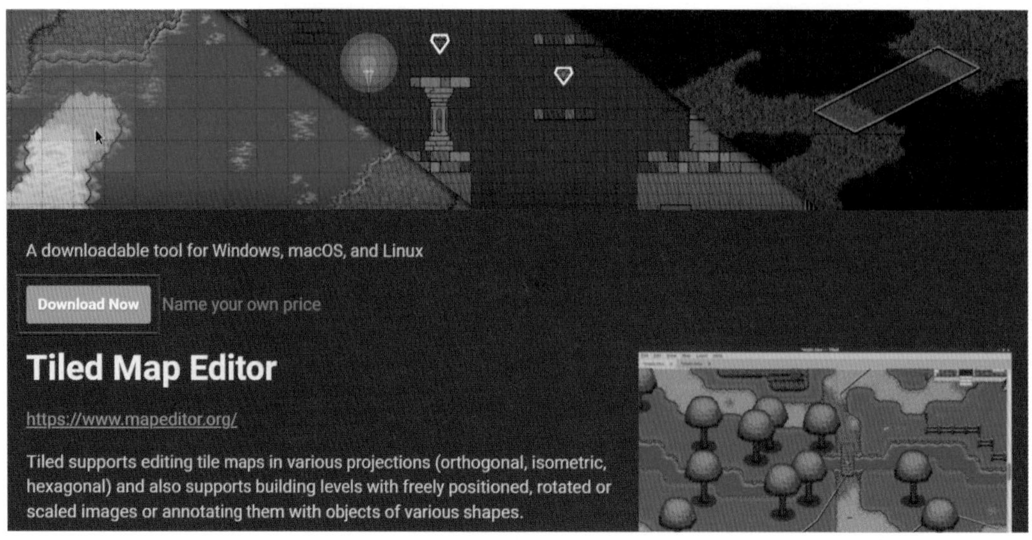

Tiled 프로그램 다운로드 페이지

왼쪽 상단 부분에 **Download Now**라는 버튼이 있습니다. 클릭해 보겠습니다. 프로그램 개발자에게 후원금을 보내는 창이 나타납니다. **No Thanks, just take me to the downloads**를 클릭하면 무료로 다운로드할 수 있습니다.

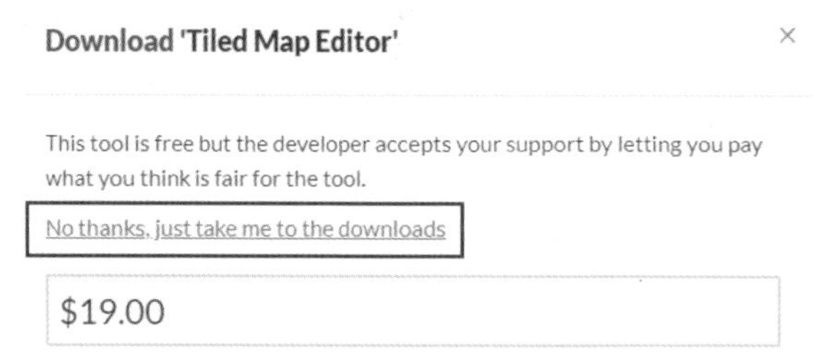

Tiled 프로그램 무료 버전 선택

다음과 같은 페이지가 나타나는데, 본인의 컴퓨터 버전에 맞는 프로그램을 다운로드하면 됩니다. 2022년 기준으로 윈도우 사용자는 대부분 Windows(64-bit) 프로그램을 선택하면 됩니다.

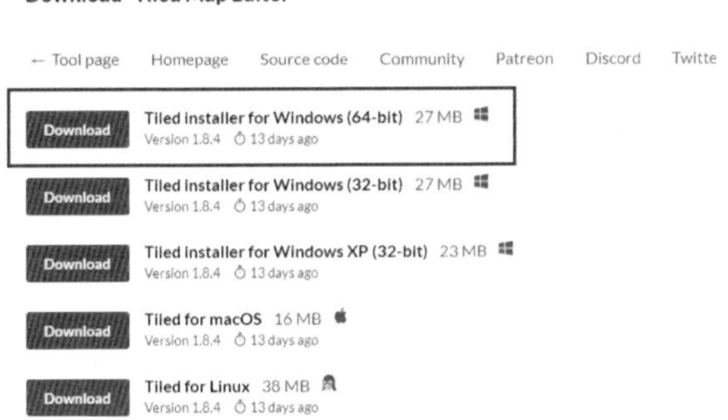

64비트 윈도우용 설치 파일 선택

프로그램을 다운로드한 뒤에 바로 설치합니다. 경고 메시지 창이 나타나기도 하는데, 무시하고 계속 설치해도 무관합니다. 설치하면 바탕화면에 테트리스 블록 모양의 아이콘이 나타납니다. 이 아이콘을 클릭하여 프로그램을 실행하면 다음과 같은 화면이 나타납니다.

Tiled 프로그램 실행 첫 화면

축하드립니다. 여러분은 이제 Tiled를 사용할 준비가 끝났습니다.

동영상으로 한 번 더!

http://m.site.naver.com/0UVWA

Tiled 프로그램 초기 설정하기

프로그램을 처음 실행했을 때 나오는 화면에서 **New Map...** 버튼을 클릭합니다.

File Edit View Project Help
Project
No Open Files
Open Project...
Save Project As...
Add Folder to Project...
Open File...
New Map...
New Tileset...

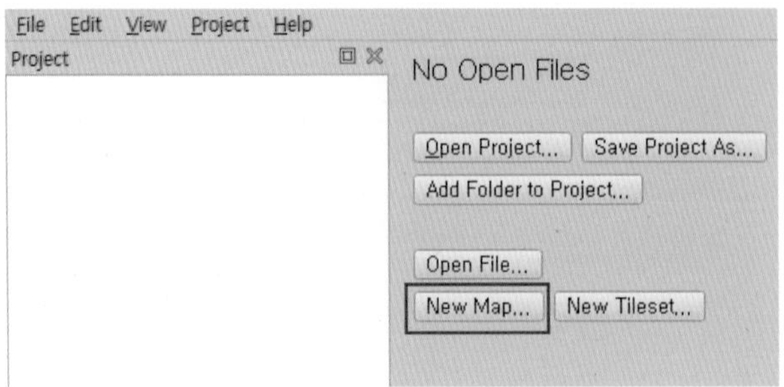

Tiled 프로그램 실행 첫 화면을 확대한 모습

새로운 맵 프로젝트를 시작하는 창이 나타납니다.

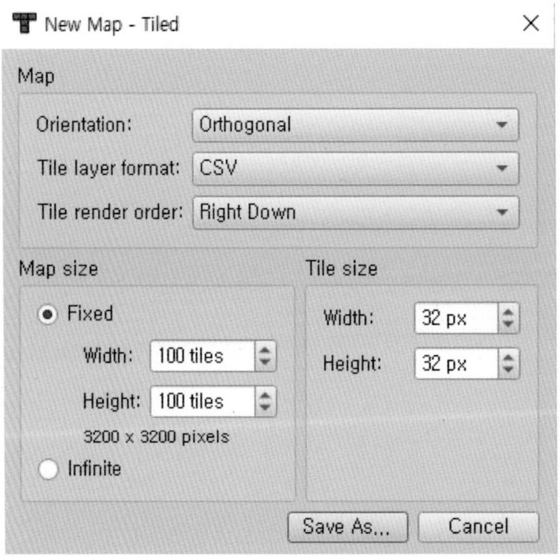

New Map - Tiled
Map
Orientation: Orthogonal
Tile layer format: CSV
Tile render order: Right Down
Map size
Fixed
Width: 100 tiles
Height: 100 tiles
3200 x 3200 pixels
Infinite
Tile size
Width: 32 px
Height: 32 px
Save As...
Cancel

Tiled 프로그램에서 New Map을 만들 때 나오는 기본 설정

Tiled 프로그램에서는 맵을 만드는 과정을 프로젝트 파일 형태로 저장하게 되는데, 확장자는 '.tmx' 파일입니다. 위의 메뉴에서는 크게 설정을 바꿀 것이 없습니다. 특히, 게더타운의 기본 가로 × 세로 1개 타일의 크기는 32 픽셀 × 32 픽셀이므로 위의 설정을 그대로 두어야 합니다. **Map size**는 새로 만들 맵의 크기를 고려하여 적당히 타일 수를 고정하는 것이 좋

고, 가늠이 안 될 경우에는 무한대로 지정해도 좋습니다. 왜냐하면 Tiled 프로그램을 게더타운에 삽입 가능한 형태로 전환할 때 맵을 그리지 않은 부분은 자동으로 잘라내기가 되기 때문입니다. 설정을 확인하고 **Save As...** 버튼을 클릭합니다.

Tiled 프로그램 프로젝트 파일 저장 화면

앞에서 Tiled 프로그램은 맵 제작 과정을 프로젝트 파일 형태로 저장한다고 했습니다. 맵을 저장할 때 파일 형식을 살펴보면 '*.tmx' 파일의 형태로 저장하는 것을 확인할 수 있습니다. 나중에 타일을 저장할 때의 파일 형식인 '.tsx' 파일과는 구분해야 합니다.

New Map의 기본 설정을 마무리하고 프로젝트의 이름까지 저장하면 다음과 같은 초기 화면이 나타납니다.

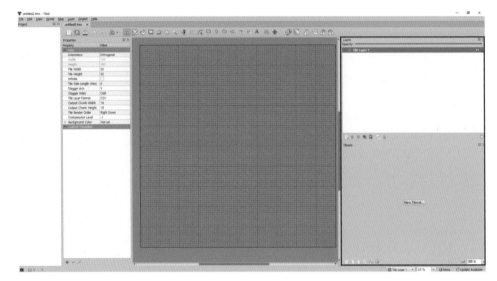

맵 만들기 프로젝트 화면

이제 맵을 만들기 위한 기본 설정을 마무리하였습니다. 모든 메뉴가 중요하겠지만, 특히 눈여겨볼 만한 부분은 오른쪽 상단의 **Layers** 패널과 오른쪽 하단의 **Tilesets** 패널입니다. 만약 이 둘 중 하나라도 보이지 않는다면 상단의 **View** 메뉴에서 **View & Toolbars** 메뉴를 찾아 체크해 줍니다.

이제 다음 순서인 타일 파일을 불러오는 과정을 거치면 맵을 만들 수 있습니다. **Layer**, **Tileset** 이 두 패널은 반드시 기억해야 합니다.

동영상으로 한 번 더!

http://m.site.naver.com/0UVWB

이미지 파일을 Tiled 프로그램에 삽입하기

게더타운 깃허브에서 파일을 찾아볼 때를 기억하나요? 다양한 파일을 찾아볼 때 어떤 파일은 확장자가 png 형태였고, 어떤 파일은 확장자가 tsx 형태였습니다. 이 두 파일의 형태 모두 Tiled 프로그램에 삽입할 수 있습니다. 차이점을 이야기하자면, png 형태의 이미지 파일을 Tiled 프로그램에 삽입하여 32 픽셀 × 32 픽셀 크기로 하나하나 쪼갠 상태를 저장하면 그 확장자가 tsx 형태로 저장이 됩니다. 즉, tsx 파일은 바로 타일로 사용 가능한 형태이며, png 파일을 Tiled 프로그램에서 쓸 수 있게 변환한 파일이라는 것입니다. 따라서 우리의 사용 과정은 tsx 파일을 바로 프로그램에서 실행하거나, png 파일을 프로그램에 삽입하여 tsx 파일의 형태로 바꾸고 사용하는 방법, 이렇게 두 가지입니다.

tsx 파일을 바로 삽입하기

이 방법은 '*.tsx' 형태의 파일을 바로 사용하는 방법입니다. 다음 그림은 깃허브 게더타운 **mapmaking** 폴더를 통째로 다운로드한 뒤 **tilesets** 폴더에 들어간 화면입니다.

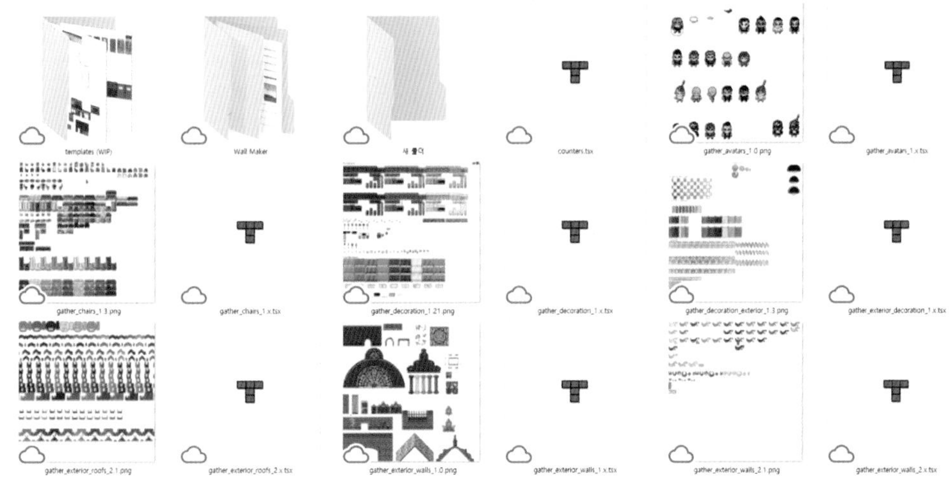

Mampaking 폴더 내 Tilesets 폴더의 파일 목록

위의 파일 중 원하는 디자인이 있는 파일을 더블클릭해서 열 수 있습니다. 단, 이 파일은 tsx 파일이 어떤 타일들을 갖고 있는지 미리보기로 알 수 없어서 일일이 실행해 보아야 한다는 불편함이 있습니다.

png 파일을 삽입하여 tsx 파일로 변환하기

이 방법은 png 파일을 삽입하여 tsx로 저장하는 과정을 거쳐야 하는 대신에 미리보기로 png 파일에 어떠한 타일들이 포함되어 있는지 알 수 있으므로 더 편리합니다. 방법은 매우 간단합니다.

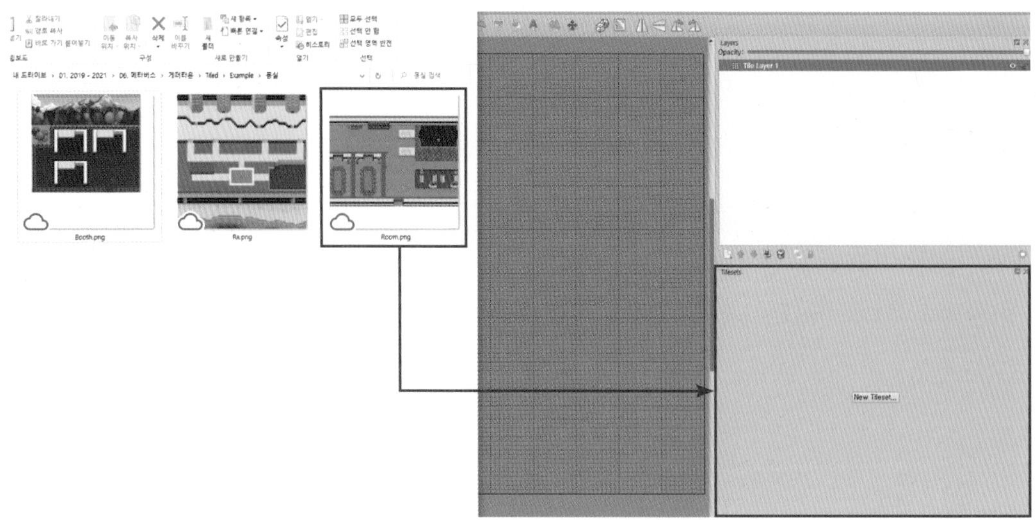

png 파일을 드래그하여 Tileset 패널로 이동시키기

왼쪽과 같이 미리 게더타운 깃허브에서 원하는 맵 또는 타일 형태를 준비한 뒤 파일을 드래그하여 Tiled 프로그램의 오른쪽 하단의 **Tilesets** 패널로 이동시킵니다. 이동시키면 다음과 같은 화면이 나옵니다.

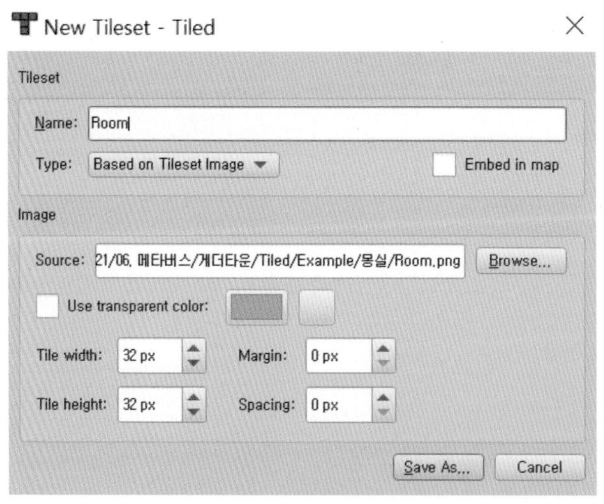

Tiled 프로그램 타일셋 설정 화면

Save As... 버튼을 누르면 다음과 같이 tsx 파일로 저장할 수 있는 화면이 나타납니다.

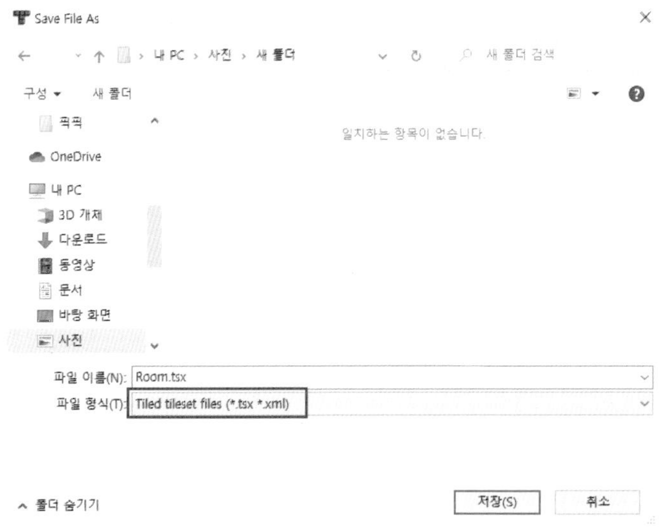

Tiled 프로그램 타일 파일 저장 화면

이제 원하는 파일명을 쓰고 저장 버튼을 누르면 png 파일을 tsx 파일로 변환하게 됩니다. 한번 변환한 tsx 파일은 계속해서 불러와 사용할 수 있습니다. tsx 파일을 불러올 때도 드래그하여 **Tilesets**로 옮겨 와 사용할 수 있습니다. png 또는 tsx 파일을 드래그하여 옮기면 다음과 같이 **Tilesets** 패널에 이미지 파일이 타일로 삽입된 것을 확인할 수 있습니다. 자세히 보면 이미지 파일이 타일처럼 모두 나뉘어 있는데, 이 한 타일의 크기는 32 × 32 픽셀입니다. 드디어 여러분들이 가지고 있는 이미지 파일이 타일의 형태로 삽입되었습니다!

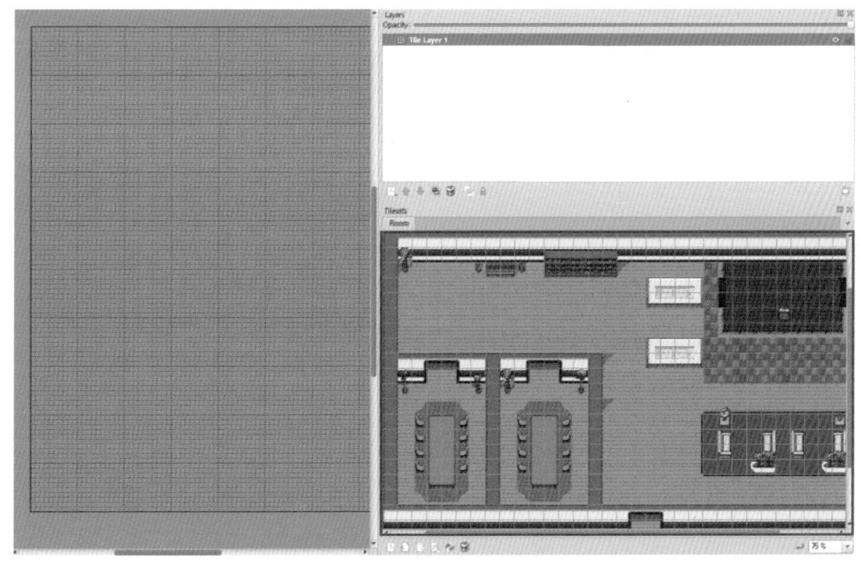

Tileset 패널에 png 파일이 타일의 형태로 삽입된 모습

Tileset 패널에 타일까지 집어넣었으니 이제 맵을 꾸밀 일만 남았습니다. 왼쪽의 회색 부분의 타일들은 현재 비어 있는 상태입니다. 삽입한 **Tilesets**의 타일들을 드래그한 뒤, 마우스 버튼을 누르지 않고 마우스만 왼쪽으로 이동시킨 뒤 원하는 위치에 클릭합니다.

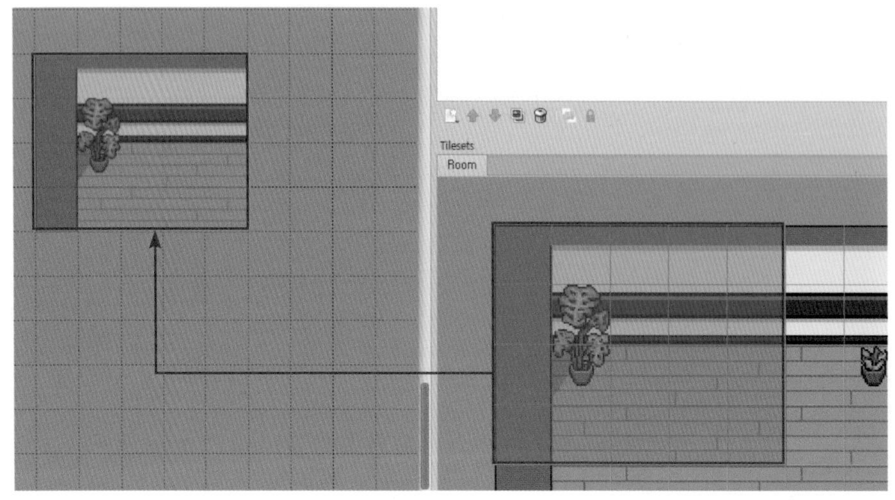

Tileset 패널에서 맵 패널로 타일 가져오기

위의 안내처럼 드래그하여 원하는 타일을 옮긴 결과는 다음과 같습니다.

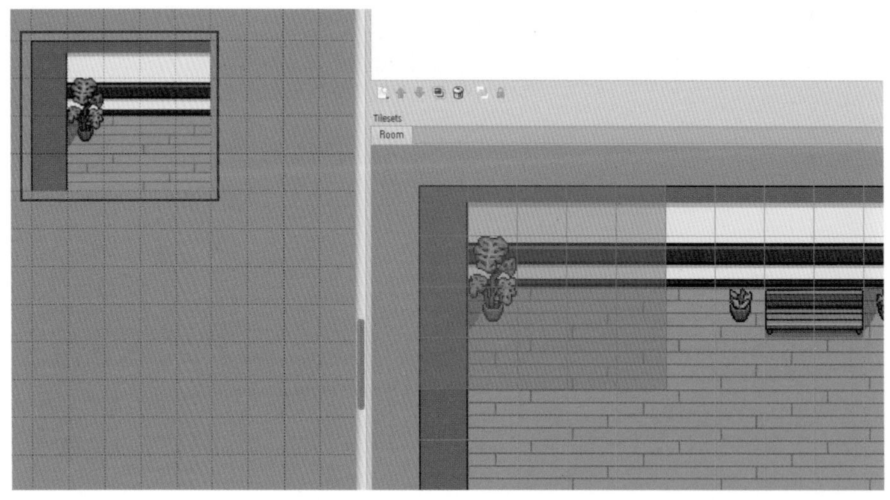

Tileset 패널에서 맵 패널로 타일을 옮긴 결과

이렇게 간단한 드래그만으로 여러분들은 다양한 타일을 맵 패널에 배치할 수 있게 되었습니다.

여기까지 잘 따라오셨나요? 지금까지의 내용을 정리하자면 다음과 같습니다.

① 게더타운 깃허브에서 타일셋 또는 이미지 png 파일을 다운로드한다.

② Tiled 프로그램에서 **New Map** 버튼으로 프로젝트를 생성한다.

③ 다운로드한 png 파일을 드래그하여 **Tilesets**로 삽입한다.

④ **Tilesets**에서 원하는 타일을 선택하여 **Map** 패널로 이동한다.

이제 여러분은 Tiled 프로그램에서 맵을 만들기 위한 기초 작업을 모두 끝냈습니다. 그렇다면 이제 맵을 바로 만들 수 있을까요? 아쉽게도 아직은 아닙니다. 하지만 한 가지만 더 배운다면 바로 멋진 맵들을 만들 수 있습니다. 바로 'Layer(층)'입니다. 만약 포토샵이나 일러스트 등의 그래픽 도구를 다루어 본 분께서는 이 레이어의 개념을 훨씬 쉽게 이해할 수 있을 것입니다.

Tiled 프로그램과 관련된 확장자의 이해

확장자	설명
*.tmx	Tiled 프로그램에서 맵을 만드는 과정을 저장하는 프로젝트 파일
*.tsx	Tiled 프로그램에서 이미지를 설정한 크기대로 타일로 자른 파일
*.png	일반적으로 구하여 사용할 수 있는 이미지 파일(투명 배경 가능)

동영상으로 한 번 더!

http://m.site.naver.com/0UVWD

Tiled 프로그램으로 Background와 Foreground 나누기

이제 Tiled 프로그램에서의 레이어에 대해 다루겠습니다. 레이어의 활용은 무궁무진하지만 본 책에서는 게더타운 맵을 만들기 위해 필요한 수준만 다룰 예정입니다. 특히, 게더타운에서의 레이어 개념은 앞서 Background와 Foreground의 개념을 다룰 때 간단히 설명하였으므로 참고하기 바랍니다.

Tileset 패널에서 맵 패널로 타일을 옮긴 결과

Tiled 프로그램에서는 오른쪽의 **Layers** 패널을 통해 레이어를 다룰 수 있습니다. 여러분들이 게더타운과 관련된 맵을 자연스럽게 만들기 위해서는 이 레이어 패널을 잘 다룰 수 있어야 합니다. Tiled 프로그램으로 맵을 만들 때는 앞으로 항상 다음과 같은 습관을 지니기 바랍니다. 예시일 뿐이므로 만드는 맵에 맞춰 적용해야 합니다.

① **Tile Layer 1**에는 바닥과 벽 등을 가장 먼저 배치하기

② **Tile Layer 2**에는 건물, 책상 등을 배치하기

③ **Tile Layer 3**에는 벽면 위의 창문, 책상 위 물체 등을 배치하기

④ **Tile Layer 4**에는 Foreground로 배치해야 되는 물체 배치하기

Tiled로 맵을 처음 만들 때 가장 많이 실수하는 유형 중의 하나가 바로 위의 ①~④ 내용을 모두 하나의 레이어에 배치하는 것입니다. 그렇게 하면 타일의 배치도 매우 부자연스럽고, 캐릭터 위에 이미지가 놓이는 Foreground 기능도 사용할 수 없습니다.

①, ②를 하나로 배치할 때 흔히 나타나는 실수는 다음과 같습니다.

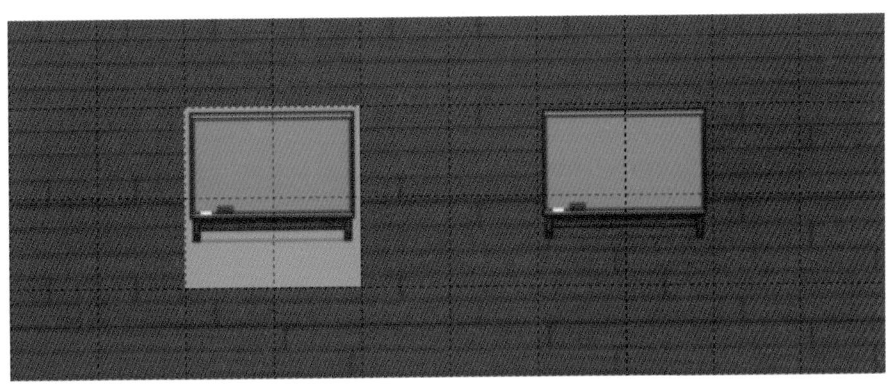

왼쪽 칠판과 오른쪽 칠판의 차이점을 눈치채셨나요?

왼쪽 칠판은 하나의 레이어에 바닥 타일과 칠판을 함께 배치한 경우입니다. 이때는 같은 레이어에 배치되기 때문에 칠판의 배경인 회색이 바닥 타일을 덮어 버려서 어색하게 배치됩니다. 반면, 오른쪽 칠판은 **Tile Layer 1**에 바닥 타일을 배치하고, **Tile Layer 2**를 생성하여 칠판을 배치한 경우입니다. 이때는 레이어가 다르기 때문에 칠판의 배경은 사라지고 칠판만 배치되어 어색함이 사라집니다. 따라서 물체의 배경 또는 원하는 이미지의 배경을 제외하고 타일을 배치하기 위해서라도 레이어는 반드시 나눠서 작업해야 합니다. 물론, 배경이 없는 png 파일의 경우에만 해당하는 내용입니다. Tiled 프로그램에서는 이미지의 배경이 투명할 경우 회색으로 나타납니다. 이를 같은 레이어에 배치하면 투명하게 나타나는 것이 아니라 회색으로 적용됩니다. 이때 다른 레이어에 배치하면 투명하게 적용됩니다. 다행히 게더타운 깃허브에 있는 상당수의 타일은 배경이 없는 경우가 많으므로 레이어를 구분하면 일일이 배경을 삭제하는 수고를 덜 수 있습니다.

이제 마지막으로 Foreground를 적용하는 상황에 대해 살펴보겠습니다. 게더타운에서 Foreground를 사용하는 경우는 여러 가지가 있습니다. 벽의 뒷면, 책상의 뒤와 같이 다양하지만, 그중에서도 가장 많이 쓰이는 경우는 바로 '위쪽을 향한 등받이 의자'라고 할 수 있습니다. 이 의자의 경우 Foreground를 사용하지 않으면 캐릭터와 의자가 겹쳐져서 캐릭터가 의자 위로 올라가는 기괴한 모습이 나타나게 됩니다.

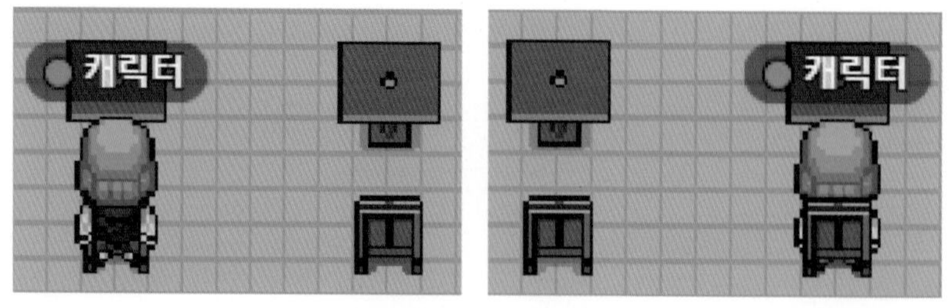

Objects로 배치된 의자(왼쪽)와 Foreground로 배치된 의자(오른쪽)의 차이(오른쪽)의 차이

위의 그림을 살펴보면 ④ Foreground로 배치된 의자와 ② Objects로 배치된 의자의 차이점을 쉽게 이해할 수 있습니다. 차이가 보이나요? 맞습니다. 앞서 게더타운의 요소들은 레이어의 형태로 배치된다고 했었습니다. 위의 그림에서 왼쪽 의자는 ② Objects로 배치된 의자이기 때문에 ③ Character가 의자의 위에 나타나게 됩니다. ①, ②번 요소들보다 ③번 요소가 더 위의 층에 쌓이기 때문입니다. 반면, 오른쪽 의자는 ③ Character 위에 의자가 나타납니다! 여기서 바로 오른쪽의 의자가 ④ Foreground로 배치된 의자입니다. 앞서 말씀드린 층의 개념에 따라 네 번째 층으로 배치된 의자는 세 번째 층의 캐릭터보다 위에 나타나게 되는 것입니다.

이와 같은 상황을 예시로 설명하면 가장 바닥에 깔린 타일이 **Tile Layer 1**이 되고, 책상은 **Tile Layer 2**가 됩니다. 마지막으로 의자가 **Tile Layer 3**으로 설정되어야 나중에 Background와 Foreground를 분리할 수 있습니다.

다음과 같은 간단한 맵을 통해 다시 한번 살펴보겠습니다.

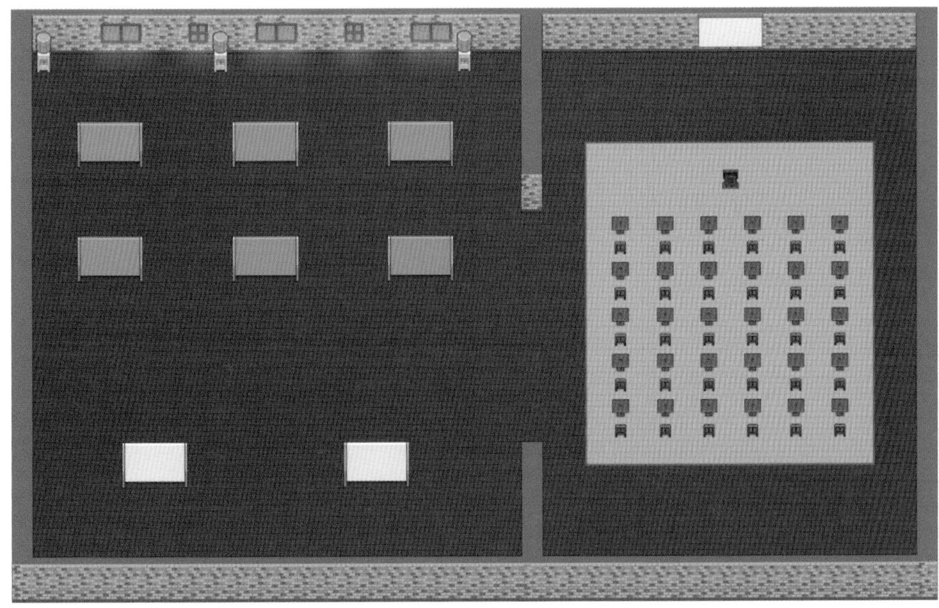

게더타운 깃허브의 mapmaking > maps > templates > Education(various) > Classrooms 맵, mapmaking > tilesets > gather_chairs_1.3.png 배경이 투명한 의자 오브젝트 타일 활용

이 맵에 사용된 레이어는 다음과 같습니다.

① **Tile Layer 1**에는 바닥과 벽 등을 배치

② **Tile Layer 2**에는 책장, 정수기, 게시판, 책상, 단상 등을 배치

③ **Tile Layer 3**에는 위쪽을 향한 의자 배치

이처럼 배치하기 위해서는 **Layers** 패널의 기능을 간단히 익혀야 합니다. 먼저, **Tile Layer**를 3개 만들겠습니다.

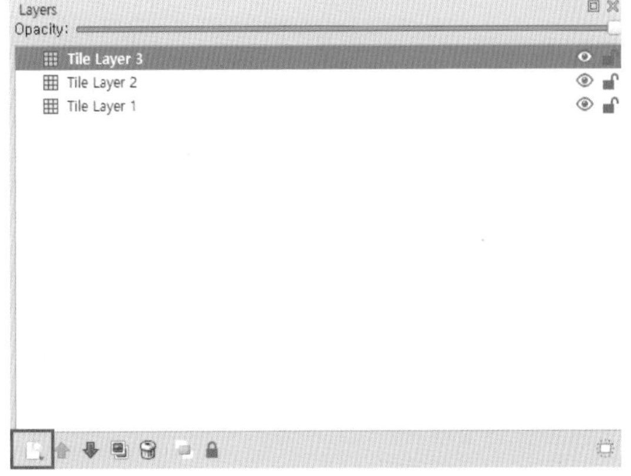

Layers 패널에 Tile Layer를 3개까지 만든 모습

왼쪽 하단의 **New**( ) 버튼 또는 마우스를 **Layers** 패널의 빈 공간에서 마우스 우클릭한 뒤 **New** 버튼을 클릭하고 **Tile Layer**를 클릭합니다. 이름을 지정할 수 있는데, 여러분들의 편의에 맞추어 이름을 저장합니다. 이 책에서는 **Tile Layer 1**, **2**, **3**으로 저장하였습니다.

각 레이어를 선택하고 원하는 타일을 배치합니다. 먼저, **Tile Layer 1**을 클릭하고 원하는 타일을 배치한 모습입니다.

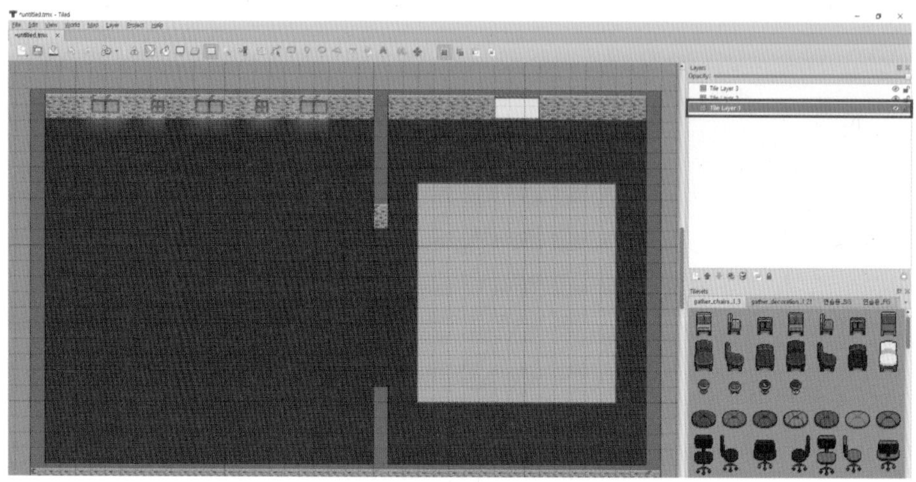

Tile Layer 1

다음은 **Tile Layer 2**를 클릭하고 원하는 타일을 배치한 모습입니다. 아직 의자의 모습은 보이지 않습니다.

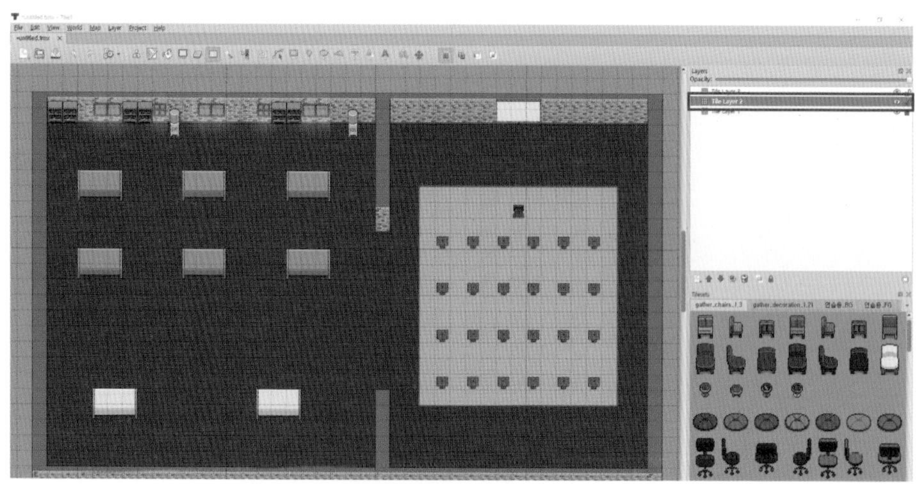

Tile Layer 2

마지막으로 **Tile Layer 3**에 의자를 배치한 모습입니다. 이렇게 3개의 레이어에 필요한 모든 파일이 배치되었습니다.

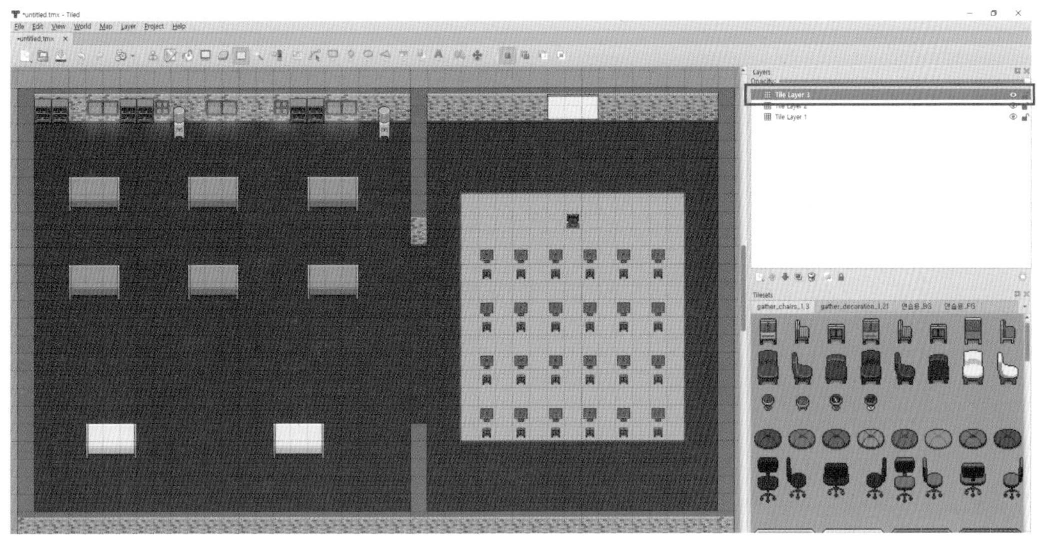

Tile Layer 3

여러분들이 만든 맵의 각 레이어가 정확히 배치되어 있는지 쉽게 확인할 수 있는 기능이 있습니다. 레이어 오른쪽의 눈 모양(◉) 아이콘입니다.

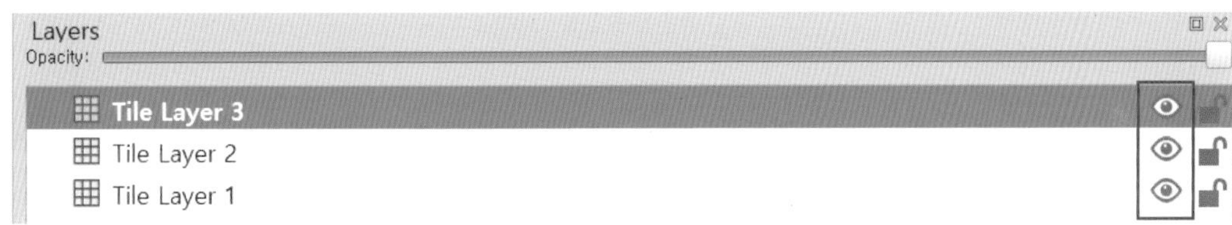

레이어의 눈 모양 아이콘(열린 상태)

각 레이어의 오른쪽 끝에 있는 눈 모양(◉)을 클릭하면 눈이 감긴 모양( )으로 눈이 감긴 모양으로 변경됩니다. 눈 모양이 활성화되어 있는 레이어는 여러분이 작업하는 화면에 보이지만, 눈이 감긴 모양이 지정된 레이어는 화면에 나타나지 않게 됩니다. 따라서 내가 원하는 레이어만 보면서 작업하거나 층을 쌓아서 다양하게 표현하는 데 활용할 수 있습니다.

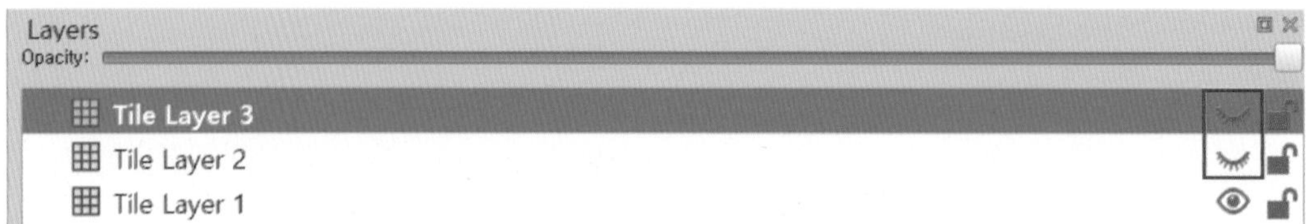

레이어의 눈 모양 아이콘(감긴 상태)

이렇게 레이어 가장 오른쪽의 눈 아이콘을 통해 원하는 레이어만 볼 수 있습니다. 그리고 이 기능을 이용하여 원하는 레이어만 따로 저장할 수도 있습니다.

Tile Layer 1, **2**, **3**의 눈 모양 아이콘만 각각 클릭한 모습은 다음과 같습니다.

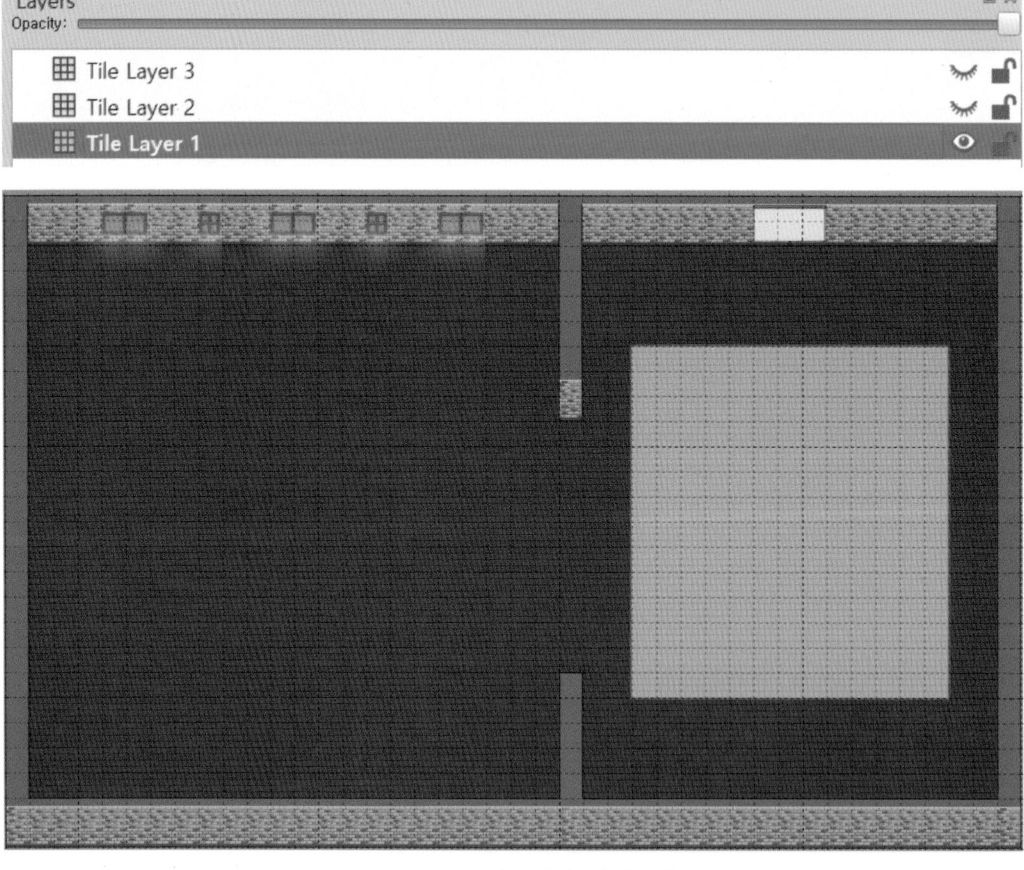

Tile Layer 1의 눈 아이콘만 연 상태

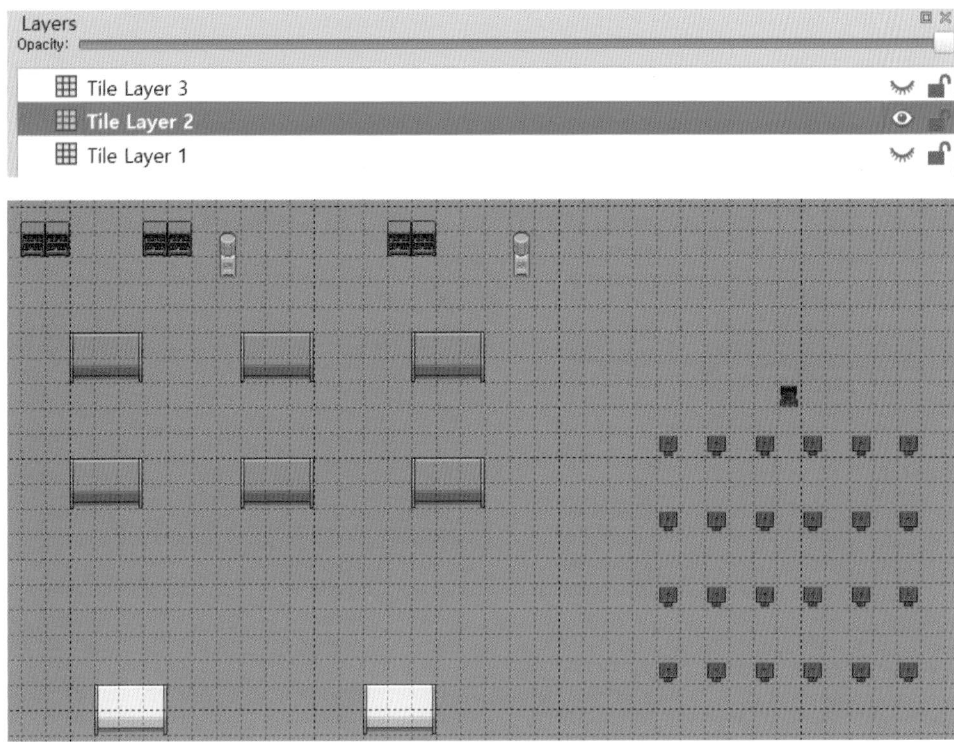

Tile Layer 2의 눈 아이콘만 연 상태

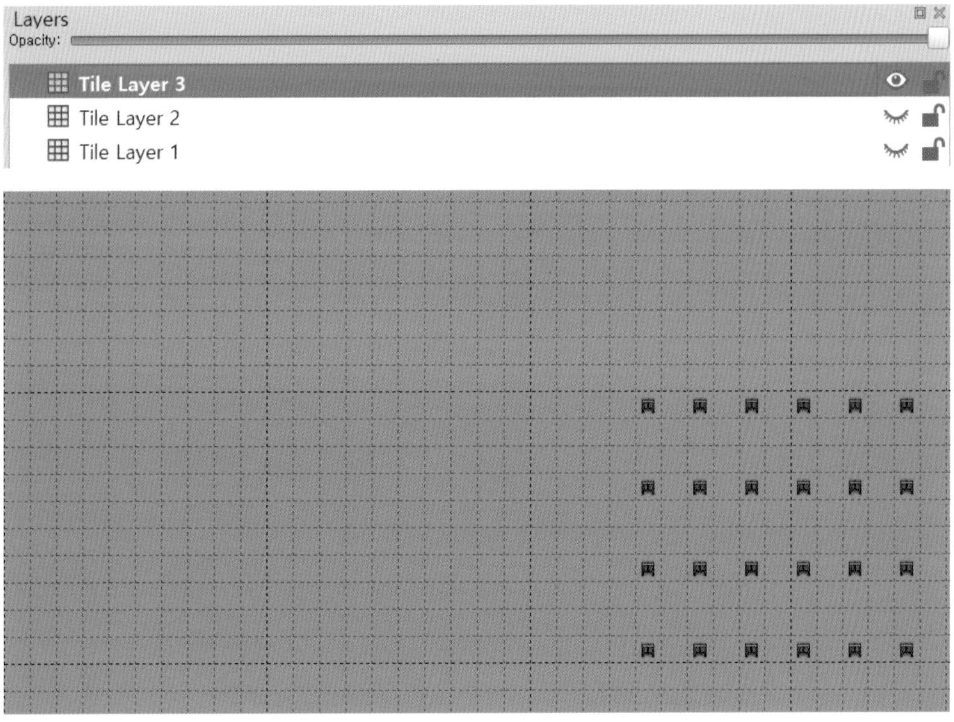

Tile Layer 3의 눈 아이콘만 연 상태

Tile Layer 1, 2, 3이 제대로 되었다는 것을 확인하였습니다. 이제는 어떤 레이어를 Background로 하고, 어떤 레이어를 Foreground로 할지 판단해야 합니다. 이 맵의 경우를 예로 들면, **Tile Layer 3**의 의자만 접속한 사용자의 캐릭터를 가려야 하므로 **Tile Layer 3**만 Foreground가 됩니다. 따라서 **Tile Layer 1, 2**를 Background로 저장하면 됩니다.

이제 Tiled 프로그램의 마지막 단계입니다. Background와 Foreground를 나누어 저장해 보겠습니다. 먼저, Background를 저장하기 위해서는 **Tile Layer 3**이 보이지 않게 설정해야 합니다.

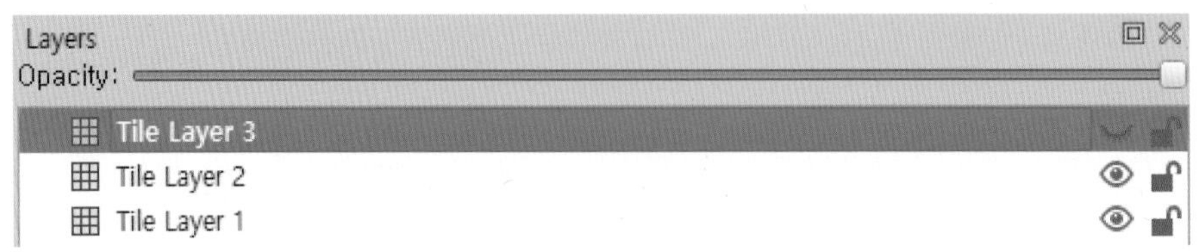

Tile Layer 1, 2만 보이게 한 상태

이 그림의 상단 메뉴 중 **File** 메뉴의 **Export As Image** 메뉴를 클릭합니다. 그러면 다음과 같은 메뉴가 나타납니다.

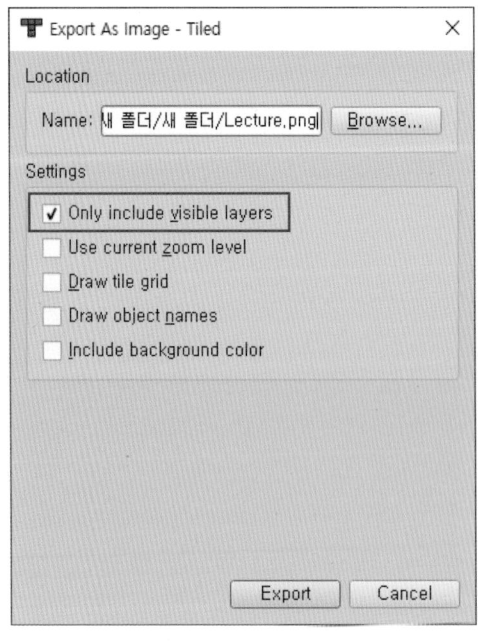

Only include visible layers

여기서 제일 중요한 부분은 바로 **Only include visible layers**, 즉 '오직 눈에 보이는 레이어만 포함하여 저장한다'에 체크한 뒤 **Export** 버튼을 클릭하는 것입니다. 이때 좀 더 구분을 쉽게 하기 위하여 맨 위의 파일명에는 보통 _Background, _BG 같은 명칭을 포함해 저장합니다. 나중에 게더타운의 맵메이커에서 백그라운드에 업로드할 때 좀 더 편히 업로드하기 위해서입니다.

이번에는 Foreground를 저장하겠습니다. 다음 그림과 같이 **Tile Layer 3**만 보이게 설정합니다.

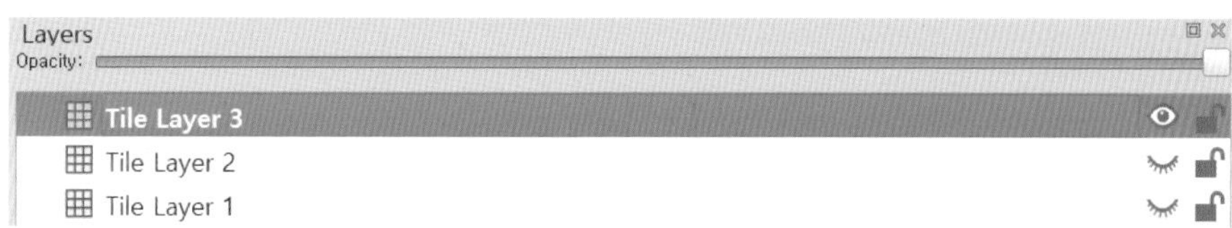

Tile Layer 3만 보이게 한 상태

Background를 저장할 때와 마찬가지로 위의 상태에서 **File** 메뉴의 **Export as Image...**를 눌러 저장합니다. 역시 '오직 눈에 보이는 레이어만 포함하여 저장한다'에 체크한 뒤 **Export** 버튼을 클릭합니다.

여기까지 오게 되면 다음과 같이 2개의 png 파일을 생성할 수 있습니다.

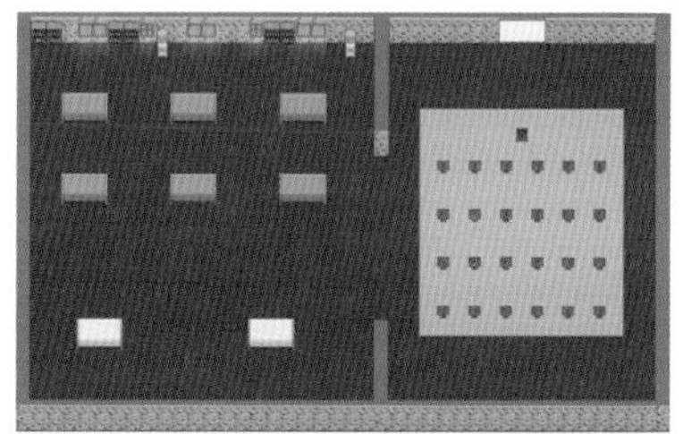

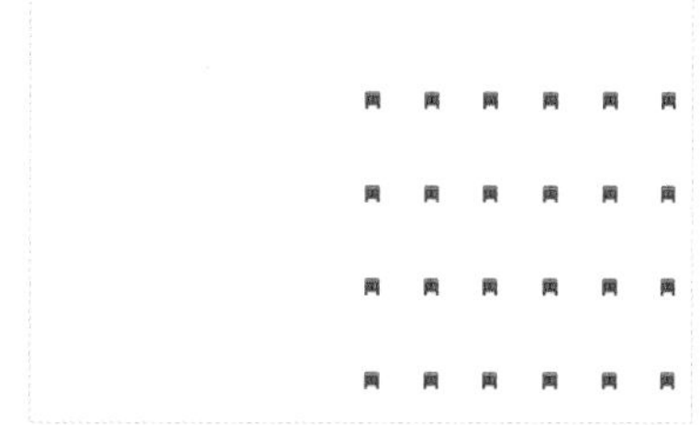

PNG 파일 추출

축하합니다. 이제 여러분들은 게더타운의 맵메이커에서 사용되는 Background와 Foreground를 직접 적용하여 맵을 만들 수 있게 되었습니다.

동영상으로 한 번 더!

http://m.site.naver.com/0UVWE

맵메이커로 Background와 Foreground 업로드하기

이제 여러분들이 만든 Background와 Foregroud의 png 파일을 게더타운의 맵메이커에서 업로드해 보겠습니다. 먼저, 게더타운에 접속하여 로그인한 뒤 오른쪽 상단의 **Create Space** 버튼을 클릭합니다.

공간 만들기

직접 만든 png 파일로 맵을 만들 것이기 때문에 앞서 익힌 새로운 공간을 만드는 과정 중 **Start from blank**로 공간을 만들겠습니다.

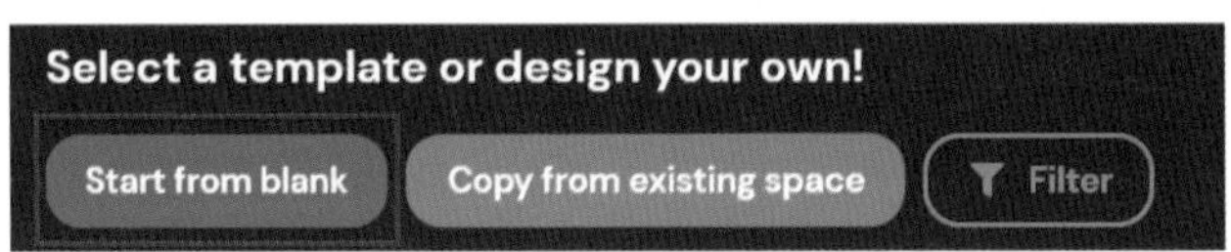

Start from blank

공간에 관한 설정을 마무리하고 **Open Mapmaker** 버튼을 클릭합니다.

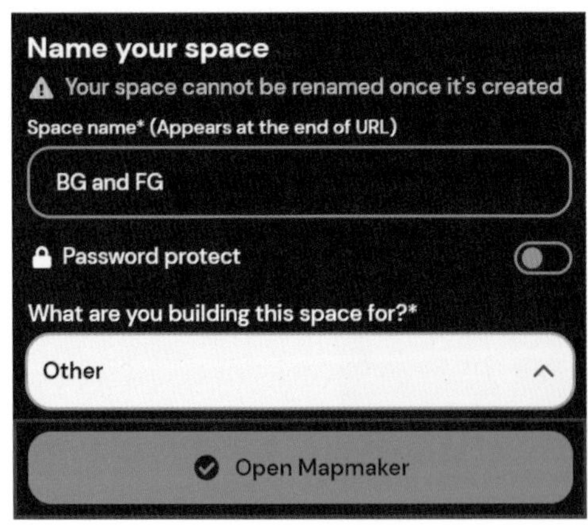

맵메이커 열기

공간을 만들면 다음과 같이 백지 상태에서 바로 맵메이커를 사용할 수 있습니다. 첫 화면에서 바로 왼쪽 상단의 메뉴를 클릭한 뒤에 **Background & Foreground**를 클릭하면 다음과 같이 여러분들이 만든 Background와 Foreground를 업로드할 수 있는 메뉴가 나타납니다.

Background & Foreground

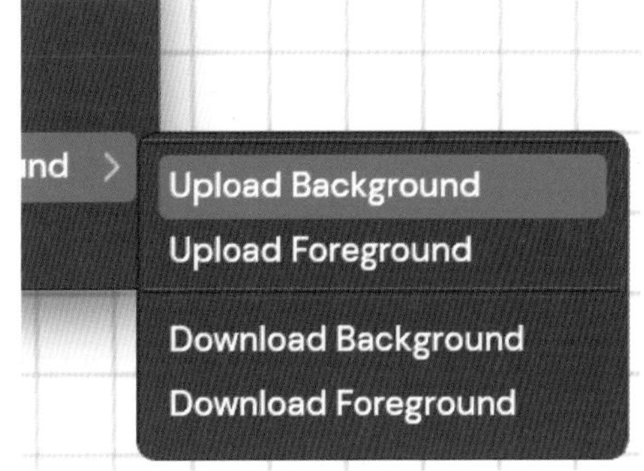

업로드 메뉴

위의 안내처럼 **Upload Background** 또는 **Upload Foreground**를 누르면 다음과 같은 안내창이 나옵니다. 오른쪽의 업로드 버튼을 통해 여러분들이 제작한 Background png 파일과 Foreground png 파일을 업로드해 봅시다.

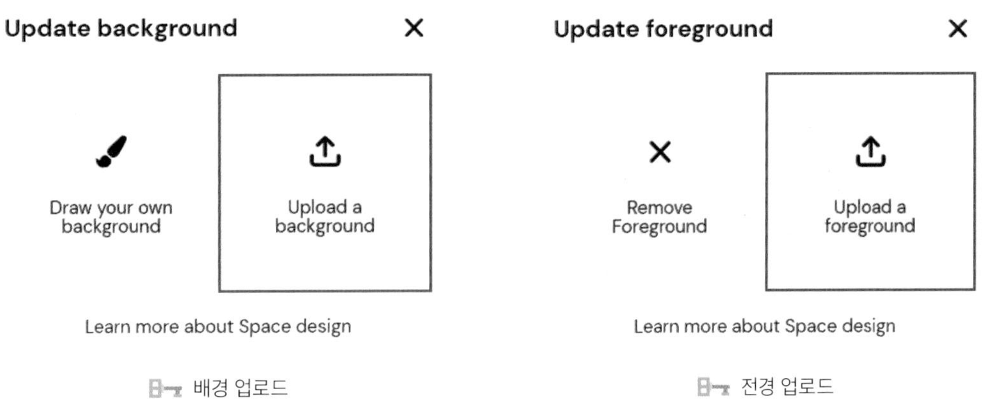

배경 업로드

전경 업로드

이제 여러분들이 직접 업로드한 Background와 Foreground의 png 파일로 만든 맵을 확인해 봅시다.

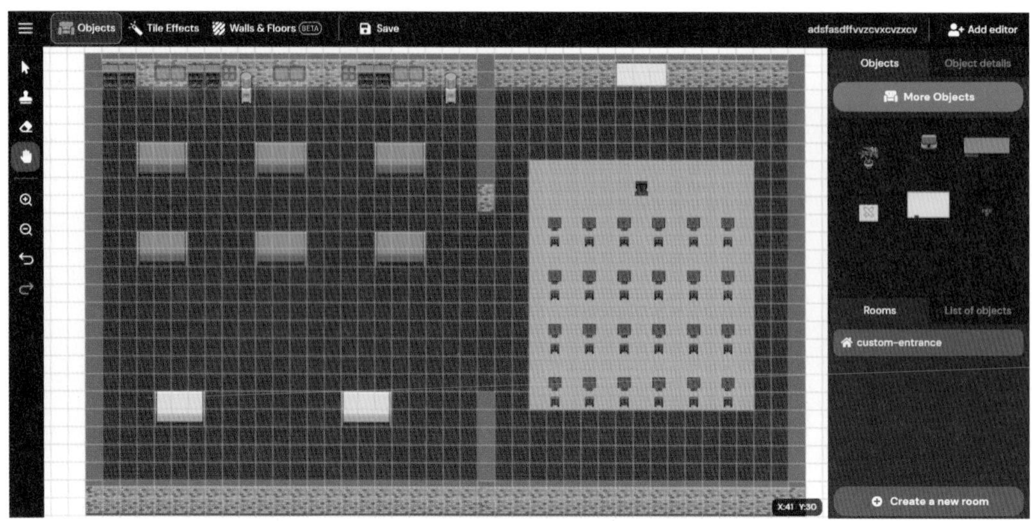

Background와 Foreground png 파일을 업로드한 모습

이제 맵메이커 내부에서도 여러분들이 만든 맵이 나타났습니다. 하지만 이것으로 맵 설정이 끝난 것은 아닙니다. Tiled 프로그램에서는 맵을 멋지게 만들 수는 있지만 게더타운 내에서 제공하는 **Tile Effects** 기능들은 설정할 수 없기 때문입니다. 이제 여러분들이 만든 이미지 파일로 생긴 맵에 **Impassable**(이동 불가), **Spawn**(생성), **Portal**(공간 이동), **Private Area**(사적 공간), **Spotlight**(스포트라이트) 등의 타일 기능들을 설정하여 맵을 완성하면 됩니다.

맵을 완성한 뒤 맵 왼쪽 상단의 메뉴를 클릭하여 **Go to Space** 버튼을 누르면 여러분들이 작성 중인 맵으로 바로 이동할 수 있습니다. Foreground 기능이 잘 적용됐는지 확인해 보겠습니다.

Foreground 기능 적용

짠! 여러분들의 아바타가 Foreground 맵으로 적용된 의자에 가려진 모습을 확인할 수 있습니다!

동영상으로 한 번 더!

http://m.site.naver.com/0UVWF

이제 여기까지 따라 온 여러분들은 게더타운의 맵을 제작하기 위한 대부분의 기능을 모두 익혔다고 할 수 있습니다. 물론, 일러스트레이터나 포토샵 등 추가적인 외부 프로그램을 활용하여 더욱 화려한 게더타운 맵을 만들 수 있겠지만, 2D 기반의 맵은 게더타운 깃허브에서 제공되는 다양한 타일, 맵 콘셉트들과 Tiled 프로그램을 활용하면 충분히 멋진 맵을 만들 수 있습니다. 이제 여러분들에게 필요한 것은 연습과 시간입니다. 게더타운 깃허브의 방대한 자료들의 위치를 많은 연습을 통해 빠르게 찾을 수 있게 되고, Tiled 프로그램의 기본 기능들을 충분히 연습하면 여러분들도 멋진 맵을 만들 수 있게 될 것임을 약속드립니다.

7장

게더타운 플러스

이 장에서는 표준 서비스는 아니지만 보다 새로운 기능에 대해서 탐구하고 싶은 분들이 실험할 수 있는 것들과 공개 공간 및 모바일 접속하기 등에 대해 소개합니다. 기본적 기능 이외에 새로운 것들에 대해 알아보고 싶은 분들은 이곳에서 나오는 내용을 천천히 검토해 보면 좋습니다.

베타 기능 이용하기

게더타운의 향후 업데이트 방향성이나 현재 시도하고 있는 점들에 대해 더 자세히 알아보고 싶은 분들에게 추천하는 베타 기능입니다. 게더타운에서는 베타 버전을 미리 체험해 볼 수 있는 기능이 있습니다. 내가 원하는 아무 공간에 접속한 후 왼쪽의 톱니바퀴 모양(⚙)의 **Settings** 버튼을 클릭합니다.

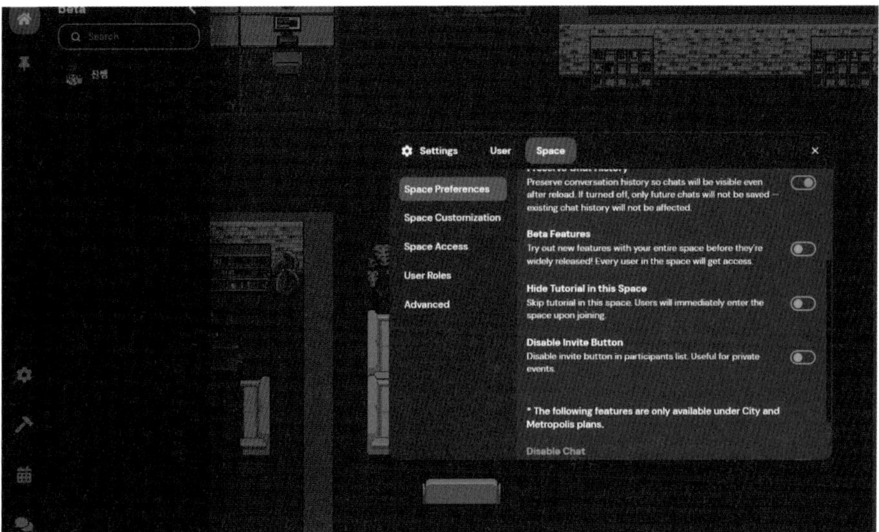

그림 Settings(설정)

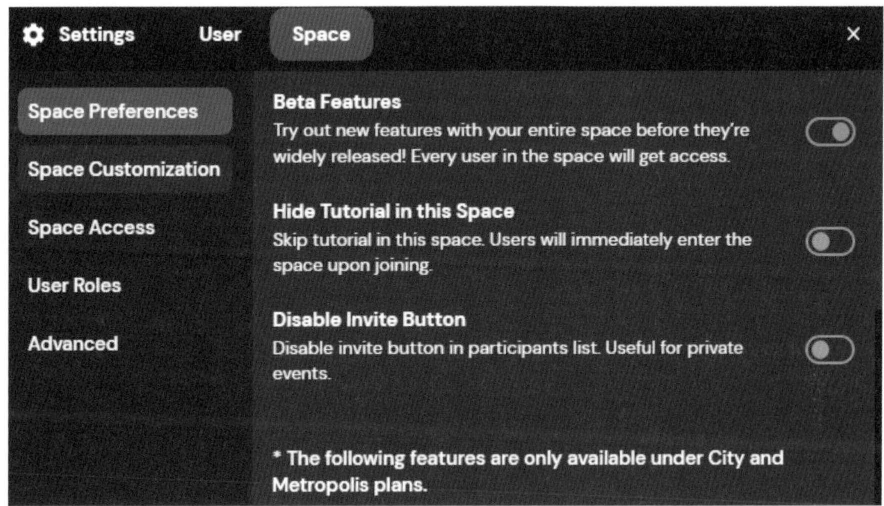

그림 베타 버전 활성화

Settings 〉 Space 〉 Space Preferences 〉 Beta features를 선택해서 베타 버전을 활성화합니다. 지금부터 베타 기능으로 확장된 오브젝트를 사용해 보겠습니다.

설정 창을 닫고 난 후 왼쪽의 도구 중 망치 모양(🔨)의 **Build**를 찾아 선택합니다. 그 후 **Edit in Mapmaker**를 선택해서 맵메이커로 이동하도록 합니다.

맵메이커로 이동하기

맵메이커에 들어왔으면 왼쪽 상단 모서리에 있는 메뉴(☰) 버튼을 클릭해서 **Extension Settings**를 선택합니다. 추가적인 베타 기능들이 활성화 형태로 바뀐 것을 알 수 있습니다.

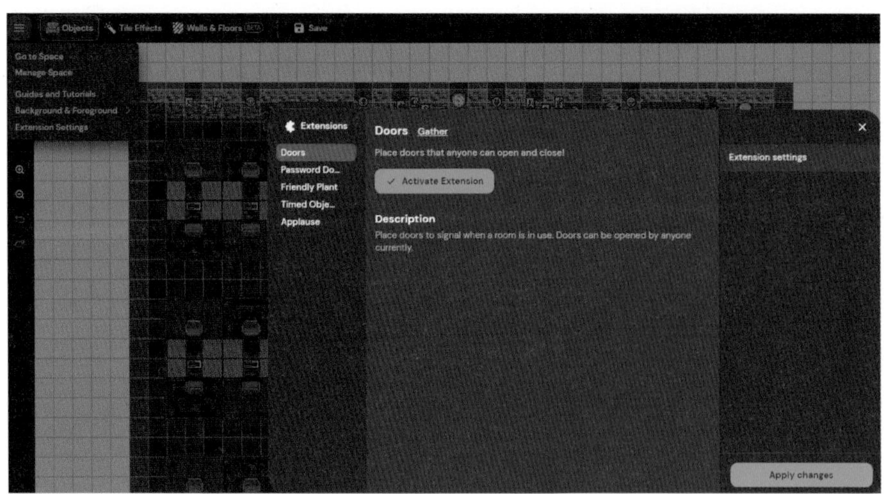

Map Maker — Extension Settngs

이러한 **Extensions** 베타 기능을 활용하기 위해서는 개별 익스텐션마다 **Activiate Extension**을 클릭하여 활성화해야 합니다. 활성화가 되었다면 화면에는 **Deactivate Extension**이 보이며, 오른쪽 하단의 **Apply changes**를 클릭해야 적용됩니다.

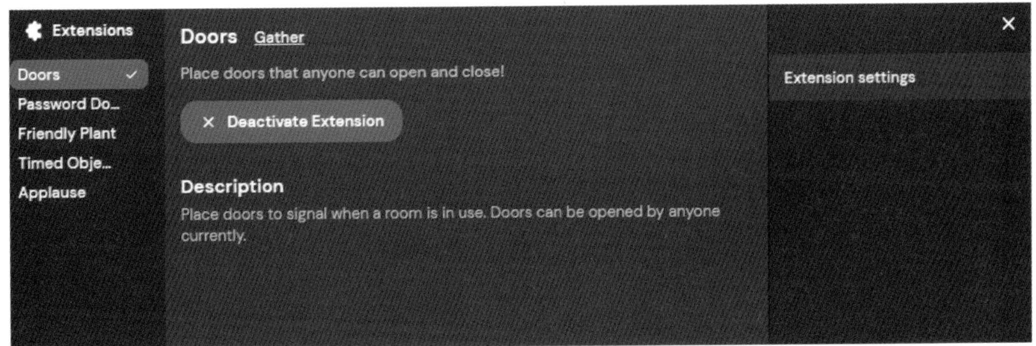

베타 버전 활성화

그러면 지금부터 각 베타 기능에 대해서 자세히 알아보겠습니다.

동영상으로 한 번 더!

http://m.site.naver.com/0UVWU

Doors(문)

첫 번째 확장 기능으로 사용할 수 있는 것은 바로 문입니다. 게더타운에서 이동은 포털 형식을 이용하는데, 문을 이용하여 실감 나게 여닫을 수 있습니다. 베타 기능을 통해 설치되는 문은 별도의 제한 없이 참가자 모두가 문을 여닫을 수 있습니다.

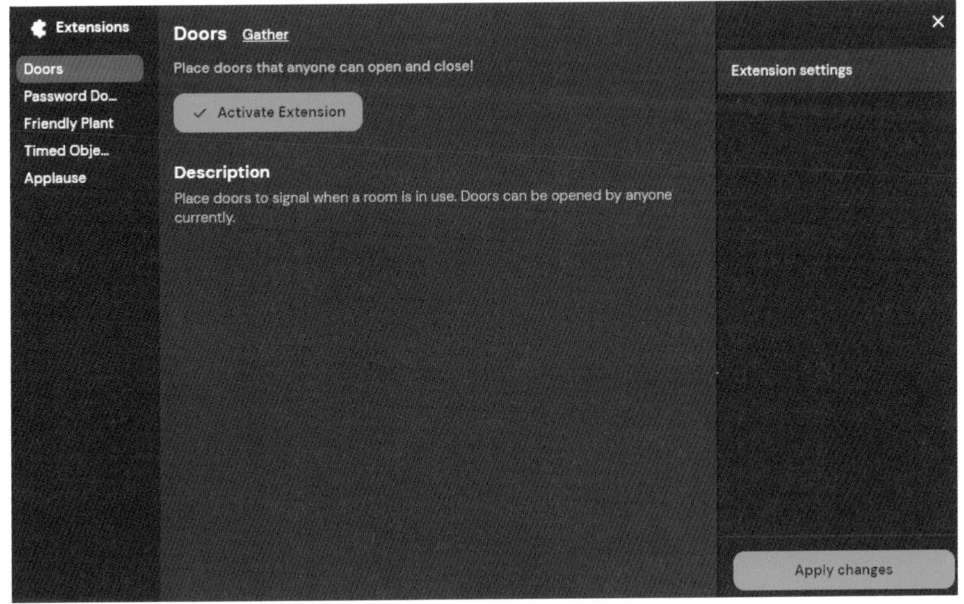

Map Maker — Extension Settngs > Doors

베타 기능으로 생성된 문의 사용 방법은 단축키 X 를 누르는 것으로 문을 활성화하면 닫힌 문이 열리면서 입장할 수 있습니다. 우선, **Active Extension**을 선택해서 활성화한 후 **Apply changes**를 클릭하여 **Door** 오브젝트를 활성화합니다. 그런 후 밖으로 나와서 **Objects** 버튼을 선택해서 문과 관련된 오브젝트가 추가되었는지 확인하고 넣어 보겠습니다.

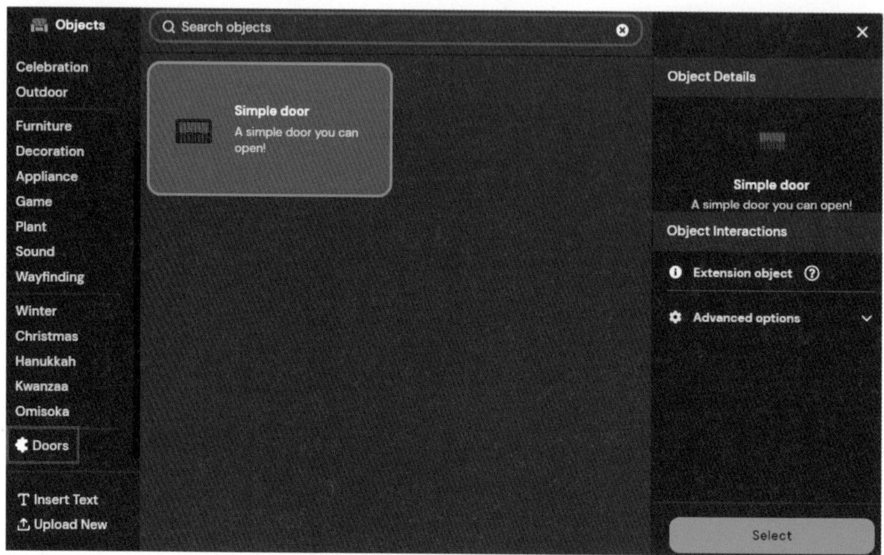

Objects > Doors > Simple door

오브젝트 왼쪽 분류 탭에 **Doors**라는 분류 항목이 생긴 것을 확인할 수 있습니다. 해당 항목에 있는 **Simple door**를 선택해서 내가 원하는 곳에 넣습니다. 그런 후 **Save** 버튼을 눌러 저장해 봅시다.

(좌)닫힌 문, (우)열린 문

단축키 X 를 누르면 문이 열리고 닫힙니다. 이렇게 베타 기능을 활용해 문이 열리고 닫히는 효과를 넣어 줄 수 있으며, 여러 방을 이동하거나 공간을 이동할 때 유용하게 활용할 수 있습니다.

동영상으로 한 번 더!

http://m.site.naver.com/0UVWV

Password Doors(비밀번호 문)

두 번째 베타 기능으로, 비밀번호가 있는 문을 만들 수 있습니다. 많은 사람이 게더타운의 놀이로 '방 탈출 게임'을 진행하고 있는데, 이러한 콘셉트의 맵을 꾸밀 때 유용하게 사용할 수 있습니다.

앞에서 배운 것처럼 맵에는 소유자 및 관리자, 중재자 및 운영자, 빌더, 일반 참가자가 있는데, 이 중 맵의 중재자 이상만 해당 문의 비밀번호를 지정할 수 있습니다. **Doors** 오브젝트의 활성화와 마찬가지로 맵 메이커에서 메뉴(≡) 버튼 〉 **Extension Settings** 〉 **Password Doors**를 눌러 **Activate Extension**을 클릭하여 기능을 활성화합니다. 그리고 아래쪽 하단의 **Apply change**를 눌러 최종 적용합니다.

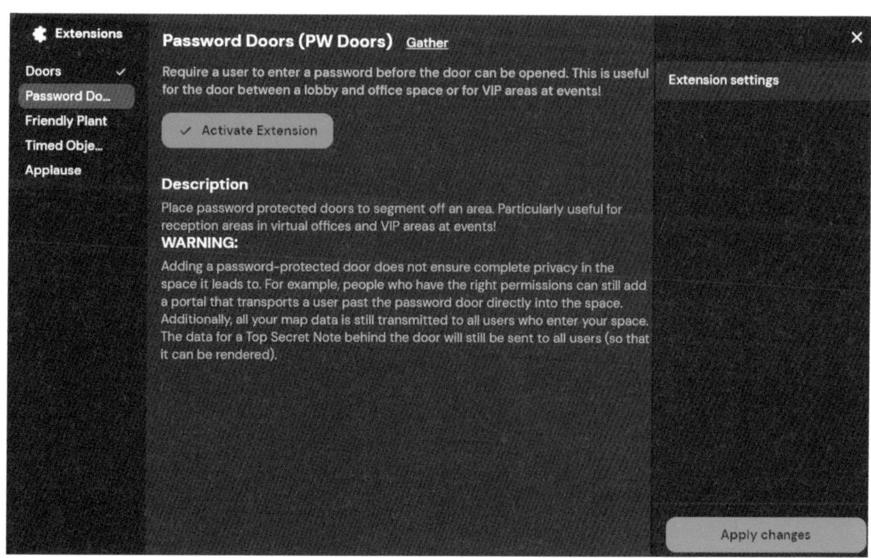

Password Doors 활성화

이후 앞에서와 마찬가지로 맵메이커에서 **Objects** 또는 맵 안에서 **Build**( ) 버튼을 이용해서 **Password Doors**를 넣어 줄 수 있습니다. 여기서는 맵메이커를 기준으로 하고 있으므로 맵메이커에서 **Objects**를 선택해서 **Password Doors** 분류 탭을 찾아보겠습니다.

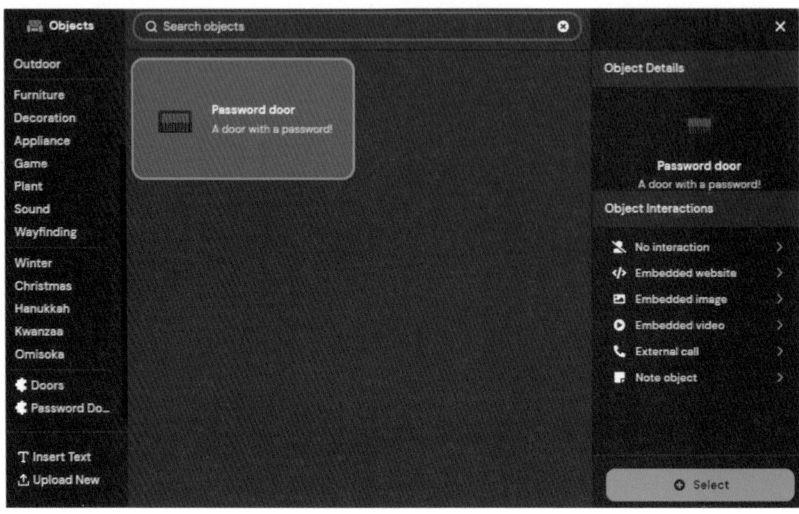

Objects > Password door

패스워드 문은 일반 문과 다르게 여러 오브젝트 상호작용을 넣어 줄 수도 있습니다. 하지만 여기에서는 별도의 상호작용은 넣지 않고 진행하겠습니다.

일반 문과 비밀번호 문

일반 문과 비밀번호 문은 겉보기에는 별다른 차이가 나지 않습니다. 하지만 비밀번호 문에 X 버튼을 통해서 활성화를 했을 때 차이점이 있습니다.

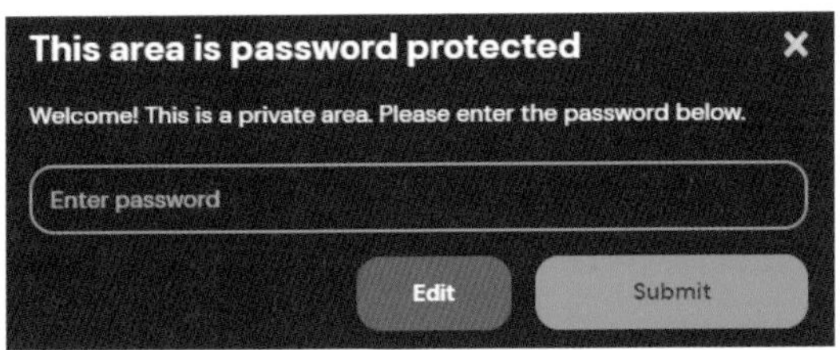

비밀번호 입력

단축키 X 로 비밀번호 문을 활성화하면 비밀번호를 입력하는 빈칸과 비밀번호를 편집할 수 있는 **Edit** 버튼, 비밀번호를 제출하는 **Submit** 버튼을 볼 수 있습니다. 처음 설치했을 경우나 비밀번호 변경이 필요할 때는 **Edit** 버튼을 눌러 비밀번호를 설정합니다.

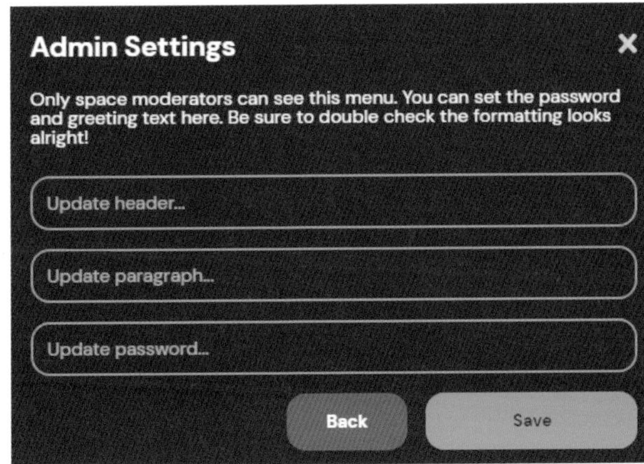

비밀번호 설정 탭

Update header와 **Update paragraph**에는 비밀번호의 힌트를 알려주거나 관련 설명을 적어 줄 수 있고, 마지막 **Update password**에는 비밀번호를 설정합니다.

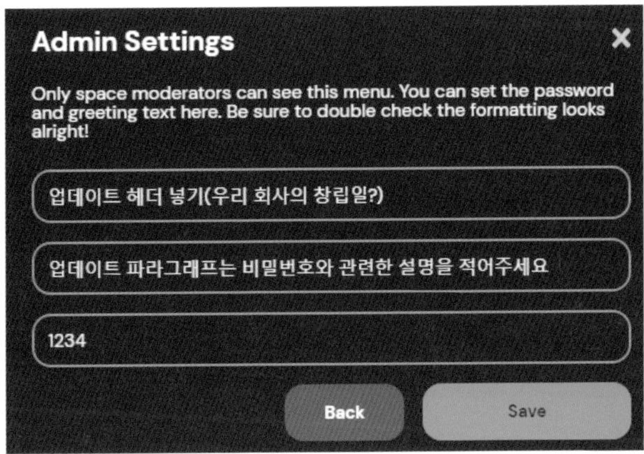

비밀번호 설정하기

실제로 각 부분이 보이는 내용은 다음의 이미지와 같습니다.

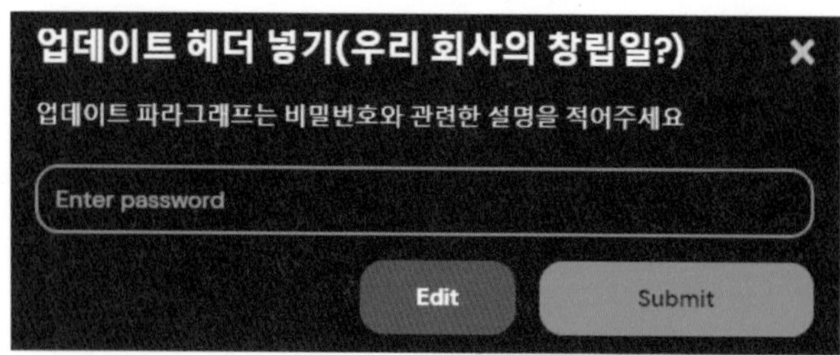

실제로 보이는 Update header 입력 내용

추가적인 팁으로, 만약 위에서 배운 **Doors** 또는 **Password Doors**를 설치할 때에는 통행을 유도하기 위해 주변에 **impassable** 타일을 적용하는 방법이 많이 이용되고 있습니다.

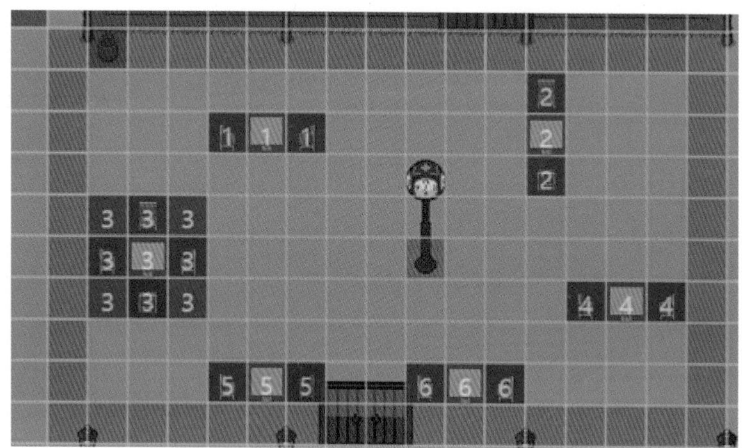

비밀번호 문과 그 주변에 Impassable 타일 설치

동영상으로 한 번 더!

http://m.site.naver.com/0UVWX

Friendly Plant(반려식물)

다음의 베타 확장 기능은 **Friendly Plant**입니다. 이 식물은 직접 물을 주고 성장시키는 반려 식물 기능입니다.

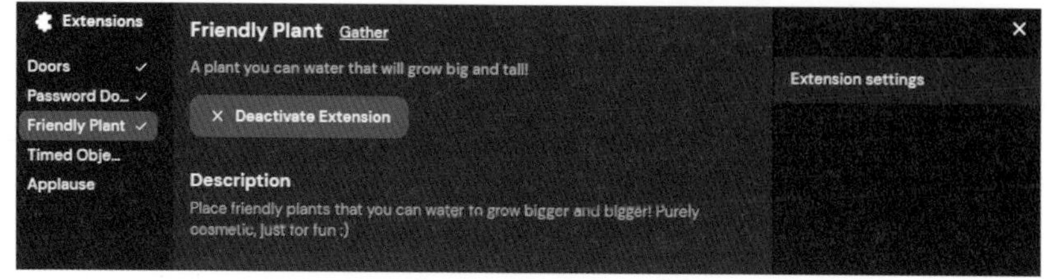

Extensions > Friendly Plant

앞의 다른 베타 확장 기능을 활성화한 것과 마찬가지로 맵메이커에서 메뉴(≡) 버튼을 클릭해서 **Extension Settings**에 들어간 후 활성화해 줍니다.

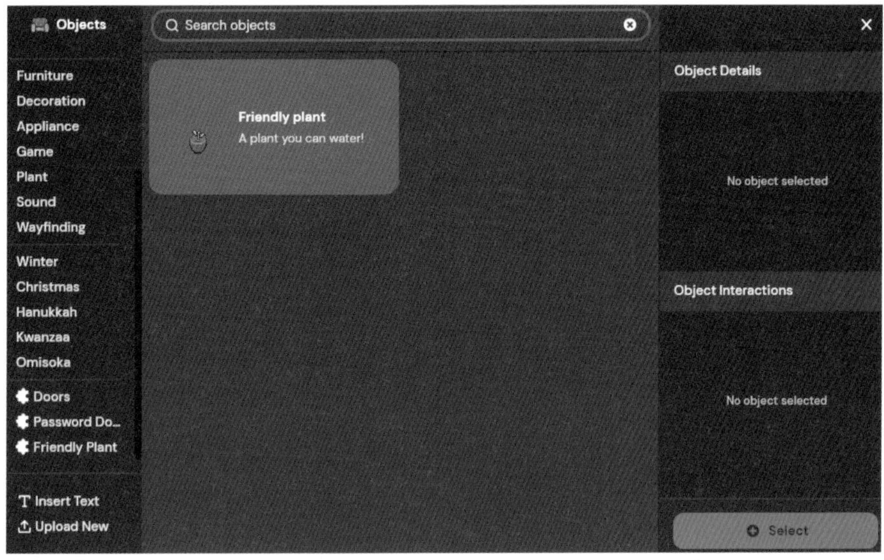

Objects > Friendly plant

앞의 문들과 마찬가지로 **Objects**의 왼쪽 분류 탭에 새롭게 **Friendly plant**가 생긴 것을 확인할 수 있습니다. 직접 맵에 설치해 보겠습니다.

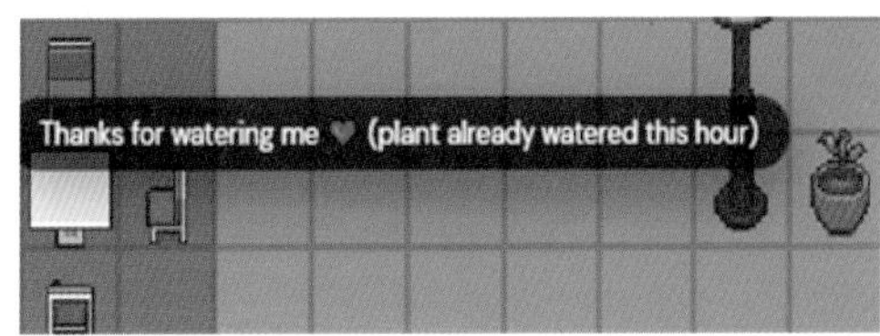

Friendly plant

맵에 **Friendly plant**를 설치한 후 X 버튼을 눌러서 물을 주는 상호작용을 하면 처음 설치한 모습과는 달리 파릇파릇한 잎으로 식물이 변합니다. 한 번 더 X 버튼을 누르면 이미 물을 줬다는 알림이 뜹니다. 다만, 이 기능은 종종 실행되지 않는 경우가 있습니다. 그럴 때 다음과 같이 노란

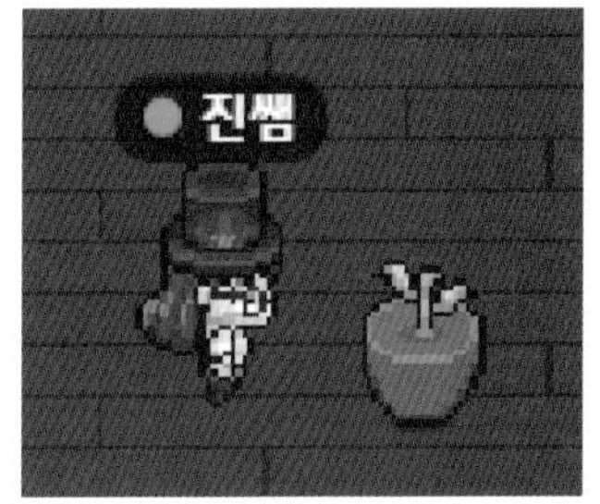

오류 상황

색 잎의 식물로 보이게 되며 게더타운 자체에서 업데이트가 될 때까지 기능을 사용할 수 없게 됩니다.

동영상으로 한 번 더!

http://m.site.naver.com/0UVWZ

Timed object(시간제한 오브젝트)

네 번째 베타 기능은 하루 중 특정 시각에만 어떤 이미지에서 다른 이미지로 변경되는 오브젝트입니다. 시간의 흐름에 따라 변화가 필요한 오브젝트가 있다면 활용해 보면 좋겠죠? 예를 들어, 아침에는 해가 뜨고 저녁에는 달이 뜨는 오브젝트로 만들 수 있습니다.

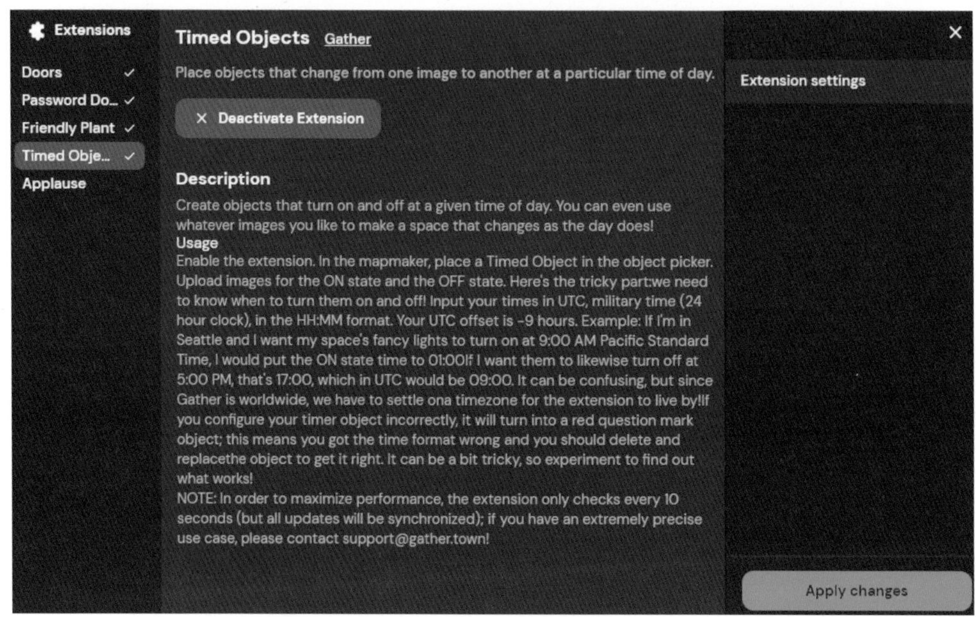

Extensions 〉 Timed Objects

맵메이커 메뉴(☰) 버튼에서 **Extensions Setting**에 들어가서 네 번째 항목인 **Timed Objects**를 활성화하고 적용하면 나옵니다. 그 후 앞의 다른 베타 확장 기능들과 마찬가지로 **Objects**에 들어가서 해당 도구를 넣어 주면 됩니다. 다만, 이 기능을 사용할 때 주의해야 할 점은 기준 시각이 한국 시각이 아니라는 점입니다. 기준 시각은 UTC(협정세계시)로, 우리나라보다 9시간이 느립니다. 즉, 우리나라 시간으로 아침 8시(08:00AM)에 해 오브젝트가 생성되게 하고 싶으면 전날 저녁 11시(23:00PM)로 설정해야 합니다.

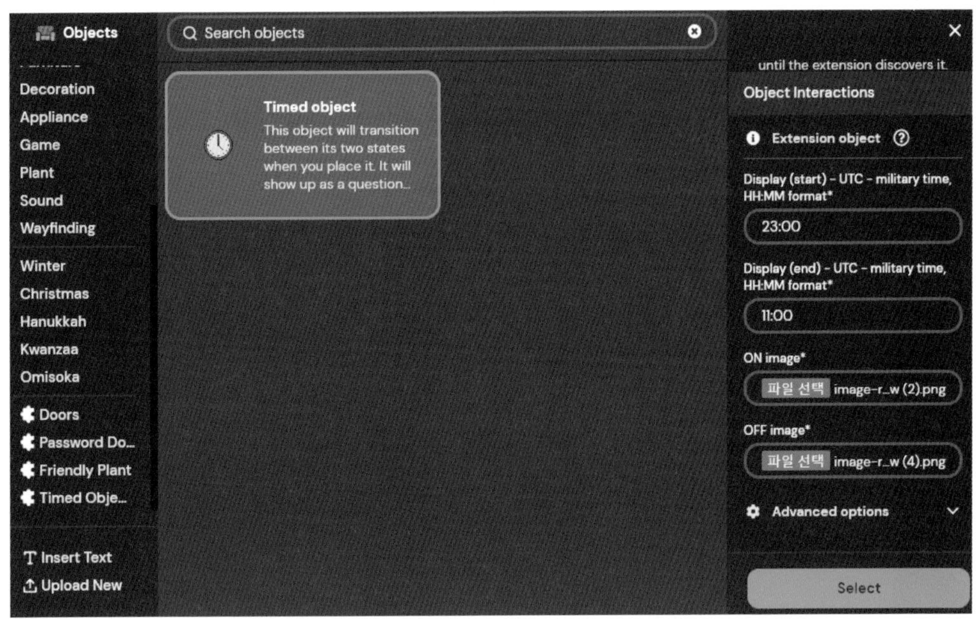

Objects > Timed object

동영상으로 한 번 더!

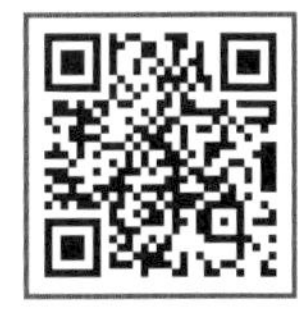

http://m.site.naver.com/0UVX0

Objects의 왼쪽 분류 탭에서 **Timed object**에 들어가서 해당 오브젝트를 선택합니다. 그 후 오른쪽에서 오브젝트 시작 시각과 끝 시각을 정해야 합니다. 그리고 시작 시각에 나타날 이미지와 끝 시각에 나타날 이미지를 지정해 줍니다. 그렇게 하면 두 가지의 이미지가 시간의 순서에 따라서 반복적으로 나타나는 모습을 표현할 수 있습니다. 앞의 이미지에서는 **Display(start)**에 23:00를 썼습니다. 이는 우리나라 시간으로 아침 8시에 1번 그림이 나타나도록 명령을 한 것과 같습니다. 그리고 **Display(end)**에는 12:00를 입력했습니다. 이는 우리나라 시간으로 21:00로, 저녁 9시에 2번 그림이 나타나도록 합니다. 사용자 및 환경에 따라서 활용성이 높은 기능으로, 만약 큰 세션의 회의를 진행할 때 시간 변경에 따라서 해당 회의장의 배경을 변경하거나 나타나는 이미지를 변경하는 데 활용할 수도 있습니다.

Applause(박수갈채)

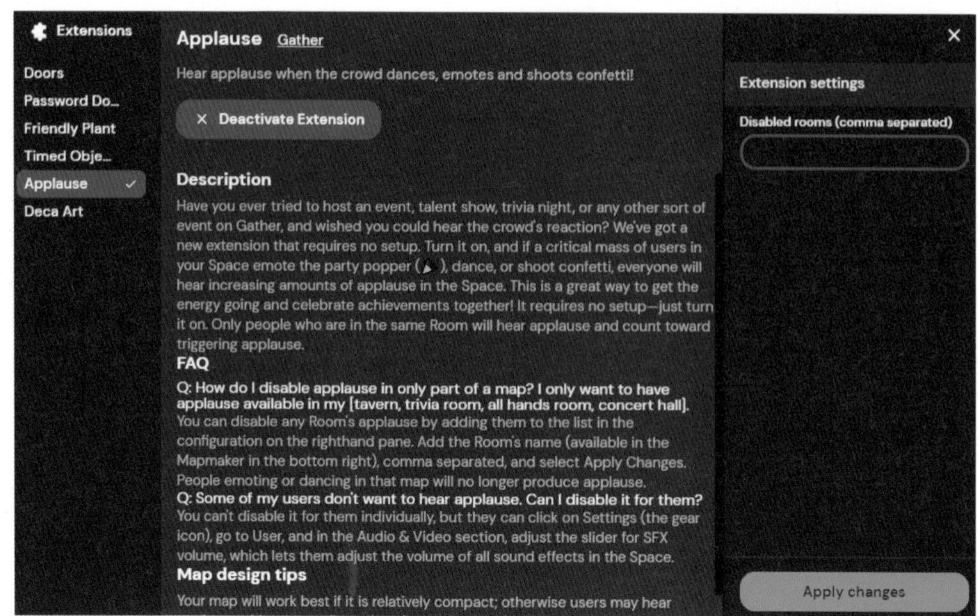

Extensions 〉 Applause

Applause는 우리말로 '박수갈채'를 의미합니다. 게더타운에서 유저들이 이모티콘으로 **Party popper**를 사용하거나 **Dance**를 사용하면 보다 큰 사운드로 전체 공간에서 음향 효과가 나오도록 하는 세팅 방법입니다.

한번 활성화하면 별도의 오브젝트를 설치하지 않아도 공간 전체에 자동으로 적용되며, 만약 공간 내에서 박수갈채 기능을 제외하고 싶은 방이 있으면 오른쪽의 **Disabled rooms**에 방 이름을 넣어 주면 됩니다.

박수갈채의 전체적인 소리는 조절할 수 없으며, 앞에서 배운 **Settings 〉 Users 〉 Audio & Video** 설정을 통해 자신의 스피커에 들리는 소리를 조정해 줄 수 있습니다.

Deca Art(NFT 활용 예술)

Deca Art는 게더타운에서 시범적으로 준비하고 있는 서비스로, 예술 작품을 게더타운 안에 전시하는 것을 의미합니다. 개인이 가지고 있는 NFT 기반의 예술 작품을 상호작용 버튼인 X 버튼을 통해서 보이도록 해서 게더타운을 전시공간으로서의 발전을 기대하고 있습니다. **Deca Art**를 활성화해 보겠습니다.

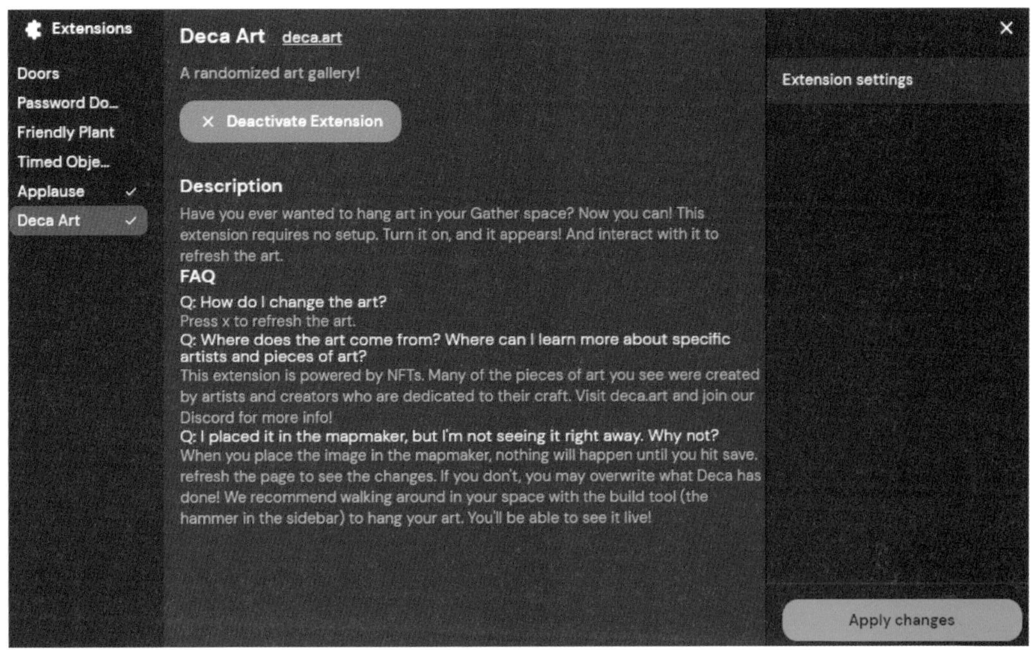

Extensions 〉 Deca Art

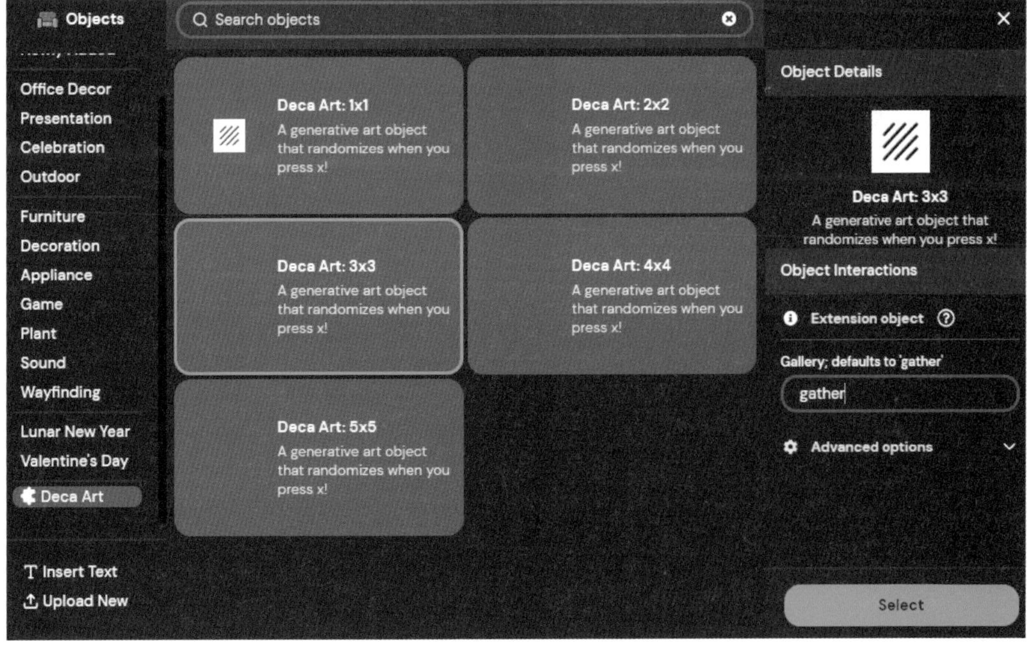

Objects 〉 Deca art

그 후 **Objects > Deca Art**를 선택하면 캔버스의 크기를 지정해 줄 수 있습니다. 예술작 품의 사이즈를 선택해 준 후 삽입해 보겠습니다.

Deca Art를 추가하면 화면에 그림처럼 평면으로 전시가 됩니다. 그리고 해당 캔버스에 가까이 다가가면 자동으로 변화하거나 X 버튼을 눌러서 확인할 수 있습니다. 아직은 시간의 흐름에 따라 여러 작품이 보이는데, 향후 NFT 기술의 도입 등을 통해 개인만의 전시 공간으로 활용할 가능성이 높은 기능입니다. 여기서는 간단하게 새로 추가된 Deca Art 기능의 개념 정도만 파악하고 가겠습니다.

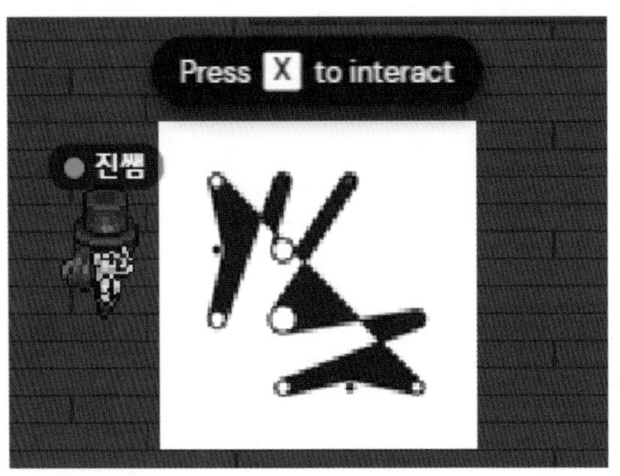

동영상으로 한 번 더!

http://m.site.naver.com/0UVX1

Deca art 실제

공개 공간(Explore) 참여하기

지금까지 우리가 한 게더타운은 내가 만든 공간에 사용자를 초대하여 함께할 수 있었습니다. 최근에는 자신이 만든 공간을 불특정 다수에게 공개하여 언제 어디서든 누구나 참여할 수 있도록 기능이 확장되었습니다.

이전에는 자신이 만든 맵 중에서 하나를 선택해 입장하였다면 이제는 자신이 만든 공간 또는 공개 공간 중 선택하여 참여할 수 있습니다. 다른 사용자가 만든 공간도 자유롭게 이용해 보기 바랍니다.

Explore

왼쪽 상단에 **Explore**를 눌러 다른 사용자가 오픈한 공간을 볼 수 있습니다. 맵 아래에는 맵의 콘셉트와 해당 국가(언어)가 적혀 있습니다. 흥미를 이끄는 곳을 클릭하여 다양하게 즐겨 봅시다. 만약 내가 이전에 방문했던 곳에 다시 들어가고 싶다면 첫 화면에서 **My Spaces > Last Visited**에서 확인할 수 있습니다.

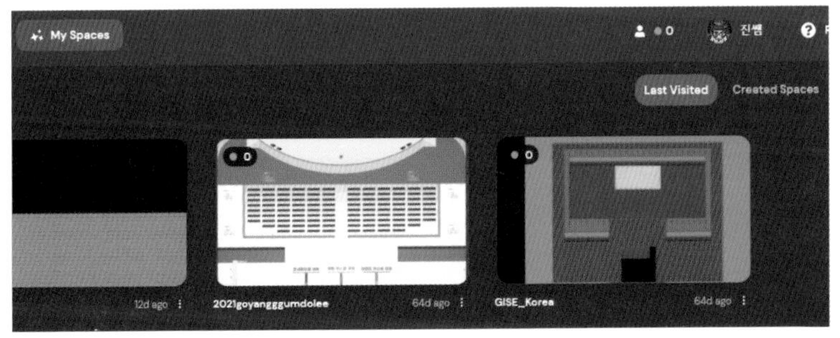

My spaces > Last Visited

동영상으로 한 번 더!

http://m.site.naver.com/0UVX2

모바일로 참여하기

PC로 게더타운 참여가 어려운 사용자는 모바일로 게더타운에 접속해야 합니다. 그러나 웹이 아닌 모바일에서의 게더타운은 여러 한계를 지닙니다. 예를 들어, 키 사용에 제한이 있어서 오브젝트에 걸려 있는 기능을 온전히 활성화하지 못하며, '고스트 모드'나 '춤추기 모드' 등도 진행할 수 없습니다.

여러 불편함이 있음에도 모바일로 접속해야 할 때 사용할 수 있는 차선의 방법을 소개하고자 합니다. 먼저, 일반적으로 모바일로 접속하는 방법을 살펴보겠습니다. 게더타운은 크롬 브라우저에서 접속이 원활하므로 주소 링크를 복사하여 크롬에서 붙여넣기를 합니다. 게더타운에 입장하면 모바일은 기능이 제한적이므로 PC를 추천한다는 안내 메시지가 뜹니다. **I understand and wish to proceed**를 눌러 모바일로 계속 진행해 보겠습니다. 카메라와 마이크 설정값을 확인하고 **Join the Gathering**을 누릅니다.

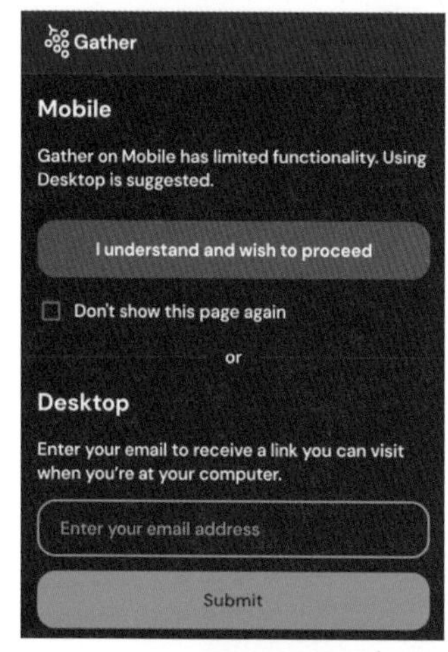

모바일로 입장

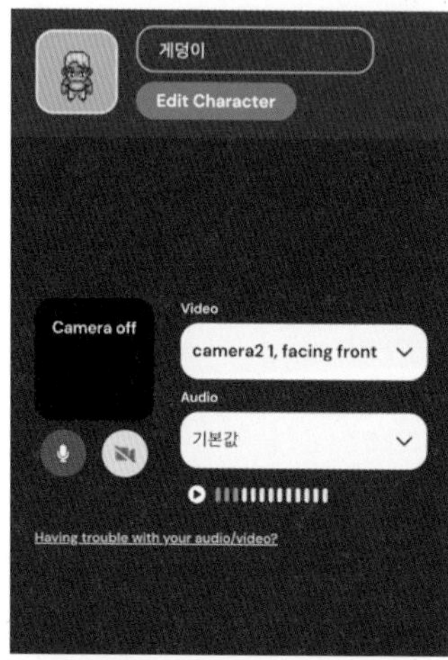

카메라 및 마이크 확인

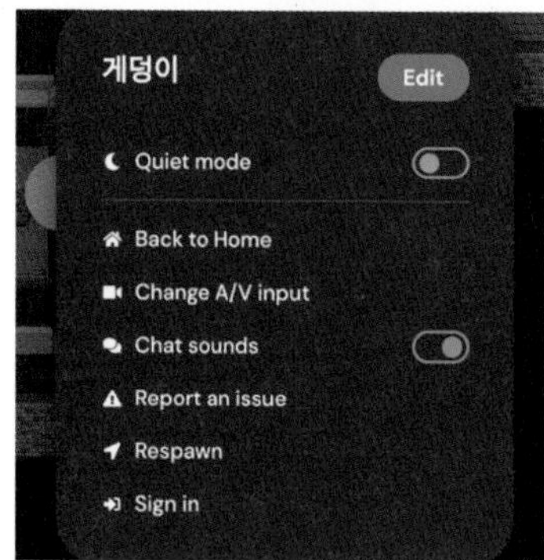

모바일 화면

모바일로 입장하여 움직이고 싶은 곳을 더블클릭하면 캐릭터가 움직입니다. 캐릭터끼리 만나면 얼굴을 마주 보며 대화도 나눌 수 있습니다. 카메라와 마이크 조절도 가능합니다. 그러나 PC와 달리 오른쪽에 **Settings**, **Build**, **Calendar**, **Chat**, **Participants**가 없고, 오브젝트에 연결된 상호작용을 할 수도 없습니다(단축키도 입력 불가). 화면 중앙 아래에 있는 점 세 개(⋮)를 누르면 캐릭터 편집(**Edit** 버튼), 정숙 모드, 정면카메라/후면카메라 선택, 캐릭터 재생성, 로그아웃은 할 수 있습니다.

여전히 제한적이긴 하지만 조금 더 많은 기능을 사용하고자 할 때는 모바일에서 게더타운을 '데스크톱 사이트'로 변경하여 사용하는 방법이 있습니다. 해당 방법을 위해 먼저 모바일 크롬으로 접속합니다. 카메라와 마이크, 캐릭터 등을 확인 후 접속합니다. 크롬 브라우저 오른쪽 상단에서 점 세 개를 눌러 데스크톱 사이트에 체크합니다. 그러면 PC 환경처럼 왼쪽에 설정, 빌더 등을 확인할 수 있습니다.

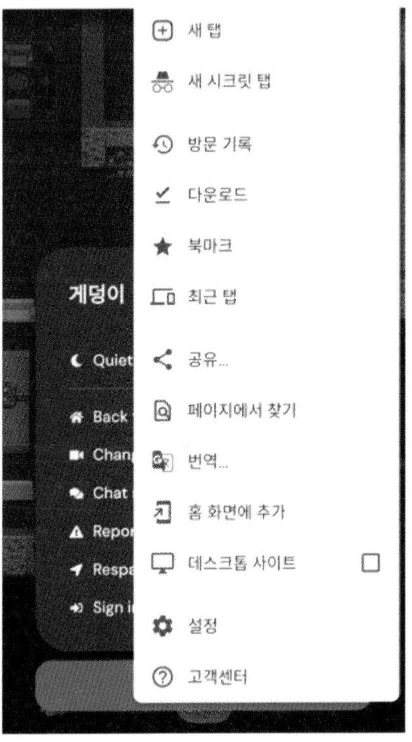

모바일 — 크롬 — 데스크톱 사이트

데스크톱 사이트 모드로 변경되면 PC 버전처럼 볼 수 있으며, 화면을 가로로 돌려 게더타운을 좀 더 넓게 볼 수도 있습니다.

모바일에서의 게더타운 가로 버전

이 상태에서는 참가자 목록을 확인하여 원하는 상대와 채팅을 주고받거나 특정 캐릭터의 위치를 알 수도 있습니다.

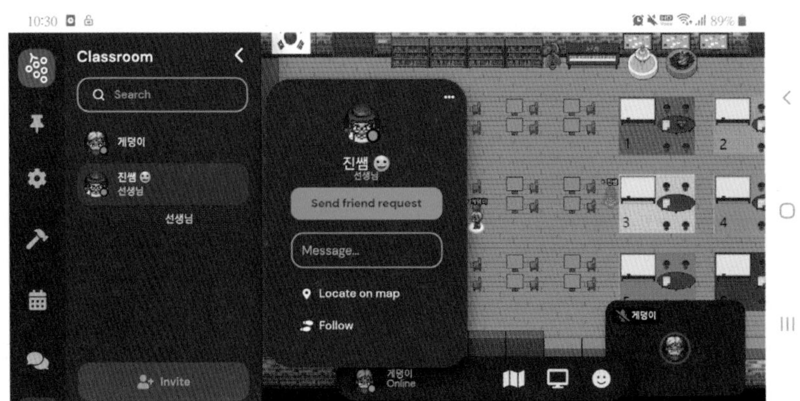

모바일 — 채팅

모바일 — 캐릭터, 미니 맵, 화면 공유, 이모티콘(개인정보 창)

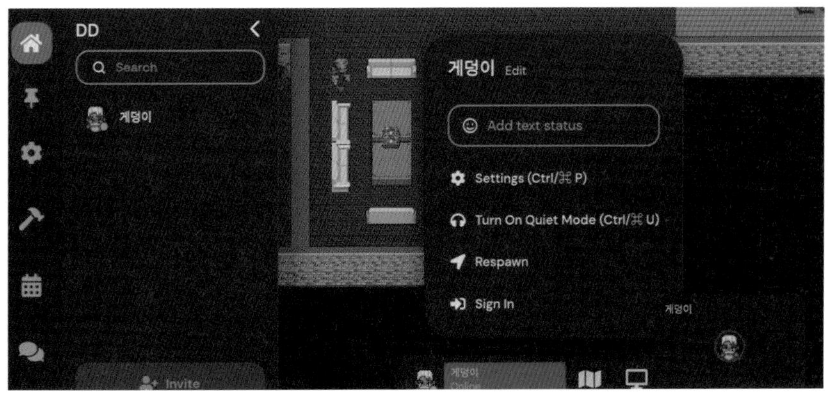

모바일 — 미니 맵, 화면 공유, 이모티콘(상태 표시줄)

우선, 화면 중앙의 캐릭터를 클릭하여 개인정보 및 설정을 변경할 수 있으며, 상태 메시지를 입력하거나 정숙 모드도 가능합니다. 또한, 미니 맵 표시와 이모티콘 사용은 가능하지만, 화면 공유는 불가능합니다. 따라서 모바일에서는 미리 오브젝트에 발표 자료를 다 넣어 둔 후에 발표자로 참가하는 것을 추천합니다.

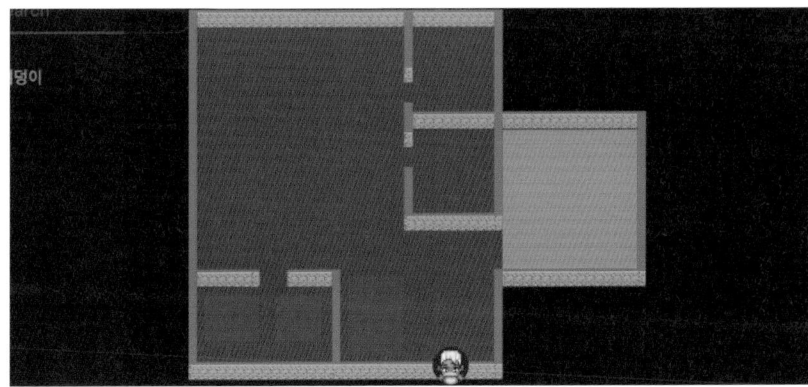

모바일 — 미니 맵 보기

모바일 — 이모티콘

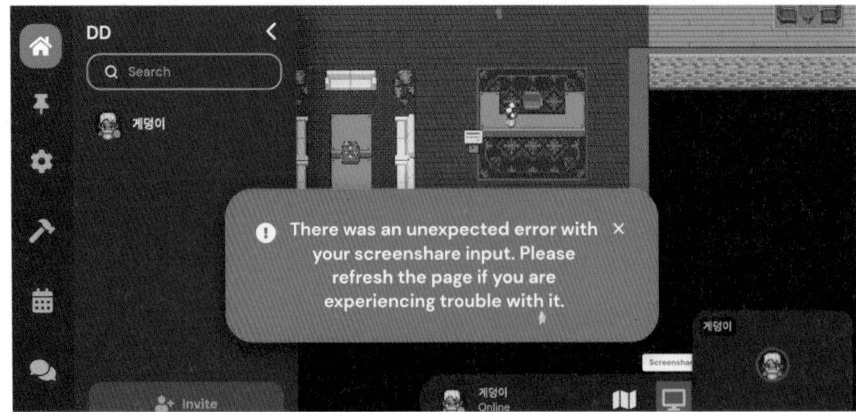

모바일 — 화면 공유 불가

그리고 만약 맵의 소유자가 **Global Build** 기능을 활성화해 두었다면 모바일로 접속한 사용자가 맵 편집도 가능합니다.

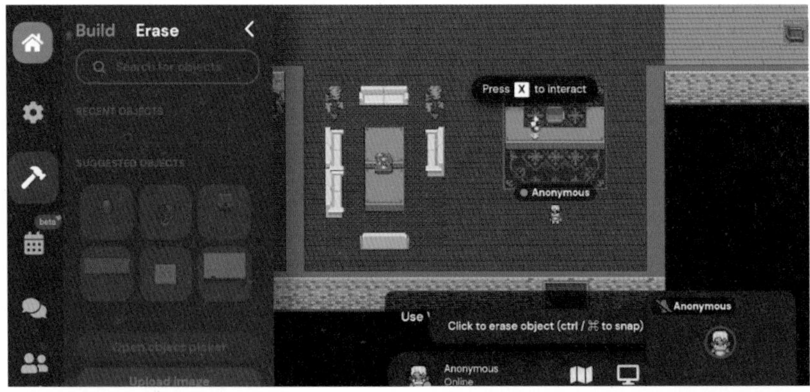

모바일 — Erase

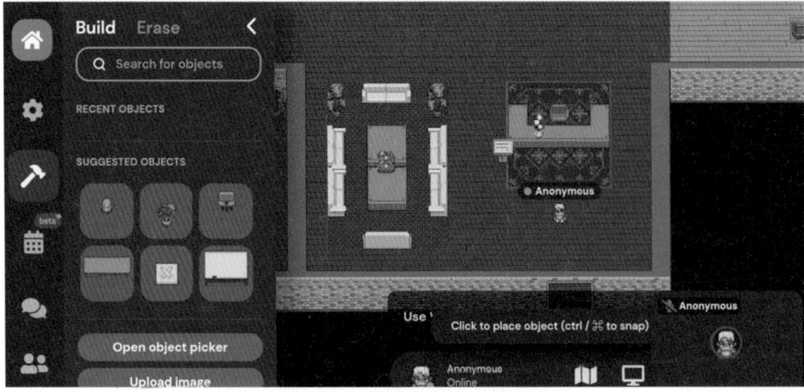

모바일 — Build

결론적으로, 모바일에서 '데스크톱 사이트'로 변경하는 기능을 이용하면 더블클릭하여 캐릭터 이동은 물론 화상 대화도 가능하며, 만약 블루투스 키보드가 연결되어 있다면 단축키 이용도 할 수 있습니다. 다만, 화면 공유가 안 된다는 단점이 있습니다. 모바일에서 비밀번호 문을 열 수 있도록 터치할 수 있는 ☒ 버튼이 생기는 등 모바일에서의 업데이트가 계속해서 이루어지고는 있습니다.

여기까지 메타버스 플랫폼 '게더타운'에 관한 내용을 모두 다루어 보았습니다. 게더타운은 현재 업데이트가 가장 빠르게 이루어지는 플랫폼이자 우리나라에서 보편화되어 가는 플랫폼입니다. 여러분들도 앞에서 배운 내용을 바탕으로 메타버스 세계에 적극적으로 뛰어들기 바랍니다.

동영상으로 한 번 더!

http://m.site.naver.com/0UVX4

http://m.site.naver.com/0UVX5

2부

이프랜드

ifland

ifland

너와 내가 만나는 메타버스,
새로운 세상 속으로
ifland
누구나 제어

이프랜드?

이프랜드의 한계점

이프랜드Ifland는 '너와 내가 만나는 메타버스, 새로운 세상 속으로'라는 문구 아래 2021년 7월에 SKT에서 서비스를 시작한 메타버스 플랫폼입니다. 이프랜드는 안드로이드 및 iOS를 지원(기종별 차이 있음)하며, 다양한 소셜 계정을 통해 접속할 수 있습니다.

이프랜드 사용 가능 기기

- 안드로이드 8.0 이상 스마트폰(2017년 8월 발표, 안드로이드 오레오)
- iOS 전체(iOS 13 이하 스마트폰은 컨퍼런스홀 테마 기능과 같은 일부 기능 불가)

※ PC와 노트북은 접속할 수 없으며, 태블릿은 정식으로 지원하지 않음

이프랜드 공식 이미지

이프랜드는 현재 각종 대기업 및 공공기관 등에서 메타버스 회의 및 행사를 할 때 쉽게 접근할 수 있는 플랫폼으로 선호되고 있습니다. 무엇보다 접근성의 측면에서 '스마트폰 1대'만 있으면 누구나 회의에 참석하고, 자료를 공유할 수 있으며, 줌과 크게 다르지 않기 때문에 회의를 진행하고자 할 때도 진입장벽이 낮다는 장점이 있습니다.

본격적으로 이프랜드에 대한 기초 튜토리얼에 들어가기 전에 현 단계에서의 아쉬운 점들에 대해서 언급해 보고자 합니다. 이프랜드가 가장 쉽게 접근할 수 있는 메타버스 플랫폼이라는 점에서 접근성이 매우 높은 것은 사실이지만, 이프랜드 자체가 만능은 아니라는 이야기를 하고 싶습니다. 이프랜드에 대한 소개를 하기에 앞서 이프랜드의 한계점을 반드시 알고 가는 것이 필요합니다. 이러한 한계점과 함께 어떤 장점이 있는지 확인한 후 회의 및 강의에 활용 방안을 고민해 보기를 바랍니다.

31명 같은 131명

현재 이프랜드는 호스트(방장) 1명을 포함해 최대 131명이 참여할 수 있습니다. 그러나 아바타가 돌아다닐 수 있는 인원은 31명입니다. 31명에 해당하는 사람들은 랜드 안에서 다른 사람들이나 사물과 상호작용이 가능하지만, 나머지 100명은 청중으로만 참여할 수 있습니다.

청중의 입장에서는 혼자서 랜드 안을 돌아다닐 수 있지만 다른 사람과 상호작용하기는 어렵습니다. 이는 공식적인 대형 행사를 진행하는 데 있어서는 장점이 있으나, 면대면 수업을 지향하는 상황에서는 단점으로 작용합니다. 하지만 SKT에서 의도했는지 모르겠으나, 우리나라의 분반 기준이 보통 31명 이상이어서 31명이 넘는 과밀 학급에서는 모든 학생을 보면서 진행하기 어렵습니다. 그러나 우리나라의 대부분 학교는 31명 이하로 학급 단위나 동아리 단위의 수업을 하므로 최적의 상황이라고 볼 수 있습니다. 만약 대회를 진행하는 운영사의 입장에서는 분과별로 다양한 반을 운영하는 것이 필요할 것이고, 131명이 넘는 큰 기업이라면 여러 개의 랜드를 개설해야 하는 아쉬운 점이 있습니다.

화면 공유: PDF 및 MP4 파일만 가능

지금까지의 이프랜드는 스마트폰을 기반으로 작동하기 때문에 줌과 같이 자신의 화면을 공유하는 기능이 되어 있지 않습니다. 그리고 현재 화면 공유가 가능한 자료들은 PDF 파일 및 MP4 파일로 한정되어 있어서 발표에 많이 사용하는 PPT 파일은 PDF 파일로 변화하여 사용해야 하며, 동영상 파일 역시 MP4 파일로 변환하여 사용해야 합니다. 이러한 부분에 대해서는 향후 개선될 예정이나 당장 행사나 수업을 진행할 때는 철저한 사전 준비가 필요합니다.

이프랜드는 반드시 회원 가입을 해야만 참여 가능

줌 및 웨일온 등 가입 없이 접속하는 방식을 이용하던 사용자 입장에서는 번거로움이 생길 수도 있습니다. 따라서 미성년자를 대상으로 진행할 시에는 이프랜드는 소셜 연동이 되며 한 번 로그인하면 추가 로그인을 요청하지 않는다는 점을 단체로 지도해 주거나, 학부모님께 부탁을 드려 수업을 위한 준비를 미리 할 수 있게 하면 좋을 것 같습니다.

이프랜드에서 연동되는 소셜 계정은 구글, 페이스북, T아이디, 애플 계정이 있습니다. 어른들은 TMAP이 익숙하기에 T아이디로 접속하는 게 편하며, 학생들은 교육청마다 Google workspace for education이 구축되어 있어서 개별 계정을 생성해 줄 수 있습니다. 혹은 개별 지메일 로그인을 요청할 수 있습니다. 초등학생 고학년부터는 페이스북 메시지(속칭 '페메')가 익숙한 세대라 페이스북을 통해서도 가입할 수 있습니다. 참고로, 회원 탈퇴 후 재가입은 가능하지만, 기존에 저장된 정보 및 친구 정보는 삭제되기 때문에 회원 탈퇴는 신중히 하도록 합니다.

이프랜드 시작하기

이프랜드 설치하기

지금부터 본격적으로 너와 내가 만나는 메타버스, 이프랜드의 세상으로 떠나 보겠습니다.

이프랜드를 처음 시작하는 사용자가 되어서 이프랜드를 설치해 보겠습니다. 설치하는 방법은 플레이스토어 및 앱스토어에서 '이프랜드' 또는 'ifland'를 검색해서 다운로드합니다. 또는 아래의 QR 코드를 카메라로 스캔해서 설치할 수도 있습니다.

이프랜드 설치 QR 코드

이프랜드 검색 및 설치

처음으로 이프랜드를 시작하게 되면 화면 공유를 하기 위한 '파일 접근 권한' 및 음성 채팅을 위한 '마이크 접근 권한' 허용 여부를 물어봅니다. 허용을 클릭하고 계속 진행해 보겠습니다.

로그인 화면 / 서비스 이용 동의하기

안드로이드 기기로 접속하면 첫 화면에 T아이디, 페이스북, 구글로 로그인하는 창이 보이며, 애플 계열 기기로 접속하면 추가로 애플 아이디를 통해 로그인할 수 있습니다.

희망하는 계정을 통해서 회원 가입을 진행한 후 동의를 거쳐 아이디와 아바타를 선택합니다. 필수에 해당하는 두 가지만 동의하면 되며, 만 14세 이하의 어린이와 청소년들은 부모님의 동의를 거쳐서 가입해야 합니다. 그 후 자신의 초기 이름과 아바타를 꾸밀 수 있습니다. 신중하게 선택을 해도 되지만, 처음 선택한 아바타와 이름은 모두 변경할 수 있으니 부담 없이 고른 후 참여하면 됩니다. 사용자가 참여하는 랜드마다, 이벤트마다 자신만의 독특한 캐릭터와 이름을 바꾸어 갈 수 있다는 것이 바로 이프랜드의 장점입니다. 상황에 맞춰 디지털 트윈을 다양한 모습으로 나타내 봅시다.

프로필 설정하기

이프랜드 세계에서 나를 나타내 줄 캐릭터와 이름을 지정했다고 가정하고 홈 화면에서 프로필 설정하는 방법을 먼저 알아보겠습니다.

프로필 수정으로 이동

프로필 수정 선택사항

홈 화면을 살펴보면 닉네임 오른쪽에 〉 버튼이 있습니다. 이 버튼을 클릭하면 프로필을 세부적으로 설정할 수 있습니다. 그리고 앞의 오른쪽 그림과 같이 프로필에서 수정 가능한 부분 몇 가지가 있습니다. 닉네임 및 캐릭터 소개 글, 관심 태그, SNS 링크는 물론 평상시의 사진 및 이프랜드에서의 모습들도 추가할 수 있습니다.

모든 프로필은 언제든지 계속해서 수정할 수 있습니다. 행사나 강의에서 원하는 닉네임을 자유롭게 변경하여 시간과 장소에 맞는 프로필로 참석하면 됩니다.

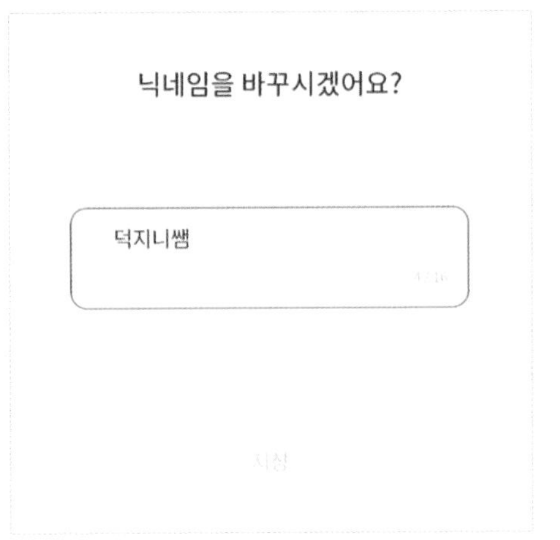

① 닉네임

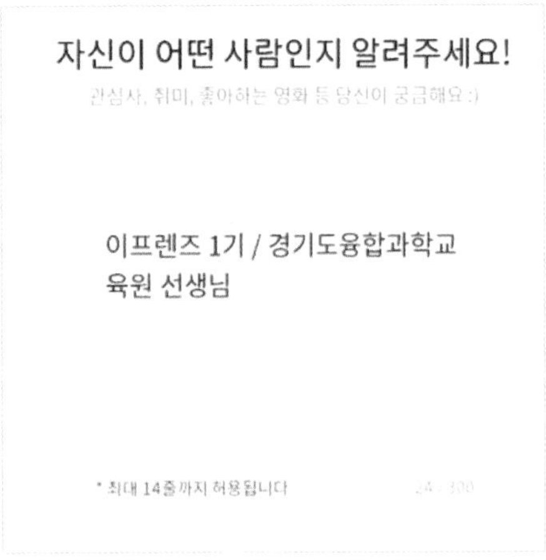

② 자기소개

③ 내 사진(최대 1장)

④ 관심사(최대 3개)

⑤ 내 SNS 등록

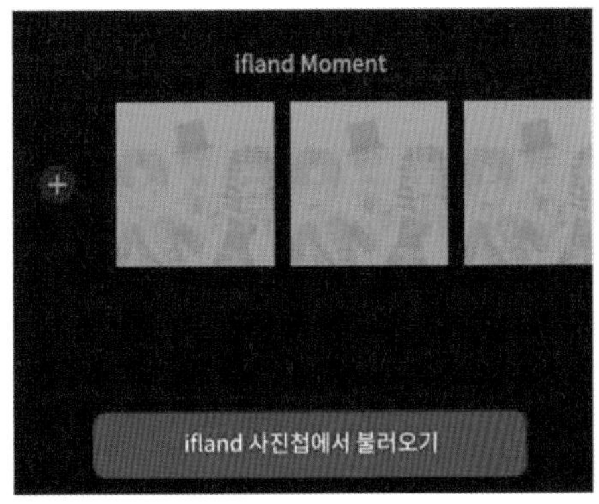

⑥ 이프랜드 사진 넣기

① 닉네임

닉네임을 클릭하면 희망하는 닉네임으로 변경할 수 있습니다. 닉네임은 최대 14글자까지 가능합니다. 이프랜드에서는 다른 사람과 중복되는 닉네임도 허용됩니다. 대신에 도용 및 프로필 설정에 주의하기 바랍니다.

② 자기소개

자신의 관심사, 취미, 좋아하는 영화를 비롯해 자신을 소개할 수 있는 글귀를 최대 14줄, 300자까지 작성할 수 있습니다. 사용자들이 앞으로 진행할 회의의 일정이나 주소 등을 적어 줄 수 있으며, 사용자 개인을 설명하는 다양한 이야기를 적어 줄 수 있습니다. 내 프로필만 클릭해도 앞으로 진행될 일정을 알게 해 주거나 나에 관해 관심을 가질 수 있도록 만들어 봅시다.

③ 내 사진

내 사진은 1장의 사진이 등록됩니다. 여러분의 디지털 트윈이 아닌 본래의 사진을 올려놓거나 사용자의 다른 이프랜드 캐릭터를 캡처해서 업로드해도 됩니다.

완성된 프로필

④ 관심사

관심사는 이프랜드의 주요 주제 중 세 가지를 선택할 수 있습니다. 아직 내가 원하는 해시태그를 마음대로 달 수는 없지만, 여러 주제 중 관심 있는 주제를 선택해 봅시다.

⑤ 내 SNS 등록

나에 대한 더 많은 정보를 얻을 수 있도록 최대 2개까지 나의 SNS 소통 창구를 등록할 수 있습니다.

⑥ 이프랜드 사진 넣기

사진을 추가하면 이프랜드에서 스크린숏 및 녹화한 사진첩으로 이동하며, 이프랜드 속의 나의 모습을 여러 장 넣을 수 있습니다.

아바타 꾸미기

자신을 좀 더 다채롭게 표현할 수 있는 아바타 꾸미기에 대해 자세히 알아보겠습니다. 행사마다 다양한 모습으로 나타나 자신만의 개성을 표현해 봅시다.

아바타 이미지 클릭

프로필에서 이동

홈 화면에 있는 나의 아바타 모습을 선택하여 캐릭터를 꾸미거나 프로필에서 수정할 수 있습니다.

의상 꾸미기

헤어, 얼굴 등 꾸미기

캐릭터의 옷은 물론이며 머리 및 피부색과 눈, 턱수염 등 얼굴의 세부 요소들에 대해서도 자유롭게 무료로 커스터마이징을 할 수 있다는 점이 이프랜드의 최고 장점이라고 볼 수 있습니다.

현재 외부 업체와의 콜라보레이션 의상은 '쉑쉑버거' 아이템들이 있으며, 향후 더 추가될 예정입니다. 다양한 의상과 스타일을 커스터마이징해서 개성 있는 캐릭터를 만들어 봅시다.

콜라보 의상 착용

팔로우하기

다른 사람을 팔로우하는 방법은 크게 두 가지 방법이 있습니다. 첫째, 홈 화면에 있는 랜드의 캐릭터 이미지를 눌러서 팔로우를 하거나, 둘째, 모임 공간인 랜드 내의 왼쪽 참가자 리스트에서 팔로우하는 방법이 있습니다.

메인 리스트 캐릭터

랜드 내의 참가자 리스트에서 팔로우하기

사용자의 팔로워 및 팔로잉 목록은 홈 화면 오른쪽 상단의 여러 사람이 있는 아이콘을 클릭하면 확인할 수 있으며, 알림 버튼을 클릭하면 팔로우나 팔로워의 소식을 확인할 수 있습니다.

팔로워/팔로잉

팔로워/팔로잉 확인

이프랜드 기초 튜토리얼

앞에서 우리는 이프랜드에서 기본 설정을 하는 방법에 대해서 알아보았습니다. 물론, 위의 내용은 이프랜드의 주요 기능인 모임 공간(랜드)을 만들고 활용하는 데 필수적인 부분이라기보다는 처음 시작할 때의 설정에 가깝습니다.

이번 장에서는 이프랜드의 기초 튜토리얼에 대해서 학습하며 이프랜드를 완전히 즐길 수 있는 방법을 알아보겠습니다.

모임 공간 만들기

이프랜드 모임 공간(랜드)을 만드는 방법에 대해서 알아보겠습니다. 홈 화면 오른쪽 하단의 **+** 버튼을 클릭합니다. **land 만들기**에서 사용자가 희망하는 옵션에 따라서 모임 공간을 만들 수 있습니다.

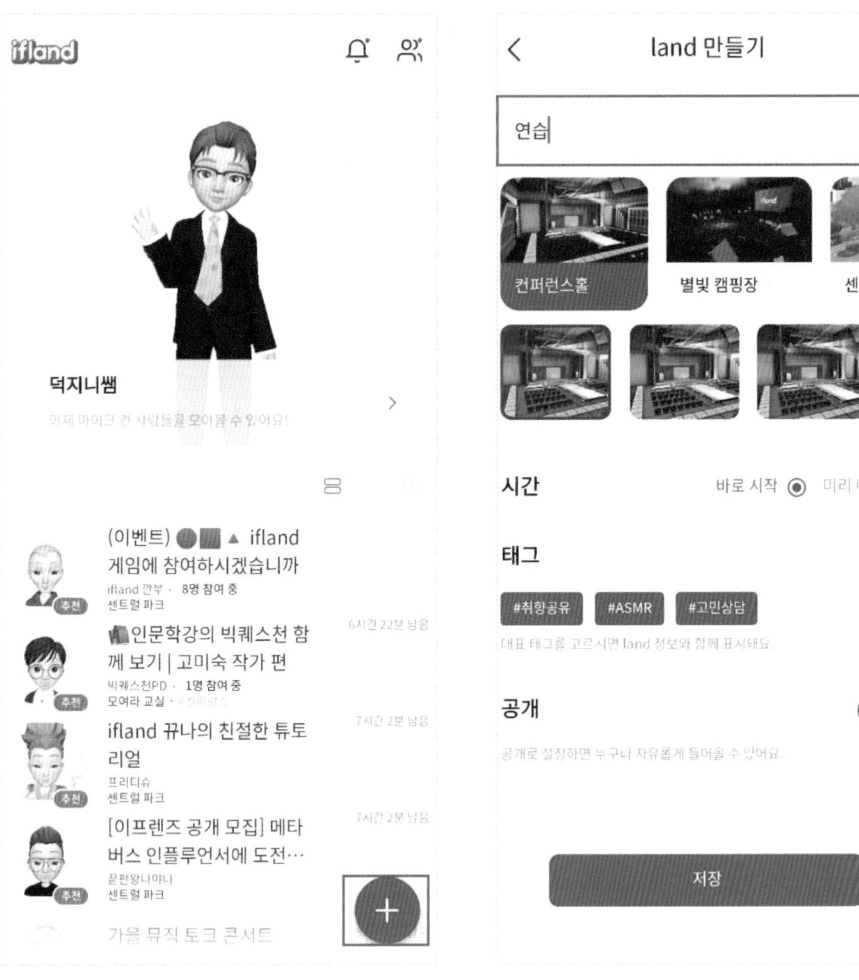

+ 버튼 클릭하기

공간(land) 만들기

제목을 입력한 후 바로 시작할지 혹은 원하는 시간대를 설정하여 모임 예약을 할지 선택할 수 있으며, 해당 모임과 관련된 태그를 최대 3개까지 설정할 수 있습니다. 그리고 나에게 링크를 받은 사람들만 접속할 수 있는 '비공개' 모임을 할지 '공개' 모임으로 할지도 지정해 줍니다.

모임 공간의 시작 시각을 예약하여 만든 경우라도 사전에 입장이 가능하며, 다른 사람들도 접속해서 사전 소통이 가능합니다. 이는 타 플랫폼과 대비되는 기능이며, 특히 시작까지 시간이 얼마나 남았는지 직관적으로 화면에 보인다는 장점이 있습니다.

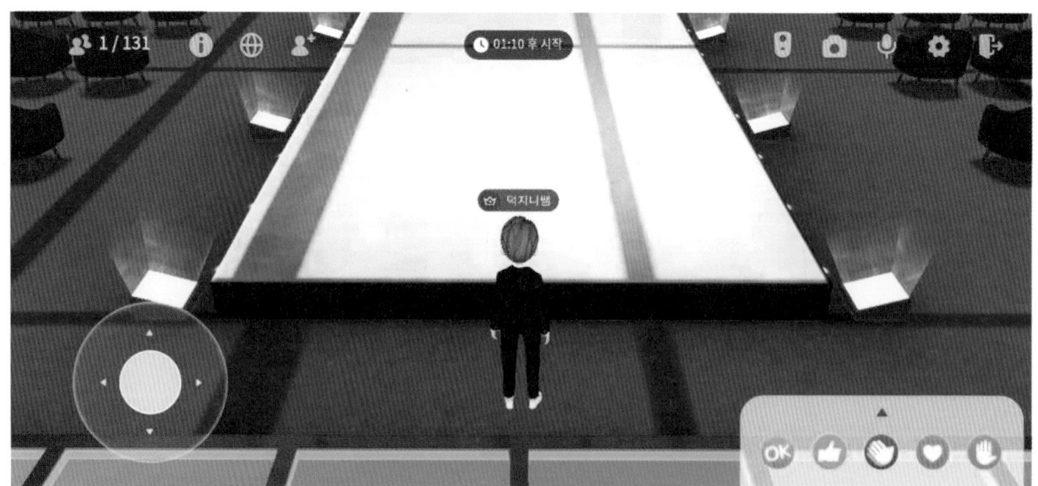

모임 공간 시작 전 사전 입장

모임 공간 기본 조작법

모임 공간 기본 조작 도구

여러분이 모임 공간에 접속하면 다양한 기본 조작 도구들이 나오게 됩니다. 크게 다음과 같이 네 가지 공간으로 구분됩니다.

첫째, 왼쪽 상단의 노란색 부분은 모임의 기본 정보에 대해 알 수 있는 조작 부분입니다. 각 버튼의 명칭은 순서대로 다음과 같습니다.

① 참여 현황(n/131)

② 정보

③ 다른 모임 탐색

④ 초대

둘째, 왼쪽 하단의 파란색 박스 부분은 '조이스틱'으로 아바타를 이동하여 내가 원하는 곳으로 이동할 수 있습니다. 조이스틱으로는 아바타 이동을, 화면 터치를 통해서는 바라보는 시점을 변경할 수 있습니다.

셋째, 오른쪽 상단 부분은 모임 공간 내에서 의사소통과 관련된 화면입니다. 각 버튼의 명칭은 순서대로 다음과 같습니다.

① 화면 공유 또는 화면 전환

② 사진 촬영(스크린숏)

③ 음성 채팅

④ 설정

⑤ 퇴장

모임 공간에서 호스트로부터 권한을 받으면 화면 공유를 진행할 수 있으며, 다른 사람이 화면을 공유했을 때 같은 위치에 나타나는 화면 전환 버튼을 이용해서 공유된 화면을 집중해서 보거나 모임 공간 전체의 화면을 함께 보는 것을 선택할 수 있습니다.

넷째, 오른쪽 하단 부분의 '감정 및 모션'을 통해서 다양한 자신의 의사 및 감정을 이모티콘과 모션으로 표시할 수 있습니다.

더욱 자세한 내용에 대해서는 다음에서 자세히 설명하도록 할 예정이며, 행사 진행 중 랜드 내에서 + 버튼을 만날 수 있는데, 이는 랜드 공간 내의 물체와 상호작용해서 자리에 앉거나 하는 등의 행동을 할 수 있는 버튼을 의미합니다.

참여 현황(참가자 보기, 음소거, 신고하기)

지금부터 이프랜드의 다양한 기능에 대해서 자세히 살펴보겠습니다. 가장 먼저 참여 현황에 대해서 살펴보겠습니다.

참여 현황 클릭하기

왼쪽 상단의 참여 현황을 클릭하면 참가자를 확인할 수 있습니다.

참가자 보기 > 옵션 선택하기

전체 버튼을 클릭하면 참여 인원을 보는 옵션을 선택할 수 있습니다. 전체 인원을 보거나 선착순 31명인 **ON Stage**, 그리고 그 외 최대 131명까지인 **OFF Stage**, 혹은 마이크가 켜져 있는 사람인 **마이크 ON** 상태의 사람만 보이도록 설정할 수 있습니다. 그리고 원활한 모임의 진행을 위해 호스트는 **전체 마이크 끄기** 기능이 존재합니다.

다음으로 참가자의 이름을 단순히 선택하면 **팔로우**하기와 **신고** 버튼이 나옵니다. 이를 통해서 다른 사람을 팔로우 및 언팔로우하며 소통을 할 수 있으며, 욕설 및 도배, 유해한 매체를 말하거나 공유하는 사람을 신고할 수 있습니다.

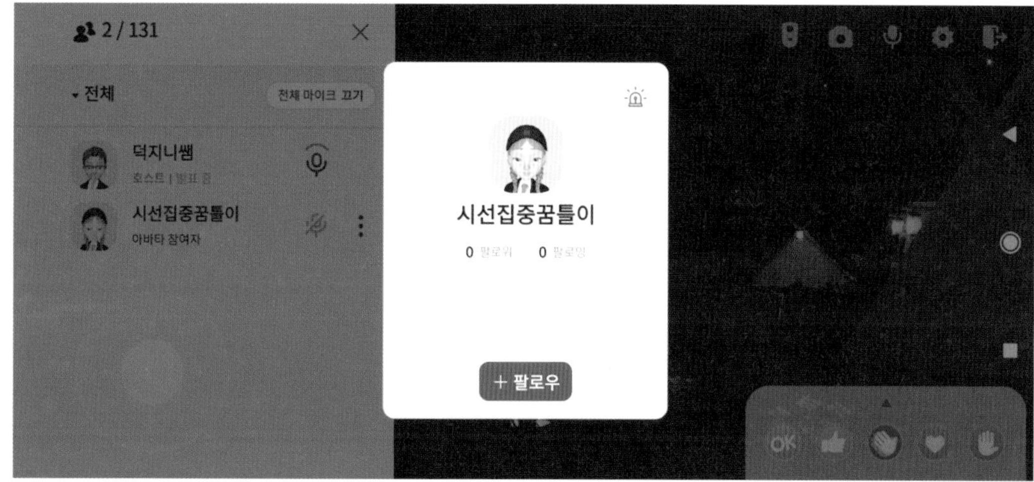

팔로우 및 신고 기능

다음으로 참가자 이름 옆의 점 3개(⋮)를 클릭하면 해당 참가자의 마이크를 회수해서 발언할 수 없도록 하거나, 강제 퇴장 기능에 해당하는 **내보내기** 및 **신고** 기능을 선택할 수 있습니다. **마이크 회수** 기능을 이용해 발표자 외의 다른 사람들로 인한 소음을 사전에 방지할 수 있습니다.

점 3개 클릭

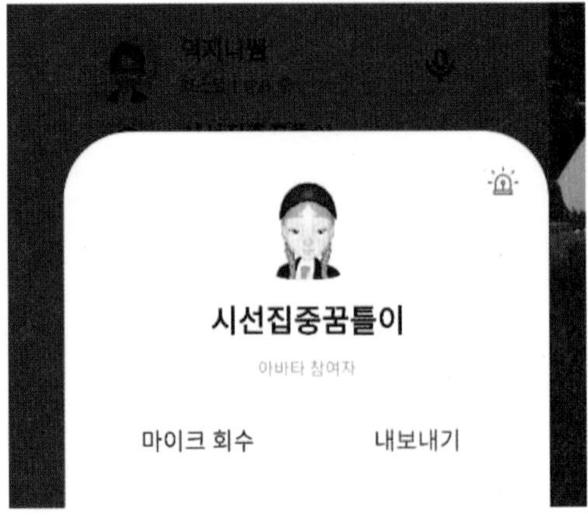

마이크 회수 및 내보내기

랜드 정보 및 공유하기

다음으로 랜드 정보 및 공유하기는 기본적으로 유사한 기능을 가지고 있습니다. 현재 자신이 진행하고 있는 모임 공간의 주소를 다른 사람들에게 공유해 주고 접속해 줄 수 있도록 안내하는 링크 생성 및 전송 기능을 담당합니다.

랜드 정보 아이콘 및 공유하기 아이콘

land 정보를 누르면 해당 회의의 이름 및 호스트명, 회의 시간, 랜드 주소 등이 생성됩니다. 또한, 이를 공유해 줄 수 있는 버튼이 나오는데, 이는 네 번째에서 나오는 '공유하기' 아이콘과 같은 옵션입니다.

land 정보

land 정보에서 **공유** 버튼을 클릭하거나 기본 조작 탭에서 **공유하기**를 클릭하면 다음과 같은 창이 뜹니다. 해당 버튼들을 이용하면 카카오톡 채팅방에 공유하기를 비롯해서 인스타그램, 페이스북, 구글 드라이브 및 클래스룸 등 다양한 공간으로 공유할 수 있습니다.

랜드 정보 공유하기

다른 랜드 탐색하기 및 이동하기

지구본 모양의 **다른 land 탐색** 버튼을 클릭하면 현재 진행 중이거나 중요한 행사가 보이며, 클릭을 통해 바로 이동할 수 있다는 장점이 있습니다. 단, 공식 행사 중에는 클릭하지 않도록 사전에 안내하는 게 좋습니다.

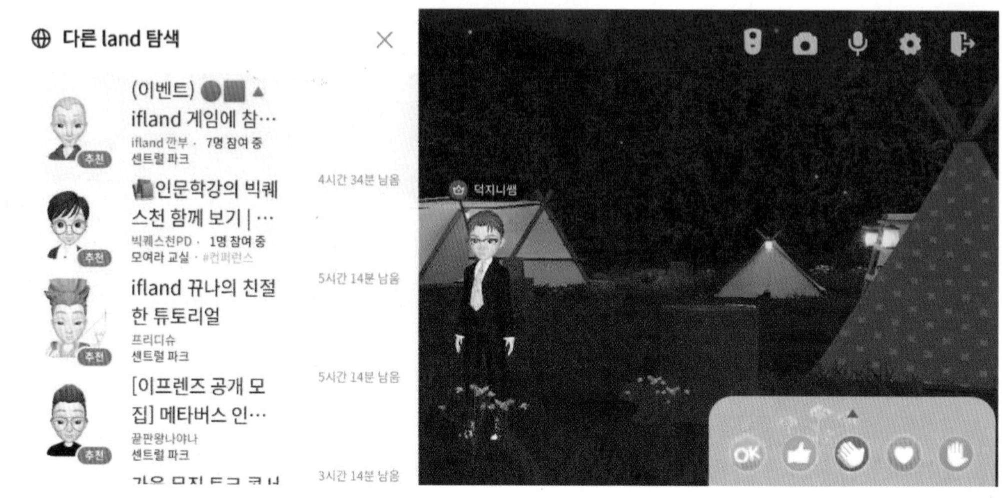

다른 land 탐색하기

화면 공유하기

화면 공유 버튼 선택하기

다음으로 화면 공유(📱) 버튼을 선택하면 다른 사람들에게 발표할 수 있습니다. 화면 공유(📱) 버튼으로 클릭한 후의 세부적인 화면은 다음과 같습니다.

화면 전환 버튼

만약 화면 공유 화면에서 나가고 싶거나 화면 공유가 된 상태에서 전체 공간을 보며 활동이 필요할 때 화면 전환(⊞) 버튼을 클릭하면 다시 랜드의 모습이 나타나게 됩니다. 또한, 화면 공유 탭에서는 기존에 없던 **자료 공유** 및 **누구나 제어** 버튼이 생기는데, **자료 공유**는 말 그대로 자신이 가진 자료를 공유할 때 클릭할 수 있는 버튼이며, **누구나 제어** 혹은 **내가 제어**는 화면 공유의 권한을 설정할 때 사용하는 버튼입니다.

누구나 제어 버튼은 랜드에 참여한 모든 사람이 화면 공유를 할 수 있는 공동 공유의 방식이며, **내가 제어** 버튼은 호스트만이 제어할 수 있도록 화면 공유 권한을 제한하는 방식입니다.

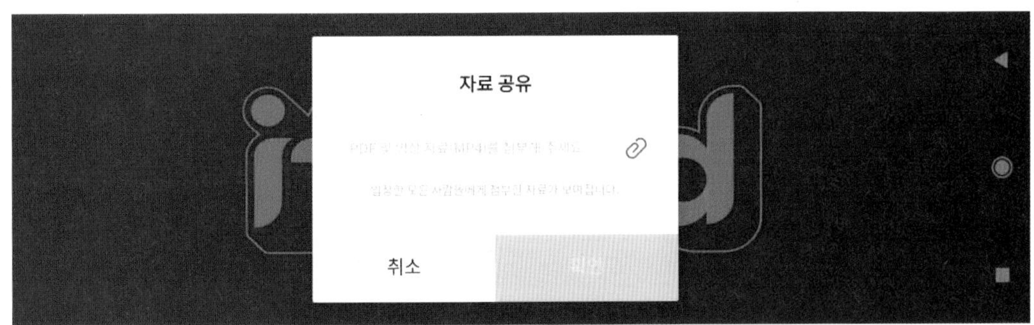

자료 공유 탭

자료 공유 버튼을 통해 다른 사람들에게 발표할 수 있는 자료는 PDF 파일 및 동영상(MP4) 파일만을 제공하고 있습니다. 이에 따라서 사전에 발표할 자료를 미리 PDF 파일로 변환하거나 동영상을 MP4 확장자로 휴대폰에 다운로드해서 준비하는 게 좋습니다.

또한, 화면 공유의 비율을 살펴보면 16:9의 화면으로 공유되므로 이에 적합한 화면으로 프레젠테이션 자료 및 동영상을 준비하는 것이 원활하게 모임을 진행할 수 있습니다.

파일의 지원 형식은 향후 추가될 예정이며, 현 단계에서는 행사를 진행하기 위해 사전에 철저한 기획 및 준비가 필요합니다.

현재 화면 캡처(사진 촬영)하기

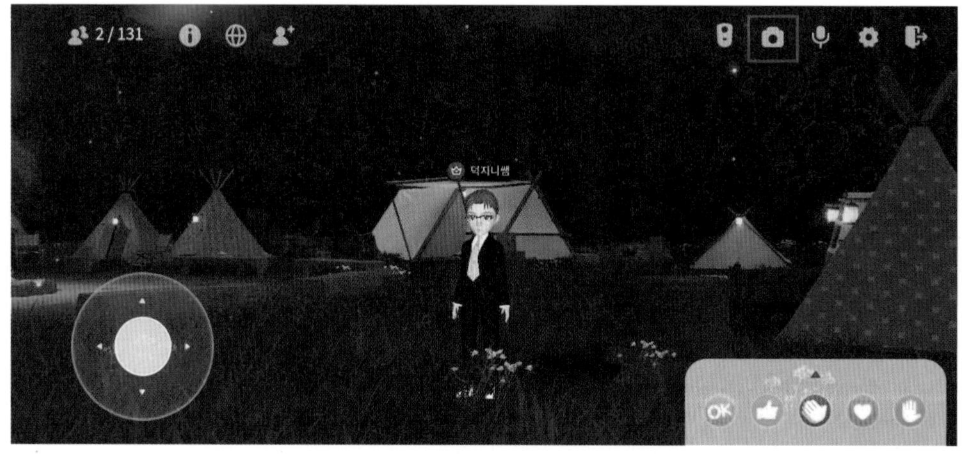

사진 촬영 버튼 선택하기

오른쪽 상단에 있는 사진 촬영 버튼은 이프랜드 내의 모임, 행사장의 모습을 내가 보이는 그대로 촬영할 수 있는 스크린숏 기능의 버튼입니다. 물론, 사용하는 휴대폰의 화면 캡처 기능을 이용해서도 스크린숏이 가능하지만, 이프랜드의 사진 촬영 버튼을 이용해서 캡처하면 조작 버튼들이 화면에서 모두 사라지기 때문에 모임 내의 모습이 좀 더 생동감 있게 보이게 됩니다. 다만, 화면 오른쪽에 이프랜드 워터마크 로고가 자동 생성되는 단점이 있습니다.

사진 촬영 버튼을 통해 촬영한 사진

내 마이크 음소거하기

오른쪽 상단에 있는 마이크 버튼은 '내 마이크 음소거하기' 버튼입니다. 이 버튼을 통해서 말을 할 때는 마이크를 켜고, 말을 하지 않을 때는 음소거를 할 수 있습니다. 만약 다른 사람의 마이크를 제어하고 싶다면, 앞에서 배운 **참여 현황**에서 **전체 마이크 끄기** 혹은 **개별 사용자 마이크 회수**를 통해 지정할 수 있으며, 혹은 뒤에 나오는 **설정**에서 자신만 말할 수 있도록 랜드 설정을 변경해 줄 수도 있습니다.

내 마이크 음소거하기

설정

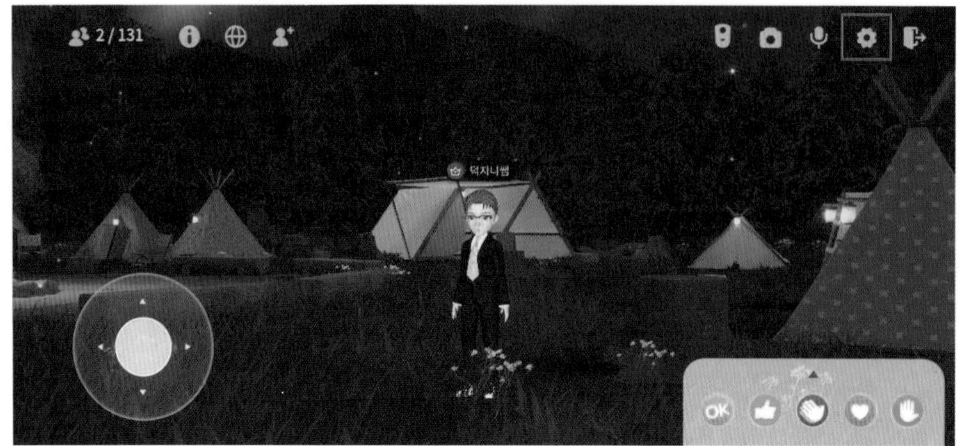

랜드 설정하기

랜드 설정하기에서는 지금 진행되는 모임 공간에서의 다양한 설정을 변경할 수 있습니다.

랜드 설정 — 세부사항

소리 듣기(호스트 및 참가자)

여러분이 참가자로 해당 랜드에 접속했을 시 설정 탭에서는 소리 듣기만 보이며, 나머지 권한들은 호스트에게만 보입니다. 해당 설정은 마이크 음성 및 화면 공유 동영상에서 나는 소리를 포함해 모임 공간 내에서 발생하는 모든 음성을 막는 기능을 지니고 있습니다. 따라서 만약 현실 세계에서 휴대폰 음성을 끄거나 조용히 해야 할 상황이 생겼을 때 소리 듣기를 비활성화할 수 있습니다.

land 수정(호스트만)

랜드 수정은 진행되는 모임 공간의 시간, 태그, 공개(비공개) 여부를 선택할 수 있습니다. 대부분의 모임 행사가 즉흥적으로 이루어지는 것이 아니라 예약을 통해서 진행되는데, 진행 중 시간이 길어지거나, 관련된 해시태그를 변경하거나, 비공개 방에서 공개 방으로 전환하는 등과 같은 상황에서 설정할 수 있습니다.

공지 등록(호스트만)

공지사항은 호스트가 랜드 정보에 반영할 수 있는 내용으로 최대 40자까지 작성할 수 있습니다.

공지사항 작성하기(40자 이내)

호스트가 공지사항을 작성해서 저장하면 참가자들은 왼쪽 상단의 **land 정보**에서 공지사항을 확인할 수 있습니다. 만약 참가자들에게 쉬는 시간이나 자료가 들어 있는 드라이브 링크를 공유해 주고자 할 때 이 **공지** 탭을 활용할 수 있습니다.

공지사항 확인하기

마이크 권한 설정(호스트만)

마이크 권한 설정은 모임 공간 내에서 음성으로 대화할 수 있는 권한을 설정하는 것으로 **호스트만** 혹은 **전체**를 대상으로 마이크 권한을 제공할 수 있습니다. 일방적인 전달 사항 및 발표가 있을 때는 **호스트만**으로 마이크 권한을 설정한 후 안정적으로 발표를 진행하고, 그 후 질의응답 및 다른 사람들의 의견을 들을 필요가 있을 때 마이크 권한을 **전체**로 주어서(음소거 해제) 발표하도록 유도할 수 있습니다.

참여 모드 설정(호스트만)

이프랜드는 총 131명의 최대 참여 인원을 허용하지만, 직접 참여해서 소통하는 **ON Stage**(최대 31명)와 아바타가 보이지 않고 오디오 참여만 가능한 **OFF Stage**(최대 100명)로 참여 모드가 구분되어 있습니다. 해당 설정을 통해 **ON Stage** 모드와 **OFF Stage** 모드를 열거나 닫으며 다양하게 행사에 활용할 수 있습니다. 예를 들어, 11시 30분에 회의가 시작 예정이라면 발표자들을 11시까지 접속하도록 한 후 **ON Stage** 모드는 닫고 청중들을 **OFF Stage** 모드로만 참석하도록 할 수 있습니다.

호스트 변경(호스트만)

호스트가 원하는 참가자에게 호스트 권한을 넘겨줄 수 있습니다. 위의 마이크 권한 설정 및 화면 공유 등과 연결하여 여러 사람의 목소리 개입 없이 호스트 권한이 있는 사람만의 발표로 이어서 진행하고 싶을 때 호스트 권한을 넘겨주는 식으로 진행할 수 있습니다. 수업에서 차시에 따라 선생님이 바뀔 때 이 기능을 이용해서 호스트를 넘겨줄 수 있습니다.

land 종료(호스트만)

일반적으로 모든 참가자는 아래의 오른쪽 그림과 같이 **퇴장하기**( ) 버튼을 통해서 모임 공간에서 퇴장할 수 있습니다. 그런데 호스트에게 퇴장은 두 가지 의미가 있습니다. 첫 번째는 잠시 방에서 나갔다 오는 경우이며, 두 번째는 모임 공간 자체의 종료입니다.

land 종료

퇴장하기

첫 번째의 의미로, 방에서 잠시 나가는 경우는 다른 참가자와 같이 퇴장하기를 통해 나가며 호스트 권한을 다른 참가자에게 줄 수 있습니다.

두 번째의 의미로, 모임의 완전한 종료는 **설정**에 있는 **land 종료** 버튼을 통해 진행할 수 있습니다. 따라서 호스트로 방을 만들었을 때 어떤 의미로 방에서 퇴장하고 싶은지 판단한 후 설정에서 종료를 선택하거나 기본 화면 조작에서 퇴장을 선택할 수 있습니다.

감정 및 모션

이프랜드가 다른 메타버스 플랫폼보다 나은 점은 바로 감정 및 모션의 기능이 탁월하다는 것입니다. 특정 사람들은 자신의 감정을 드러내거나 표현하는 데 어려움을 겪어서 채팅할 때 이모티콘에 의존하는 경우가 많습니다. 이프랜드에서는 이 기능이 바로 감정 및 모션으로 구현되어 있습니다.

감정 및 모션

발표할 사람의 손을 들게 하거나 발표가 끝난 후의 감정 표현이라든지, 기쁘거나 슬프거나 춤을 추거나 응원하는 등의 감정 및 모션이 준비되어 있어 다채로운 표현을 할 수 있습니다.

댄스 및 응원

특히, 이러한 모션 중 '음표'가 붙어 있는 것들은 다양한 춤 동작을 표현하며, 이를 이용하여 댄스팀이 이프랜드에서 현실의 군무를 실제로 재현해서 공연한 적이 있습니다. 그리고 '응원 도구' 마크가 붙어 있는 것들은 응원 동작을 구현해 주므로 응원가에 맞추어 마찬가지로 가상 현실에서 응원할 수 있습니다.

이프랜드 사진 촬영 캡처는 다양한 모션이 잘 나타나기 때문에 이를 통해서 사용자들과 당시의 감정이 담겨 있는 사진을 추억으로 남길 수 있습니다.

이프랜드 활동 예시

최신 업데이트(채팅 기능 및 검색 등)

이프랜드에서는 사용자들의 요청 및 편의성의 향상을 위해 계속해서 다양한 업데이트를 진행하고 있습니다. 현재 최신 업데이트 버전을 다운로드하면 UI를 보다 직관적으로 개편한 것을 확인할 수 있습니다. 하단의 별표(★) 버튼을 클릭하면 현재를 기준으로 진행 중인 인플루언서 콜라보레이션과 이를 바탕으로 한 스페셜 랜드 및 관련 이벤트 등을 확인할 수 있습니다.

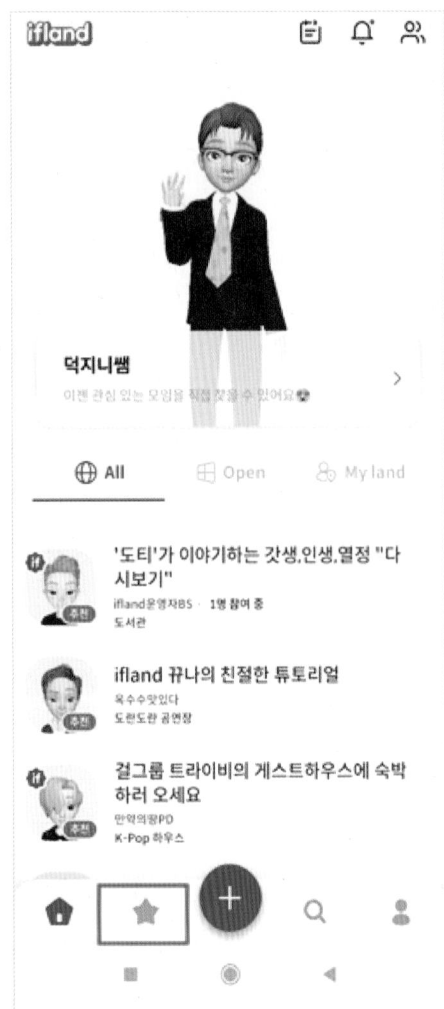

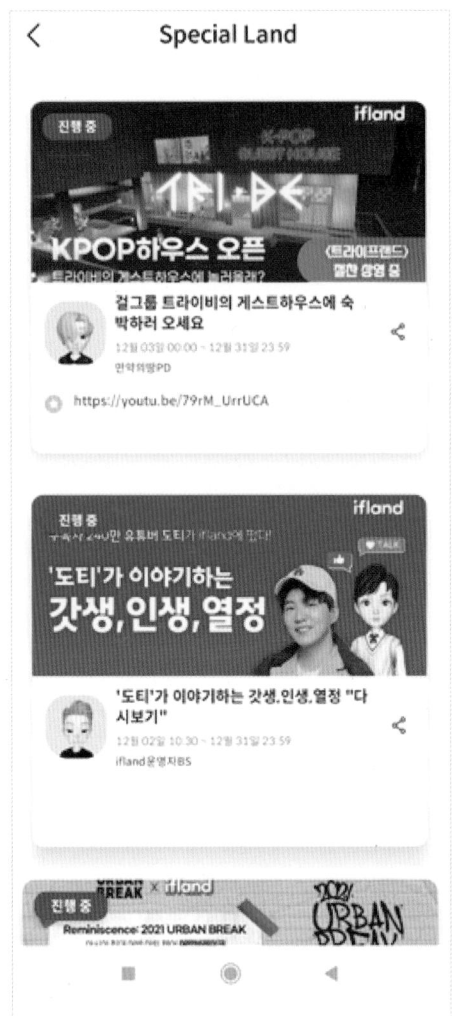

스페셜 랜드

그리고 이프랜드의 사용자가 늘어나고 방이 늘어남에 따라 방을 검색하거나 호스트를 검색해서 들어갈 필요성이 많아지고 있습니다. 이에 따라 검색 기능을 새롭게 도입하여 land의 제목이나 호스트의 이름(닉네임)을 바탕으로 한 검색도 가능해졌습니다.

검색 기능 도입

한국과학창의재단에서 진행한 청소년과학탐구반 성과공유회 메타버스 발표회에서는 물리, 화학, 생명, 지구과학 등 다양한 영역별 랜드가 개별 생성되었는데, 기존에는 학생들이 전체 랜드에서 찾아야 했지만 이제는 제목 키워드 검색만으로 쉽게 접속할 수 있도록 편의성이 증진되었습니다.

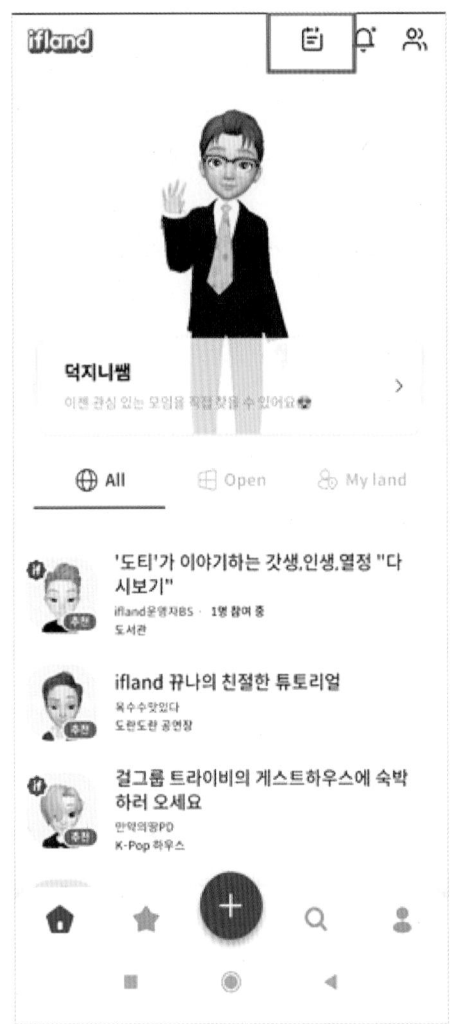

캘린더

기존의 주요 이프랜드 모임은 주간 단위로 별도의 팝업 창을 통해 공지되며 텍스트를 읽어야 하는 어려움이 있었습니다만, 이프랜드 2.5.5 버전 업데이트를 통해 이제는 캘린더 기능이 새롭게 생겼으며 이프랜드에서 예정된 주요 인기 모임을 한눈에 알아볼 수 있도록 변경되었습니다. 다만, 아쉬운 점은 내가 예약한 모임은 여전히 캘린더에는 나타나지 않으며 홈 화면에 있는 **My land**에서만 확인할 수 있습니다.

채팅

끝으로 음성 대화 외에도 텍스트 기반의 채팅 대화가 추가되었습니다. 참가자 아이콘 오른쪽에 생긴 채팅 아이콘을 통해 대화 창에 접속해서 메시지를 주고받을 수 있게 되었습니다. 이에 따라 기존의 호스트 및 발표자는 청중들의 반응을 감정 표현으로만 받아볼 수 있었지만, 이제는 텍스트로 실시간으로 확인할 수 있으며 모임 진행 시에 참가자를 음소거해도 반응을 분명히 알 수 있어서 진행에 방해받지 않게 되었습니다.

채팅 기능의 업데이트 덕분에 이프랜드는 메타버스 행사 및 수업을 진행할 때 가장 간단하며 유용한 메타버스 플랫폼으로 발돋움하게 되었습니다.

지금까지 우리는 'PC 및 모바일 기반'의 메타버스 중 가장 쉽게 접근할 수 있는 대표 플랫폼인 '게더타운'과 '이프랜드'를 살펴보았습니다. 과거부터 인간은 새로운 것에 대한 도전 욕구 및 모험 욕구가 많았습니다. 새로운 땅을 개척하기 위해 모험을 떠나기도 하고 무한한 삶을 살기 위해 불로초를 찾아다니기도 했습니다.

메타버스는 우리에게 주어진 새로운 도전 과제로 남아 있으며, 새로운 이름으로 다가온 미래의 모습은 우리가 겪어 보지 않았기 때문에 무섭게 느껴집니다. 특히 현재는 그 모험의 초입에 있어서 무엇이 좋고, 무엇이 나쁜지 구분하기 쉽지 않은 상황에 있습니다.

그럼에도 지금까지 우리의 경험을 통해서 확신할 수 있는 경험적 증거는 다음과 같습니다. 우리의 생활은 크게 '시간축'과 '공간축'으로 구성되어 있고, 그중 메타버스는 '공간축'을 바꿀 수 있는 도구로서 우리의 삶 속에 들어오기 시작했다는 점입니다.

'줌', '구글 미트' 등의 화상회의 도구는 우리를 디지털 공간 속에 존재하도록 만들어 주었으며, 인스타그램과 블로그, 유튜브 등은 현실의 인정 욕구, 기록 욕구를 가상공간 속에서 가능하도록, 그리고 이를 통한 경제 활동이 현실 세계의 경제 활동을 뛰어넘을 수 있음을 보여주었습니다. 그뿐만 아니라 가상 속 세계를 그대로 가져온 구글 지도, 네이버 지도,

티맵, 카카오내비 등은 우리의 삶을 윤택하게 만들기 시작하고 있습니다.

메타버스는 이제 더 이상 피할 수 없는 현실의 세계로 다가왔습니다. 그렇다면 우리는 무엇을 할 수 있을까요? 누가누가 예쁘게 만드는지 혹은 누가누가 더 훌륭한 기술로 구현하는지에 대한 고민은 크게 중요하지 않습니다. 다른 사람들이 많이 사용하고 있는 플랫폼, 그리고 다양한 플랫폼 속으로 자신 있게 뛰어들어 단순한 소비자를 넘어서 생산자로 거듭나는 진정한 메타버스인이 되는 것이 필요합니다. 어떻게 활용하는가에 대한 고민을 앞으로도 함께 계속해 나가기를 바랍니다. 감사합니다!

찾아보기

기호 및 숫자

*.tmx	221
.tsx	221
① BASICS(기본 정보)	031
① No Interaction	066
② CUSTOMIZATION(커스텀화)	038
② Embedded website	066
③ Embedded image	066
③ PUBLISH(발행)	042
④ Embedded video	067
⑤ External Call	068

영어

Accessibility	105
Activation distance	076
Active image	070
Admin = Owner	092, 094
Advanced options	069
Applause	254
Audio & Video	106
Augmented Reality	003
Background	211
Background & Foreground	212
Ban from space	132
Banned Users	103
Beta features	243
Block	131, 132
Bubble	130
Build	075
Builder	094
Caption	072
Copy from existing space	063
Create a Space	023
Deca Art	254
Display(end)	072
Display(start)	072
Doors	245
Everyone	111
eXtended Reality	004
Extensions	244
Floors	053
Follow	125
Foreground	211
Friendly Plant	250
Gather Town	012
gathering	113
Graphics	107
Impassable	055
Information Board	100, 102
Insert Text	064
itch.io	199
Kick	131
Kick from space	132
Layer	212
Loading Icon	072
Locate on map	124
Manage pinned messages	101
Metaverse	002
Mini map	119
Mixed Reality	004
Moderator	092, 094
More Objects	056

My Existing Spaces	063
Nearby	111
NFT 활용 예술	254
Object Details	065
Object image	070
Object Interaction	065
Objects	052, 056
Only include visible layers	237
Open Mapmaker	051
Open object picker	075
Password Doors	247
Photoscape X	192
Portal	150
Preview image	070
Private Area	059, 129
Request to Lead	126
Respawn	118
Rooms	150
Save	052
Screenshare	119
Settings	088
Shut Down or Delete	104
Space Access	092, 098
Space Customization	091
Space Preferences	090, 096
Spawn	055
Spotlight	059, 126
Start from	023
Tile Effects	052
Tiled	207, 217
Timed object	252
tsx	207
Turn ON/OFF Quiet Mode	118
Upload New	064
User Roles	093, 097
Users	104
Walls	053
Walls & Floors	052

한글

가상 현실	003
감정 및 모션	294
개인정보 창	117
게더타운	007, 012
게더타운 깃허브	204
공간 개인화	091
공간 삭제	104
공간 설정	090, 096
공간 편집자	094
공개 공간	256
관리자 및 소유자	092, 094
굵은 A 아이콘	136
그래픽	107
단축키	134
단축키 ×	087
데스크톱 사이트 모드	259
레이어	211
링크가 있는 모든 사용자에게	185
메시지 게시	100
메타버스	001, 002
모바일	257
모임 공간(랜드)	278

미리캔버스	169
반려식물	250
방 탈출 게임	247
베타 기능	242
비밀번호 문	247
빌더	094
사용자 권한	093, 097
사운드	148
상태 표시 이모티콘	121
설정	290
스포트라이트	059
시간제한 오브젝트	252
아바타	275
오디오와 비디오	106
오브젝트 선택	075
이프랜드	008, 266
임베디드	179
입장하기	020
접근 권한	092, 098
접근 금지된 사용자	103
접근성	105
제페토	008
중재자 및 운영자	092, 094
증강 현실	003
지도에서 위치 표시하기	124
층	212
템플릿	023
팔로우	277
프로필	272
혼합 현실	004
확장 현실	004